Kohlhammer

Die Autorinnen

Dr. Solveig Chilla ist Professorin für Pädagogik bei Beeinträchtigung von Sprache und Kommunikation an der Europa-Universität Flensburg. In ihrer Forschung und Lehre stehen Fragen der sprachlichen Heterogenität, Sprachenbildung und Inklusion im Zentrum. Weitere Informationen zur Autorin: https://www.uni-flensburg.de/pmsks/wer-wir-sind/personen.

Dr. Sandra Niebuhr-Siebert ist Professorin für Sprachpädagogik und Erzählende Künste an der Fachhochschule Clara Hoffbauer Potsdam. Ihre Forschungsschwerpunkte sind Sprach- und Leseförderung, Mehrsprachigkeit und ästhetische Sprachbildung.

Solveig Chilla, Sandra Niebuhr-Siebert

Mehrsprachigkeit in der KiTa

Grundlagen – Konzepte – Bildung

2., überarbeitete Auflage

Verlag W. Kohlhammer

Dieses Werk einschließlich aller seiner Teile ist urheberrechtlich geschützt. Jede Verwendung außerhalb der engen Grenzen des Urheberrechts ist ohne Zustimmung des Verlags unzulässig und strafbar. Das gilt insbesondere für Vervielfältigungen, Übersetzungen, Mikroverfilmungen und für die Einspeicherung und Verarbeitung in elektronischen Systemen.

Die Wiedergabe von Warenbezeichnungen, Handelsnamen und sonstigen Kennzeichen in diesem Buch berechtigt nicht zu der Annahme, dass diese von jedermann frei benutzt werden dürfen. Vielmehr kann es sich auch dann um eingetragene Warenzeichen oder sonstige geschützte Kennzeichen handeln, wenn sie nicht eigens als solche gekennzeichnet sind.

Es konnten nicht alle Rechtsinhaber von Abbildungen ermittelt werden. Sollte dem Verlag gegenüber der Nachweis der Rechtsinhaberschaft geführt werden, wird das branchenübliche Honorar nachträglich gezahlt.

Dieses Werk enthält Hinweise/Links zu externen Websites Dritter, auf deren Inhalt der Verlag keinen Einfluss hat und die der Haftung der jeweiligen Seitenanbieter oder -betreiber unterliegen. Zum Zeitpunkt der Verlinkung wurden die externen Websites auf mögliche Rechtsverstöße überprüft und dabei keine Rechtsverletzung festgestellt. Ohne konkrete Hinweise auf eine solche Rechtsverletzung ist eine permanente inhaltliche Kontrolle der verlinkten Seiten nicht zumutbar. Sollten jedoch Rechtsverletzungen bekannt werden, werden die betroffenen externen Links soweit möglich unverzüglich entfernt.

2., überarbeitete Auflage 2023

Alle Rechte vorbehalten
© W. Kohlhammer GmbH, Stuttgart
Gesamtherstellung: W. Kohlhammer GmbH, Stuttgart

Print:
ISBN 978-3-17-041218-7

E-Book-Formate:
pdf: ISBN 978-3-17-041219-4
epub: ISBN 978-3-17-041220-0

Vorwort zur 2., überarbeiteten Auflage

Liebe Leser:innen,

aufgrund Ihres ungebrochenen Interesses haben Sie uns zu einer zweiten Auflage unseres Buches ermutigt. In dieser zweiten Auflage haben wir die Gelegenheit genutzt, neue Forschungserkenntnisse einfließen zu lassen und unsere Anregungen und Hinweise für die Praxis zu erweitern.

Die Zahl der Kinder, die in Deutschland mehrsprachig aufwächst, steigt kontinuierlich. Uns liegt es am Herzen, ihnen mehrsprachige und diskriminierungsfreie Bildungsräume in unseren pädagogischen Einrichtungen zu ermöglichen. Mit diesem Buch geben wir Ihnen, liebe pädagogische Fachkräfte, viele gute Argumente an die Hand, warum sich eine konsequent mehrsprachige Erziehung lohnt.

Und wir zeigen Ihnen, wie Sie Ihren Alltag in einer Kindertageseinrichtung sprachanregend sowie mehr- und quersprachig gestalten können. Wir wollen Sie darin bestärken, dass Sie es sind, die mit Ihrem Handeln und Ihrer Haltung aktiv zur mehrsprachigen Bildung eines jeden Kindes beitragen können.

Es ist uns ein Anliegen, unserem Verleger Klaus-Peter Burkarth für sein Vertrauen, seine Unterstützung und vor allem seine Geduld zu danken. Unser Dank gilt auch unseren lieben Kolleg:innen und Freund:innen, Christoph Fasbender und Sarah Odenwald, die das gesamte Manuskript noch einmal gegengelesen und uns wertvolle Hinweise und Anregungen gegeben haben.

Solveig Chilla & Sandra Niebuhr-Siebert
Flensburg und Potsdam, im September 2022

Inhalt

Vorwort zur 2., überarbeiteten Auflage 5

1 Mehrsprachigkeit in der KiTa 11

2 Die KiTa als Ort der mehrsprachigen Bildung 16
   2.1 Lernen in heterogenen Gruppen 16
   2.2 Sprachbildung, Sprachförderung oder Sprachenbildung? 22
   2.3 Möglichkeiten und Grenzen der sprachlichen Bildung im institutionellen Kontext: Evidenzbasierung, Deutsch als Zweitsprache und Mehrsprachigkeit in der KiTa 27
   2.4 Zusammenfassung 33
   2.5 Literatur zur Vertiefung 33

3 Mehrsprachigkeit und mehrsprachiger Erwerb 34
   3.1 »Was Hänschen nicht lernt, lernt Hans nimmer mehr«? 40
   3.2 Was wird erworben? Ergebnisse der Spracherwerbsforschung 49
   3.3 Mehrsprachiger Erwerb und kognitive Entwicklung 75
   3.4 Mehrsprachiger Erwerb und sozio-emotionale Entwicklung.. 80
   3.5 Mehrsprachigkeit und schulische Leistungen 81
   3.6 »Ja, schaffen die das denn auch noch?« Mehrsprachiger Erwerb unter besonderen Bedingungen 82
   3.7 Zusammenfassung 84
   3.8 Literatur zur Vertiefung 84

4 Mehrsprachige Bildung gestalten 85
   4.1 Prinzipien, Bildungspläne und Konzepte: Deutsch als Zweitsprache und Mehrsprachigkeit 85
   4.2 Haltung der Leitung und der Institution 99
   4.3 Mehrsprachigkeit institutionell sichtbar machen 102
   4.4 Rolle und Aufgaben der Erzieher:innen im mehrsprachigen Bildungsprozess 105
   4.5 Kinderlieder und Verse – Anregungen und Materialien 108
   4.6 Zusammenfassung 117
   4.7 Literatur zur Vertiefung 117

Inhalt

5 Mehrsprachige Bildung behutsam begleiten, aufmerksam beobachten, verantwortungsvoll diagnostizieren und dokumentieren **119**
- 5.1 Pädagogisches Dokumentieren 119
- 5.2 Beobachten 120
- 5.3 Diagnostische Aufgaben 122
- 5.4 Auswahl diagnostischer Verfahren 124
- 5.5 Zusammenfassung 128
- 5.6 Literatur zur Vertiefung 128

6 Mehrsprachige Bildung durch Interaktion **129**
- 6.1 Mehrsprachigkeit in der Bezugsgruppe 131
- 6.2 Scaffolding als Unterstützung mehrsprachiger Bildung 133
- 6.3 Stützende Dialoge 135
- 6.4 Handlungsbegleitendes Sprechen 139
- 6.5 Modellieren der Lernersprachen 140
- 6.6 Zusammenfassung 148
- 6.7 Literatur zur Vertiefung 148

7 Mehrsprachige Bildung und Biliteralität **149**
- 7.1 Dialogisches Lesen 149
- 7.2 Erzählen 160
- 7.3 Zusammenfassung 168
- 7.4 Literatur zur Vertiefung 168

8 Mehrsprachige Bildung durch Zusammenarbeit mit Eltern **169**
- 8.1 Gespräche und Beratung 175
- 8.2 Formen der Beteiligung 182
- 8.3 Eltern-Projekte 184
- 8.4 Gruppenbezogene Formen der Elternarbeit 187
- 8.5 Zusammenfassung 192
- 8.6 Literatur zur Vertiefung 192

9 Partner:innen in der Frühförderung: Institutionelle Kooperation und Vernetzung **193**
- 9.1 Kooperationspartner:innen 194
- 9.2 Netzwerkanalyse und Netzwerkaufbau 196
- 9.3 Zusammenfassung 197
- 9.4 Literatur zur Vertiefung 197

10 Übergänge **198**
- 10.1 Übergänge gestalten 199
- 10.2 Übergang von der Geburt in die Familie 200
- 10.3 Von der Familie in die außerfamiliäre Betreuung 201
- 10.4 Von der KiTa in die Grundschule 203
- 10.5 Maßnahmen für einen gelungenen Übergang 205

10.6	Zusammenfassung	207
10.7	Literatur zur Vertiefung	208

11   Ausblick **209**

12   Literatur **210**

1 Mehrsprachigkeit in der KiTa

Bildungserfolg, der meist an akademischen Abschlüssen gemessen wird, beruht in Deutschland auf den Fähigkeiten in der Bildungssprache Deutsch. Dies ist verwunderlich, da Untersuchungen zum Sprachgebrauch von Schüler:innen zeigen, dass bundesweit zwischen 30 und 50 % aller Schüler:innen in ihrem außerschulischen Alltag neben der deutschen Lautsprache noch mindestens eine weitere Sprache verwenden (Woerfel, Küppers & Schroeder, 2020; Chlosta, Ostermann & Schroeder, 2003; Fürstenau, Gogolin & Yağmur, 2003; Schnitzer & Decker, 2012).

Migration und Mehrsprachigkeit sind nicht dasselbe, doch viele KiTa-Kinder mit Migrationshintergrund sprechen neben Deutsch noch mindestens eine Minderheitensprache in ihrem Alltag. So kommt jedes fünfte Kind erst in der KiTa verstärkt mit der deutschen Sprache in Berührung (Autorengruppe Bildungsberichterstattung, 2020). In Hamburger Vorschulen und Stadtteilschulen haben ca. 60 % aller Kinder eine Migrationserfahrung (Schuljahresstatistik Hamburg, 2020). Ein Drittel aller KiTa-Kinder unter sechs Jahren in Berlin spricht in der Familie eine andere Sprache als Deutsch (Autorengruppe Bildungsberichterstattung, 2020). Hinzu kommen Kinder aus bilingualen Familien, die in Deutschland anerkannte Minderheitensprachen (Niederdeutsch, Sorbisch, Dänisch) sprechen. Zudem wünschen sich immer mehr Eltern eine frühzeitige bilinguale Förderung für ihr Kind und wählen gezielt bilinguale KiTas, nutzen Apps und Computerprogramme zur frühen Förderung von Fremdsprachen oder bringen ihre Kinder neben der KiTa zum Englischunterricht.

Für die überwiegende Zahl der pädagogischen Fachkräfte ist es daher nicht überraschend: Mehrsprachigkeit im Sinne des alltäglichen Gebrauchs von Sprachen neben Deutsch ist nahezu der Normalfall für die Kinder in KiTas.

Mehrsprachigkeit gilt einerseits als Ressource für die Gesellschaft und als Wettbewerbsvorteil für den akademischen Erfolg eines Kindes, bis hin zu der Vermutung, dass Mehrsprachige gegenüber Einsprachigen kognitiv leistungsfähiger wären. Andererseits belegen Studien, dass mehrsprachige Schüler:innen mit Migrationshintergrund im deutschen Schulsystem systematisch benachteiligt werden, und zwar besonders dann, wenn Migrationserfahrung und niedriger sozioökonomischer Status zusammenfallen, also ein von Armut bedrohtes Kind auch einen Migrationshintergrund aufweist. Der Bildungserfolg migrationsbedingt mehrsprachiger Schüler:innen wird dabei meist mit Fortschritten in der Bildungssprache Deutsch gleichgesetzt (u. a. Montanari, Akıncı & Abel, 2019; Chilla, 2019).

Bildungserfolge von Kindern stehen in Deutschland in unmittelbarem Zusammenhang mit der sozioökonomischen Situation der Familie. 2018 war fast jede:r dritte Minderjährige von Risikofaktoren, wie einem niedrigen Bildungsstand der Eltern, Erwerbslosigkeit der Eltern und Armut, betroffen, wobei vor allem Kinder aus Familien mit nur einem alleinerziehenden Elternteil und Kinder mit Migrationshintergrund von mindestens einem der drei Risikofaktoren betroffen waren (Nationaler Bildungsbericht, 2020). Bildungserfolg muss folglich nicht zwangsweise mit den Sprachfähigkeiten des Kindes zusammenhängen, aber wie auch bei einsprachigen Kindern stellen die mangelnde Unterstützung des Elternhauses durch Armut und soziale Benachteiligung einen wichtigen Faktor dar, der es Kindern erschwert, sich dem Bildungsideal der einsprachigen Gesellschaft (Gogolin, 1994) anzupassen.

Einerseits ist es wichtig anzuerkennen, dass der Abbau sozialer Benachteiligung ein Erziehungs- und Bildungsauftrag von KiTa und Schule ist und allen Kindern eine erfolgreiche (sprachliche) Bildung ermöglicht werden soll. Andererseits führt dies in der überwiegenden Zahl der Förderprogramme dazu, ausschließlich den Deutscherwerb zu fördern und zu unterstützen, sodass ein Primat der Vermittlung der deutschen Bildungssprache in allen Bildungsinstitutionen dominiert (Putjata, 2018; Binanzer & Jessen, 2020). »Mehrsprachigkeit« wird dabei weitestgehend als gruppenbezogene Kategorie definiert. Mit anderen Worten: Ungeachtet der individuellen Sprachenerfahrungen, einer (angenommenen) Migrationserfahrung, des tatsächlichen Sprachengebrauchs im Alltag und der Lebenssituation von Kindern werden »Mehrsprachige« über einen Kamm geschoren. Es wird implizit angenommen, dass Kinder mit Migrationshintergrund automatisch Kinder sind, die aufgrund ihrer Familienkonstellation mit Migrationsgeschichte mehrsprachig werden. Doch nicht alle Menschen mit Migrationshintergrund sind mehrsprachig und nicht alle mehrsprachigen Menschen haben einen Migrationshintergrund (Ahrenholz & Maak, 2013). Darüber hinaus kann dem Bildungsbericht (2016) entnommen werden, dass viele KiTa-Kinder auch weitere Sprachen verwenden, dies aber heißt nicht, dass sie nicht auch deutsch sprächen, Deutsch nicht auch (zweite oder dritte) Familiensprache ist, oder gar, dass diese Kinder gar keine Sprachfähigkeiten ausgebildet hätten. Zweitens scheint es unhinterfragt, dass Kinder mit Migrationshintergrund Schwierigkeiten haben, Deutsch zu lernen. Bi- und multilinguales Aufwachsen wird im Bildungswesen häufig von einem verengten Blick auf die (vermeintlich) defizitären Deutsch-Kenntnisse überlagert (Ganteforth & Roth, 2010, S. 574). Die Deutschkenntnisse der mehrsprachigen Kinder werden dabei frühzeitig diagnostiziert, um bei unzureichender Deutschkenntnis z. B. zusätzliche Förderung für einzelne Kinder in der Bezugsgruppe umzusetzen.

Dem entgegen steht eine pädagogische Orientierung an der kindlichen Lebenswelt, die den mehrsprachigen Erwerb in seinen Facetten betrachtet, die individuelle Funktionalität mehrsprachigen Handelns betont und das Potenzial individueller Mehrsprachigkeit (Roth, 2018; García, 2009; Rösch, 2019) in der KiTa systematisch anerkennt und unterstützt.

Eine konsequent mehrsprachige Perspektive

- geht mit einer holistischen Perspektive auf Mehrsprachigkeit nach Grosjean (1989) davon aus, dass ein mehr- bzw. zweisprachiges Kind nicht einfach nur die sprachliche und kulturelle Addition zweier Monolingualer ist.

- berücksichtigt, dass ein Mensch sowohl über gemeinsame als auch über sprachenspezifische Ressourcen verfügt (»Integrated Multilingual Model«, MacSwan, 2019).
- betont das Recht eines Kindes auf Bildung in all seinen Sprachen, sodass es ihm möglich wird, ein individuelles linguistisches Repertoire auszubilden, das aus vielen verschiedenen sozialen Sprachen besteht.
- orientiert sich an den Prinzipien inter- und transkultureller und inklusiver Früh- und Elementarpädagogik.
- stellt die Übertragbarkeit von Modellen des monolingualen Erwerbs des Deutschen auf mehrsprachigen Erwerb infrage und prüft Begriffe wie »Abweichungen« und »Interferenzen« im Spracherwerb kritisch.
- konzentriert sich nicht nur auf die »Förderung des Deutschen als Zweitsprache«, sondern orientiert sich an den Erkenntnissen und Konzepten zur »quersprachigen« Realität.
- plant die individualisierte Gestaltung von Lernarrangements unter Berücksichtigung von kindlichen Lebenswelten, von Mehrsprachigkeit, Mehrkulturalität, Translingualität und im Hinblick darauf, mehrsprachige Kompetenzen zu erproben und erwerben zu können.

In diesem Buch wird dabei angenommen, dass autonome Sprachen nebeneinander existieren und erworben werden können.

Mehrprachige sind Einzelpersonen oder Gruppen von Menschen, die in mehr als einer Sprache, einer Modalität, einer Varietät, einem Dialekt über kommunikative Kompetenzen und unterschiedliche mündliche und/oder schriftliche Fähigkeiten verfügen, um mit Sprecher:innen in einer oder mehreren Sprachen in einer Gesellschaft zu interagieren.

Unsere linguistische Verortung folgt der Idee einer universellen Mehrsprachigkeit (»Universal Multilingualism«, MacSwan, 2019), interpretiert diese aber sprach(en)-pädagogisch: Jede:r Ein- und Mehrsprachige verfügt über verschiedene Sprachregister und Sprachvarietäten, die koexistieren und auch interagieren können. »Kinder entwickeln von Anfang an ›quersprachige Neugier‹, handeln und lernen quer durch Sprachen hindurch« (List & List, 2004; List, 2010, S. 10). Mehrsprachige erwerben so ein über die Grenzen von Sprachsystemen hinausgehendes Gesamtrepertoire an Sprachpraktiken (vgl. Panagiotopoulou, 2016). Dieses basiert jedoch nicht auf einem gemeinsamen Sprachsystem für alle Sprachen einer mehrsprachigen Person, sondern erfasst Mehrsprachigkeit an sich als universal, wobei die Grammatiken eine:r Mehrsprachigen sowohl voneinander getrennte als auch gemeinsame Eigenschaften aufweisen können (»Integrated Multilingual Model«, MacSwan, 2019).

In diesem Buch wird die besondere Spracherwerbs- und Sozialisationssituation mehrsprachig in der Migration aufwachsender Kinder in den Blick genommen. *Heritage-*(»Erbsprachen«)Erwerb bezeichnet den informellen und ungesteuerten Erwerb einer ersten Sprache (L1, Türkisch, Koreanisch, Russisch, Urdu, Finnisch, syrisches Arabisch), die soziolinguistisch als Minderheitensprache bewertet wird, in einem Kontext, in dem die Mehrheitssprache (Deutsch) dominiert. Dies gilt für die überwiegende Zahl von mehrsprachigen Kindern in deutschen KiTas. Kinder, die eine oder mehrere Minderheitensprache(n) als *Heritage*-Sprecher:innen neben dem Deutschen erwerben, bilden die größte Gruppe der mehrsprachig aufwachsenden Kinder, und Russisch und Türkisch sind dabei die häufigsten Sprachen in der KiTa (Czapka, Topaj & Gagarina, 2021).

Aktuelle Forschungsergebnisse zur Bedeutung der Lernumgebung und der institutionellen Förderung des Sprachenlernens zeigen, wie stark sich die Lernumgebungen auf den Sprachenerwerb, den Sprachengebrauch und letztlich auch die bildungs- und schriftsprachlichen Fähigkeiten von Kindern auswirken. Der KiTa kommt in diesem Zusammenhang eine tragende Rolle zu, ist sie doch der Bildungs- und Lernort, in dem sich Kinder ihrer Sprachen bewusst werden, Sprachen erproben und Sprachen begegnen und Wertschätzung für ihre mehrsprachige Identität erfahren können.

Die Haltung pädagogischer Fachkräfte zur Sprachenbildung und ihre Vorstellungen zur Selbstwirksamkeit in Bezug auf die Gestaltung von Sprachlernräumen, ihre sozialen Fähigkeiten, in denen sich die Wertschätzung für Mehrsprachigkeit an sich widerspiegelt, sowie ihre Fach- und Methodenkompetenzen im Hinblick auf die Unterstützung individueller Sprachenbildung sind für die Sprachenbildung eines jeden Kindes in der KiTa essenziell.

Um kompetent und unterstützend handeln zu können, ist es unabdingbar, dass sich pädagogische Fachkräfte reflexiv mit dem Bildungsinhalt und dem Bildungsziel Sprache(n) auseinandersetzen (z. B. List, 2010; Projekt Sprachenbildung in KiTas, 2021). Unser Konzept von mehrsprachiger Bildung erkennt sprachliche Heterogenität an, berücksichtigt aktuelle sprachwissenschaftliche und (neuro)linguistische Erkenntnisse zum Mehrsprachenerwerb und betont die Bedeutung inklusiver Bildungsprozesse (Sulzer & Wagner, 2011).

In Anbetracht der Handlungsspielräume pädagogischer Fachkräfte in KiTas ermutigen wir dazu, Mehrsprachigkeit in der KiTa aktiv zu gestalten: Ihre pädagogische Haltung, ihre Vorstellungen zur (Selbst-)Wirksamkeit von Sprachfördermaßnahmen und vor allem ihre Ideen zur Unterstützung des Sprachenerwerbs tragen maßgeblich zur Entwicklung und Umsetzung von Bildungsangeboten bei, in dem Kinder mehrsprachig werden und sich als mehrsprachige Individuen erproben und erfahren können.

Im Folgenden wird diesem Anspruch Rechnung getragen, indem zunächst in Kapitel 2 dargelegt wird, wie wichtig es ist, mehrsprachige Bildung als durchgängiges Prinzip in der KiTa zu verankern (▶ Kap. 2). Die Bildungsbedürfnisse ein- und mehrsprachiger Kinder und die gesellschaftlichen und gesellschaftspolitischen Realitäten verlangen nach einer pädagogischen Antwort auf die Frage nach optimaler Unterstützung aller Sprachen in der KiTa im Einklang mit dem linguistischen Prinzip der universellen Mehrsprachigkeit. In Kapitel 3 wird der wissenschaftliche Forschungsstand zum Sprachenerwerb diskutiert und im Hinblick auf seine Relevanz für das pädagogische Handeln reflektiert (▶ Kap. 3). Dabei werden aktuelle Forschungsergebnisse zum *Heritage*-Erwerb dargestellt, um zu erläutern, warum Modelle des Spracherwerbs nur bedingt geeignet sind, um die individuellen Bil-

1 Mehrsprachigkeit in der KiTa

dungsbedürfnisse zu bestimmen. Dazu gehört es auch, die Möglichkeiten der pädagogischen Interpretation kindlicher Sprachleistungen kritisch zu analysieren, um sie im KiTa-Alltag gewinnbringend zu nutzen. Weiter werden die Prinzipien der institutionell in der KiTa verankerten mehrsprachigen Bildung praxisnah erläutert, wobei auch Möglichkeiten und Grenzen der Förderung des Deutschen als Zweitsprache in der KiTa, die Rolle der Institution und die Bedeutung der Person der pädagogischen Fachkraft beleuchtet werden (▶ Kap. 4).

Die Frage danach, an welcher Stelle ein mehrsprachiges Kind in seinem Bildungsprozess von den Lernarrangements profitieren kann, hängt auch davon ab, inwiefern die pädagogische Fachkraft sprachenbezogene Bildungsfortschritte und Bildungshürden erkennen und ihnen begegnen kann. In Kapitel 5 wird daher ein praxisnahes diagnostisches Vorgehen skizziert, das die individuellen sprachlichen Bildungsbedürfnisse sowie die praktischen Grenzen diagnostischer Erhebungen in der KiTa bzw. durch die Bezugserzieher:innen berücksichtigt (▶ Kap. 5). In den anschließenden Kapiteln (▶ Kap. 6, ▶ Kap. 7) werden einem pädagogischen Verständnis von Translanguaging folgende Vorschläge für einen mehrsprachigen KiTa-Alltag formuliert, in dem alle Sprachen in der Institution KiTa gewürdigt und unterstützt werden. Anhand von Beispielen werden Lernräume zur Gestaltung von mehrsprachigen Interaktionen zwischen den Kindern und zwischen pädagogischer Fachkraft und Kindern veranschaulicht, und dies auch in Bezug auf Literacy. Die anschließenden Kapitel sind der Umfeldarbeit und der Zusammenarbeit mit den Eltern sowie der Gestaltung von Übergängen gewidmet (▶ Kap. 8, ▶ Kap. 9, ▶ Kap. 10).

> **Aufgabe**
>
> Testen Sie sich selbst! Auf der Seite (https://lingyourlanguage.com/) können Sie spielerisch erfahren, wie unterschiedliche Sprachen klingen. Wie viele Sprachen können Sie sicher erkennen? Welche dieser über 2500 Beispiele aus über 100 Sprachen und 200 Dialekten kennen Sie aus dem KiTa-Alltag? Unter dem »Learn«-Symbol erhalten Sie außerdem grundlegende Informationen über die Sprachen, ihre Sprecher:innen und ihre Verbreitung.

2 Die KiTa als Ort der mehrsprachigen Bildung

2.1 Lernen in heterogenen Gruppen

In unterschiedlichen Lebensphasen sind verschiedene formale, nonformale und informelle Lernorte und Lernkontexte bedeutsam. Daneben sind für die Frühpädagogik verschiedene rechtliche Grundlagen relevant, wie z. B. die Kinderrechtskonvention (United Nations, 1989), das Kinder- und Jugendhilfegesetz KJHG, die Salamanca-Erklärung (UNESCO, 1994) und die Empfehlungen der Kultusministerkonferenz (KMK, 2009).

Neben den Bildungs- und Aktionsplänen der Bundesländer zur Sprachförderung und sprachlichen Bildung (z. B. die Empfehlungen zur Alltagsintegrierten Sprachbildung in Schleswig-Holstein, MSGJFS 2020) sind die Bildungspläne für den Elementarbereich (vgl. zusammenfassend Textor, 2019, und Krappmann, 2007; Prengel, 2011), das UNESCO-Übereinkommen über den Schutz und die Förderung der Vielfalt kultureller Ausdrucksformen (UNESCO, 2005), der EU-Aktionsplan für das Sprachenlernen und die Sprachenvielfalt (2002) Grundlage einer konsequent mehrsprachigen Perspektive in der KiTa. Sie sind in der Konzeption von Bildungsangeboten und Lernarrangements zu berücksichtigen.

> **Aufgabe**
>
>
> Vergegenwärtigen Sie sich bitte Ihre aktuelle Arbeitssituation. In welchen Alltagssituationen werden Sie durch die Ansprüche, die durch die sprachliche Bildung für alle Kinder an Sie gestellt werden, herausgefordert? Gibt es bereits Vereinbarungen, Vorgaben und Leitideen, die Ihnen den Arbeitsalltag erleichtern? Wo erfahren Sie Unterstützung von Ihrer KiTa-Leitung?
>
> Schreiben Sie einen Wunschzettel: Welche Aspekte, Inhalte oder strukturellen Veränderungen sollten von der Leitung bzw. von Ihrer Einrichtung verbessert bzw. neu geschaffen werden, wenn es Ihnen selbst besser gelingen soll, mehrsprachige Bildung im KiTa-Alltag aktiv zu unterstützen?

KiTas sind laut Tippelt und Reich-Claassen (2010, S. 11) Bildungseinrichtungen, »die Lernangebote organisieren; in einem weiteren Sinne fasst man darunter alle räumlichen Einheiten, die Lernende pädagogisch stimulieren – sowohl im Kontext formal-organisierter Einrichtungen als auch im Rahmen informeller Lernprozesse«.

Es ist wichtig, zu wissen, dass die kindliche Lernmotivation und die Lernerfahrungen für alle weiteren bildungsbiografischen Abschnitte bedeutsam sind, und dies gilt auch für die nonformale Bildung in Kindergarten und Krippe (Tippelt & Reich-Claassen, 2010; Reich-Claassen & Tippelt, 2010; Reich-Claassen & Tippelt, 2009). Studien zeigen, dass sich der Erwerbskontext auf den Erwerb des individuellen Sprachenwissens spezifisch auswirkt (Montrul, 2020). Eine wichtige Erkenntnis betrifft den Unterschied zwischen *Heritage* und (frühem) Zweitspracherwerb: Informelle Lernumgebungen unterstützen die flüssige Sprachverwendung in *Heritage*- und der Zweitsprache Deutsch, wohingegen formale Lernumgebungen (Kurse, Unterricht, gezielte additive Förderung) eher auf die linguistische Korrektheit abzielen (Montrul, 2020). Erstens bedeutet dies: Werden individuelle Sprachleistungen von mehrsprachigen Kindern mit Testverfahren gemessen und mit den Schritten im Erst- oder Zweitspracherwerb verglichen, so fehlt oft die pädagogische und linguistische Reflexion des Erwerbskontexts (▶ Kap. 3). Zweitens kann daraus abgeleitet werden: Lernarrangements im Bildungsraum KiTa, die bewusst sozial-interaktive Kommunikation und strukturiertes Regellernen kombinieren, werden dazu beitragen, dass Mehrsprachigkeit in vielen Facetten gefördert wird.

Der Gestaltung der Lernorte und der Lernorganisation in der KiTa durch die pädagogischen Fachkräfte kommt daher eine herausragende Bedeutung zu. Denn beides, die Gestaltung einerseits und die Lernorganisation andererseits wird mit dem Wissensinhalt abgespeichert und beeinflusst den individuellen Lernerfolg (Roth, 2003; Tippelt & Reich-Claassen, 2010). Lernen zu arrangieren und Lernsettings absichtsvoll zu gestalten bedarf einer methodisch-didaktischen Durchdringung bzw. eines Konzeptes unter Berücksichtigung beeinflussender Faktoren, z. B. räumliche, zeitliche, personelle und instrumentelle Aspekte. Aus Metaanalysen zur Wirksamkeit von Lernarrangements und Unterrichtsmethoden lässt sich ableiten: Selbstgesteuertes Lernen ist »Voraussetzung, Methode und Ziel« (Weinert, 1982, zitiert nach Horstkemper, 2014) und fußt auf sozialen Interaktionen (vgl. auch Meyer & Meyer, 2013).

Wissen kann besonders gut erworben werden, wenn das Lernen situiert und kontextgebunden geschieht. Im Gegenzug sind viele Bereiche des sprachlichen Wissens wiederum mit Handlungen, Kontexten, spezifischen Situationen und Problemlagen verknüpft. Das sprachliche Repertoire eines Menschen umfasst die vielen Sprechstile, Varietäten und Sprachen, über die eine Person verfügt. Das Wissen darüber, ob die Vorgesetzte oder die Beziehungspartnerin geduzt werden darf, welche Jugendwörter aktuell sind, dass das Schwäbische immer dann »durchkommt«, wenn der Vater Maultaschen zubereitet, muss in der sozialen Interaktion und mit seinen linguistischen Mitteln (Wortschatz, Betonung, Lautbildung) erst erworben werden. Wenn im Alltag nie der Bedarf besteht, die Einzelteile einer Kletterausrüstung oder alle Schifferknoten exakt zu benennen, werden diese auch nicht im Lexikon abgespeichert; ein Alltag als Kapitänin auf einem Traditionsewer wird es aber erleichtern, »Palstek« und »Webleinstek auf Slip« sicher zu verwenden.

Ein Lernarrangement strukturiert Themen oder Aufgaben und ist auf einen definierten transparenten Lernfortschritt hin ausgerichtet. Bei einem Lernarrangement handelt es sich um die inhaltliche und/oder systematische An- und Zuordnung von Themen und Aufgaben, Impulsen und Materialien für eine Gruppe. Es soll motivieren und aktivieren sowie an den Lernpotenzialen, Lerninteressen und Lernbedürfnissen der Kinder ansetzen.

Heterogene Lerngruppen in Bildungsinstitutionen sind kein neues Phänomen. Heterogenität wird schon seit dem Altertum als Faktor diskutiert, der Bildung und Erziehung beeinflusst, und in der gegenwärtigen Diskussion wird das Konzept oft im Zusammenhang mit Schwierigkeiten oder besonderen Hürden von Gruppen assoziiert. Dabei ist der Begriff zunächst einmal neutral und nicht wertegebunden: Gruppen können in Bezug auf ein personenbezogenes Merkmal, wie Alter, Migrationshintergrund, Geschlecht oder Sehfähigkeit homogen oder heterogen sein (Wenning, 2007; von Lang et al., 2010; Wischer, 2009), ohne dass damit eine Problematisierung einhergehen muss. Ein Bewusstsein für Gruppenunterschiede und die damit verbundenen Klassifizierungen und Defizitzuschreibungen von Kindern werden jedoch wichtig, wenn gruppenbezogene soziale Phänomene sichtbar gemacht und problematisiert werden sollen, wie dies zum Beispiel in der Sozialberichterstattung über »mehrsprachige Kinder«, »Kinder mit Migrationshintergrund« oder »Kinder aus bildungsfernen Elternhäusern« (Der Tagesspiegel, 2018) erfolgt (Betz, 2008; Leu, 2002; Prengel, 2011).

> In diesem Buch wird Mehrsprachigkeit als eine Dimension sprachlicher Heterogenität in der KiTa gefasst. Mehrsprachige Erziehung ist ein Recht mehrsprachig aufwachsender Kinder. Der Begriff »sprachliche Heterogenität« wird hier gewählt, um die Verschiedenheit der sprachlichen Entwicklung und der sprachlichen Bildungsbedürfnisse in der KiTa anzuerkennen.

Über diese gruppenbezogenen Zuschreibungen werden vermeintlich einheitliche Kategorien transportiert, die suggerieren, dass Kinder, die ein oder mehrere Merkmale dieser Gruppen teilen, in Bezug auf Bildung und Bildungserfolg gleiche Erfolgschancen haben und pädagogische Fachkräfte aus diesen Kategorien für das einzelne Kind Bildungshürden ableiten könnten. Prengel (2011, S. 14) verweist auf einen wichtigen Faktor institutioneller Förderung von mehrsprachig in der Migration aufwachsenden Kindern, nämlich auf die Quote des Besuchs von Einrichtungen. Sie legt anhand der Daten des Zahlenspiegels und der Kinderbetreuungsstudie des Deutschen Jugendinstituts (DJI) dar, dass die meisten mehrsprachigen Kinder in eine KiTa gehen (Leu et al., 2007). Dabei zeigt sich, dass sozioökonomische Faktoren bereits die frühe Bildung in nicht zu unterschätzender und in der sprachlichen Bildung besonders zu berücksichtigender Weise beeinflussen: je höher das Bildungsniveau und die Erwerbstätigkeit der Eltern, desto eher werden Kinder in Einrichtungen untergebracht. Nur 10 % der Kinder im Alter zwischen drei und sechs Jahren besuchen keine Einrichtung und stammen tendenziell aus sozial benachteiligten Familien (Riedel, 2007, S. 25; Bien, Rauschenbach & Riedel, 2006). Ein niedriger Bildungsstand der Familie, eine Migrationsbiografie beider Eltern, ein Aufwachsen mit mehreren Geschwistern und eine Erziehung durch Alleinerziehende werden in verschiedenen Studien mit negativen Auswirkungen auf den Entwicklungsstand eines Kindes zum Zeitpunkt der Einschulung assoziiert (u. a. Knollmann & Thyen, 2018). »[…][W]eist ein Kind einen Migrationshintergrund auf und besitzt zugleich einen niedrigen Sozialstatus, bedeutet dies auch ein zusätzliches Risiko, nicht an frühkindlicher Bildung zu partizipieren« (Fuchs-Rechlin, 2007, S. 216; Geier & Riedel, 2008; Büchner, 2008; Kreyenfeld, 2007; Becker & Tremel, 2006; Becker & Lauterbach, 2004).

Im Zusammenhang mit mehrsprachiger Bildung ist es interessant, wie »Migrationshintergrund« neben Behinderung und Erkrankung als ein den pädagogischen Alltag beeinträchtigender Faktor dargestellt wird. Als Menschen mit Migrationshintergrund werden mit der Definition aus dem Mikrozensus des Statistischen Bundesamtes (2011) alle nach 1949 auf das heutige Gebiet der Bundesrepublik Zugewanderten sowie alle in Deutschland geborenen Ausländer:innen und alle in Deutschland als Deutsche Geborenen mit zumindest einem zugewanderten oder als Ausländer in Deutschland geborenen Elternteil erfasst. 18,7 % der 82,3 Millionen Einwohner:innen hatten 2007 einen Migrationshintergrund, von denen (Spät-)Aussiedler:innen und Türkeistämmige die größte Gruppe bilden (Statistisches Bundesamt, 2008).

Wird diese Definition auf den KiTa-Alltag übertragen, wird deutlich, dass die wenigsten Kinder damit erfasst werden: Die überwiegende Zahl der Kinder und ihre Eltern sind in Deutschland geboren und aufgewachsen. Gleichzeitig wird »Migrationshintergrund« in Anmeldebögen erhoben und in Veröffentlichungen zur Förderung von Kindern nur selten hinterfragt, obwohl »Kinder mit Migrationshintergrund« bei Weitem keine einheitliche Gruppe bilden. Vielmehr begegnen den pädagogischen Fachkräften in der KiTa unterschiedliche Lebenslagen, wobei sich nationale, sozialstrukturelle, milieuspezifische, regionale und religiöse Herkunft in ihrem Leben unterschiedlich auswirken. Zudem kann die Geschlechtszugehörigkeit für ihr Leben einen großen Unterschied machen (Diehm, 2008; Diehm & Kuhn, 2005).

Professionelles Handeln von pädagogischen Fachkräften verlangt daher nach der kritischen (Selbst-)Reflexion in der Nutzung von gruppenbezogenen Konstrukten wie »Migrationshintergrund«, »arabische Großfamilie« oder »die Russen in unserer KiTa« und der Bedeutung von Zuschreibungen und Kategorien für das einzelne Kind.

Diehm und Kuhn (2006) haben die Perspektiven junger Kinder auf Ethnizität untersucht und fragen, »wie und in welchen Situationen und sozialen Kontexten sich diese Unterscheidung in Interaktionen innerhalb der peer-group im Kindergarten Ausdruck verschafft« (ebd., S. 47). Beide Autoren wie auch Kuhn (2011) belegen, wie z. B. in Kinderliedern, im Alltag und in alltäglichen Routinen die Differenzkategorie ›Ethnizität‹ im Kindergartenalltag vermittelt wird.

> **Aber was soll ich denn dann noch singen dürfen?**
>
> »Ich heiße Djénéba. Sag einfach Dina.«
> »Mensch, du siehst ja gar nicht wie ein Kevin aus!«
> »Artemis ist aber ein schöner Name!«
>   Alltagsdiskriminierung zeigt sich oft schon darin, dass sich Erwachsene keine Mühe geben, die Namen der Kinder möglichst so auszusprechen, wie sie wirklich

klingen. Auch Kommentare zu Personennamen »Was ist denn das für ein Name? Kommst du aus Namibia?« wirken diskriminierend.

Artemis hingegen wird in der Regel nicht gefragt, ob sie Altgriechisch beherrscht.

Die Fachstelle Kinderwelten für vorurteilsbewusste Bildung und Erziehung hält kurze informative Flyer und Materialien bereit, um sich für Alltagsdiskriminierung zu sensibilisieren, z. B. https://www.vielfalt-mediathek.de/wp-content/uploads/2020/12/kids201802_namen_vielfalt_mediathek.pdf (03.09.2021) (zitiert nach Chilla & Niebuhr-Siebert, in Druck), und bieten auch eine Liste von Liedern, die Kinder stärken: https://situationsansatz.de/wp-content/uploads/2019/07/kids_kinderlieder.pdf (03.09.2021).

Formen rassifizierender Praktiken in der frühen Bildung (Lane, 2008)

- in Interaktionen Macht gegenüber anderen ausüben (vgl. http://www.gespraechsforschung-ozs.de/heft2004/ga-brock.pdf)
- die Bedeutung von Entscheidungen und Richtlinien für bestimmte Gruppen nicht hinterfragen
- ethnozentrisches Denken und Nutzung von ethnozentrischen Ressourcen
- mangelndes Bewusstsein für den kulturellen Hintergrund und die individuellen Lebenswelten eines Kindes
- mangelnde Bereitschaft, in täglichen Besprechungen, Weiterbildungen oder Meetings rassifizierende Aspekte anzusprechen oder sich gegen rassistische Äußerungen zu wehren
- fehlende Auseinandersetzung mit neuen Forschungsergebnissen zu Rassismus in Erziehungswissenschaft und pädagogischer Praxis
- fehlende Auseinandersetzung mit der Frage, wie sich die Forschungsergebnisse zu Rassismus mit den rechtlichen Rahmenbedingungen und z. B. den Leistungszuweisungen verbinden lassen.

Die Studie von Kuhn (2011) zeigt außerdem, »wie mit ethnisierenden Differenzinszenierungsprozessen eine Homogenisierung der Kindergartengruppe legitimiert wird und wie ethnisch kodierte Differenz mittels didaktischer Inszenierungen auch ohne direkten Bezug auf Individuen (auf einzelne Kinder) realisiert wird« (Panagiotopoulou, 2013, S. 775 f.). Ebenso sind rassialisierende Praktiken in der pädagogischen Praxis unbewusst oder bewusst vorhanden und werden – entgegen allen guten Vorsätzen – auf Bezugsgruppen wie auf Leitungsebene reproduziert (Lane, 2008; Sleeter, 2007). Dies gilt es, im Alltag zu erkennen und zu reflektieren.

2.1 Lernen in heterogenen Gruppen

Aufgabe

Versuchen Sie bitte, den verschiedenen Punkten aus der Liste von Lane Situationen aus Ihrem Alltag zuzuordnen.

Als Beispiel: »*fehlende Auseinandersetzung mit der Frage, wie sich die Forschungsergebnisse zu Rassismus mit den rechtlichen Rahmenbedingungen und z. B. den Leistungszuweisungen verbinden lassen*« → In meiner KiTa muss bei allen »Kindern mit Migrationshintergrund« im Alter von fünf Jahren ein Sprachstandstest durchgeführt werden.

Nutzen Sie dazu bitte auch die Alltagsbeispiele aus dem offenen Brief gegen Alltagsrassismus: »Aufforderung zum offenen Umgang mit versteckten Rassismen in Kinderliedern, Spielen, Faschingskostümen usw.«, https://www.verband-binationaler.de/fileadmin/Dokumente/Newsletter/13-05-Offener_Brief_Alltagsrassismus.pdf (03.09.2021).

Weitere Beispiele von Alltagsrassismus im Kindergarten finden Sie in den Beispielen des Beitrages von Serap Sıkcan (2007): Mehrsprachige Kinder in einsprachigen Kindergärten. In: *Kinder in Europa*, KE 12/07. Online verfügbar unter: http://www.verlagdasnetz.de/zeitschrift/kinder-in-europa/ke-1207/420-mehrsprachige-kinder-in-einsprachigen-kindergaerten.html (07.07.2014).

Pädagogisches Fazit

Kindzentriertheit bedeutet im Kontext von mehrsprachiger Bildung auch, dass sich jede pädagogische Fachkraft ihrer Verantwortung für und ihrer eigenen Vorstellungen gegenüber mehrsprachigen, multikulturellen und multiethnischen Gruppen bewusst wird. Sie reflektiert ihr Wissen und ihre Wissenslücken in Bezug auf die (un-)bewussten alltäglichen Kategorisierungen und Zuschreibungen sowie Zuordnungen. Kompetentes Handeln heißt, sich selbst dahingehend zu beobachten, wo man selbst (unbewusst) soziale und kulturelle Ungleichheit in der KiTa reproduziert. Wenn sichergestellt ist, dass die Fachkräfte den heterogenen Lebenswelten in ihren Einrichtungen begegnen und den unterschiedlichen Lern- und Entwicklungslagen der Kinder gerecht werden wollen, dann können Konzepte der Bildung, Erziehung und Betreuung gefunden werden, die auch die kindliche Mehrsprachigkeit angemessen berücksichtigen (Prengel, 2011).

2.2 Sprachbildung, Sprachförderung oder Sprachenbildung?

Aufgabe

Bitte nehmen Sie sich – am besten mit mehreren Kolleg:innen – ca. zehn Minuten Zeit.

Bitte zeichnen Sie sich eine individuelle Gedächtnislandkarte (»Mindmap«) zum Thema *sprachliche Bildung*. Assoziieren Sie zunächst frei.

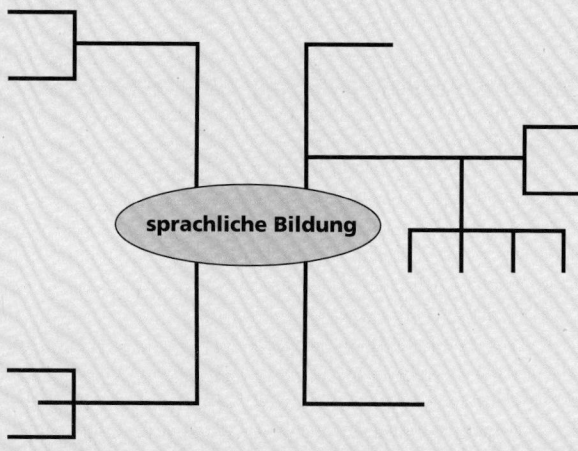

Abb. 1: Mindmap zur sprachlichen Bildung

In einem zweiten Schritt können Sie sich Leitfragen stellen:

- Verwendet Ihr KiTa-Leitbild den Begriff »sprachliche Bildung«?
- Wie wird der Begriff in individuellen Entwicklungsplänen gefüllt?
- Welche Aufgaben sind damit für die pädagogische Fachkraft verbunden?
- Welche Aufgaben kommen den Eltern zu?
- Was muss das Kind leisten?

Vergleichen Sie Ihre Mindmap mit der von Kolleg:innen und diskutieren Sie über Gemeinsamkeiten und Unterschiede. Versuchen Sie bitte, eine eigene Definition von »sprachlicher Bildung« zu generieren.

Die Übung zeigt: Obwohl der Begriff der »sprachlichen Bildung« in aller Munde geführt wird, verbindet doch jede Einzelne ihre je eigenen Assoziationen damit. Dies schlägt sich nicht zuletzt auch in individuellen Vorstellungen darüber nieder, was in Bezug auf Sprache »gelernt«, was »gefördert« oder »unterstützt« werden muss. Dem

2.2 Sprachbildung, Sprachförderung oder Sprachenbildung?

Begriff der »alltagsintegrierten Sprachförderung« und damit verbunden der Vorstellung von (Selbst-)Wirksamkeit auf den Spracherwerbsprozess von Kindern kommt gerade in der KiTa eine Schlüsselstellung zu.

> »So nimmt die Heterogenität in Kindertageseinrichtungen, vor allem in Bezug auf die Familiensprache der Kinder, weiter zu. Das stellt an die KiTa-Landschaft erhöhte Anforderungen, da der Erwerb der deutschen Sprache möglichst früh in der Kindheit erfolgen sollte. Im Bundesdurchschnitt sprachen 2019 22 % der 3- bis unter 6-jährigen KiTa-Kinder zu Hause vorrangig nicht Deutsch; zumindest für diese Kinder ist die Kindertagesbetreuung der Schlüssel zum Erwerb der deutschen Sprache. Die Sprachförderung sowie Diagnostik sind von länderspezifischen Regelungen geprägt, die eine Vergleichbarkeit bzw. eine Ausweisung von Gesamtwerten für Deutschland nicht ermöglichen. Wenn von Tageseinrichtungen erwartet wird, die Kinder in sprachlicher Hinsicht so auf die Schule vorzubereiten, dass sie dem Unterricht in der Grundschule von Anfang an folgen können, dann muss den Rahmenbedingungen von Sprachfördermaßnahmen weiterhin höchste Aufmerksamkeit zukommen« (Nationaler Bildungsbericht kompakt, 2020, S. 6).

Nach der UN-Konvention (United Nations, 1989) haben alle Kinder ein Recht auf Bildung, und dies gilt selbstverständlich auch für Kinder mit Behinderungen (UN-BRK). Bildung ist darauf ausgerichtet, die kindliche Persönlichkeit, ihre Begabungen und ihre geistigen und körperlichen Fähigkeiten voll zur Entfaltung zu bringen (Nutbrown, 2010; Diehm & Panagiotopoulou, 2011). Sprachenbildung in der KiTa ist eine universelle Bildungsaufgabe und betont die soziale Funktion von Sprache und somit die Sicherung von Chancengerechtigkeit (Kammermeyer & Roux, 2013). Doch gerade migrationsbedingte Differenz und Kinder mit Behinderungen finden in den Bildungsplänen der Bundesländer noch immer zu wenig Berücksichtigung. Speziell »Kinder mit Migrationshintergrund« werden systembedingt benachteiligt (vgl. Overwien & Prengel, 2007, S. 26 f.). Diefenbach (2008) schlussfolgert, dass die überwiegende Zahl der Erklärungsansätze die Schlechterstellung von Kindern mit Migrationshintergrund in den Betroffenen selbst und speziell in deren Herkunftskultur, die als defizitär aufgefasst wird, ursächlich begründet liegt. Doch je jünger ein Kind, desto weniger empirisch gesicherte Befunde gibt es, die erklären könnten, warum genau dieses *Kind* später vom Bildungssystem benachteiligt wird (vgl. Krüger, Deppe & Köhler, 2010, S. 9). Sicher ist, dass ethnische Bildungsungleichheit bereits vor der Schulzeit wurzelt (vgl. Becker & Biedinger, 2010, S. 49), sodass pädagogische Fachkräfte hier besonders wachsam sein sollten. Doch wird weniger das System insgesamt hinterfragt oder hinsichtlich von Bildungsbenachteiligung umstrukturiert. Vielmehr werden die sprachlichen Leistungen der Kinder und später der Schüler:innen dafür verantwortlich gemacht, dass sie im Bildungssystem keine Bildungsabschlüsse erreichen, die ihrem kognitiven Niveau entsprechen. Speziell die Fähigkeiten im Deutschen oder in der »Bildungssprache Deutsch« eines einzelnen mehrsprachig aufwachsenden Kindes werden als defizitär wahrgenommen. Als Konsequenz daraus gibt es viele Bemühungen, die Kinder in ihrem Deutscherwerb zu unterstützen, um sie »fit« für den Schulalltag zu machen.

> Aus praktischen Überlegungen und den gesellschaftlichen Anforderungen an gute Deutsch-Kenntnisse einerseits, aber auch aufgrund nur weniger Konzepte zur mehrsprachigen Bildung andererseits findet sich in der KiTa-Praxis eine starke

Orientierung und Konzentration auf den Erwerb des Deutschen. Pädagogische Fachkräfte, die selbst monolingual sind, fühlen sich oft nicht in der Lage, alle Sprachen eines Kindes zu berücksichtigen, und fragen sich, wie sie diese in der alltäglichen Planung mit einbeziehen können. Sie beschränken sich dann meist auf die Förderung des Deutschen, erleben diese Tatsache aber als unbefriedigend, da sie verstehen, dass zur sprachlichen Bildung alle Sprachen eines Kindes gehören. Dass migrationssensible mehrsprachige Bildung in der KiTa auch zu einer positiven Haltung von Kindern gegenüber Mehrsprachigen beitragen kann, zeigt unter anderem das LBS-Kinderbarometer (▶ Abb. 2, LBS-Kinderbarometer, 2016, S. 201). Kinder sollten der Aussage »Ich finde es gut, dass man in Europa unterschiedliche Sprachen spricht« zustimmen. Kinder mit Migrationshintergrund stimmen der Aussage häufiger zu als Kinder ohne Migrationshintergrund (MW = 4,1 vs. MW = 3,8) und in den Bundesländern Sachsen (MW = 3,7), Sachsen-Anhalt, Brandenburg und Thüringen (je MW = 3,8) stimmen Kinder dieser Aussage signifikant seltener zu als Kinder in Berlin (MW = 4,3).

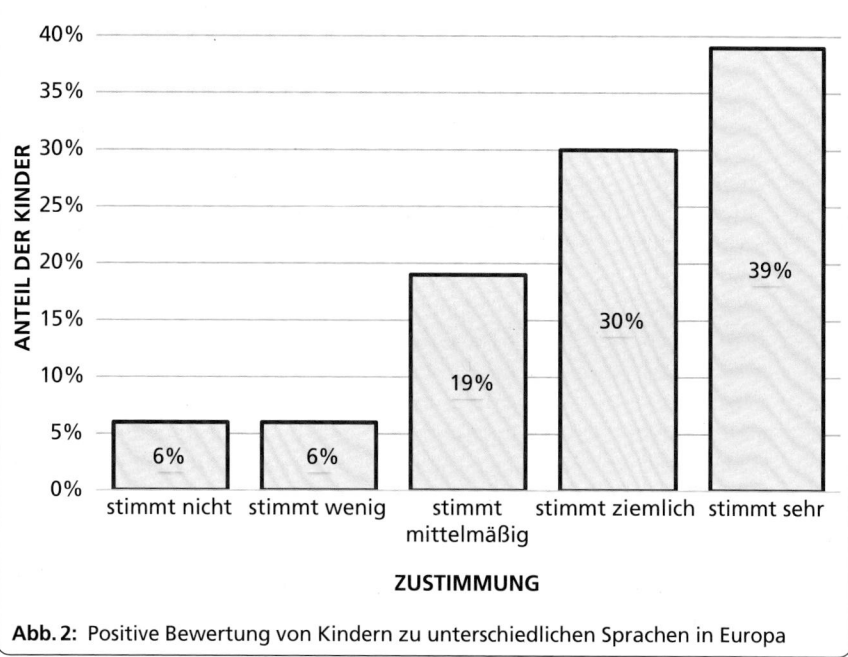

Abb. 2: Positive Bewertung von Kindern zu unterschiedlichen Sprachen in Europa

Es ist positiv, zu werten, dass das Recht von Kindern mit Migrationshintergrund auf sprachliche Bildung gesehen wird und auch immer mehr an Bedeutung (Diehm & Panagiotopoulou, 2011) gewinnt. Der sprachpädagogische Bildungsauftrag in Krippe und KiTa entspringt aus den sprachlichen Bildungsbedürfnissen des je individuellen Kindes und seinem Recht auf sprachliche Bildung. Institutionalisierte elementare sprachliche Bildung ist kein in sich geschlossenes Feld, sondern bedarf einer Integration verschiedener gesellschaftlicher, sozialer, familiärer und individueller Interessen, wobei die Wertvorstellungen der Mehrheitsgesellschaft gerade in Bezug auf den Spracherwerb dominant sind. Gleichzeitig müssen individuelle Bildungs- und Entwicklungsvoraussetzungen und kindliche Lebenswelten, die unter Umständen stark von den Vorstellungen der Eltern und erwachsener Expert:innen abweichen, berücksichtigt werden (Chilla & Fuhs, 2013; Lengyel, 2011). In unserem Konzept können pädagogische Fachkräfte zur mehrsprachigen Bildung in der KiTa (Chilla, 2017, 2019; Chilla & Niebuhr-Siebert, in Druck) beitragen, indem sie aktiv Lernräume schaffen, in denen sich Kinder erproben, als kompetente Sprecher:innen erfahren und weiterentwickeln können.

Es ist die pädagogische Fachkraft, die mit ihren professionellen Kompetenzen und vor allem ihrem Engagement, ihren Vorstellungen darüber, welche Rolle ihr im Sprachenerwerb von Kindern zukommt, und ihrem Gestaltungswillen dazu beiträgt, anregende Lernumgebungen für mehrsprachige Bildung zu schaffen. Professionelle Kompetenzen von pädagogischen Fachkräften für die Sprachenbildung lassen sich über Modelle beschreiben (u. a. Mischo & Fröhlich-Gildhoff, 2011; Blossfeld, 2012; Thoma et al., 2011; zur Kritik an der empirischen Evidenz der Modelle vgl. Peters et al., 2020). In den Kompetenzmodellen werden verschiedene Aspekte benannt, wobei die Überzeugungen pädagogischer Fachkräfte zum Thema Sprachenbildung als ebenso wirksam für das konkrete Handeln identifiziert werden wie das eigentliche Fachwissen (vgl. auch Chilla, 2021). Theoriewissen basiert nach Faas (2013) vor allem auf wissenschaftlich begründeten Erkenntnissen mit bereichs- und themenbezogenem Fachwissen, frühpädagogischem Grundlagenwissen und didaktischem Planungs- und Handlungswissen. Das eher implizite und erfahrungsbasierte Praxiswissen wird dagegen über alltägliche Interaktionen generiert (vgl. auch Peters et al., 2020). Für die Sprachenbildung konnten sowohl Zusammenhänge zwischen sprachbezogenem Theoriewissen als auch der Qualität sprachlichen Handelns hergestellt werden (Fried, 2013; Ofner, 2014). Studien zeigen, dass die Einstellungen der pädagogischen Fachkräfte zur Mehrsprachigkeit, das Wissen um mehrsprachige Entwicklung und die Qualität der Bildungseinrichtungen eine bedeutende Rolle für die Berücksichtigung von Mehrsprachigkeit in der KiTa spielen (u. a. Kratzmann et al., 2017), da sich die Einstellungen auf das Denken und das Handeln ausprägen (Fröhlich-Gildhoff et al., 2011; 2014) und im Hintergrund auf das pädagogische Handeln einwirken (vgl. auch Kratzmann et al., 2013; 2017).

Wir nehmen eine pädagogische Perspektive ein, die sich zum Ziel setzt, Kinder dabei zu unterstützen, ihre sprachliche Handlungsfähigkeit in allen ihren Sprachen und ihren »linguistischen Repertoires« (MacSwan, 2019) auszubilden. Das hier vorgestellte Konzept mehrsprachiger Bildung muss sich als pädagogisches Modell in Einrichtungen bewähren, die nicht nur alle Kinder aufnehmen, sondern ihnen auch uneingeschränkte Teilhabe und Gemeinsamkeit innerhalb der Institution garantieren (Prengel, 2011). Wir folgen aktuellen Forschungsergebnissen zum Spracherwerb, die die Rolle der Lernumgebung für den Sprachenerwerb »angehende Mehrsprachige« (Montanari & Panagiotopoulou, 2019, S. 39) betont: Die Kinder erwerben ihre Sprachen gemeinsam und erfahren durch die didaktische Vorbereitung von konkreten Situationen, dass ihr linguistisches Repertoire auch in der KiTa eine wichtige Rolle spielt und im Hinblick auf mehrsprachige Handlungsfähigkeit gewürdigt und erweitert wird. Dies bedeutet, sich unter anderem von den Normvorstellungen im Sinne einer zu erreichenden Altersnorm für bestimmte sprachliche Leistungen zu verabschieden: Mehrsprachige sind nicht einfach zwei Monolinguale in einer Person. Die Spracherwerbswege von mehrsprachigen Kindern in der KiTa sind individuell und können mit monolingualen Testverfahren zwar erhoben, aber nicht bewertet werden, da eine Vielzahl von Faktoren aus der Lernumgebung auf die Testergebnisse einwirkt. Daher wenden wir uns den Forschungsergebnissen zum Sprachenerwerb von Kindern zu, die ihre Sprachen als *Heritage*-Sprecher:innen erwerben und berücksichtigen darüber hinaus Kinder, die unter den Bedingungen einer Primärbeeinträchtigung mehrsprachig werden. Sie sind ebenso Teil der mehrsprachigen KiTa wie Kinder aus sozial starken Familien oder Kinder aus prekären sozialen Lebenslagen. Der Stand individueller sprachlicher Bildung wird fokussiert und als Ausgangspunkt der Gestaltung von Lernsettings im Sinne von Lernangeboten dienen. Die angenommene Ursache der jeweiligen Unterschiede im Sprachstand wird berücksichtigt, steht aber nicht im Vordergrund. Hattie (2013, 2019) fordert nach einer umfassenden Analyse von schulischen Lehr-/Lernumgebungen und Methoden Lehrkräfte dazu auf: »Wisse, wie du auf deine Schüler:innen wirkst!« Ebenso gilt für die Gestaltung von Bildungsräumen in der KiTa, in der Kinder mehrsprachig sein und werden können: »Kenne deinen Einfluss!« (Hattie & Zierer, 2017). Kratzmann et al. (2017) konnten zeigen: Haben pädagogische Fachkräfte eine positive mehrsprachig-pädagogische Einstellung, dann wird in der KiTa mehrsprachig agiert und das mehrsprachige Handeln unterstützt. Versteht die pädagogische Fachkraft hingegen ihre Rolle vor allem darin, Kinder gut auf die Schule vorzubereiten und/oder alle weiteren Sprachen zugunsten guten Deutscherwerbs zu überwinden, steht dies mehrsprachiger Bildung entgegen (vgl. Kratzmann et al., 2017). Mehrsprachiger Erwerb und mehrsprachige Bildung können unterstützt werden, ohne dass sich die einzelne pädagogische Fachkraft zwischen »Förderung des guten Deutscherwerbs« oder »Förderung des mehrsprachigen Individuums« entscheiden muss. Dies gelingt, indem sich die pädagogische Fachkraft Fachwissen zur Sprachenentwicklung, zur Mehrsprachigkeit und zur Ermöglichung mehrsprachiger Bildung in der KiTa aneignet und dieses reflektiert. So kann der Einfluss erfahrungsbedingter Einstellungen, die einer mehrsprachigen Perspektive entgegenstehen können, minimiert werden. Darüber hinaus ermutigen wir pädagogische Fachkräfte, sich sprachförderliche Herangehensweisen und Strategien anzueignen, um den KiTa-Alltag mehrsprachig und interaktionsfördernd zu gestalten (vgl. auch Egert et al., 2020). Unser Konzept versteht Mehrsprachigkeit im Sinne eines »holistischen« Verständnisses von Bilingualität (Grosjean, 1982; 2010) (▶ Kap. 3.1.1), mit dem jedes mehrsprachige Kind als einzigartig wahrgenommen wird. Erwerb und Gebrauch mehrerer Sprachen sind geprägt von den verschiedenen Erfahrungen mit den Einzelsprachen und ihren Registern sowie von den Erwerbs- und Gebrauchsbedingungen, und damit auch vom KiTa-Alltag geprägt. Mehrsprachigkeit und Interkulturalität werden so zu »Querschnittsdimensionen institutioneller frühkindlicher Bildung« (Lengyel, 2011). Als Konsequenz reduziert sich sprachliche Bildung für mehrsprachige Kinder nicht nur auf den Erwerb von zwei Lautsprachen. Sie ist Bildung auch für Kinder, die ihre Sprachen unter den Bedingungen von Primärbeeinträchtigungen, in verschiedenen Modalitäten oder bei Sprachentwicklungsstörungen erwerben. Damit wird eine Trennung von sprachlicher Bildung für alle einerseits, Sprachförderung als Prävention und Kompensation »potentiell schädigender Effekte von Entwicklungs- und Sozialisationsrisiken« für »Risiko-Kinder« andererseits und letztlich »nur noch« die Möglichkeit einer »Sprachtherapie« für Kinder mit Sprachentwicklungsstörungen, wie von Fried (2006, S. 173) vorgeschlagen, obsolet (vgl. auch Diehm & Panagiotopoulou, 2011).

2.3 Möglichkeiten und Grenzen der sprachlichen Bildung im institutionellen Kontext: Evidenzbasierung, Deutsch als Zweitsprache und Mehrsprachigkeit in der KiTa

Mit dem Wunsch danach, in der KiTa gute sprachliche Bildung zu ermöglichen, ist die Vorstellung verbunden, »das Richtige« tun zu können. Dabei verändert sich oft scheinbar von einem Tag auf den anderen, was vonseiten der pädagogischen Expert:innen, der Wissenschaft oder von Eltern als »richtig« oder »sinnvoll« gewertet wird. Denn wie die sprachliche Bildung mehrsprachig in der Migration aufwachsender Kinder gelingen kann, ist Gegenstand aktueller Forschungen und Diskussionen. Viele Faktoren können die Gestaltung von Lernarrangements in der KiTa beeinflussen, sodass oft gefordert wird, die »pädagogische Qualität« und die »Evidenzbasierung pädagogischen Handelns« zu verbessern. Die Frage »Woher weiß ich, was wie wirkt?« stellt sich im sprachpädagogischen Alltag täglich neu. In der Praxis haben sich meist gut erprobte Materialien aus der Förderung des Deutschen als Fremd- oder Zweitsprache bewährt, doch konkurrieren diese positiven Erfahrungen oft mit den Ergebnissen des sehr aktiven Forschungsfeldes Mehrsprachigkeit.

> »Weitgehend Konsens herrscht mittlerweile darüber, dass formale Lernprogramme kaum das richtige Instrument sind. ›Es bringt nichts, den Kindern Kärtchen vorzulegen und sie Begriffe nachsprechen zu lassen‹, sagt Heidi Keller vom Niedersächsischen Institut für Frühkindliche Bildung und Entwicklung. Eine Sprache lerne man beim ständigen Zuhören und Sprechen, wofür der KiTa-Alltag durchaus genug Anlässe biete. Die Erzieher müssten sie jedoch nutzen« (Spiewak in: Die Zeit 36/2012).

Gerade im Kontext mehrsprachiger Bildung gibt es fast täglich neue Förderempfehlungen oder Materialien, die den KiTa-Alltag bereichern sollen. Doch wie kann der:die Erzieher:in entscheiden, welcher Anlass welche Gelegenheit bietet und wie diese optimal genutzt werden kann? Zunächst gilt es zu prüfen, welches Material für welchen Anlass entwickelt wurde (Kany & Schöler, 2010). Mit der nachfolgenden Tabelle 1 (▶ Tab. 1) wird versucht, die große Vielzahl von Sprachförder- bzw. Sprachbildungsansätzen im Überblick und prägnant zu systematisieren (vgl. auch Schneider et al., 2012). Bildungs- und Förderangebote werden im Hinblick auf Organisation, Adressaten, Inhalt und Methodik eingeordnet. Bezüglich der Organisation wird unterschieden, ob Kinder additiv und damit außerhalb der Angebote für die ›Regelgruppe‹ oder alltagsintegriert und somit mit allen Kindern gemeinsam, sprachpädagogisch angesprochen werden. Ganzheitliche Sprachförderkonzepte stehen in der Tradition des Situationsansatzes und knüpfen an aktuelle Bedürfnisse des Kindes an. Sie stellen eher Rahmenkonzepte dar, geben aber keine isolierten konkreten Inhalte vor. Während sich bestimmte (sprachliche) Handlungen an alle Kinder richten und die individuellen – also auch die sprachlichen – Bedürfnisse individuell beantwortet werden, richten sich kompensatorische Maßnahmen oft an bestimmte abzugrenzende Zielgruppen, z. B. Kinder mit spätem Zweitspracherwerb und Kinder mit Sprachentwicklungsstörungen. Die eigentliche Methodik der Sprachförderung kann auf diese Weise eher festgelegt und strukturiert in festen Abfolgen von Sprachfördereinheiten sein; ein Vorgehen, wie es Programme oft bereithalten oder individuell und flexibel handhaben.

Abb. 3: Früher Zweitspracherwerb?

Tab. 1: Überblick von Sprachförderprogrammen

	Unterscheidungskriterium	Beschreibung	Beispiele
Organisation	additiv	außerhalb der Regelgruppe, zusätzliches Angebot	Handlung und Sprache (Häuser & Jülisch, 2003)
	alltagsintegriert	innerhalb des Gruppenalltags	BISS – Bildung durch Sprache und Schrift (Henschel, Gentrup, Beck & Stanat, 2018).
Adressaten	universell	alle Kinder betreffend	Lust auf Sprache (Ulich, 2003)
	kompensatorisch	Kinder mit bestimmten Sprachförderbedarfen, z. B. Kinder im Zweitspracherwerbsprozess	Vorgaben des Berliner Instituts für Frühpädagogik (BIfF) für die Sprachförderung im

Tab. 1: Überblick von Sprachförderprogrammen – Fortsetzung

	Unterscheidungskriterium	Beschreibung	Beispiele
			Land Brandenburg und Berlin folgen dem kompensatorischen Ansatz
Inhalt	linguistisch-strukturorientiert »focus on structure«	auf bestimmte sprachliche Strukturen bezogen (z. B. phonologische Bewusstheit)	Würzburger Training Hören, lauschen, lernen (Küspert & Schneider, 2006) Neue Wege der sprachlichen Förderung von Migrantenkindern (Penner, 2003) Deutsch für den Schulstart (Kaltenbacher & Klages, 2007) Sprachliche Frühförderung (Tracy, 2003)
	pädagogisch-kommunikativ »focus on meaning«	sprachliche Mitteilung im Vordergrund	Wir verstehen uns gut (Schlösser, 2001) Lust auf Sprache (Ulich, 2003)
	an Schrift orientiert »focus on print«		Würzburger Training Hören, lauschen, lernen 2 (Plume & Schneider, 2004)
Methodik	Training der Kinder	feste Abfolge von Fördereinheiten; unterrichtsähnlich	Handlung und Sprache (Häuser & Jülisch, 2003)
	Sprachförderstrategien der Erzieher:innen	Sprachförderkompetenz der pädagogischen Fachkraft im Fokus	Sprachliche Frühförderung (Tracy, 2003)

Aus: Kammermeyer, G. & Roux, S. (2013): Sprachbildung und Sprachförderung. In: M. Stamm & D. Edelmann (Hrsg.): *Handbuch frühkindliche Bildungsforschung*. Wiesbaden: VS Verlag für Sozialwissenschaften, S. 519.

Pädagogische Fachkräfte bevorzugen Förderkonzepte, die wenig vorbereitungsintensiv sind und stattdessen beispielsweise die phonologische Bewusstheit sowie Sprachregeln betonen (vgl. Schweitzer, Biesinger & Edelbrock, 2008). Oder sie verwenden strukturierte Einheiten mit Materialien, die weniger sprachwissenschaftlich begründet sind, aber dafür bunt gestaltet und offensiv vermarktet werden (vgl. Roth, 2007). In einem umfangreichen Forschungsverbund wird gegenwärtig der Frage nachgegangen, wie wirksam Sprachförderung in der KiTa ist (BiSS-Initiative, 2014). Grundgerüst dieses

Forschungsvorhabens ist die wissenschaftliche Erkenntnis, dass man nicht nur zu wenig darüber weiß, welche Förderprogramme wirken, sondern auch darüber, wie die:der Erzieher:in solche Förderprogramme zur Sprachbildung in der KiTa einsetzt. Die Evidenzbasierung bzw. die Bewertung davon, was »wirkt«, kann dabei auf verschiedenen Ebenen erfolgen (vgl. auch Schneider et al., 2012; Robey, 2004; Hartmann, 2013).

Evidenzbasierte Praxis bedeutet, dass das Handeln (im Einzelfall) bzw. die eigenen pädagogischen Entscheidungen auf der Basis von Daten erfolgen, die mit Hilfe der besten verfügbaren Studiendesigns und Analysen gewonnen wurden. Dies bedeutet auch, dass die besten Forschungsbefunde, die sich finden lassen, als Grundlage für Praxisentscheidungen genutzt werden. Um also effektiv, effizient und relevant zu handeln, können drei Arten von Wissen (Evidenz) herangezogen werden. Erstens Forschungsbelege (externe Evidenz), zweitens die professionelle Expertise (interne Evidenz) und drittens die Präferenzen der »Klient:innen« bzw., mit Blick auf die KiTa, der Eltern und Kinder selbst. Evidenzbasierung, in Bezug auf sprachliche Bildung bzw. genauer in Bezug auf Sprachförderung, wird sich meist auf der Ebene der internen Evidenz bewegen. Wirksamkeitsstudien in der KiTa sind derzeit noch selten, da schon die Konzeption solcher Wirksamkeitsstudien zumindest nach einer Experimental- (d. h. eine Gruppe, an der das Konzept ausprobiert wird) und Kontrollgruppe (d. h. eine Gruppe, die keine Förderung oder eine andere Förderung bekommt) verlangt (Schneider et al., 2013).

Gut evaluierte Programme, die die Mehrsprachigkeit in Kindertageseinrichtungen fördern, gibt es derzeit nicht. Die Stadt Dresden hat ein Konzept auf den Weg gebracht, welches die Gestaltung von Mehrsprachigkeit in KiTas einfordert.[1] Auch das Rucksackprojekt verfolgt mehrsprachige Ansätze. Diese sind aber eher an der Schnittstelle Familie und KiTa angesiedelt.[2] Eine ausführliche Betrachtung der Programme zur Förderung des Deutschen als Zweitsprache findet sich im Kapitel 4.1 (▶ Kap. 4.1). Es ist aber festzuhalten, dass eine Orientierung an aktuellen wissenschaftlichen Erkenntnissen in der mehrsprachigen Bildung unabdingbar ist. Denn evidenzbasiertes Arbeiten verlangt von den Praktiker:innen neben einer wissenschaftlichen Grundhaltung ein hohes Maß an kritischer Urteilsbildung und kritischem Denken (Dollaghan, 2007) – und dies ist ein generell wünschenswerter professioneller Anspruch an pädagogische Fachkräfte in der KiTa.[3]

Dass die pädagogische Qualität von Krippen das Lernen von Kindern bereits im Alter von unter drei Jahren beeinflusst, wurde z. B. für die frühen literalen Fähigkeiten oder für das Problemlöseverhalten vielfach belegt (vgl. z. B. Doverborg & Pramling Samuelsson, 2009; Mellgren & Gustafsson, 2009). Um die Qualität kindlicher Bildungseinrichtungen zu messen, lassen sich u. a. die »Early Childhood Environment Rating Scale« (ECERS-R, Harms et al., 2005), oder für das Deutsche die KRIPS-R (Tietze et al., 2005a) oder KES-R (Tietze et al., 2005b) heranziehen.

---

1 Konzept Mehrsprachige Förderung in KiTas der Stadt Dresden, https://www.dresden.de/media/pdf/kitas/Konzept_Mehrsprachigkeit_interk._Kontext_final_Jan._2017.pdf
2 Rucksack, http://www.eundc.de/pdf/38010.pdf
3 https://ueebersicht-sprachfoerderung.stiftung-fairchance.org/?gclid=CjwKCAjwoP6LBhBlEiwAvCcthN3da6wdnjS69PQUfYvIvSAOMBezGfSZOZgHrQm_phH-fTOPRmiObhoCsBsQAvD_BwE#recherche

2.3 Möglichkeiten und Grenzen der sprachlichen Bildung im institutionellen Kontext

> Mit KRIPS-R oder KES-R lassen sich fünf wesentliche Parameter pädagogischer Qualität in KiTas bestimmen und erfassen (vgl. zusammenfassend Viernickel, 2007):
>
> 1. die Kommunikation zwischen Fachkräften und Kindern,
> 2. Kompetenzen der pädagogischen Fachkräfte,
> 3. die Bildungspläne,
> 4. die Eingebundenheit und die Eigenaktivität von Kindern und
> 5. die Gruppenzusammensetzung.

Wo Bildungspläne und Gruppenzusammensetzung oft »von außen«, also durch die institutionellen Rahmenbedingungen gesetzt werden, sind es die aktive Beteiligung der Kinder einerseits und die Kompetenzen der pädagogischen Fachkräfte andererseits, die den entscheidenden Unterschied in der Gestaltung von optimalen Lernumgebungen für die mehrsprachige Bildung ausmachen – und die aktiv verändert werden können.

> Eine Unterstützung früher sprachlicher Bildung durch die pädagogischen Fachkräfte in den Institutionen ist wichtig und sinnvoll. Allerdings ist es unumgänglich, zunächst zu fragen,
>
> - welche Ziele mit der Unterstützung sprachlicher Entwicklung individuell erreicht werden sollen,
> - welche Erwartungen Eltern an die Tätigkeit der pädagogischen Fachkraft in Bezug auf sprachliche Bildung haben,
> - welche Erwartungen Kolleg:innen an den Übergängen (Krippe/Elementarbereich, KiTa/Schule) an die sprachlichen Fähigkeiten mehrsprachiger Kinder haben,
> - welche Erwartungen die KiTa-Leitung an die Tätigkeit der einzelnen pädagogischen Fachkraft in Bezug auf sprachliche Bildung hat und
> - ob bestimmte Förderprogramme in der KiTa von allen durchgeführt werden sollen.

In einer Studie zur Qualität von schwedischen Kindertagesstätten beobachten dann auch Kultti und Samuelsson (2014) in Bezug auf mehrsprachige Bildung von Kindern drei verschiedene Lernumgebungen:

Die *separierende und begrenzende Lernumgebung* zeichnet sich erstens durch eine sehr restriktive Kommunikationsstruktur aus, in der die Handlungen und Handlungsanweisungen seitens der pädagogischen Fachkräfte dominieren. In diesen Einrichtungen und Bezugsgruppen werden die Kinder aktiv gehalten, indem sie immer wieder zu Alltagshandlungen angeregt werden.

Eine zweite und höhere Stufe pädagogischer Qualität erreichen Gruppen, in denen *das kindzentrierte Gespräch* forciert wird. In diesen Gesprächen wird auch offenbar, dass die pädagogischen Fachkräfte echtes Interesse an und ein Bewusstsein für die Interessen des Kindes, seine Welt und seine Gedanken zeigen.

Echte Lernarrangements und damit die sprachliche Bildung anregende Umgebungen sind drittens dadurch charakterisiert, dass pädagogische Fachkräfte sich bemühen, das kindliche Verständnis der Welt und der Umgebung kommunikativ und interaktiv zu erschließen.

Aus der Perspektive mehrsprachiger Bildung und Erziehung ist die Rolle des:der Erzieher:in eine wichtige, aber allein keine hinreichende Bedingung für das Gelingen. Peer-Beziehungen, die Zusammenarbeit mit Eltern und aller am Bildungsprozess Beteiligten sind ebenso bedeutsam.

Ganz konkret ist es an jeder pädagogischen Fachkraft, für sich selbst zu beantworten, wie sie ihre Rolle im Prozess der sprachlichen Bildung einschätzt. Dazu gehört es auch, sich der Vorstellung zum »idealen« mehrsprachigen Erwerb bewusst zu werden und sich zu fragen, ob Quersprachigkeit in der KiTa gefördert wird, werden kann und soll. Vorstellungen und methodisch-didaktische Annahmen, wie Sprache(n) erworben werden und welche Bedeutung dabei den Bezugspersonen des Kindes zukommt, müssen individuell geklärt werden.

> »Für die erzieherische Rolle von Erwachsenen im Bildungsprozess bedeutet dies, die Vorstrukturierung des Rahmens in den Vordergrund zu stellen, innerhalb dessen die Kinder selbsttätig handeln und denken können – ihnen somit die geistigen sowie kulturellen Werkzeuge zugänglich zu machen, mit denen sie sich ihr Können und Wissen erarbeiten. Dies rückt daher neben der Gestaltung der Umwelt des Kindes interaktive Prozesse der Ko-Konstruktion in den Mittelpunkt pädagogischen Handelns und erfordert professionelle Kompetenzen des Zuhörens sowie Beobachtens; denn die Erreichung pädagogischer Ziele kann ›nur über die Konstruktionen der Kinder [erfolgen, D. L.], auf die die Pädagogen jedoch keinen direkten Zugriff haben‹ (H.-J. Laewen 2006, 100)« (Lengyel, 2011).

Pädagogisches Fazit

Mit der Anerkennung von sprachlicher, kultureller und ethnischer Heterogenität sind verschiedenste Dimensionen pädagogischen Handelns verbunden. In der Gestaltung von KiTa auf Mikro- und Makroebene können Ansätze dafür gefunden werden, die Institution als Ort mehrsprachiger Bildung zu gestalten. Sprachliche Bildung unter Anerkennung sprachlicher Heterogenität kann gelingen, wenn in der Planung von Lernarrangements und Lernsettings Aspekte guter früher Bildung berücksichtigt werden. Dazu gehört vor allem pädagogische Professionalität, wobei die Überzeugungen pädagogischer Fachkräfte zum Thema mehrsprachige Bildung als ebenso wirksam für das konkrete Handeln identifiziert werden wie das eigentliche Fachwissen zum Thema. Das Fachwissen ist dabei fluide, da der Bereich des mehrsprachigen Erwerbs intensiv beforscht wird. Die pädagogische Fachkraft ist aufgefordert, nicht nur Normen und Spracherwerbsmodelle kritisch zu reflektieren und pädagogisch zu interpretieren, sondern vor allem individuelle Lernwege durch qualitativ hochwertige, die kindliche Mehrsprachigkeit berücksichtigende Bildungsangebote innerhalb der Bildungsinstitution KiTa zu ermöglichen. Damit sollen im weiteren Vorgehen folgende Prinzipien handlungsleitend sein:

- Anerkennung der sprachlichen Heterogenität in der KiTa.
- Orientierung an den wissenschaftlichen Erkenntnissen
  - zu guter Sprachbildung in der KiTa,
  - zu mehrsprachigem Erwerb,
  - zu mehrsprachiger Bildung und
  - zu Evidenzbasierung sprachpädagogischer Praxis in der KiTa.
- Weiterentwicklung der eigenen pädagogischen Professionalität und der eigenen pädagogischen Haltung zur mehrsprachigen Bildung.

2.4 Zusammenfassung

KiTas sind mehrsprachig. Das in diesem Buch vertretene Verständnis von sprachlicher Bildung berücksichtigt die heterogenen Ausgangslagen aller Kinder in der KiTa. Die Reflexion über pädagogische Handlungsmöglichkeiten gehört unerlässlich zum professionellen Handeln. Es gilt, die Kinder in ihren vielschichtigen Lebenslagen wahrzunehmen und diese für die sprachpädagogische Aufgabe, also die Gestaltung von Lernarrangements für mehrsprachige Bildung auf der Basis wissenschaftlicher Erkenntnisse, zu reflektieren.

2.5 Literatur zur Vertiefung

Diehm, I. & Panagiotopoulou, A. (2011): *Bildungsbedingungen in europäischen Migrationsgesellschaften. Ergebnisse qualitativer Studien in Vor- und Grundschule.* Wiesbaden: VS Verlag.

Gogolin, I. (2009): Förderung von Kindern mit Migrationshintergrund im Elementarbereich. In: *Zeitschrift für Erziehungswissenschaft* (ZfE), Sonderband 11, S. 79–90.

Jampert, K., Best, P., Guadatiello, A., Holler, D. & Zehnbauer, A. (2007): *Schlüsselkompetenz Sprache. Sprachliche Bildung und Förderung im Kindergarten. Konzepte – Projekte – Maßnahmen.* 2. Aufl., Weimar & Berlin: Verlag Das Netz.

Lengyel, D. (2009): *Zweitspracherwerb in der KiTa. Eine integrative Sicht auf die sprachliche und kognitive Entwicklung mehrsprachiger Kinder.* Münster: Waxmann.

Montanari, E. & Panagiotopoulou, J. A. (2019): *Mehrsprachigkeit und Bildung in KiTas und Schulen – Eine Einführung.* Stuttgart: utb.

3 Mehrsprachigkeit und mehrsprachiger Erwerb

Im Folgenden werden sprachwissenschaftliche Grundlagen mehrsprachiger Bildung in der Früh- und Elementarpädagogik dargelegt und diskutiert.

> **Der große Rosetta-Test: Sind Sie zweisprachig?**
>
> Bitte beantworten Sie die folgenden Fragen und zählen Sie dann die Symbole zusammen.
>
> 1. Ich nutze abwechselnd Deutsch und eine andere Sprache.
>   ☺ ja ☻ nein
> 2. Ich kann zwei Sprachen gleich gut sprechen, verstehen, schreiben und lesen.
>   ☆ ja ☻ nein
> 3. Ich beherrsche zwei Sprachen wie meine Muttersprache.
>   ☆ ja ☻ nein
> 4. Ich benutze zwei Sprachen in meinem Alltag.
>   ☼ ja ☻ nein
> 5. Ich benutze Hochdeutsch und einen Dialekt im Alltag.
>   ☼ ja ☻ nein
> 6. Ich bin mit zwei Sprachen aufgewachsen.
>   ☺ ja ☻ nein
> 7. Ich bin als Jugendliche:r nach Deutschland migriert und habe erst hier Deutsch gelernt.
>   ☼ ja ☻ nein
> 8. Ich habe eine Fremdsprache studiert.
>   ☺ ja ☻ nein
> 9. Ich kann zwei Sprachen akzentfrei sprechen.
>   ☆ ja ☻ nein
> 10. Ich kann zwei Sprachen verstehen.
>   ☼ ja ☻ nein
> 11. Ich hatte Englisch in der Schule.
>   ☻ ja ☻ nein

Auswertung

Dreimal ☆: Herzlichen Glückwunsch, Sie sind bilingual! Oder, wie es Bloomfield (1935, S. 56) definieren würde: Sie verfügen über »the native-like control of two languages«.

Zweimal ☺: Herzlichen Glückwunsch, Sie sind bilingual! Oder, wie es Weinreich (1968) sagen würde: Sie verfügen über »the practice of alternately using two languages«.

Viermal ☼: Herzlichen Glückwunsch, Sie sind bilingual! Oder, wie es Grosjean (1996) definieren würde: »Bilinguals are those who use two or more languages (or dialects) in their everyday lives«.

Überwiegend ☺: Sie sind (nach dem Verständnis vieler Autor:innen) monolingual. Das muss aber nicht so bleiben, da können wir etwas tun!

Mit dem obigen »Test« wird deutlich: Eine einheitliche Definition von Zwei- oder Mehrsprachigkeit fehlt bislang. In Alltagsdefinitionen und in der Forschung dominierte lange Zeit der Zweisprachenerwerb, weswegen man meist von »Bilingualität« (Zweisprachigkeit) und seltener von »Multilingualität« (Mehrsprachigkeit) spricht. Doch kommen die wenigsten Menschen im Verlauf ihres Lebens mit nur einer Sprache in Berührung; Mehrsprachigkeit ist weltweit die Norm, Einsprachigkeit die Ausnahme (▶ Abb. 4; Shook & Marian, 2012). Denn in den meisten Ländern der Erde wachsen Kinder mindestens bilingual, wenn nicht multilingual auf (Tinner, 2010).

Abb. 4: Bilinguale Sprachler:innen weltweit (Daten aus: https://www.weforum.org/agenda/2018/02/speaking-more-languages-boost-economic-growth/)

Auch in weitgehend monolingualen Gesellschaften, wie sie in Zentraleuropa dominieren, werden – oft im institutionellen Kontext – Fremdsprachen gelernt. Dass sie jedoch in der Schule Grundkenntnisse im Französischen, in Latein oder Englisch erworben haben, würden die meisten deutschsprachigen Bürger:innen Deutschlands nicht dazu bewegen, von sich zu sagen, sie seien »bilingual«.

Noch immer dominiert in weitgehend monolingual nationalsprachlich geprägten Gesellschaften die Definition von Bloomfield (1963), nach der nur die Person zweisprachig sei, welche über muttersprachliche Kenntnisse in (mindestens) zwei Sprachen verfüge. Doch was ist unter »muttersprachlichen Kenntnissen« zu verstehen? Kernbegriffe in diesem Zusammenhang sind Sprachbeherrschung bzw. Sprachkompetenz und Sprachgebrauch. »Echte Bilinguale« wären dann in zwei Sprachen aufgewachsen, hätten diese zu Hause gesprochen und wären in beiden schulisch unterwiesen worden. Als Erwachsene würden sie beide Sprachen in ihrem Alltag nutzen, in keiner der beiden Sprachen einen Akzent haben, im Gespräch mit Monolingualen niemals ihre Sprachen mischen und sich in beiden Sprachgemeinschaften »wie Monolinguale« aktiv und mühelos bewegen (Thiery, 1978). Dieses Ideal trifft jedoch auf die wenigsten Bilingualen zu (Grosjean, 2010).

> Wenn nur diejenigen als Bilinguale zu bezeichnen wären, die im Verlauf ihres Lebens jederzeit in Sprachkompetenz und Sprachgebrauch identisch mit der monolingualen Norm wären, gäbe es keine Definition für die bilingualen Sprecher:innen, die in beiden Sprachen flüssig sprechen, aber nicht über muttersprachliche Kompetenzen verfügen. Nicht zuletzt führen solche Vorstellungen aber dazu, dass der Sprachgebrauch und der Spracherwerb von bilingualen – und speziell von mehrsprachig aufwachsenden Kindern – mit monolingualen Normen gemessen werden.

Je nach Definition wird verschiedenen Aspekten, wie z. B. dem Lebensalter, dem Alter zu Beginn des Erwerbs der Sprachen oder dem Erwerbs-, dem Gebrauchskontext, der Identifikation mit der Sprachgemeinschaft oder der Sprachbeherrschung mehr Gewicht beigemessen.

Grosjean (1996) folgend, der die Bedeutung zweier Sprachen im Alltag eine:r Sprecher:in betont, werden, erstens, auch Dialektsprecher:innen als bilingual verstanden. Zweitens wird berücksichtigt, dass Bilinguale nicht automatisch auch bikulturell aufwachsen bzw. über zwei Identitäten verfügen. Auch wenn die überwiegende Zahl von Bilingualen mit beiden Kulturen Umgang pflegt und ggf. Aspekte beider Kulturen kombiniert, leben viele Mehrsprachige doch nur eine Kultur (z. B. Einwohner:innen im deutschsprachigen Teil der Schweiz, die oft drei oder vier Sprachen erwerben, oder Deutsche, die Hochdeutsch und Platt beherrschen, ▶ Abb. 5). In Singapur verfügen fast alle Kinder über drei Sprachen, wenn sie mit dem Kindergarten beginnen. »Nur« zweisprachig zu sein, ist hier die Ausnahme und monolingualer Erwerb ist sehr selten. Die Erwachsenen nutzen mindestens zwei Sprachen in ihrem Alltag, d. h. sowohl bei der Arbeit als auch zuhause, und Sprachmischungen sind an der Tagesordnung. In Indien gibt es mehr monolinguale Sprecher:innen als in Singapur, aber auch hier ist Einsprachigkeit Kennzeichen armer und sozial schwacher Schichten. Je wohlhabender die Familie, desto mehr Sprachen sind von Geburt an selbstverständlich (Rappa & Wee, 2006). Dennoch sind auch in Indien und Singapur Bi- bzw. Multilingualität nicht automatisch mit Bi- und Multikulturalität verbunden. Nicht zuletzt ist es möglich, bikulturell und gleichzeitig monolingual zu sein, wie das Beispiel von Brit:innen, die in den USA leben, zeigt. Daher ist es wichtig, zu berücksichtigen, dass sich das Verständnis von Bilingualität und die Einstellungen gegenüber Zweisprachigkeit zwischen mehrsprachigen Regionen auf der einen und den USA oder (Zentral-)Europa auf der anderen Seite stark unterscheiden können. In letzteren Gesellschaften und insbesondere in Deutschland können zwei Strömungen im Umgang mit kindlicher Mehrsprachigkeit identifiziert werden.

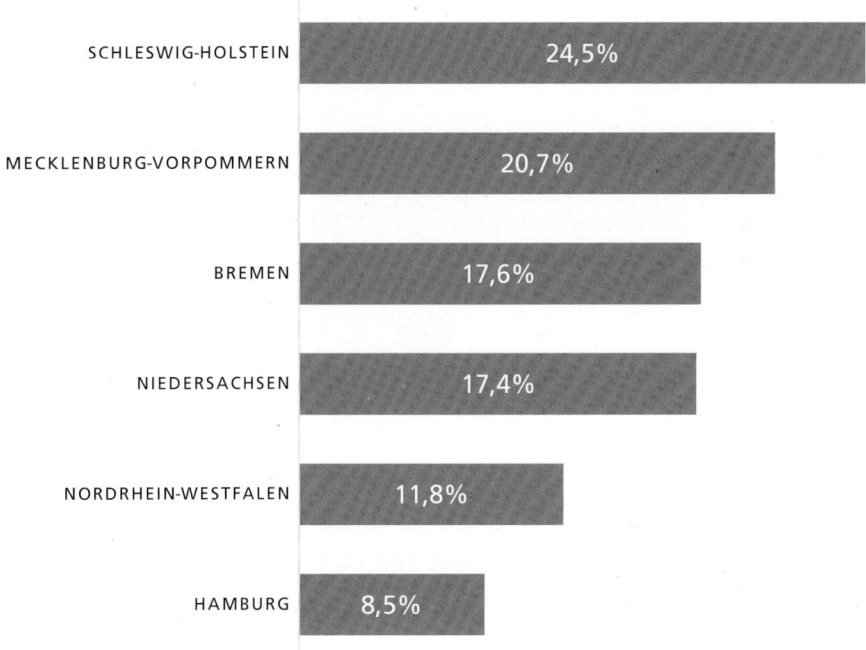

Abb. 5: Anteil der Bevölkerung mit (sehr) guten Plattdeutschkenntnissen (Daten aus: Suhr 2020)

Erstens ist mehrsprachiges Aufwachsen positiv konnotiert: Die Zahl der Eltern, die sich eine frühe Mehrsprachigkeit wünschen, nimmt beständig zu (Verein für Frühe Mehrsprachigkeit an Kindertagesstätten und Schulen e. V. [FMKS], 2014). Dies zeigt sich auch in der Bildungslandschaft: Die Anzahl der bilingualen KiTas in Deutschland hat sich in den letzten zehn Jahren verdreifacht (FMKS, 2014).

Wie Abbildung 7 (▶ Abb. 7) verdeutlicht, sind in diesen bundesdeutschen KiTas 21 verschiedene Sprachen vertreten: Die am häufigsten angebotene Fremdsprache ist Englisch in 437 KiTas (41 %). An zweiter Stelle steht Französisch in 318 KiTas (30 %). Es folgen mit 10 % vor allem regionalsprachliche bilinguale Angebote (Dänisch: 57 KiTas, 5 %, in Schleswig-Holstein; Sorbisch: 32 KiTas, 3 %, in Sachsen) und Plattdeutsch (19 KiTas, 2 %, in Niedersachsen und Schleswig-Holstein). Damit sind »Wertschätzung und Förderung von Mehrsprachigkeit und ›Deutsch lernen‹ […] kein Widerspruch, sondern komplementäre Zielsetzungen; sie gehören zusammen«

(Bildung von Anfang an, 2005). Die praktische Umsetzung dieses Postulates ist jedoch für tatsächlich gelebte institutionalisierte Mehrsprachigkeit in KiTas (Roth, 2005) mit Kindern, die Migrationssprachen sprechen, nur sehr selten nachzuweisen. Die Sprache der größten Gruppe von Migrant:innen, Türkisch, wird in nur 42 der KiTas (4 %) in großstädtischen Ballungszentren, vornehmlich Berlin und Hamburg, institutionell angeboten.

Abb. 6: Mehrsprachigkeit rettet Leben

Diese Betrachtung offenbart auch: Mehrsprachigkeit und sozioökonomischer Status von Sprecher:innen stehen in Deutschland in einem engen Zusammenhang. Ein niedriger sozioökonomischer Status einer Sprachgemeinschaft und speziell Sprachen von Migrant:innen in einer Mehrheiten-/Minderheitengesellschaft sind in Bezug auf ihren edukativen Wert und den Bildungserfolg negativ belegt. Dies führt nicht zuletzt zu völlig unterschiedlichen Wahrnehmungen sprachlicher Fähigkeiten von Kindern: Ein monolingual deutschsprachiges Kind, das einen englischen Kindergarten besucht, wird oft von seiner Umgebung für jedes einzelne englische Wort gelobt und ermutigt. Kinder aus Familien mit Migrationsgeschichte, die Deutsch mit Akzent sprechen oder deren Deutsch-Kenntnisse sich in ihrem fünften Lebensjahr wesentlich von denen gleichaltriger Monolingualer unterscheiden, werden als defizitär wahrgenommen. Sie bedürfen aus der Perspektive einer monolingual nationalsprachlich geprägten Gesellschaft wie der deutschen dringend einer Sprachfördermaßnahme.

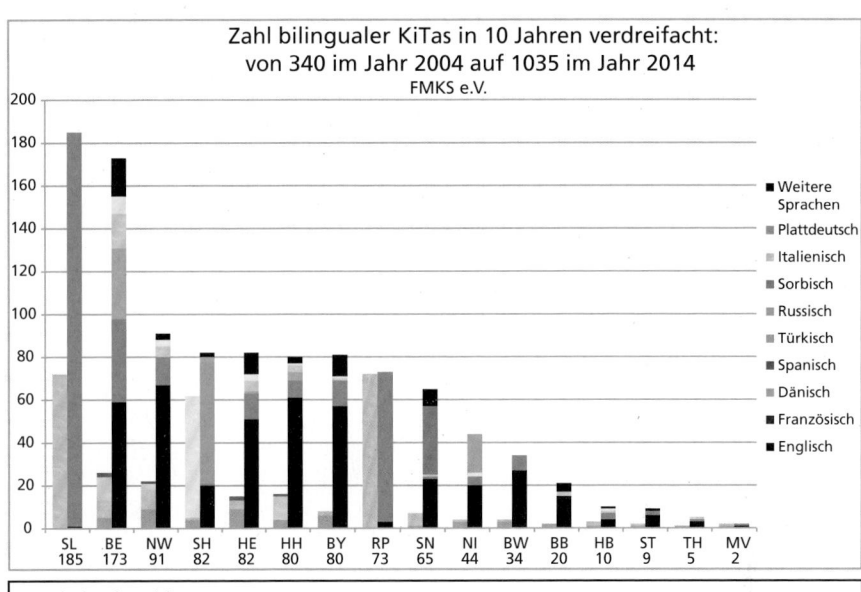

Abb. 7: Zahl bilingualer KiTas in Deutschland (aus: FMKS, 2014, https://www.fmks.eu/mehrsprachigkeit/rezensionen-paper-fachaufsaetze.html)

Gogolin (2008b, S. 83) identifiziert hier zu Recht zwei »Verkürzungen« in der Debatte um mehrsprachige Kinder mit Migrationshintergrund. In Gesellschaft und Wissenschaft dominiert die Vorstellung eines defizitären Deutscherwerbs, welchem unbedingt kompensatorisch begegnet werden muss.

Zusammenfassende Betrachtungen zur Sprachstandserhebung (Fried, 2008; Redder et al., 2011, S. 15, 100 ff.) und von Maßnahmen der sprachlichen Frühförderung (Jampert et al., 2007) zeigen, dass die konkreten Sprachförderangebote der

Bundesländer zum überwiegenden Teil auf die Förderung der deutschen Sprache gerichtet sind. Lediglich in Beobachtungsverfahren und einzelnen Diagnoseverfahren (z. B. HAVAS 5, Reich & Roth, 2004; LiSe DaZ, Schulz & Tracy, 2011; LITMUS-MAIN, Gagarina et al., 2021; 2019) soll oder kann die Zweisprachigkeit der Kinder berücksichtigt werden (vgl. auch Gogolin, 2008; Gogolin et al., 2005). Doch sind Validität und Reliabilität von Sprachdiagnostik vor der Einschulung (vgl. zusammenfassend Chilla & Hamann, 2019; Hamann & Abed Ibrahim, 2017) und die Effektivität von konzertierten Fördermaßnahmen für das Deutsche bisher nur selten belegbar (vgl. Kany & Schöler, 2010; Redder et al., 2011; Schneider et al., 2012).

Die Berücksichtigung der Erstsprache, der Veränderungen von Erstsprachen im Migrationskontext und von Studien zum Erstspracherwerb bei mehrsprachigen Migrant:innen in der Migration »bereichern (aber) nicht nur die theoretische Sprachwissenschaft und stellen eine wichtige Quelle neuer empirischer Erkenntnisse zu unterschiedlichsten Phänomenen dar« (Gagarina, 2014, S. 30), sondern sind insbesondere für die Bewertung mehrsprachiger Fähigkeiten und bei der Erkennung von Spracherwerbshürden und von Spracherwerbsstörungen von Bedeutung (ebd.; Chilla, Rothweiler & Babur, 2013). Ein angemessenes Bild von den sprachlichen Fähigkeiten eines mehrsprachigen Kindes zu einem bestimmten Zeitpunkt im Erwerb lässt sich nur durch die gemeinsame Betrachtung von Erst- bzw. der Herkunfts- und Zweitsprache zeichnen.

Mit anderen Worten: Durch die Betonung des Deutscherwerbs für in der Migration mehrsprachig werdende Kinder sei der gesamte »optimale Sprachausbau« (s. o.) gefährdet. Dass mehrsprachige Kinder, die mehr als nur die deutsche Sprache erwerben, von ihrer Bilingualität profitieren können, wird nur selten betrachtet. So zeigen aktuelle Studien, dass bilinguale Grundschulkinder gegenüber monolingualen einen schulischen Vorteil haben, da sie in der Lage sind, laute Hintergrundgeräusche in der Klasse besser auszublenden als ihre gleichaltrigen Klassenkamerad:innen. Es zeigte sich weiter, dass Bilinguale ihre Fähigkeiten in Bezug auf das Ausblenden verbaler Störgeräusche mit dem Alter verbessern, während dies bei Einsprachigen nicht der Fall ist (Filippi et al., 2015).

3.1 »Was Hänschen nicht lernt, lernt Hans nimmer mehr«?

3.1.1 Modellierung sprachlicher Realitäten

In der sprachwissenschaftlichen Forschung dominierten lange Zeit drei Erwerbsmodelle für den ungesteuerten Spracherwerb: Der monolinguale und der simultanbilinguale Erwerb von Kindern auf der einen und der Zweitspracherwerb von Erwachsenen auf der anderen Seite. Ungesteuert meint in diesem Zusammenhang, dass eine zweite Sprache durch Migration oder Eintritt eines Mitglieds einer sprachlichen

Minderheit in Institutionen der Mehrheitsgesellschaft erworben wird. Der schulische Fremdsprachenerwerb wird dagegen als gesteuerter Erwerb bezeichnet.

In Deutschland überwiegen die Menschen, die sich selbst als *monolingual* bezeichnen oder im Mikrozensus als solche erfasst werden. Die Bezugspersonen des Kindes (Eltern) und die Umgebung (Mehrheitssprache, Umgebungssprache) teilen dieselbe Sprache (Deutsch). Sofern keine Beeinträchtigung des Erwerbs vorliegt, wird das Kind das Deutsche vollständig erwerben und kompetent darin kommunizieren.

Wenn Eltern oder engste Bezugspersonen von Geburt eines Kindes an zwei verschiedene Sprachen sprechen, wächst das Kind *simultan-bilingual* auf. Sprachwissenschaftlich spricht man von dem »Partnerprinzip« (Kielhöfer & Jonekeit, 1998) oder mit Ronjat (1913) von dem Prinzip »eine Person – eine Sprache«. Umgebungssprache ist dabei meist eine der beiden Elternsprachen. Eine Vielzahl von Studien (einen Überblick bieten z. B. De Houwer, 2009; Müller et al., 2006; Tracy, 2002; 2007) belegt, dass eine konsequente Verwendung der jeweiligen Elternsprache in vergleichbarer Qualität und Quantität dazu führen kann, dass das Kind in beiden Sprachen eine erstsprachliche Kompetenz ausbildet.

In Bezug auf den Erwerbsverlauf lassen sich zwischen monolingual aufwachsenden und simultan-bilingual aufwachsenden Kindern viele Gemeinsamkeiten feststellen (vgl. Paradis, 2009). Daher spricht man bei simultan-bilingualem Erwerb auch häufig vom »doppelten Erstspracherwerb«.

Es ist jedoch zu beachten, dass Bilinguale in einem holistischen Blick auf Mehrsprachigkeit nicht einfach »zwei Monolinguale in einer Person« (Grosjean, 1989) sind, sondern dass jede:r Mehrsprachige (wie auch jede:r Einsprachige) seine Sprachen individuell entwickelt und gebraucht. So kommt es im simultan-bilingualen Erwerb und im Sprachengebrauch von Mehrsprachigen zu typischen Besonderheiten (▶ Kap. 3.2.1). Denn ein simultan-bilingual aufwachsendes Kind ist mit Beginn seines Spracherwerbs mit zwei Sprachen statt nur mit einer Sprache konfrontiert und dies, bevor es versteht, dass dieser Input von zwei verschiedenen linguistischen Quellen stammt (Genesee, 1989; Volterra & Taeschner, 1978). Bilinguale Kinder sind vor die Aufgabe gestellt, in derselben Zeit, in der monolingual aufwachsende Kinder eine Sprache lernen, zwei Sprachen gleichzeitig zu erwerben.

> Grosjean (1982) vergleicht die »holistische« Perspektive auf Bilingualität mit den sportlichen Leistungen von Hürdenläufer:innen: Sie verbinden zwei sportliche Fähigkeiten – Laufen und Springen – zu einer fließenden Bewegung und sportlichen Betätigung. Werden sie entweder mit Läufer:innen oder mit Hochspringer:innen verglichen, wären sie in keiner der beiden Disziplinen so gut, wie die Einzelkämpfer:innen. Wenn man aber anerkennt, dass ihr Sport beide Fähigkeiten in einzigartiger Weise verbindet, würden Menschen, die nur gut laufen oder nur gut springen, sich schlecht mit ihnen vergleichen lassen.

Die wenigsten simultan-bilingual aufwachsenden Kinder bekommen in beiden Sprachen denselben Umfang sprachlichen Inputs, weil das Kind zu Hause vom Vater betreut wird und die Mutter durch ihre Arbeit nur abends Zeit findet, mit dem Kind in ihrer Sprache zu sprechen. Dies bedeutet nicht nur, dass sie nicht dieselbe Zeit mit der jeweiligen Sprache verbringen wie ein monolingual aufwachsendes Kind, sondern auch ein reduziertes Angebot der jeweiligen Einzelsprache erhalten.

Studien zeigen übereinstimmend, dass die simultan-bilingual aufwachsenden Kinder ihre Sprachen früh trennen können. Dies zeigt sich auch in neurolinguistischen Studien (Kovelman, Baker & Pertitto, 2008). Der Erwerbsverlauf folgt in beiden Sprachen im Wesentlichen den Meilensteinen der entsprechenden monolingualen Entwicklung, wobei sich die beiden Systeme asynchron entwickeln können (d. h., eine Sprache kann schneller sein als die andere).

Kinder, die *sukzessiv-bilingual* aufwachsen, beginnen mit dem Erwerb der zweiten Sprache zwischen dem ersten und dritten Lebensjahr. Der kindliche Zweitspracherwerb beginnt ungefähr im fünften Lebensjahr (Meisel, 2011; Chilla, 2008), ohne dass gesicherte Erkenntnisse darüber vorliegen, wo genau die Grenze zwischen simultan-bilingualem Erwerb und kindlichem Zweitspracherwerb liegt (vgl. auch Thoma & Tracy, 2006). Aktuell wird vorgeschlagen, bei einem Beginn des Erwerbs in der Zweitsprache von unter 24 Lebensmonaten von einem simultan-bilingualen Erwerb zu sprechen, ab 25 Lebensmonaten dagegen von sukzessiven Erwerbsmustern auszugehen (Armon-Lotem, Marinis & Meir, 2015).

Aufgabe

Befragen Sie die Eltern eines Kindes in Ihrer Bezugsgruppe erstens danach, wann sie selbst, und zweitens danach, wann ihr Kind mit der ersten (Familiensprache) und der zweiten Sprache (Deutsch) angefangen hat. Können sie tatsächlich einen genauen Zeitpunkt bestimmen? Können die Eltern auf den Monat genau sagen, wann das erste Wort in welcher Sprache gesprochen wurde? Ist es Eltern oder Ihnen möglich, das Kind einem der drei Modelle für *bilingualen* Erwerb unzweifelhaft zuzuordnen?

Aus der Perspektive monolingualen Erwerbs wird meist nur eine bestimmte Form der Mehrsprachigkeit, die Bilingualität, erforscht. Aus einer Forschungsperspektive ist dieses Vorgehen sinnvoll und zielführend: Um Vergleiche mit dem monolingualen Erwerb zu ermöglichen, werden zunächst nur möglichst wenige Einflussvariablen betrachtet. Dass die oben genannten Modelle aber speziell bei sukzessivbilingualen Kindern an ihre Grenzen stoßen, lässt sich leicht erahnen: Eine Vielzahl von Kindern, die erst mit dem Kindergarteneintritt mit dem Deutschen in Kontakt kommt (sollte), hat ältere Geschwister im Schulalter, welche zu Hause auch Deutsch sprechen. Nicht alle Eltern sind monolinguale Sprecher:innen der Erstsprache – sie selbst sind in Deutschland aufgewachsen. Dann ist es schwierig zu erforschen, wie viel Input zur Ausbildung von Bilingualität wirklich nötig ist: Wächst zum Beispiel das französisch-deutsch bilinguale Kind in Paris wirklich bilingual auf (eine Person – eine Sprache), wenn es im Alter von drei Monaten in eine französischsprachige Krippe gegeben wird und mit dem Deutsch sprechenden Vater tagsüber bis zum dritten Lebensjahr im wachen Zustand nur sehr wenig Kontakt hat? Darüber hinaus berücksichtigen die wenigsten Studien mehrsprachige Kinder mit Primärbeeinträchtigungen oder mit Hörbeeinträchtigungen (▶ Kap. 3.6).

Die überwiegende Zahl von KiTa-Kindern lässt sich keinem dieser idealisierten Modelle zuordnen, da sie auf der Annahme basieren, dass man die Erst- und die Zweitsprache chronologisch ordnen und genau erfassen kann (vgl. auch Chilla, 2020). Für den KiTa-Alltag bietet es sich daher an, von *Heritage* bzw. »Erbsprachen«-Erwerb auszugehen.

Heritage-Sprecher:innen sind Kinder, jugendliche und erwachsene Mehrsprachige, die ihre Sprachen simultan oder sukzessiv erwerben und zuhause eine andere als die Sprache der Mehrheitsgesellschaft sprechen (Valdés, 2000). In beiden Fällen wird die Mehrheitssprache (Deutsch) durch den kontinuierlichen und häufigen Gebrauch und die institutionelle Dominanz zur bevorzugten Sprache, was wiederum auf die Fähigkeiten in der Erbsprache zurückwirkt, weil die Sprachen im Alltag nicht vergleichbar häufig genutzt werden und insbesondere die Familiensprache nur in einem sehr umgrenzten Raum verwendet wird. Als Beispiel: Wenn ein dreijähriges geflüchtetes Kind in der KiTa seine zweite Sprache Deutsch lernt, aber überhaupt keine Unterstützung oder Anregung in der *Heritage*-Sprache mehr erhält, dann kann es seine Erbsprache nicht weiterentwickeln; ihr Erwerb stagniert. Oft fehlt es darüber hinaus an Literacy-Erfahrungen in der *Heritage*-Sprache. Dieses Ungleichgewicht der Sprachen erschwert es zusätzlich, aus den Modellen abzuleiten, was ein Kind in einem bestimmten Alter können muss.

Mehrsprachigkeit ist aber ein komplexes Konstrukt, da sich Menschen nicht nur in der Anzahl ihrer Sprachen oder darin, wie gut sie die Sprachen sprechen, unterscheiden. In der Betrachtung von Mehrsprachigkeit spielen also sowohl individuelle Sprachfähigkeiten (das linguistische Sprach[en]wissen bzw. die mentalen Grammatiken) als auch der soziale Kontext, in dem die unterschiedlichen Sprachen gemeinsam oder getrennt verwendet werden, eine Rolle (vgl. Backer & Bortfeld, 2021).

Wird individuelle Mehrsprachigkeit betrachtet, steht in sprachwissenschaftlichen Studien meist die Frage im Zentrum, wie die Sprachen im mehrsprachigen Individuum beschaffen sind, wie sie im Verhältnis zueinanderstehen und ob es eine hierarchische Ordnung der Sprachen gibt, die sich u. a. aus dem Zeitpunkt des Erwerbs ableiten lassen.

Mit dem »integrated multilingual model« (MacSwan, 2019) wird den Erkenntnissen der Spracherwerbsforschung Rechnung getragen, die sich vor allem dem Grammatikerwerb widmet: Bilinguale verfügen über ein einziges System mit vielen gemeinsamen grammatischen Ressourcen, aber auch einigen sprachspezifischen Elementen. Weder entwickeln sich die Grammatiken vollständig voneinander unabhängig (»Dual Competence Model of Multilingualism«), noch greift ein:e Mehrsprachige:r nur auf einen einzigen Fundus an grammatischem Wissen zurück, in dem sich alle Sprachen mischen (»Unitary Model of Multilingualism«; García & Ortheguy, 2014; Ortheguy et al., 2015). MacSwan (2019) entwickelt daher das »Integrated Multilingual Model«: Mehrsprachige haben sowohl gemeinsame als auch voneinander unabhängige sprachliche Ressourcen. Alle Menschen verfügen in diesem Sinne über mentale Grammatiken, und auch Monolinguale nutzen verschiedene soziale Sprachen und Sprachregister in Abhängigkeit vom Kontext.

3 Mehrsprachigkeit und mehrsprachiger Erwerb

> **Beispiel**
>
> Wir sind alle mehrsprachig: Monolinguale verfügen über verschiedene soziale Sprachen und Register.
> »Ich bin auf jeden Fall der Conscious Rapper und Realkeeper. Das klingt für mich mega langweilig. Ich persönlich höre keine Rapper, die sich als Realkeeper oder conscious Typ verstehen. Ich höre ignoranten Street Rap, der Spaß macht. Ich möchte auch, dass die Leute Spaß haben, wenn sie meine Musik hören.
> Ein gutes Schlusswort« (Interview mit Megaloh, Hellberg 2021).

> **Pädagogisches Fazit**
>
> Mehrsprachige Modelle sind vor allem für die Erforschung des Spracherwerbs unter linguistischen Aspekten sinnvoll, bilden aber die Realität in der KiTa nur selten ab. Kinder benötigen eine unterstützende und anregende Umgebung mit bedeutsamen sozialen Interaktionen, um ihre Sprache(n) entwickeln zu können. Die soziokulturelle Umgebung hat einen bedeutenden Einfluss darauf, wie ein:e Sprecher:in seine/ihre verschiedenen Sprachen nutzt (Pot et al., 2018), und der Erwerbskontext wirkt sich nicht nur auf den Erwerbsprozess, sondern auch darauf aus, wie die Sprachen erworben werden: Informelle Lernumgebungen, wie eine KiTa, in der Deutsch als Zweitsprache erworben wird, tragen dazu bei, dass Kinder flüssig sprechen lernen. Formelle Umgebungen tragen eher dazu bei, Sprache(n) linguistisch korrekt zu erwerben (vgl. Montrul, 2020). Im Umkehrschluss bedeutet dies für das Sprachenangebot in der KiTa: Anregende Lernumgebungen berücksichtigen Gelegenheiten für das gemeinsame Sprechen, die um Scaffolding-Strategien ergänzt werden sollten (▶ Kap. 6).

3.1.2 Zweitsprachlernen: je früher, desto besser?

Viele Menschen glauben, dass Sprachen am besten im Kindesalter gelernt werden, weil sie beobachten, dass Kinder anscheinend schnell und mühelos ihre Sprache(n) erwerben, während man in der Schule oder im Erwachsenenalter sehr lange benötigt, um sich in einer Sprache kompetent zu fühlen. Doch sind Kinder den Erwachsenen im Erwerb weiterer Sprachen nicht unbedingt überlegen, und es ist umstritten, ob ab einem bestimmten Lebensalter – spätestens der Pubertät – keine vollständige Entfaltung zweitsprachlicher Fähigkeiten mehr möglich sei.

> **Aufgabe**
>
> Suchen Sie sich im Internet das Video der Pressekonferenz von Giovanni Trappatoni (»Was erlaube Strunz?«) heraus. Notieren Sie sich, welche sprachlichen Auffälligkeiten Sie sehen und hören. Vergleichen Sie den gewonnenen Eindruck mit weiteren Internet-Videos von bilingualen Kindern (z. B. Stichwort »dreijährig und zweisprachig«) im Netz. Welche Unterschiede stellen Sie fest?

Kinder benötigen Anregung in mindestens einer Sprache in der frühen Kindheit, um Sprache(n) zu erwerben (Mayberry & Kluender, 2018; Hänel-Faulhaber, 2018). Übereinstimmend zeigen Untersuchungen verschiedener sprachlicher Aspekte, dass sich die Art und Weise des Spracherwerbs, d. h. die dabei eingesetzten Strategien, zwischen Kindern und Erwachsenen und auch bei Kindern, die in verschiedenen Altersstufen mit einer zweiten Sprache begonnen haben, unterscheiden (Chilla, 2008; Meisel, 2011; Montrul, 2020).

So stimmt der Erwerbsverlauf bei Kindern, die etwa ab dem fünften bis zum sechsten Lebensjahr ersten Kontakt mit der Zweitsprache erhalten, weder mit dem Verlauf des doppelten Erstspracherwerbs noch mit dem Zweitspracherwerb Erwachsener überein (Chilla, 2008; Chilla & Bonnesen, 2011). Klare zeitliche Grenzen, die auf den Erwerbverlauf eines einzelnen Kindes in der KiTa unmittelbar übertragbar wären, können aber vorerst nicht definiert werden.

Etliche Untersuchungen drehen sich um die Frage, wann genau sich die Änderung in der Art der Aneignung vollzieht, welches Erwerbsmodell also angemessen ist. So unterscheidet sich der Erwerbsverlauf sechsjähriger Kinder im Erwerb bestimmter grammatischer Phänomene in wesentlichen Merkmalen vom Erwerbsverlauf bei Kindern, die vor dem vierten Lebensjahr den ersten Kontakt mit der zweiten Sprache hatten. Zugleich aber differiert der Erwerbsverlauf bei Kindern, die im Alter von sechs Jahren mit der deutschen Sprache ersten Kontakt hatten, noch einmal klar vom Zweitspracherwerb Erwachsener (▶ Tab. 2).

Tab. 2: Übersicht über Erwerbsschritte möglicher Erwerbskonstellationen bezüglich des deutschen Haupt- und Nebensatzes

Erwerbsschritte (am Beispiel der Satzstruktur und der Verbstellung)	Simultan-bilingualer Erwerb	Ungesteuerter Zweitspracherwerb Erwachsener	Sukzessiv-bilingualer Erwerb (Erwerbsbeginn ab ca. drei Jahren)	Sukzessiv-bilingualer Erwerb (Erwerbsbeginn ab ca. fünf Jahren)
A	Verbendstellung wie bei einsprachigen Kindern	kanonisch: Subjekt – Verb – weitere Satzglieder	Verbendstellung wie bei einsprachigen Kindern	Verbend- und Verbzweitstellung von Anfang an
	• »mama ball holen«	• »er hat gekauft ein eis«	• »mama ball holen«	• »mama ball holen«
		Formeln sind häufig.	Selten sind chunks, häufiger Formeln.	Chunks und Formeln sind häufig.
		• »ich heiße Maria und wohne in Berlin«	• »ich kann das nicht«	• »ich kann das nicht«
			• »das ist …«	• »das ist …«
				• »ich heiße Maria und wohne in Mannheim«

Tab. 2: Übersicht über Erwerbsschritte möglicher Erwerbskonstellationen bezüglich des deutschen Haupt- und Nebensatzes – Fortsetzung

Erwerbsschritte (am Beispiel der Satzstruktur und der Verbstellung)	Simultan-bilingualer Erwerb	Ungesteuerter Zweitspracherwerb Erwachsener	Sukzessiv-bilingualer Erwerb (Erwerbsbeginn ab ca. drei Jahren)	Sukzessiv-bilingualer Erwerb (Erwerbsbeginn ab ca. fünf Jahren)
B	Verbzweit- und Verbendstellung. Es sind noch nicht alle Verbflexive erworben. • »mama holt ball« • »mama müsli esst« • »mama müsli essen«	Voranstellung adverbialer Ausdrücke. Verbdrittstellungen sind möglich. • »im winter ich nicht arbeite im restaurant« Nicht alle Verben sind korrekt flektiert.	Verbzweit- und Verbendstellung. Es sind noch nicht alle Verbflexive erworben. • »mama holt ball« • »mama müsli esst« • »mama müsli essen«	Verbzweitstellung dominiert; es kommen chunks vor. • »das ist der machen« Verbdrittstellungen möglich. Nicht alle Verben sind korrekt flektiert.
C	Erwerb der Subjekt-Verb-Kongruenz, der Verbzweitstellung im Hauptsatz und der Satzklammer	Trennung der Satzklammer • »ich habe meine tochter besuchen« Nicht alle Verben sind korrekt flektiert.	Erwerb der Subjekt-Verb-Kongruenz, der Verbzweitstellung im Hauptsatz und der Satzklammer	Trennung der Satzklammer • »dann hat der mann müsli essen« Nicht alle Verben sind korrekt flektiert.
D	Inversion und W-Fragen • »wie geht das?« • »was macht der?« • »zur oma möchte ich gerne fahren«	Inversion Umstandsangabe – finites Verb – Subjekt – weitere Satzglieder – infiniter Verbteil • »unter die regale haben wir die zwei frosch« Nicht alle Verben sind korrekt flektiert.	Inversion und W-Fragen • »wie geht das?« • »was macht der?« • »zur oma möchte ich gerne fahren«	Inversion und W-Fragen • »wie geht das?« • »was macht der?« • »zur oma möchte ich gerne fahren« Meist sind die Verben korrekt flektiert.
E	korrekte Nebensätze mit Verbendstellung	Nebensätze mit Verbendstellung • »ich möchte eis essen, weil	korrekte Nebensätze mit Verbendstellung	Nebensätze mit Verbendstellung • »ich möchte eis essen, weil

Tab. 2: Übersicht über Erwerbsschritte möglicher Erwerbskonstellationen bezüglich des deutschen Haupt- und Nebensatzes – Fortsetzung

Erwerbsschritte (am Beispiel der Satzstruktur und der Verbstellung)	Simultan-bilingualer Erwerb	Ungesteuerter Zweitspracherwerb Erwachsener	Sukzessiv-bilingualer Erwerb (Erwerbsbeginn ab ca. drei Jahren)	Sukzessiv-bilingualer Erwerb (Erwerbsbeginn ab ca. fünf Jahren)
		ich neue sorten habe«		ich neue sorten habe«
		Es können noch nicht korrekt flektierte Verben vorkommen.		

Nach Lennebergs Schrift über die biologischen Grundlagen der Sprache (1967) vertraten Anhänger:innen einer kritischen Phase die Auffassung, dass ein »voller Erfolg« bei der Aneignung einer zweiten Sprache spätestens mit dem Eintritt in die Pubertät nicht mehr erreichbar sei (so z. B. Esser, 2008). Als Evidenz für diese Annahme werden oft die Beispiele sogenannter »Kaspar Hauser«-Kinder angeführt: Kinder, die ohne sprachliche Anregung in sozialer Deprivation aufwachsen mussten (z. B. Genie, vgl. Rymer, 1994) und im späteren Lebensalter kaum Sprache erwerben konnten. Auch Studien zum Gebärdenspracherwerb von gehörlos geborenen Menschen, die kaum oder nur wenig Kontakt zur Gebärdensprache im Kindesalter hatten, legen diesen Schluss nahe (Boudreault & Mayberry, 2006; Mayberry, 1993; Mayberry & Lock, 2003). Darüber hinaus belegen die Daten von Mayberry, Lock und Kazmi (2002), dass Menschen, die in frühen Jahren Kontakt zu einer Laut- oder Gebärdensprache hatten, auch in späteren Jahren gegenüber denen, die ohne Kontakt zu einer Erstsprache aufwuchsen, erfolgreichere Zweitsprachlerner:innen waren.

Früher Kontakt zu überhaupt einer (gesprochenen oder gebärdeten) Erstsprache ist für einen erfolgreichen Spracherwerb wichtig. Das bedeutet umgekehrt aber nicht, dass erst mit einer zweiten Sprache begonnen werden darf, wenn die erste schon gut beherrscht wird. Der Kontakt zur Zweitsprache muss nicht innerhalb der ersten Lebensjahre stattfinden, um die vollen zweitsprachlichen Fähigkeiten auszubilden (Hakuta, 2001). Dies belegen empirische Studien, die sehr hohe Sprachhandlungskompetenzen für Personen nachweisen, die erst nach der Pubertät mit ihrer Zweitsprache begonnen haben (Dimroth, 2008). Doch zeigt sich auch in diesen Studien, dass die Sprecher:innen einer Zweitsprache als solche identifizierbar bleiben, und zwar je stärker, je später im Leben sie mit der zweiten Sprache begonnen haben, wie zum Beispiel das Video von Trappatoni illustriert. Auch bei sehr kompetenten Sprecher:innen, die im Allgemeinen kaum auffallen und bei denen hohe Sprachhandlungsfähigkeiten belegbar sind, können subtile Abweichungen von monolingualen Erwachsenen festgestellt werden. So zeigen sich Unterschiede in der Sprachmelodie (»Prosodie«), im »passenden Stil« von Äußerungen (Wahl des Registers) oder in bestimmten komplexen grammatischen Strukturen (z. B. grammatisches Genus – »der Mond/die Mond«).

Die Idee, dass bestimmte Spracherwerbe in »optimalen« Phasen stattfinden sollte, findet sich in verschiedenen Entwicklungstheorien wieder. Zu bedenken ist hier, was genau betrachtet wird. So wird über das gesamte Leben das Lexikon von Ein- und Mehrsprachigen weiter ausgebaut und differenziert, während bestimmte grammatische Bereiche von neuronalen Reifungsprozessen so beeinflusst werden sollen, dass sich erstens der Erwerbsverlauf (die »Reihenfolge« des Erwerbs bestimmter grammatischer Eigenschaften) und zweitens der zu erreichende Endzustand (muttersprachliche bzw. nichtmuttersprachliche Fähigkeiten) verändern (Platzack, 2001). Es macht einen Unterschied, ob man den Grammatikerwerb (Morphologie und Syntax), die Aussprache oder den Erwerb des Wortschatzes (Lexikon) betrachtet: Beispielsweise bauen ältere Zweitsprachlerner:innen ihren Wortschatz schneller als jüngere aus (Marinova-Todd, Marshall & Snow, 2001). Die überwiegende Zahl von Menschen, die erst als Jugendliche oder Erwachsene mit der zweiten Sprache beginnen, können auch in dieser Sprache – im Vergleich zu monolingualen Erwachsenen – sehr gute Fähigkeiten entwickeln. Daher besteht keine Einigkeit darüber, dass es tatsächlich optimale Phasen sind, die einen erfolgreichen Zweitspracherwerb belegen, wohl aber, dass es mindestens einer Sprache im Kindesalter bedarf, um weitere Sprachen zu lernen (Conboy, 2013).

Für das pädagogische Handeln relevanter als die Diskussion um das optimale Alter zu Beginn des Zweitspracherwerbs sind Kenntnisse der je verschiedenen Erwerbsmuster bei mehrsprachig aufwachsenden Kindern und ein Bewusstsein darüber, dass pädagogisches Handeln allein durch die Annahme von optimalen Erwerbsfenstern nicht obsolet wird. Ein mehrsprachiges Kind wird nicht allein aufgrund der Tatsache, dass es sich noch in einem optimalen Erwerbsfenster befindet, alle Sprachen so ausbilden, dass es sprachlich handlungsfähig bleibt. Um einem angemessenen Erwerbmodell für ein Kind näher zu kommen, ist es daher wichtig, nach dem Alter zu Beginn des Spracherwerbs (AoO, »age of onset«) und der Erwerbsdauer (LoE, »length of exposure«) zu fragen (Armon-Lotem, Walters & Gagarina, 2011). Die Bedeutung des Alters zu Beginn des Zweitspracherwerbs (AoO) wird durch verschiedene Ansätze untermauert: Einige behaupten, dass Erwerbszeitpunkt und kritische Phasen so zusammenhängen, dass ein vollständiger Erwerb dieser Sprache nur dann möglich ist, wenn der Erwerbsbeginn im frühen Kindesalter liegt und stattfindet, bevor bestimmte Reifungsprozesse im Gehirn abgelaufen sind (z. B. Johnston & Newport, 1989). Andere sprechen sich dafür aus, dass es weniger die Reifungsprozesse im Gehirn, sondern eher auf Erfahrung beruhende und/oder kognitive Faktoren ankomme, die als Hauptursache der unterschiedlichen Erwerbswege angenommen werden können. (Archila-Suerte et al., 2013; Bialystok & Hakuta, 1998; Elman et al., 1996; Marinova-Todd, Marshall & Snow, 2001). Für Kinder im Schulalter wird darüber hinaus der Beginn formaler Beschulung als wichtiger Einflussfaktor auf den Erwerbsverlauf in Erst- und Zweitsprache diskutiert (Tuller, 2015). Obwohl »*age of onset*« (AoO), also das Alter zu Beginn des Zweitspracherwerbs (L2) als entscheidender Faktor für Erwerbserfolg gilt und sich mittlerweile in vielen (informellen) Erhebungsverfahren und Fragebögen wiederfindet, ist seine Bedeutung umstritten (zusammenfassend Birdsong, 2018). Am Konstrukt »AoO« zeigt sich einmal mehr, wie problematisch die Übertragung von Ergebnissen zum frühen bilingualen Erwerb auf die mehrsprachige Realität in der Schule ist: Bei in Deutschland geborenen *Heritage*-Sprecher:innen genau bestimmen zu wollen, wann sie mit dem Deutscherwerb begonnen haben, um ihre Erwerbsfortschritte mit linguistischen Modellen früher Bilingualität zu passen, ist kaum möglich (Chilla, im Druck).

Es gibt (neuro-)linguistische Befunde, die die Idee eines *je früher, desto besser* unterstützen. Doch stehen nach aktuellen wissenschaftlichen Erkenntnissen der Erwerbverlauf und der Erwerbsbeginn unmittelbar mit der Lernumgebung in Zusammenhang (Montrul, 2020). Dies gilt für alle Kinder: Die Qualität der Sprachenanregung durch enge Bezugspersonen wirkt sich nachweislich auf die Wortschatzmenge aus (Hart & Riseley, 1995). Ein qualitativ hochwertiger Input meint dabei nicht nur die Häufigkeit, in der mit einem Kind gesprochen wird, sondern bezieht sich auch auf die unterschiedlichen Kontexte, in denen Sprache(n) erfahren und erprobt werden können. Wenn in der KiTa also quersprachig gehandelt und der Gebrauch von Familiensprachen zwischen Kindern unterstützt und im Gespräch mit den pädagogischen Fachkräften nicht unterdrückt wird, findet sich dort auch ein Raum, um die Erbsprache weiterzuentwickeln. Auch hier ist es die pädagogische Fachkraft, die mittels einer großen Anzahl unterschiedlicher Wörter und Phrasen und, indem sie viele verschiedene Sätze und grammatische Formen verwendet, Sprache anregen kann. Dazu gehört es auch, Regeln des Sprachgebrauchs zu kennen und Literacy-Kompetenzen schon bei den kleinsten Kindern anzuregen.

> **Pädagogisches Fazit**
>
> Die Forschung zeigt, dass Sprachen auch noch mit KiTa- und Schuleintritt gelernt werden können. Weiter ist es wichtig, das Lernergebnis (Endzustand) und den Lernweg zu unterscheiden. Nicht zuletzt erfordert mehrsprachiger Erwerb einen sozialen Kontext, der durch Videos oder Hörbücher allein nicht ersetzt werden kann. Bei Kindern, die erst nach den oben genannten Altersgrenzen mit ihrer zweiten Sprache beginnen, ist auch nicht der gesamte Spracherwerb in Frage gestellt. Da »innere« Erwerbsfaktoren, der Beginn des Zweitspracherwerbs und die Dauer des Erwerbs in der Regel pädagogisch nicht beeinflussbar sind, sollten bei der individuellen sprachlichen Bildung und Förderung externe Einflussfaktoren wie Erwerbsbedingungen, Literalisierung in allen Sprachen und die Gestaltung eines sprachförderlichen Umfeldes durch pädagogische Fachkräfte und Bezugspersonen vordringlich beachtet werden.

3.2 Was wird erworben? Ergebnisse der Spracherwerbsforschung

Die Fähigkeit, mehrsprachig aufzuwachsen, muss nicht erlernt werden. Oder, wie es Tracy (2002) in einem Aufsatz zum Erwerb der deutschen Satzstruktur formuliert: »All children start out, and (may remain) multilingual« (S. 653). Wie weiter oben dargelegt, wird je nach Alter zu Beginn der zweiten Sprache(n) zwischen simultan-bilingualen und sukzessiv-bilingualen Kindern unterschieden. Bei der Modellierung des Zweitspracherwerbs wird diese Unterscheidung genutzt, um typische Erwerbsverläufe zu charakterisieren.

Für frühpädagogische Fachkräfte, die Kinder zwischen Geburt und drei Jahren betreuen, erziehen und bilden, sind eher die Ergebnisse von Untersuchungen mit simultan-bilingualen *Heritage*-Kindern relevant. Üblicherweise sprechen die Eltern oder ein Elternteil eines mehrsprachigen Kindes eine andere Sprache als Deutsch. Die Verkehrs- und Mehrheitssprache Deutsch wird in der Institution gelernt, die die Kinder an Wochentagen zwischen vier und acht Stunden besuchen. In der übrigen Zeit erhält das Kind je nach Familienkonstellation seinen Input (Sprachengebot) in der *Heritage*-Sprache, die meist die Familiensprache ist. Gleiches gilt für Kinder, die mit ca. drei Jahren ihren KiTa-Besuch beginnen und in der Migration zweisprachig werden. Wenn ihre Eltern und Familien engen Kontakt zur überwiegend deutschsprachigen Mehrheitsgesellschaft pflegen, wenn ältere Geschwister im Schulalter das Deutsche in die Familie bringen, wenn die Eltern selbst in Deutschland zur Schule gegangen sind – kurz: Wenn es sich um »lebensweltlich zweisprachige« Kinder handelt, können ebenfalls eher Modelle des simultan-bilingualen Erwerbs angemessen sein.

»Echte sukzessiv-bilinguale« Kinder, die ihren Zweitspracherwerb Deutsch erst mit KiTa-Eintritt nach dem dritten Lebensjahr beginnen und vorher bereits ihre Erstsprache in Grundzügen erworben haben, gibt es in Deutschland deutlich seltener. Wenn diese Kinder erst mit KiTa-Eintritt beginnen, Deutsch zu lernen, handelt es sich meist um erstgeborene Kinder aus Ehen, in denen mindestens ein Elternteil nicht in Deutschland aufgewachsen und/oder zur Schule gegangen ist oder um geflüchtete Kinder. Die Grenzen zwischen diesen beiden Erwerbskonstellationen sind jedoch fließend.

Für die Darstellung der folgenden Ergebnisse zum bilingualen Erwerb ist daher zu berücksichtigen, dass sie meist auf Untersuchungen mit »Idealkonstellationen« basieren. Vielen sprachwissenschaftlichen Studien zum simultan-bilingualen Erwerb liegen die Daten bilingualer Familien zugrunde, in denen Eltern ihre Sprachen nach dem Partnerprinzip (»eine Person – eine Sprache«) verwenden. Oder die Forschungsergebnisse stammen aus bilingualen Gesellschaften, wie z. B. im französisch-englischsprachigen Kanada. Des Weiteren wurden Untersuchungen zum simultanen Erwerb bereits viel früher begonnen und ihre Zahl ist größer als zum sukzessiven Erwerb zweier Sprachen von Kindern vor der Schule. Modellierungen des sukzessiv-bilingualen Erwerbs basierten zunächst nur auf Untersuchungen von »echten sukzessiv-bilingualen Kindern« und erfolgen erst allmählich auf der Grundlage von erwerbsheterogeneren Gruppen, wie im MILA-Projekt in Frankfurt (http://www.idea-frankfurt.eu/de/forschung/programmbereiche/ressourcen-und-grenzen-erfolgreichen-lernens/mila) oder im europaweiten COST-Projekt (http://www.bi-sli.org/).

Betrachtet man also eine Gruppe Fünfjähriger, deren Erstsprache Türkisch und deren Zweitsprache Deutsch ist, so unterscheidet sich jedes einzelne Kind von den anderen der Gruppe in der Menge seines Inputs in Erst- und Zweitsprache darin, wann es zuerst mit beiden Sprachen in Kontakt gekommen ist, und darin, welche der beiden Sprachen gerade wichtiger oder besser entwickelt ist. All diese Faktoren beeinflussen den Spracherwerb, aber auch den aktuellen Sprachstand in beiden Sprachen des individuellen Kindes (Paradis, 2008).

3.2 Was wird erworben? Ergebnisse der Spracherwerbsforschung

Pädagogisches Fazit

Früh- und elementarpädagogische Fachkräfte werden mit Kindern arbeiten, deren Spracherwerb nicht immer einem der bekannten Modelle des Erst- oder Zweitspracherwerbs, wie sie weiter oben beschrieben werden, vollständig zuordenbar ist. Neben den erforderlichen Grundkenntnissen über den Erwerbsverlauf sollten die Fachkräfte beachten, ob das Kind bis zum Alter von drei Jahren oder nach dem Alter von vier oder sechs Jahren mit der Zweitsprache beginnt bzw. begonnen hat. Kinder, die eine zweite Sprache erwerben, nachdem sie die erste schon in Grundzügen beherrschen, können auf das Wissen aus und über ihre Erstsprache zurückgreifen, was für die linguistisch unterschiedenen vier sprachlichen Bereiche (Grammatik, Lexikon, Phonologie, Pragmatik) unterschiedliche Konsequenzen hat. Für die praktische pädagogische Arbeit kann es einen großen Unterschied bedeuten, wie lange und unter welchen Bedingungen das Kind schon in Kontakt mit dem sprachlichen Angebot in seinen beiden Sprachen ist.

3.2.1 Besonderheiten beim mehrsprachigen Erwerb

»Meine Mutter mag keine Konsonanten. Es fällt ihr schwer, zwei von ihnen hintereinander auszusprechen. Das liegt daran, dass sie im Türkischen sehr selten vorkommen, und wenn doch, dann nur am Ende eines Wortes. Um dem Problem auszuweichen, setzt meine Mutter einfach einen Vokal zwischen die Konsonanten. Sie fährt nach ›Kölün‹, wohnt in ›Düsburug‹, ihre Töchter schauen viel zu häufig in den ›Schiepigel‹, unser Onkel lebt in ›Schututtgart‹, unsere Cousine in ›Nürünberg‹, ihr Sohn Mustafa soll beim Autofahren auf die ›Schitarasse‹ gucken und mein Vater fegt die ›Schiteine‹ von der Einfahrt. Probleme bereiten ihr auch die Artikel. ›Wozu sollen die gut sein?‹, fragt sie mich ungehalten, wenn ich ihr erkläre, dass es ›der Tisch‹, ›die Speisen‹ und ›die Freude‹ heißt. Ich sage, dass Sätze sehr holperig klingen würden, ließe man die Artikel einfach weg, und gebe ihr ein Beispiel: ›Wenn die Speisen auf dem Tisch stehen, ist die Freude groß.‹ Im Türkischen gibt es kein grammatikalisches Geschlecht, weder männlich, weiblich noch sächlich. Meine Mutter meint, dass es Unsinn sei, aus allen Dingen Männer und Frauen zu machen, und fragt, ob sie tatsächlich nötig seien, weil sie bisher jeder verstanden hätte, wenn sie sagte: ›Wenn Essen auf Tisch, alle viel freuen.‹ Verglichen mit meiner Mutter hat mein Vater nur geringe Probleme mit der deutschen Sprache. ›Meine Tochter immer viel arbeiten‹, berichtet er seinen Nachbarn. Wenn ich versuche, meinem Vater die richtige Satzstellung beizubringen oder seine Aussprache zu verbessern, sagt er, ich soll bloß ruhig sein, weil er mir schließlich mein erstes deutsches Wort beigebracht hätte und ich es nicht ausschiprechen konnte. Ich habe anscheinend auf die Frage nach unserer Hausnummer mit ›tüff‹ anstelle von fünf geantwortet. Den vorsichtigen Einwand, dass ich zu diesem Zeitpunkt erst drei Jahre alt war, lässt er nicht gelten. Mein jüngerer Bruder Mustafa hat dagegen ein Problem mit der türkischen Sprache. Viele

> Wörter, die er häufig benutzt, kennt er nicht auf Türkisch und behilft sich mit kreativen Neuschöpfungen. Er sagt: ›Arbeitsamta gitmem‹ (Ich gehe nicht zum Arbeitsamt) oder: ›Arzt krank yazdı‹ (Der Arzt hat mich krank geschrieben)« (Akyün, 2007, S. 16 f.).

Wie Hatice Akyün in ihrem Buch *Einmal Hans mit scharfer Soße* beschreibt, fallen erwachsene Zweitsprachlerner:innen auf. Ihre Lautsprache weist Besonderheiten auf, die bei monolingual deutschsprachigen Erwachsenen nicht erwartet werden. Diese Auffälligkeiten finden sich auf der Ebene der Aussprache (»Düsburug«) und der Grammatik (»Wenn Essen auf Tisch, alle viel freuen«). Auch der Wortschatz kann bei bilingualen Sprecher:innen auffallen, weil sie z. B. ein Wort aus der anderen Sprache in den Satz einbauen (»Arbeitsamta gitmen«).

Auch bei mehrsprachigen Kindern treten im Erwerb Besonderheiten auf, die für einsprachig deutsch aufwachsende Kinder nicht beobachtet werden. Diese Unterschiede zu monolingualen Kindern wurden früher oft als Ausdruck eines defizitären oder sogar gestörten Spracherwerbs benannt. Heute setzt sich mehr und mehr die Erkenntnis durch, dass Sprachmischungen, Sprachdominanz, Transfer und Sprachenphänomene, die im einsprachigen Erwerb nicht vorkommen, typische Eigenschaften des mehrsprachigen Erwerbs sind.

Abb. 8: Mehrsprachig werden

Sprachdominanz

Sprachdominanz bedeutet, dass sich die Sprachen nicht synchron entwickeln. Die Sprache, die weiterentwickelt scheint als die anderen, wird als dominante Sprache bezeichnet, was aber nicht bedeutet, dass das Kind in den anderen Sprachen inkompetent wäre (Genesee, 2003; Genesee, Nicoladis & Paradis, 1995; Kroffke & Rothweiler, 2004). Normalerweise ist die dominante Sprache auch diejenige, in der mit dem Kind am häufigsten gesprochen wurde, es die größte Inputmenge erhalten hat (Genesee, Paradis & Crago, 2004). Das Sprachdominanzverhältnis kann sich im Spracherwerbsprozess verändern und wird maßgeblich von der Menge des Inputs beeinflusst, den das Kind in seinen Sprachen erhält. Oft wird die Zweitsprache zur dominanten Sprache, in der das Kind über bessere Fähigkeiten verfügt, wenn dies auch die Mehrheitssprache (hier Deutsch) ist (Kohnert & Derr, 2004). Die Inputmenge ist dabei interindividuell unterschiedlich und selten in beiden Sprachen identisch. Aus wissenschaftlichen Erhebungen mit *Heritage*-Vorschulkindern kann man schlussfolgern, dass die Inputbedingungen in L1 und L2, Schriftsprachfaktoren (*literacy*), sozioökonomischer Status (SES), der Sprachengebrauch, die Dauer des Kontakts zur Zweitsprache (»*length of exposure*«, LoE) und, speziell bei Schüler:innen, Arbeitsgedächtnisleistungen auf die Fähigkeiten in allen Sprachen rückwirken (u. a. Cobo-Lewis, Pearson, Eilers & Umbel, 2002; Paradis, 2011). Wortschatz (Goldberg, Paradis & Crago, 2008) und komplexe Strukturen wie Passivkonstruktionen (Rothman et al., 2016) werden z. B. von älteren L2-Kindern schneller als von jüngeren erworben. *Heritage*-Kinder, die Deutsch als Zweitsprache erwerben, profitieren davon, wenn ihnen auch explizit vermittelt wird, welche Formen in der Zweitsprache angemessen sind und welche Regeln beispielsweise für den Satzbau, die Pluralbildung oder die Verbbeugung gelten. Pädagogische Fachkräfte sollten sich daher mit diesen sprachstrukturellen Regeln, wie auch mit Modellierungstechniken und Routinen des handlungsbegleitenden Sprechens näher beschäftigen, um gezielt im Dialog anregende Unterstützung des Deutscherwerbs zu leisten (▶ Kap. 6.4. und ▶ Kap. 6.5).

Aufgabe

Lesen Sie bitte die beiden folgenden Sprachbiografien. Inwieweit könnten die jeweiligen Inputbedingungen Einfluss auf das Sprachdominanzverhältnis in einzelnen Phasen des Mehrsprachenerwerbs gehabt haben?

Karl

Karls Eltern stammen aus Rumänien und gehören zur Bevölkerungsgruppe der Banater Schwaben. Karl wurde im Banat geboren, sein Vater spricht Mundart mit ihm, seine Mutter Rumänisch und einige Worte Deutsch. Er besuchte eine Dorfschule und wechselte später auf eine deutschsprachige Schule. Mit zehn Jahren migriert er allein nach Deutschland, verbringt zunächst einige Zeit im Auffanglager Friedland, bevor er von einem Amerikaner aufgenommen wird und in dessen Familie bis zur Pubertät aufwächst. In der Schule lernte er zunächst Englisch, dann Französisch und Spanisch.

Aysegül

Aysegüls Vater spricht sehr gut Türkisch und Deutsch, ihre Mutter ist mit der Hochzeit nach Deutschland gekommen, nachdem sie in Istanbul Englisch und Mathematik auf Lehramt studiert hat. Untereinander wird meist Türkisch gesprochen, und zwar meist in der Immigrant-Turkish-Varietät. Bis zum vierten Lebensjahr wuchs Aysegül in der Familie auf, bevor sie in die KiTa kam. Sie lernte rasch Deutsch und begann nach kurzer Zeit, den Eltern und ihren jüngeren Brüdern, die mit ihr in die KiTa gehen, auf Deutsch zu antworten, verweigerte aber den Türkischgebrauch. In den Ferien fährt sie regelmäßig in das Dorf ihrer Mutter in die Türkei und wird dort als Almancı-Sprecherin erkannt. Ab dem ersten Schuljahr besuchte sie eine monolinguale deutschsprachige Schule in Köln, nahm aber auch am Türkischunterricht teil. Im dritten Schuljahr begann der Englischunterricht. Sie wechselte auf eine Gemeinschaftsschule, wo sie weiter Englisch hatte, aber kein Türkisch. Ab der fünften Klasse wählte sie Französisch dazu. Mit den türkischsprachigen Mitschüler:innen spricht sie gern »gemischt« und besucht aktuell die achte Klassenstufe.

Aufgabe

Fertigen Sie bitte eine Sprachlernbiografie für zwei Kinder oder Jugendliche in ihrer Einrichtung/Bezugsgruppe an. Nutzen Sie dabei bitte möglichst viele zur Verfügung stehende Quellen: Was wurde in der Anmeldekartei notiert, was wissen Sie, was berichten Ihre Kolleg:innen, was berichten die Eltern, was berichtet das Kind selbst? Benennen die beiden Kinder darüber hinaus, welche Sprache sie selbst lieber mögen oder welche Sprache sie zu welcher Gelegenheit bevorzugen?
    Inwieweit könnten die jeweiligen Inputbedingungen und die Erfahrungen des Kindes Einfluss auf das aktuelle Sprachdominanzverhältnis bei den beiden Kindern in ihrer Bezugsgruppe haben?

Sprachmischungen

Sprachmischungen sind die offensichtlichsten Belege für mehrsprachige Kompetenz. An ihnen zeigt sich einmal mehr, dass es die pädagogische Fachkraft ist, die den Unterschied macht. Wertet sie die Sprachmischungen Mehrsprachiger als Hinweis darauf, dass ein Defizit besteht oder dass sie Ausdruck ungenügender Sprachkompetenz sind, die einer Therapie bedürfen, wird die bilinguale Sprachmischungskompetenz zum Bildungsnachteil (Moll, Soto-Santiago & Schwartz, 2014). Wenn die pädagogischen Fachkräfte Sprachmischungen dagegen als Bereicherung und

Ausdruck von Sprachtalent werten, werden auch die bilingualen Fähigkeiten in Bildungsinstitutionen wertgeschätzt und gefördert (MacSwan, 2019).

Wie weiter oben gezeigt, trennen Kinder Sprachsysteme früh. Dies bedeutet aber nicht, dass die beiden Sprachen vollständig voneinander unabhängig sind, sondern dass Mehrsprachige nach dem Integrated Multilingual Model (MacSwan, 2019) sowohl gemeinsame als auch sprachspezifische grammatische Ressourcen haben. Diese entwickeln sich im mehrsprachigen Erwerb, sodass es u. a. zu Beschleunigung, Verlangsamung und Transfer (Paradis & Genesee, 1996) kommen kann.

Beschleunigung beschreibt das Phänomen, dass im mehrsprachigen Kontext eine grammatische Eigenschaft zeitlich früher erworben wird als im monolingualen Erwerb derselben Sprache. Angenommen wird, dass es sich dabei häufig um analoge Strukturen in beiden Sprachen handelt.

Verlangsamung im Erwerb bezieht sich darauf, dass der gleichzeitige Erwerb zweier oder mehrerer Sprachen den Erwerbsprozess insgesamt verlangsamen kann, mehrsprachige Kinder also zum Beispiel später mit dem Sprechen beginnen können als monolinguale Kinder gleichen Alters.

Transfer meint einen Prozess, bei dem eine sprachliche Struktur (z. B. die Wortstellung in Nebensätzen) im Erwerb vorübergehend aus der einen Sprache entlehnt und in die andere übertragen wird. Als Resultat könnten mehrsprachige Kinder eigentümliche Erwerbmuster zeigen, die sich in diesem speziellen Bereich mehr oder weniger deutlich von denen monolingualer Kinder im gleichen Entwicklungsalter unterscheiden. Im Zweitspracherwerb Erwachsener lassen sich viele Belege für eine Übertragung von einer in die andere Sprache (und zwar sowohl von der Erst- in die Zweitsprache als auch andersherum) finden.

Inwiefern dies auch auf den kindlichen Zweitspracherwerb zutrifft, ist dagegen höchst umstritten (Strik & Pérez-Leroux, 2011). Erste Untersuchungen weisen bei bilingualen Kindern Transfer bisher in vier unterschiedenen sprachlichen Bereichen (Phonologie, Morphologie, Syntax und Lexikon) nach (Döpke, 1998; Müller & Hulk, 2001; Paradis, 2001; Yip & Matthews, 2000), aber Einfluss, der nicht als Beschleunigung oder Verlangsamung gewertet werden kann und damit zu ganz und gar abweichenden Erwerbsschritten führt, ist kaum belegt.

Bei der Bewertung kindlicher »Fehler«, also Abweichungen von standardsprachlichen Sätzen im Deutschen, als »Transfer aus der Erstsprache« ist Vorsicht geboten. Nur weil man beobachtet, dass ein bilinguales Kind Äußerungen macht, die z. B. zu der Grammatik der Erstsprache passen, sollte man nicht schließen, dass das Kind damit Wissen aus der Erstsprache auf die Zweitsprache überträgt. So zeigen Studien übereinstimmend, dass Kinder mit dem Erwerb von grammatischem Genus im Deutschen Schwierigkeiten haben, und zwar unabhängig davon, ob ihre Erstsprache Genus kennt oder nicht (Ruberg, 2013; Montanari, 2011). Anstatt von Transfer zu sprechen, der aus dem Zweitspracherwerb Erwachsener vertraut ist, ist es bei Kindern wahrscheinlicher, dass bestimmte Merkmale und Eigenschaften der Zweitsprache noch nicht erworben sind (vgl. auch das Grammatikmodell von MacSwan, 2019, in ▶ Kap. 3.1). Dies ist besonders dann anzunehmen, wenn es sich um Abweichungen von der Standardsprache Deutsch handelt, wie sie auch im monolingualen Erstspracherwerb beobachtet werden können.

Beim sukzessiven Erwerb des Deutschen durch Kinder mit Türkisch als Erstsprache könnten dies auf der Ebene der Phonologie zum Beispiel Realisierungen des [ts] als stimmhaftes [s] sein, da es im Türkischen unbekannt ist (▶ Kap. 3.2.2). Im lexikalischen Bereich finden sich zum Beispiel Entlehnungen (*borrowings*): »*Kanapede bir Katze yattyor*« (eine Katze liegt auf dem Sofa).

Beim Produzieren und Auslassen von Subjekten zeigt sich ein weiterer Unterschied zwischen monolingualem und sukzessiv-bilingualem Erwerb. Subjektauslassungen sind in vielen Sprachen ein weit verbreitetes Phänomen in der Sprache junger Kinder, und zwar auch in Sprachen, die keine Nullsubjekte erlauben (z. B. Deutsch, Englisch). Haznedar (2001), Ionin und Wexler (2002) oder Lakshamanan (1994) belegen aber, dass Subjektauslassungen im sukzessiv-bilingualen Erwerb sehr selten sind, auch wenn die Erstsprache Nullsubjekte erlaubt. Haberzettl (2005) zeigt weiter, wie türkische Kinder (aus einer Verbendstellungssprache kommend) die im Deutschen für Nebensätze korrekte Verbendstellung sofort zu fast 100 % korrekt produzieren, sobald sie in der Lage sind, Nebensätze zu bilden. Russische Kinder behielten dagegen bei der Bildung von Nebensätzen die aus dem Hauptsatz und dem Russischen entlehnte Subjekt-Verb-Objekt-Stellung bei.

Typische Erwerbscharakteristika im sukzessiv-bilingualen Erwerb

Einige Erwerbsphänomene sind typisch für den sukzessiv-bilingualen Erwerb. Sie können in dieser Form im monolingualen Erwerb nicht beobachtet werden. In vielen Sprachen, besonders aber im Deutschen, ist dies zum Beispiel die Nutzung bestimmter fester Strukturen und Formeln (sogenannter *chunks*) sowie die Verwendung des Hilfsverbs *sein* und von Platzhalter-Verben (*light verbs*). Das Phänomen der Übergeneralisierung von *sein*-Formen wird für sukzessiv-bilinguale Kinder mit verschiedensten Erstsprachen vielfach beschrieben (Ionin & Wexler, 2002; Paradis et al., 2004) und tritt auch in Kontexten auf, in denen es in der Zielsprache nicht üblich ist.

Beispiele für *chunks*

- aus dem Englischen (Paradis, 2007):
  - I'm sit down on my spot. (»I'm« als unanalysiertes Element + X statt: »I sit down on my spot.«)
  - you're win. (»you're« + X statt »you win.«)
- aus dem Deutschen (Chilla, Haberzettl & Wulff, 2013):
  - die junge ist zwei eis. (der Junge ist + X statt: der Junge hat zwei Eis).
  - frosch ist hierbleiben. (frosch ist + X statt: der Frosch hierbleiben/der Frosch bleibt hier).
  - ich macht viel esse. (ich macht + X statt: ich viel esse/ich esse viel)
  - das is hier rein muss. (das is + X statt: das hier rein muss).

In einer ersten systematischen Studie haben Chilla, Haberzettl und Wulff (2013) Spontansprachdaten von monolingualen und von sukzessiv-bilingualen Kindern

(AoO = 3 oder AoO = 6) verglichen. Das Alter zu Beginn des Deutscherwerbs hat danach maßgeblichen Einfluss auf das Auftreten dieser Strukturen: Bei monolingualen und sukzessiv-bilingualen Kindern mit einem AoO von 3 treten nur sehr selten solche Sätze mit light verbs auf. Bei zweitsprachlernenden Kindern, die mit sechs Jahren mit dem Deutschen beginnen, zeigt sich diese Phase dagegen deutlich ausgeprägter.

> **Pädagogisches Fazit**
>
> Es lässt sich festhalten, dass mehrsprachig aufwachsende Kinder zwischen ihren Sprachen wechseln, weil sie es – im Gegensatz zu Einsprachigen – können. Dabei sind – besonders auf der Ebene der Grammatik – direkte Übertragungen sehr selten zu beobachten, wobei Beschleunigung oder Verlangsamung im Erwerb vorkommen können. Simultan-bilinguale und sukzessiv-bilinguale Kinder unterscheiden sich in ihren Erwerbswegen. So zeigen sukzessiv-bilinguale Kinder im Erwerb der deutschen Satzstruktur eigene Erwerbswege, die in den bisherigen Modellen für monolinguale deutsche Kinder oder zweitspracherlernende Erwachsene noch nicht beschrieben sind. Es wird vermutet, dass dies Ausdruck ihrer – im Vergleich zu Säuglingen – höheren kognitiven Reife ist. So können sie »wichtige« sprachliche Elemente des KiTa-Alltags wie »das ist ...« schneller erfassen und gleichzeitig schon auf Wissen aus ihrer Erstsprache zurückgreifen. Sie verfügen über das Wissen über die Funktion von Sprache allgemein und ihre strukturierenden Prinzipien (z. B. die Funktion eines Verbs). Dies kann sowohl für die Gestaltung mehrsprachiger Lernarrangements in der KiTa allgemein als auch für metasprachliche Reflexion mit den Kindern genutzt werden.

3.2.2 Ergebnisse zum phonetisch-phonologischen Erwerb

Der Erwerb von Phonologie, d. h. von Lauten und Lautbildungsmustern, umfasst die phonetischen, phonologischen und prosodischen Eigenschaften aller Sprachen eines Kindes. Dabei lernt das Kind, vom ersten Laut zu Silben und zu Wörtern zu kommen, und muss die Laute (Phoneme) und Artikulationsregeln seiner Sprache(n) erwerben.

Tab. 3: Vom Laut zum ersten Wort

Stadium	Alter	Kennzeichen
erste Laute	bis erster Monat	Befindet sich der Säugling in einer entspannten Situation, produziert er Laute mit einem offenen Vokaltrakt ohne Lippenbewegungen.
Gurren	zweiter bis dritter Monat	Erste silbenähnliche Verbindungen, die mit Verschlusslauten beginnen, werden produziert (Gurrlaute) und vorgesprochene Vokale nachgeahmt.

Tab. 3: Vom Laut zum ersten Wort – Fortsetzung

Stadium	Alter	Kennzeichen
Expansion	vierter bis fünfter Monat	Die produzierten Laute werden realen Sprachlauten immer ähnlicher.
kanonisches Lallen	sechster bis neunter Monat	Das sogenannte kanonische Lallstadium wird erreicht, wenn der Säugling durch das Reduplizieren von Silben [dada-dada] wort- oder satzähnliche Intonationen erzeugt. Zeitgleich oder später kommt die Verbindung unterschiedlicher Silben [daba] hinzu.
erste Wörter	zehnter bis 14. Monat	Die phonologische Entwicklung mündet in die Produktion erster Wörter ein.

Aus: Grimm, H. & Wilde, S. (1998): Sprachentwicklung: Im Zentrum steht das Wort. In: H. Keller (Hrsg.): *Lehrbuch Entwicklungspsychologie*. Bern: Huber, S. 449.

Schreien, Lallen, erste Lallphase, zweite Lallphase und Sprechen als Phasen der Entwicklung können variieren, also sich überschneiden oder parallel laufen (Mühler, 1996). Auch monolinguale Kinder sprechen nicht von Beginn an korrekt. Es zeigen sich vielmehr verschiedene phonologische Prozesse (typische Beispiele: »tatze« statt »katze«; »demacht« statt »gemacht«), die z. B. von Fox und Dodd (1999) beschrieben werden. Diese Prozesse werden nach und nach überwunden, und das Kind lernt »nach und nach [...], die Prozesse optionaler anzuwenden, zu begrenzen und zu unterdrücken« (Dannenbauer & Kotten-Sederquist, 1987, S. 79). Die Modelle des monolingualen Erwerbs lassen sich ausführlich bei Kauschke (2012) sowie Ruberg und Rothweiler (2012) nachlesen.

Vergleicht man bilinguale und monolinguale Kinder im Erwerb zweier Lautsysteme, wird deutlich, dass Zweisprachige im Vergleich zu Monolingualen zusätzliche Sprachverarbeitungsprozesse und Speicherkapazitäten aktivieren müssen. Dies wiederum kann die Erwerbsgeschwindigkeit und die Erwerbsqualität der beiden phonetischen Systeme beeinflussen (Michael & Gollan, 2005; Fox-Boyer & Salgert, 2014). Konsequenterweise sind die phonologischen Fähigkeiten in beiden Sprachen weder während noch zum Ende der phonologischen Entwicklung hin identisch (Dodd, Holm & Li, 1997; Goldstein & Horton-Ikard, 2010; Holm & Dodd, 1999; Law & So, 2006). In einem Vergleich englischsprachiger Literatur kommen Hambly et al. (2013) zu dem Ergebnis, dass simultan-bilinguale Kinder im Erwerb der Phonologie nicht immer langsamer sind als monolinguale Gleichaltrige. Allerdings belegen die Studien qualitative Abweichungen vom monolingualen Modell und eine höhere Variation im Erwerb. Während lange Zeit darüber diskutiert wurde, ob Bilinguale über ein gemeinsames oder zwei getrennte Lautsysteme verfügen, schlussfolgern die Autoren, dass es sich um zwei getrennte Systeme handelt, die miteinander interagieren. Somit ist es eine Ausnahme von der Regel, wenn mehrsprachige Kinder die gleichen phonologischen Prozesse in ihren Sprachen produzieren, auch wenn es die jeweiligen Phonologiesysteme ermöglichen würden. Als *phonologische Prozesse* sind hier Lautbildungsprozesse gemeint, die als systemische und strukturelle Veränderungen von Wörtern auftreten (Grunwell, 1987). Dazu gehören z. B. die Ersetzung von Lauten innerhalb eines Wortes, Auslassungen oder Hinzufügungen von Lauten und Silben.

> **Aufgabe**
>
> Protokollieren Sie die Sprache eines monolingual deutschsprachigen zweijährigen und eines dreijährigen Kindes. Schreiben Sie in mindestens 15 Sätzen genau auf, was es wie sagt (also: »da is ain tatze!« und nicht: »Da ist eine Katze!«). Versuchen Sie dann, mit Hilfe des Internets herauszufinden, welche phonologischen Prozesse bei den beiden Kindern vorliegen.

Ergebnisse zum phonetisch-phonologischen Erwerb simultan-bilingualer Kinder

Erstens gibt es Hinweise darauf, dass bilinguale Kinder ihr Lautsystem gleich schnell oder schneller als monolinguale erwerben (vgl. z. B. Gildersleeve-Neumann & Wright, 2010; Goldstein & Bunta, 2012; Grech & Dodd, 2008; Lin & Johnson, 2010). Zweitens werden demgegenüber Verzögerungen im Erwerb nachgewiesen (z. B. Bunta et al., 2009; Gildersleeve-Neumann et al., 2008). Für den Bereich der Phonologie werden Interaktionen der beiden Sprachen im Bereich der Prosodie und in anderen suprasegmentalen Strukturen, und hier speziell im Bereich der Allophone berichtet (Fabiano & Goldstein, 2005; Lleó, 2002; Fabiano-Smith & Barlow, 2010; Barlow et al., 2013). Der Transfer sprachspezifischer Laute in die jeweils andere Sprache ist aber eher selten (Fabiano-Smith & Goldstein, 2010).

Dabei ist es wichtig zu prüfen, welche Aspekte des Lauterwerbs im Fokus der Untersuchung stehen. So zeigen die spanisch-englisch bilingualen Proband:innen von Goldstein und Bunta (2012) in vielen der untersuchten phonologischen Bereiche gleich gute oder bessere Ergebnisse als die monolingualen Kinder der Vergleichsgruppe, während die Gruppe fünf- bis sechsjähriger bilingualer Kinder in Bezug auf die korrekt produzierten Konsonanten schlechter abschneidet als die Gruppe monolingual spanischsprachiger Gleichaltriger (vgl. auch Fabiano-Smith & Goldstein, 2010). Im mehrsprachigen Phonologieerwerb kann es zur Übertragung typischer phonologischer Prozesse aus einer Sprache in die andere sowie zu segmentalem Transfer kommen. Ein Transfer sprachspezifischer Laute in die jeweils andere Sprache kommt aber nur selten vor (Fabiano-Smith & Goldstein, 2010). Dabei ist wichtig, dass nicht nur die erste Sprache die zweite beeinflusst, sondern dass auch Übertragungen von der zweiten auf die erste Sprache berichtet werden (zusammenfassend Cook, 2003).

Segmentaler Transfer liegt dann vor, wenn sprachspezifische Laute in die andere Sprache übertragen werden, obwohl sie nicht Teil des Lautsystems dieser Sprache sind (Paradis & Genesee, 1996). Die genannten systemischen Veränderungen im Phonologieerwerb bilingualer Kinder erklären Genesee und Nicholadis (2007) durch eine Interaktion der beteiligten Sprachen. Besonders gut wurde der simultanbilinguale Erwerb spanisch-deutsch bilingual aufwachsender Kinder untersucht. Lleó (2002), Lleó und Rakow (2005) und Lleó et al. (2003) beschreiben sowohl Verzögerungen als auch Beschleunigungen im Erwerb. Die in Langzeitstudien erhobenen Sprachdaten belegen, dass spanisch-deutsch bilinguale Kinder insbesondere die Produktion unbetonter Silben in Jamben mit etwas Verzögerung gegenüber einsprachig spanischen Kindern erwarben und generell mehrsilbige Wörter etwas später in ihr Lexikon integrierten (Lleó, 2002).

> Insgesamt kann festgehalten werden: Wird der bilinguale Phonologieerwerb mit dem monolingualer Gleichaltriger verglichen, kann es gleichermaßen zu Beschleunigungen oder Verzögerungen kommen. Dabei dominiert keinesfalls die Erwerbsverzögerung, auch wenn Kleinkinder im direkten Vergleich mit monolingualen Gleichaltrigen einen Rückstand aufweisen können. Diesen holen sie jedoch im Vorschulalter meist auf (Hammer et al., 2014). Im Allgemeinen bewegen sich bilinguale Kinder innerhalb der Variationsbreite, die auch von monolingualen Kindern im Erwerb bekannt ist. Dies ist umso bemerkenswerter, da im Erwerb zweier Lautsysteme Bilinguale gegenüber Monolingualen zusätzliche Sprachverarbeitungsprozesse und Speicherkapazitäten aktivieren müssen, was wiederum einen Einfluss auf Erwerbsgeschwindigkeit und Erwerbsqualität der beiden phonetischen Systeme haben kann.
>
> Konsequenterweise sind die phonologischen Fähigkeiten in beiden Sprachen weder während noch zum Ende der Entwicklung hin identisch (Überblick in: Fox-Boyer & Salgert, 2014). Die bilingualen Kinder sind nicht immer langsamer als monolinguale Gleichaltrige (Hambly et al., 2013) und es finden sich, abhängig vom beobachteten Entwicklungszeitpunkt, im phonologischen Erwerb eines individuellen bilingualen Kindes sowohl Beschleunigung als auch Verlangsamung.

Ergebnisse zum phonetisch-phonologischen Erwerb sukzessiv-bilingualer Kinder

> **Ein Beispiel aus dem Hamburg-Korpus (Rothweiler, 2004)**
>
> Zeren, ca. vier Jahre alt, spielt mit einer Partnerin Memory. Die Bildkarten liegen verdeckt auf einem Tisch. Zeren hat ihre eigenen Regeln: Sie dreht einfach so lange eine Karte nach der anderen um, bis sie ein Paar findet. Zeren bezeichnet die von ihr aufgedeckten Karten wie folgt:
> /bas nich/ (Das passt nicht.)
> /bast nich/

/dea bast/ (Der passt.)
/des bast/
/kusch/ (= kuş, türkisch »ein Vogel«)
/manene/ (Banane)
/manene/
/tinecke/ (Schnecke)

Abb. 9: Spielende Kinder

Alle oben beschriebenen Faktoren (das Alter zu Beginn des Erwerbs, die Erwerbsdauer der jeweiligen Sprachen, die Qualität und Frequenz des Inputs und die Sprachdominanz) wirken sich auf die Aussprachefähigkeiten in beiden Sprachen aus (Goldstein & McLeod, 2012). Bei sukzessiv-bilingualen Kindern wird jedoch eher ein Einfluss der Erst- auf die Zweitsprache erwartet und berichtet. Mit Flege, Yeni-Komshian und Lin (1999) wird angenommen, dass der Erwerbsbeginn für das Lautsystem in der zweiten Sprache den Stand des Systems in der Erstsprache darstellt. Dies bedeutet aber auch, dass sich dreijährige Kinder noch im Phonologieerwerb der ersten Sprache befinden, wenn sie mit dem neuen System der Zweitsprache beginnen. Studien mit spanisch-englisch sukzessiv-bilingualen Kindern im Alter zwischen vier und sieben Jahren zeigen dann auch, dass die Kinder Phoneme, die in beiden Sprachen vorkommen, besser produzieren können als die Laute, die nur in der Zweitsprache Englisch vorkommen (Goldstein, 2004). Retrospektive Studien belegen, dass Erwachsene, die nach dem sechsten Lebensjahr mit der Zweitsprache begannen, ihr Leben lang einen Akzent behalten können.

Zur Sprachkombination Russisch-Deutsch liegen Daten zu Aussprachefähigkeiten im Deutschen von 17 unauffällig entwickelten russisch-deutsch bilingualen Kindern im Alter von 3;0 bis 4;8 Jahren vor (Büttner, 2012). Die Kinder zeigen neben Prozessen, die für den monolingual deutschen Lauterwerb typisch sind (z. B. Vorverlagerung der Plosive (Engelaute) /k, g/ zu /t, d/ (»katze wird zu tatze«)), auch fürs Deutsche untypische phonologische Prozesse (vgl. Fox-Boyer & Salgert, 2014). Salgert, Fricke und Wells (2012) sowie Ünsal und Fox (2002) belegen für sukzessiv-bilinguale türkisch-deutsche Kinder einen teilweise verzögerten Phonologieerwerb, wobei die Laute in beiden Sprachen unterschiedlich betroffen sind. Die Kinder erwerben bestimmte sprachspezifische Laute häufig etwas später als monolinguale Kinder. Im Alter von etwa fünf Jahren haben die Proband:innen jedoch die Phon- und Phonemsysteme beider Sprachen fast vollständig erworben. Bezüglich phonologischer Prozesse fiel auf, dass die Kinder nicht nur für die jeweilige Sprache typische phonologische Fehlermuster zeigten, sondern auch solche produzierten, die weder im unauffälligen deutschen noch im ungestörten türkischen Phonologieerwerb auftreten (Salgert, Fricke & Wells, 2012). Chilla, Haberzettl und Wulff (2013) sowie Chilla, Rothweiler und Babur (2010) zeigen, worin diese Prozesse im türkisch-deutschen Kontext bestehen können. Am Beispiel des Vergleichs des türkischen Konsonantensystems mit dem deutschen kann festgestellt werden, dass die Sprachen in vielen Phonemen übereinstimmen. Dazu passt, dass türkisch-deutsche Kinder im Alter von drei Jahren die meisten Phoneme des Deutschen problemlos realisieren können. Da sich die Kinder in diesem Alter aber noch in der Entwicklung ihrer Systeme in Erst- und Zweitsprache befinden, kann es zu Abweichungen in der Aussprache kommen, die besonders in frühen Phasen des sukzessiv-bilingualen Erwerbs typisch sind (s. folgenden Kasten).

Vergleich lautsprachlicher Leistungen von sukzessiv-bilingualen türkisch-deutschen Kindern (entnommen aus Chilla, Haberzettl & Wulff, 2013, S. 83)

Sie können

- zu Beginn des Deutscherwerbs ihre Sätze mit der Intonation und dem satzfinalen Satzakzent des Türkischen intonieren und betonen,
- Schwierigkeiten haben, den Vokal <e> mit seinen unterschiedlichen Lautwerten [e], [eː], [ɛ] und das Schwa [ə] zu realisieren,
- [ts] als stimmhaftes [s] realisieren, da es im Türkischen unbekannt ist,
- [ŋ] als [ng] realisieren,
- einen Vokal in deutsche Konsonantencluster einfügen, da die Silbenstruktur des Türkischen KVK ist (»Schitraße«), und
- Schwierigkeiten haben, Konsonantencluster am Ende des Wortes zu realisieren, was zu Silbenreduktion führen kann.

3.2.3 Ergebnisse zum lexikalischen Erwerb

Beim Wortschatzerwerb müssen lexikalische Einheiten gesammelt und organisiert werden (Rothweiler, 2001; ▶ Tab. 4).

Tab. 4: Monolingualer Wortschatzerwerb im Überblick

Alter	Beobachtungen
ab 10 bis 12 Monaten	• erste Wörter • zunächst langsamer Wortschatzaufbau • Wörter werden häufig eher situationsbegleitend als referenziell gebraucht.
ab 18 Monaten	• Phase der ersten 50 Wörter • Entdeckung der Benennfunktion von Wörtern • Beginn des Wortschatzspurts (tgl. acht bis zehn neue Wörter) • Mit 24 Monaten umfasst der aktive Wortschatz ca. 200 Wörter, mit 30 Monaten ca. 500 Wörter. • Das Kind erwirbt etwa 25 neue Wörter im Monat. • Der passive Wortschatz ist etwa vier- bis zehnmal so groß wie der aktive Wortschatz. • Große Unterschiede zwischen den Kindern!
bis 5 Jahre	• Der aktive Wortschatz liegt bei etwa 2.000 Wörtern

Mit jedem Wort müssen Informationen über seine semantisch-konzeptuelle Repräsentation, seine syntaktischen und morphologischen Eigenschaften, die phonetisch-phonologische und – mit dem Schriftspracherwerb – graphematische Form gespeichert werden (Kauschke, 2012). Phonetisch-phonologische und grammatisch-morphologische Merkmale eines Wortes sind spezifisch für die Einzelsprache, während Wortbedeutungen einzelsprachspezifische Ausschnitte des konzeptuellen Wissens darstellen (Klassert & Kauschke, 2014; Schwarz, 2008).

> **Beispiel**
>
> Daniel, sieben Jahre, wächst russisch-deutsch auf. Bei ihm wird ein Test für die russische Sprache (Sprachstandstest Russisch, vgl. Gagarina, Klassert & Topaj, 2010) durchgeführt. Die Ergebnisse des Lexikontests sehen wie folgt aus (▶ Abb. 10).

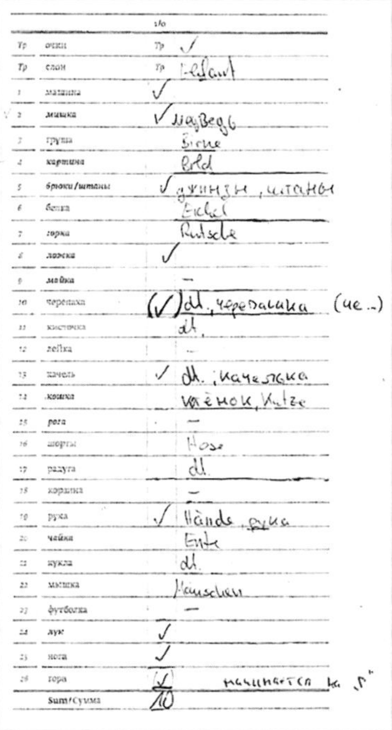

		1/0	
Tp	очки	Tp	✓
Tp	слон	Tp	Elefant
1	машина	✓	
2	мишка	✓	медведь
3	груша		Birne
4	картина		Bild
5	брюки/штаны	✓	джинзы, штаны
6	белка		Eichel
7	горка		Rutsche
8	ложка	✓	
9	майка		–
10	черепаха	(✓)	dt., черепашка (че...)
11	кисточка		dt.
12	лейка		–
13	качель	✓	dt.; качелька
14	кошка		котёнок, Katze
15	рога		–
16	шорты		Hose
17	радуга		dt.
18	корзина		–
19	рука	✓	Hände, рука
20	чайка		Ente
21	кукла		dt.
22	мышка		Mäuschen
23	футболка		–
24	лук	✓	
25	нога	✓	
26	гора	(✓)	начинается на „г"
	Sum/Сумма	20	

Abb. 10: Ergebnisse eines Wortschatztests eines siebenjährigen Jungen

Aufgabe

Auch wenn Sie selbst kein Russisch und keine kyrillische Schrift lesen können: Welchen Eindruck gewinnen Sie von Davids Russisch-Kenntnissen? Wenn Sie berücksichtigen, dass der Test für fünfjährige Kinder in der Migration konzipiert wurde, wie bewerten Sie seine lexikalischen Fähigkeiten?

Bilinguale Kinder erwerben zwei sprachspezifische Lexika, mehrsprachige Kinder müssen in all ihren Sprachen Wörter lernen. Im Vergleich zu monolingualen Kindern bekommen sie im Erwerbverlauf aber insgesamt weniger Input in der Einzelsprache, da sich ihr Sprachkontakt auf die beiden zu erwerbenden Sprachen verteilt. Mit anderen Worten: Ein monolingual deutschsprachiges Kind hört den ganzen Tag von beiden Elternteilen Deutsch, ein sukzessiv-bilinguales Kind, das eine andere Familiensprache spricht, hat nur in der KiTa ein deutschsprachiges Angebot und damit insgesamt weniger Stunden pro Tag Kontakt mit der Erst- und der Zweitsprache.

Inputmenge und Wortschatz hängen aber eng zusammen: Je mehr Input in der Einzelsprache, desto größer wird der Wortschatz und desto schneller ist das Erwerbstempo (Cobo-Lewis et al., 2002; Hoff et al., 2012).

Weiter wird der Wortschatzerwerb maßgeblich von motivationalen Faktoren, der Alltagsbedeutung von Sprachen und der individuellen Bedeutsamkeit der Sprachen beeinflusst (Goldberg, Paradis & Crago, 2008). Semantische Merkmale eines Wortes (z. B. beim Konzept Katze die Merkmale »belebt, Tier, schnurrt, miaut«) können entweder sprachunabhängig sein, oder in beiden Sprachen vorkommen. Dabei ist es wichtig, zwischen Wort und Konzept zu unterscheiden. Denn es gibt nicht immer eine völlige Übereinstimmung zwischen Einzelsprachen in Bezug auf die semantischen Merkmale, welche die Bedeutung eines Wortes ausmachen (so sind »Fuß« und »Bein« in vielen Regionen Deutschlands zwei Wörter und in der Regel zwei Konzepte, im Russischen ein Wort und ein Konzept »Hora«; im Norwegischen bedeutet »baker« sowohl »backen« als auch »braten«). Die Merkmale, also die Eigenschaften, sind jedoch in einem einzigen semantisch-konzeptuellen System repräsentiert, d. h. an einem einzigen Ort gespeichert, und entwickeln sich in Interaktion mit allen Sprachen eines Kindes (Dong, 2005; Klassert & Kauschke, 2014).

Ergebnisse zum Wortschatzerwerb simultan-bilingualer Kinder

Bilinguale Kinder verfügen über zwei Lexika, aber dies bedeutet nicht, dass sich in jedem Lexikon je ein Wort für den gleichen Gegenstand befindet. Da bilinguale Kinder ihre beiden Sprachen häufig in unterschiedlichen Kontexten und zu unterschiedlichen Zwecken verwenden, ergeben sich auch unterschiedlich zusammengesetzte Lexika (Meisel, 2004; Oller & Griebel, 2005; Rothweiler, 2007). So hat ein Kind z. B. einen KiTa-Wortschatz, in dem die Wörter »Malkreiden«, »Gummistiefel« oder »Wasserspielplatz« vorkommen. Anderseits gibt es einen Familienwortschatz, in dem bei einem Kind mit türkischer Familiensprache z. B. alle Varianten von Familienbeziehungen gespeichert sind.

Für einen Teil der Wörter erwerben bilinguale Sprecher Wortformen in beiden Sprachen (*doublets*), für andere Wörter nur in einer Sprache (*singlets*).

Eine Bewertung der sprachlichen Leistungen eines bilingualen Kindes sollte keinesfalls nur auf dem Vergleich mit den Normwerten für monolinguale Kinder basieren (Gatt, O'Toole & Haman, 2015; Haman, Łuniewska & Pomiechowska, 2015). Es kann für den Forschungsprozess interessant sein, hier Unterschiede und Gemeinsamkeiten zu Gleichaltrigen festzustellen, doch sollten diese Vergleiche nicht dazu herangezogen werden, den Spracherwerbsstand einseitig als defizitär zu bewerten. Dies zeigt sich besonders im Wortschatz bilingualer Kinder, da Forschungsergebnisse belegen, dass der Wortschatzumfang bei bilingualen Kindern stark variiert und die Interpretation von Ergebnissen in Wortschatztests aus monolingualer Perspektive zu widersprüchlichen Ergebnissen führt.

Hilfreich ist es hier, zu prüfen, ob das gesamte oder nur das konzeptuelle Vokabular erhoben wird (Pearson, Fernandez & Kimbrough Oller, 1993). Anders als eine Erfassung des Wortschatzes (also: der Wörter) in beiden Sprachen berücksichtigt das konzeptuelle Vokabular die Gesamtzahl der zugrunde liegenden begrifflichen Inhalte, für die ein Wort aus mindestens einer der Sprachen zur Verfügung steht. *Doublets* werden dabei als ein verfügbares Konzept gezählt. So könnte ein türkischdeutsches Kind auf eine Katze zeigen und sowohl »Katze« als auch »kedi« sagen. Es verfügt folglich über zwei Wortformen für ein Konzept.

Für den Vergleich monolingualer und bilingualer Kinder ist es sinnvoll, den konzeptuellen Wortschatz heranzuziehen. Verschiedene Studien mit simultan-bilingualen Kindern in den ersten drei Lebensjahren zeigen, dass sich beide Gruppen von Kindern in ihrem Wortschatzumfang gleichen, wenn der konzeptuelle Wortschatz betrachtet wird (Pearson, Fernandez & Kimbrough Oller, 1993). Hier profitieren mehrsprachige Kinder davon, dass nicht nach dem einzelsprachlichen Wort gefragt und nur dieses als korrekt gewertet wird (die Katze = 1 Punkt, kedi = 0 Punkte), sondern das Kind einen Testpunkt erhält, wenn es den Begriff in einer seiner Sprachen benennen kann. Die Kinder verfügen über die gleiche Anzahl an Konzepten, ziehen aber je nach Sprache das passende Wort zur Benennung heran. Daniel aus dem obigen Beispiel verfügt über die Konzepte von »OYKN«, »Elefant« und »Birne« und benennt diese je nach Sprache adäquat, wohingegen ihm das Wort für корзина (Korb) weder auf Russisch noch auf Deutsch einfällt und weiter zu prüfen wäre, ob ihm auch das Konzept fehlt. Klassert (2011) konnte diesen Befund für vier- bis sechsjährige russisch-deutsche Kinder bestätigen. Im Kontrast dazu fand Allman (2005) im Vergleich zu monolingualen Kindern einen kleineren konzeptuellen Wortschatz bei spanisch-englisch bilingualen Kindern als bei monolingualen Vergleichsgruppen (Alter 28 bis 78 Monate).

In Bezug auf das Verstehen von Wörtern schneiden simultan-bilinguale Kindern dagegen gleich gut oder besser ab, wenn das konzeptuelle Vokabular zugrunde gelegt wird (Pearson, Fernandez & Kimbrough Oller, 1993; Allman, 2005). Die Testleiterin zeigt z. B. Bilder und bittet das Kind, auf »Haus« zu zeigen. In einer zweiten Testrunde werden dieselben Bilder gezeigt, diesmal aber in der zweiten Sprache des Kindes nach dem korrekten Bild gefragt (»house«). Die Antwort wird als korrekt gewertet, wenn in einer der beiden Sprachen das angemessene Bild spontan gezeigt werden konnte. Gleiches gilt für die semantisch-assoziativen Fähigkeiten und die Erwerbsschritte (Peña, Bedore & Zlatic-Giunta, 2002; Sheng, McGregor & Marian, 2006).

Leider liegen bisher nur wenige systematische Studien vor, die Effekte des sozioökonomischen Status der Familien auf den semantisch-lexikalischen Erwerb bei Zwei- und Mehrsprachigen systematisch untersuchen. Erste Schlussfolgerungen können aus einer aktuellen Studie zum trilingualen Erwerb von Kindern in Südafrika, die mit den Sprachen (CLT)-Afrikaans, -isiXhosa und -South African English (SAE) aufwachsen, gezogen werden (Potgieter & Southwood, 2016). Ihre Fähigkeiten in der Sprache, in der sie den größten Input erhielten, waren nicht geringer als die der gleichaltrigen Monolingualen. Allerdings war ihr Wortschatz in den beiden anderen Sprachen signifikant kleiner als bei monolingualen *peers* und in allen Teiluntersuchungen bestätigte sich dieses Bild (Potgieter, 2016). Je mehr Input in der Einzelsprache, desto größer der Wortschatz und schneller das Erwerbstempo (vgl. auch Hoff et al., 2012). Detailanalysen zeigen weiter, wie sehr sich Kinder aus Familien mit einem niedrigen und mittleren sozioökonomischen Status in der Anzahl ihrer Nomina, aber nicht in den Mengen der Verblexika unterscheiden.

Ergebnisse zum Wortschatzerwerb sukzessiv-bilingualer Kinder

Bei der Untersuchung des Wortschatzes sukzessiv-bilingualer Kinder steht meist der Wortschatzerwerb in der Zweitsprache zu einem bestimmten Zeitpunkt, d. h. zum Beispiel ein Jahr vor der Einschulung, im Fokus. Selten werden die Fähigkeiten in beiden Sprachen erhoben. Als Vergleich dienen dabei meist die Normwerte gleichaltriger monolingualer Kinder. Ein ausreichender Wortschatz ist aber nicht nur für einen adäquaten lautsprachlichen Erwerb der Sprachen erforderlich, er ist auch ein bedeutsamer Faktor für den Schriftspracherwerb (Paradis, 2008). Daher ist gerade für in der Migration mehrsprachig aufwachsende Kinder auf einen ausreichenden Wortschatz auch in der Verkehrssprache (hier Deutsch) zu achten, damit sie entsprechend ihren kognitiven Möglichkeiten auch an den schulischen Bildungsprozessen partizipieren können.

Nicht zuletzt verlangt mehrsprachige Bildung den Ausbau des Wortschatzes in beiden Sprachen und damit einer Verfügbarkeit der Wörter für die Konzepte in allen Sprachen eines Kindes. Wie bei simultan-bilingualen Kindern wird aber auch bei sukzessiv-bilingualen Kindern meist allein der Vergleich mit dem Wortschatzumfang monolingualer gleichaltriger Kinder durchgeführt, um zu einer Beurteilung des Wortschatzes in der Verkehrssprache zu gelangen. Dabei zeigt sich dann entsprechend, dass die lexikalischen Fähigkeiten bilingualer Kinder qualitativ und quantitativ abweichen (Allman, 2005; Cobo-Lewis et al., 2002a; 2002b, für Spanisch-Englisch; Ben-Zeev, 1977; Goldberg, Paradis & Crago, 2008, für Kinder mit unterschiedlichen Erstsprachen und Englisch als L2; Klassert, 2011, für Russisch-Deutsch), wobei die Unterschiede in der Rezeption geringer sind als in der Produktion (Cobo-Lewis et al., 2002). Mit KiTa-Eintritt wird die Mehrheits- und Umgebungssprache (in der Regel die Verkehrssprache) die im Tagesverlauf dominierende Sprache. Dies führt oft dazu, dass sich der Wortschatz in der Zweitsprache schneller entwickelt als in der Erstsprache, sofern diese nicht weiter gefördert wird (Cobo-Lewis et al., 2002b; Klassert, 2011).

Aus der Perspektive mehrsprachiger Bildung ist es wünschenswert, wenn bereits beim KiTa-Eintritt berücksichtigt wird, unter welchen Bedingungen alle Sprachen eines Kindes erhalten und weiterentwickelt werden können. In einigen Domänen wird die eine Sprache bevorzugt, in anderen die andere(n) Sprache(n) (vgl. Auer & Wei, 2008). Daraus resultiert meist auch eine Ungleichverteilung des Wortschatzes, je nach der Funktionalität der jeweiligen Sprachen in den einzelnen Lebensbereichen.

Ohne Unterstützung der Erstsprache wird der Umfang des Lexikons in der Herkunftssprache stagnieren oder sogar geringer werden (Klassert, 2011; Leseman, 2000, für Türkisch-Niederländisch; Schaerlaekens, Zink & Verheyden, 1995, für Französisch-Niederländisch). Die bilinguale Erwerbssituation wirkt sich aber nicht nur auf den Wortschatzumfang, sondern auch auf den Zugriff auf Wörter, d. h. den Wortabruf, aus. So kann der durch die Bilingualität bedingte seltenere Abruf bestimmter Wörter aus der jeweiligen Einzelsprache – meist der nicht-dominanten Sprache – erschwert sein (Gollan et al., 2008; Yan & Nicoladis, 2009). Durch den – im Vergleich zu monolingualen Sprecher:innen der Einzelsprache – selteneren Abruf bestimmter Worteinträge werden schwächere Verbindungen zwischen den semantisch-konzeptuellen und den phonologischen Repräsentationen der Wörter aufgebaut (Gollan et al., 2008).

Der Wortschatzerwerb ist für alle Kinder ein Prozess, doch übersteigen die kommunikativen Anforderungen, die an sukzessiv-bilinguale Kinder in ihrer

Zweitsprache der Mehrheitsgesellschaft gestellt werden, oft ihre lexikalischen Fähigkeiten (Paradis, 2008). Harley (1992) ließ monolingual Französisch sprechende und sukzessiv-bilinguale Englisch-Französisch sprechende Kinder eine Bildergeschichte erzählen. Die sukzessiv-bilingualen Kinder bedienten sich insgesamt weniger Wörter für die Bildbeschreibungen, doch konnte er drei Strategien entdecken, die von den sukzessiv-bilingualen Kindern verfolgt wurden:

- Sukzessiv-bilinguale Kinder nutzen oft unspezifische Verben, um spezifische Situationen zu beschreiben.
- Sukzessiv-bilinguale Kinder nutzen oft Lautmalereien anstelle des passenden Wortes.
- Sukzessiv-bilinguale Kinder wechseln in ihre Erstsprache, um das zu Erzählende präziser auszudrücken.

Harley (1992) schlussfolgert, dass diese Strategien Ausdruck der kreativen Nutzung der zur Verfügung stehenden lexikalischen Mittel sind.

Daneben nutzen die sukzessiv-bilingualen Kinder mehr unspezifische Nomina als monolinguale Französisch sprechende Kinder. Es ist wichtig zu wissen, dass eben diese Strategien auch in der Erstsprache (L1) beobachtet werden, wenn die L1 in der Mehrheitsgesellschaft nicht weiter angeregt wird. Es besteht die Gefahr, dass Kinder ihre Familiensprache (L1) nicht weiter ausbauen und ihre bereits erworbenen Fähigkeiten sogar wieder verlieren können. Sukzessiv-bilinguale Kinder verfügen aber schon über eine Sprache, wenn sie mit der zweiten Sprache (L2) beginnen. Sie sind älter und damit kognitiv reifer als jüngere Kinder oder Säuglinge und haben schon Konzepte, für die Wörter auch in der L1 vorhanden sind. Und sie können schon auf Erwerbsstrategien zurückgreifen, wie die Fähigkeit, ein Konzept mit einem Wort zu verbinden (»konzeptuell-lexikalisches Mapping«). Sukzessiv-bilinguale Kinder sollen ihr Lexikon in der Zweitsprache schneller ausbauen können als monolinguale Kinder derselben Sprache (Paradis, 2008; Winitz, Gillespie & Starcev, 1995).

Eine internationale Forschungsgruppe entwickelte einen Wortschatztest zum Wortverständnis und zur Wortproduktion, welcher die Wortkomplexität und das Lebensalter beim Erwerb von Wörtern und Wortarten berücksichtigt und bisher in 34 europäischen Sprachen auf Basis desselben Bildmaterials verfügbar ist. Erste Evaluationsergebnisse des Tests in Bezug auf die Frage, welche Wörter Teil des Tests sein sollen, weisen darauf hin, dass die Produktion von Verben besonders geeignet sein könnte, zwischen bilingualen Kindern mit und ohne Spracherwerbsstörungen zu differenzieren (Haman & Łuniewska, 2013).

Nicht zuletzt wird auch die lexikalische Verarbeitung beim sukzessiv-bilingualen Erwerb untersucht. Lexikalische Verarbeitung umfasst die Fähigkeiten, Wörter zu erkennen, auf diese zuzugreifen und zu äußern. Diese Fähigkeiten werden nach und nach entwickelt, bis sie zu Fertigkeiten werden, die automatisiert ablaufen. Hier fanden Autor:innen wie Kohnert und Bates (2002) sowie Kohnert und Derr (2004), dass diese Entwicklung bei sukzessiv-bilingualen Kindern wie bei monolingualen Kindern verläuft. Die Verarbeitungsfähigkeiten werden in Abhängigkeit vom Ausbau des Wortschatzes nach und nach im Vorschulalter und Schulalter weiterentfaltet.

Aufgabe

Versuchen Sie bitte, im folgenden Transkriptausschnitt die von Harley (1992) beschriebenen Strategien zu identifizieren.

- Überlegen Sie bitte in einem zweiten Schritt, wie die Bildergeschichte im Original aussieht. (Welche Handelnden sind vorhanden, wie viele und welche Bilder enthält die Geschichte?)
- Wie könnten Sie selbst die Geschichte erzählen?
- Vergleichen Sie schließlich die Erzählung des Kindes mit Ihrer eigenen: Was können Sie gut verstehen, wo können Sie den Sinn interpretieren, wo fehlen Ihnen Wörter, die das Gesagte nachvollziehbar machen?

Beispiel aus dem Nowetas-Korpus (Hamann, Rothweiler & Chilla, 2010)

Michael (M), 5;2 Jahre, wächst sukzessiv bilingual auf. Seine Erstsprache ist Russisch, er lernt seit zweieinhalb Jahren Deutsch und erzählt seiner Gesprächspartnerin (A) eine Bildergeschichte.
A: Ich habe dir eine Geschichte mitgebracht. Was passiert hier?
M: Der Katze will der Vogel fressen. Der Mietz miau-miau. Und der braucht sein Hilfe. Und da weint er. Dann kriegt sie, aber den kriegt nicht.
A: Hm.
M: Da will runterspringen, wie ein Trampuli, er will seine Mami.
A: Was machen die da?
M: Sie wollen spielen und eine Katze fällt runter.
A: Und dann?
M: Dann will der sing: »Ma-mi, Ma-mi.« Kann so wie Vogel. Er kriegt sie. Da hat er geschnappt.
A: Da hat er geschnappt!?
M: Ja. Und da weint jetzt. Und hier passiert. Da will seine Mami. Da war der Papa hier.
A: Und warum weint die Katze?
M: Na, weil der will seine Papi, Mami und seine Schwester. Ich hab' auch eine Katze, aber der kratzt. Du muss das streichen. Aber zu Hause der schläft.
A: Der schläft?
M: Da hab ich auch ein Freund für die Katze – eine Hund.
A: Einen Hund?
M: Der ganz vier Hund und zwei Katze. Habe ich so welche gekauft. Und der will machen der Vogel und der Vogel singt: »Wi-Wi«. Und der Katze macht: »Ich möchte runter.« Und hier passiert, der will fliegen und der will ganz viel oben. Und was hier ist: Er hat Angst. Und der Katze will ihn kratzen. Der kann fliegen. Da macht sing. Und das noch eins. Hier ist ein Biene. Er will stechen und noch stechen. Hat er ganz laut geschriet. Der da. Und dann wir sein Pömmer stoßen und wenn hier größer ist, stutzt immer. Und hier ist größer Stötz. Katze kratzt runter und dann die Feuerwehr kommt, hat er gerettet.

3.2.4 Ergebnisse zum Erwerb der Grammatik

Wesentliche Schritte im Grammatikerwerb werden, noch bevor erste Wortkombinationen ungefähr im zweiten Lebensjahr produktiv geäußert werden, rezeptiv vollzogen. Mit ca. sieben Monaten sind deutschsprachige Kinder in der Lage, Funktionswörter aus dem Sprachstrom (Inputsprache) zu identifizieren, und mit ca. 17 Monaten haben sie einfache Satzstrukturen und die Grundstruktur von Hauptsätzen erworben. Bereits mit 18 Monaten »erkennen« Kinder Verstöße gegen grammatische Regularitäten des Deutschen (Kauschke, 2012; Penner, Fischer & Krügel, 2006; Weissenborn, 2000). Zum Grammatikerwerb zählen aber nicht nur syntaktische Regeln, sondern auch die morphologischen Prinzipien, d. h. die Wortbildung und die Flexion von Wörtern.

Tab. 5: Monolingualer Grammatikerwerb: Beispiele von Kindern aus drei verschiedenen Sprachen

Alter (Jahr; Monate)	Türkisch (Beispiele aus Topbaş, Cangökçe-Yaşar & Ball, 2012)	Russisch (Beispiele von Gagarina, 2003; 2014)	Deutsch (Beispiele aus Miller, 1976; 1979)
1;5 bis 1;7	gel-me-m (ich will nicht kommen)	fuu. (pustet)	...
1;8	gel-me-m (ich will nicht kommen)	chistit. (pulen) (Die Mama pult Champignons.)	...
1;9	Şimdi kapatim mi? (Soll ich das jetzt schließen?)	Pishet'. (Sie schreibt.)	balla. ball. ja.
1;10	...	Podnimat's'a. (hochgehen) (Man kann da hochgehen.)	...
2;0	...	grab. (Der Bagger soll graben.)	...
2;1	...	Slomal-jamai net-e-a. (Ich habe das nicht abgebrochen.)	butt (kaputt). macht flasche baby. mone auch e flasche.
2;4	...	...	du sollst stall baun.

Im mehrsprachigen Kontext ist zu berücksichtigen, dass diese Altersangaben nicht für alle Sprachen gelten. So sind zum Beispiel monolingual türkisch aufwachsende Kinder bei ihrem Grammatikerwerb deutlich schneller als deutsche: Bereits mit 1;5 bis 1;7 Jahren können sie Wörter mit einem oder zwei Suffixen kombinieren (»gel-me-m«/»gel-di«, deutsch: »ich will nicht kommen«/»er kam«) und bereits vor dem zweiten Lebensjahr vollständige Fragen formulieren (»Şimdi kapatim mi?«, dt.: »Soll ich das jetzt schließen?«, İpek, 1;9 Jahre, Beispiele aus Topbaş, Cangökçe-Yaşar & Ball, 2012; ▶ Tab. 5). Beobachtungen zum Erwerb grammatischer Flexionen in neun Sprachen führten unter anderem zu der These, dass Kinder ihre Erstsprachen schneller lernen, wenn diese über eine reiche Flexionsmorphologie verfügen (Xanthos et al., 2011).

Ergebnisse zum morphosyntaktischen Erwerb simultan-bilingualer Kinder

Simultan-bilinguale Kinder erwerben ihre beiden grammatischen Systeme vergleichbar zu denen monolingualer Kinder der jeweiligen Sprachen (De Houwer, 1990; Doyle, Champagne & Segalowitz, 1978; Meisel, 1989; 1994; Nicoladis, 1995; Padilla & Liebman, 1975; Paradis & Genesee, 1996; 1997). Bereits mit 18 Lebensmonaten werden die beiden Sprachsysteme getrennt (De Houwer, 1990; Genesee, Nicoladis & Paradis, 1995; Johnson & Lancaster, 1998; Meisel, 1989; Müller, 1998; Müller et al., 2002; Paradis & Genesee, 1996; Quay, 1995; Paradis, 2007). Allerdings entwickeln sich die beiden Sprachen auf grammatischer Ebene nicht völlig synchron: Meist verfügen Kinder auch hier über eine stärkere und eine schwächere Sprache. Wie Barac und Bialystok (2012) zeigen, sind die Unterschiede im Grammatikerwerb auf die Sprache der Institution zurückzuführen, welche die Kinder besuchen: Zwar verfügten fünf- bis siebenjährige spanisch-englisch bilingual aufwachsende Kinder über ein besseres grammatisches Wissen als gleichaltrige französisch-englisch bilinguale Kinder, wobei die erste Gruppe genauso gute Ergebnisse erzielte wie gleichaltrige monolinguale Sprecher:innen. Eine genauere Analyse zeigte jedoch, dass diese Unterschiede auf die Sprache im Kindergarten bzw. in der Schule zurückzuführen waren: Während die spanisch-englischen Kinder in ihrer Einrichtung vor allem mit Englisch in Kontakt kamen, wurden die französisch-englischen Kinder auf Französisch unterrichtet, sodass ihr Kontakt zum Englischen in der KiTa stark unterschiedlich war.

Die beiden Sprachen des bilingualen Kindes beeinflussen sich gegenseitig (Döpke, 1998; Gawlitzek-Maiwald & Tracy, 1996; Hulk & van Kemenade, 1997; Kupisch, 2003; Schlyter, 1995). Auf den ersten Blick beeinflusst die stärkere Sprache die schwächere (für einen Überblick vgl. Müller et al., 2002). Das lässt sich generell nicht bestätigen, denn maßgeblich hängt die Wahrnehmung des Einflusses davon ab, welches grammatische Phänomen im Erwerb betrachtet wird. Grundsätzlich können die Modelle, welche den grammatischen Erwerb der jeweiligen Einzelsprachen beschreiben, jedoch auch auf die Sprachen eines simultan-bilingualen Kindes übertragen werden. Es ist dagegen weitgehend unerforscht, ob die Morphologie in der nichtdominanten Sprache tatsächlich langsamer erworben wird als in der dominanten. Wie Studien zum simultan-bilingualen Erwerb der Nominalphrase und zum Genuserwerb zeigen (Eichler, Jansen & Müller, 2013; Serratrice, 2013), ist die Erwerbsqualität nicht immer von der Sprachdominanz abhängig. Auch wenn der Erwerb der Genusmorphologie in der schwächeren Sprache langsamer verläuft, bedeutet dies nicht automatisch, dass die Kinder das Genus weniger akkurat erwerben. Dabei ist jedoch in jeder Studie mittels einer Type-token-ratio nachzuvollziehen, ob die bilingualen Kinder Genus an nur wenigen Nomina korrekt beherrschen oder ob sie es auch auf unbekannte Wörter übertragen können.

Ergebnisse zum morphosyntaktischen Erwerb sukzessiv-bilingualer Kinder

In ersten Studien wurde untersucht, inwieweit sich die Modelle des Erstspracherwerbs auf den sukzessiv-bilingualen Erwerb übertragen lassen und welche »Fehler« sukzessiv-bilinguale Kinder im Vergleich zu ihren monolingualen Peers machen (Dulay & Burt, 1973; 1974). Wie sehr sich die Erwerbscharakteristika und -reihenfolgen allein für den Erwerb der Syntax und der Verbmorphologie bei monolingualen Kindern und Erwachsenen, die Deutsch als Zweitsprache erwerben, unterscheiden können, verdeutlicht die folgende Tabelle 6 (► Tab. 6; Clahsen, 1982; Clahsen, Meisel & Pienemann, 1982).

Tab. 6: Modelle des Erwerbs der Grammatik im Deutschen als Erst- und Zweitsprache

Phase	Kindlicher Grammatikerwerb Deutsch	Beispiele	Erwerb der Grammatik im Deutschen als Zweitsprache Erwachsener	Beispiele
I	Vorläufer zur Syntax: Nomen, deiktische Elemente, Verbpräfixe	ha! ja? ab rein weg hund ball	Es wird keine Standardregel angewandt.	vielleich ich bleiben hier un nachher en paar worte lernen kontakt con deutsch so en AOK jetz arbeiten im fabrik sechs monate
II/III	Erwerb des syntaktischen Prinzips: Nomen, Verben, Adverbien, Adjektive, erste Wortkombinationen, erste Sätze mit Verb und Subjekt	zaun da auto weg schaukel putt lego haben ich reinwerf rausholt hier diese gleise mama	Trennung von finiten und nicht-finiten verbalen Elementen	wollt is damals heiraten jetz zwei jahre mache schon fängt der auch noch mit der wirt an
	Vorläufer der einzelsprachlichen Grammatik: Kopula-Adjektiv-Strukturen, Modalverben, Verbendungen -n, -t, -e	teddy zu dick is diese auch groß ich hab ihn aufgesetz ich schaufel haben		
IV	Erwerb einzelsprachlicher syntaktischer Besonderheiten: Beherrschung der wichtigsten Verbstellungsregeln;	immer fällt die um das nicht zumachen hab das macht	Inversion von Subjekt und Verb, Adverbialplatzierung zwischen finitem Verb und Objekt	was meine schwester und meine schwager hast gemacht in polzei,

Tab. 6: Modelle des Erwerbs der Grammatik im Deutschen als Erst- und Zweitsprache – Fortsetzung

Phase	Kindlicher Grammatikerwerb Deutsch	Beispiele	Erwerb der Grammatik im Deutschen als Zweitsprache Erwachsener	Beispiele
	st-Flexiv wird als letztes erworben; Verbstellung im Hauptsatz und Subjekt-Verb-Kongruenz überwiegend korrekt			hast Frau Narciso auch gemacht ich habe in die ganz papier fünf november hier wohnen ich
V	komplexe Sätze mit korrekter Verbendstellung und Nebensatz und korrekter Subjekt-Verb-Kongruenz, W-Fragen und Inversionsfragen	da bin ich wieder und spiel da weil ich ein stern machen muss wohin geht der mann?	Verbfinalstellung in Nebensätzen	kann sie mir mal ein arzt empfehlen hier in Cronenberg gibt's ein deutsches frau die gut italienisch sprechen kann ich wisse nich ob ich hier pensioniert werde

Trotz dieser Vielfalt unterschiedlicher Erwerbscharakteristika und -reihenfolgen lässt sich eine Tendenz in den Studien zum Erwerb der Verbflexion und der Satzstruktur im Deutschen als Zweitsprache erkennen: Kinder, die im Alter von ungefähr drei Jahren mit der Zweitsprache beginnen, können unter optimalen Erwerbsbedingungen im Erwerb dieser morphosyntaktischen Aspekte ähnliche Schritte vollziehen wie simultan-bilinguale und damit wie monolinguale Kinder. Verschiedene Studien (Chilla, 2008; Kostyuk, 2005; Kroffke & Rothweiler, 2006; Thoma & Tracy, 2008; Tracy, 2008) zeigen, dass wesentliche Elemente der deutschen Satzstruktur nach acht bis 20 Monaten Kontakt mit der Zweitsprache beherrscht werden. So ist z. B. die Subjekt-Verb-Kongruenz korrekt, die Verbzweitstellung im Hauptsatz erfolgt und Nebensätze werden zielsprachlich korrekt gebildet. Die Erwerbsschritte sind vergleichbar mit denen einsprachig-monolingualer bzw. simultan-bilingualer Kinder.

Sukzessiv-bilinguale Kinder sind zu unterscheiden von Kindern, die einen kindlichen Zweitspracherwerb durchlaufen. Wenn Letztere nach dem sechsten Lebensjahr mit der zweiten Sprache beginnen, vollzieht sich der Grammatikerwerb anders: Wesentliche Elemente der deutschen Satzstruktur, die Verbstellung und die Verbflexion sind nach acht bis 20 Monaten Sprachkontakt mit der Zweitsprache vorhanden, sie werden aber auf andere Art und Weise erworben als von monolingualen Kindern (Chilla, 2008). So ist die Subjekt-Verb-Kongruenz nicht immer korrekt, die Verbzweitstellung im Hauptsatz erfolgt, und Nebensätze werden produziert, bevor die Subjekt-Verb-Kongruenz-Regel durchgängig eingehalten wird. Die im Deutschen obligatorische Verbendstellung in Nebensätzen erfolgt hingegen nicht kontinuierlich. Viele formelhafte Wendungen, Verbdritt- und Verbviertsätze werden konstruiert, viele Infinitive treten in Verbzweitstellung auf (▶ Tab. 6).

Untersuchungen mit Kindern, deren Erwerbsbeginn des Deutschen zwischen vier und sechs Jahren liegt, liegen noch nicht in ausreichender Zahl vor. Allerdings gibt es Hinweise darauf, dass der Erwerb – je nach Datenlage und betrachtetem morphosyntaktischem Bereich – sowohl parallel mit dem späten sukzessiv-bilingualen Erwerb sein kann (z. B. Chilla & Bonnesen, 2011), als auch dem Erwerb des kindlichen Zweitspracherwerb ähnelt (z. B. Meisel, 2009; Rothweiler, 2006). Der Erwerb verläuft sehr heterogen und interindividuell verschieden. Für viele weitere grammatische Bereiche (z. B. Genus oder Kasus) liegen nur wenige Studien vor, und die Befunde sind viel uneindeutiger im Vergleich mit Studien mit simultan-bilingualen oder monolingualen Kindern (Chilla, 2014). Auch die Sprachdominanz (▶ Kap. 2.2.1) soll den Grammatikerwerb beeinflussen, jedoch ist umstritten, welche spezifischen Bereiche wie durch eine solche Dominanz beeinflusst werden (Paradis & Genesee, 1997; Schlyter, 1994; Schlyter & Håkansson, 1994). Mehr noch: Es ist weitgehend unerforscht, ob die Morphologie in der nichtdominanten Sprache tatsächlich langsamer erworben wird als in der dominanten.

Aufgabe

Analysieren Sie bitte die folgenden Sätze und begründen Sie, ob und inwiefern Sie anhand der wenigen Beispiele eines der beiden Erwerbsmodelle von Clahsen (▶ Tab. 6) für die Satzstruktur und den Erwerb der Verbflexion anlegen können.

Beispiel 1

Gül, 3;3 bis 4;6 Jahre alt (aus dem Hamburg-Korpus, Rothweiler, 2006, zitiert nach Chilla, 2008)
ej.
nein.
ja.
disch! (Lautmalerei für eine Gans, die eine andere Gans angreift) (drei Kontaktmonate [KM] mit dem Deutschen)
da pischern.
da kann so machen. (KM 12)
und das kommt hier nich rin.
du kommt nich da. (KM 15)
so eine hat runtergefallt.
wo steht sie denn?
morgen spieln wir weiter.
ich musste pischern. (KM 18)
wenn man die hat, denn müssen wir würfeln. (KM 30)

> **Beispiel 2**
>
> Ne, 6;9 bis 7;8 Jahre alt (aus dem Augsburg-Korpus, Wegener, 1995, zitiert nach Chilla, 2008)
> kann nicht. (KM 6)
> die ähm hotel mach. (KM 9)
> und ich machst.
> ich geh der kindergarten.
> und ich esst. (KM 10)
> alle kinder geht. (KM 14)
> warum hast du die zwei kind? (KM 15)
> ihr dürfen mitkommen.
> ihr dürf pause gehen. (KM 18)
> dann können froschmutter net alle kinder schaffen.
> die haaren geh kleiner. (KM 21)

3.3 Mehrsprachiger Erwerb und kognitive Entwicklung

> **Aufgabe**
>
> Dem Titelbild der Zeitschrift *Gehirn und Geist* (6/2013; ▸ Abb. 11) kann entnommen werden, dass Fremdsprachen klug machen. Überlegen Sie: Woran erkennen Sie, dass ein dreijähriges mehrsprachiges Kind klüger ist als ein einsprachiges? Wie könnte belegt werden, dass das Gehirn eines mehrsprachigen Erwachsenen im Alter von 23 Jahren besser »trainiert« ist als das eines Monolingualen?

In den letzten Jahren wird verstärkt betont, wie positiv sich mehrsprachiges Aufwachsen auch auf die nichtsprachlichen Entwicklungsbereiche auswirkt. Hier lohnt ein genauerer Blick: Gibt es einen grundsätzlichen Vorteil mehrsprachiger Entwicklung für die kognitive Entwicklung? Oder sind es nicht eher »positive Effekte«? Und wenn ja, welche Effekte sind nachweisbar und wie wirken sich diese aus? Anders ausgedrückt: Beeinflussen frühe mehrsprachige Erfahrungen die Informationsaufnahme und -verarbeitung derart, dass Effekte auf das zukünftige (schulische) Lernen nachweisbar sind?

Mit »Kognition« werden meist alle geistigen Strukturen und Prozesse bezeichnet, die allgemein die menschliche Informationsverarbeitung ermöglichen. Neben basalen Verarbeitungsprozessen wie der automatischen Spracherkennung oder dem Differenzierungsvermögen zwischen verschiedenen Sinnesreizen gehören damit auch Prozesse wie Problemlösung, Entscheidungsfindung, Lesen oder Nachdenken dazu. In Bezug auf die Kognitionsentwicklung kann festgehalten werden, dass Weiterentwicklung in einem Bereich meist andere Kognitionsaspekte beeinflusst (Sandhofer & Uchikoshi, 2013).

Abb. 11: Titelbild der Zeitschrift *Gehirn und Geist* (6/2013)

Durch die Messung von Hirnaktivitäten versucht man seit einiger Zeit, diese Fragen nach dem Zusammenhang und der gegenseitigen Beeinflussung verschiedener kognitiver Systeme zu beantworten. Dabei wird mit Verfahren wie der Funktionellen Magnetresonanztherapie (fMRT) oder der Ableitung von Hirnströmen mit Elektroenzephalographie (EEG) gearbeitet (▶ Abb. 12).

Conboy (2013) legt eine Meta-Analyse vor, deren wesentliche Ergebnisse hier zusammengefasst werden sollen:

Vergleiche zwischen Monolingualen und Bilingualen zeigen, dass die Erfahrungen mit einer oder mit mehreren Sprachen die Organisation der neuronalen Systeme beeinflussen, die mit dem Lernen, Verstehen und Produzieren von Sprache assoziiert werden. Messungen der Gehirnaktivität spiegeln die unterschiedlichen Spracherfahrungen von ein- und mehrsprachigen Kindern wider, sodass sich die Gehirne monolingualer und bilingualer Personen in bestimmten Arealen unterscheiden (vgl. z. B. Łuniewska et al., 2010). Bilinguale sind aber nicht in jedem Fall gegenüber Monolingualen kognitiv im Vorteil, insbesondere dann nicht, wenn wortschatzbasierte Tests durchgeführt werden (▶ Kap. 3.2.3).

Ein Bereich, der intensiv untersucht wurde, sind die sogenannten exekutiven Funktionen. Dieser Begriff bezeichnet einige voneinander abhängige kognitive Prozesse, die für die Planung und die Ausführung von Tätigkeiten notwendig sind (Bialystok, 1999; Bialystok et al., 2010; Bialystok & Martin, 2004; Bialystok & Viswanathan, 2009; Carlson & Meltzoff, 2008; Mezzacappa, 2004; Yang & Lust, 2005; Zelazo et al., 2003). Zu den exekutiven Funktionen zählen das Arbeitsgedächtnis, die

Inhibition (Impuls- und Aufmerksamkeitskontrolle) und die kognitive Flexibilität. Mit dem Arbeitsgedächtnis können Informationen kurzzeitig gespeichert werden, um sie dann weiter zu verarbeiten. Inhibition erlaubt es, spontane Impulse zu unterdrücken und die Aufmerksamkeit willentlich zu lenken und Störreize auszublenden (z. B. das Zirpen der Lampe über uns). Als kognitive Flexibilität wird die Fähigkeit bezeichnet, den Fokus der Aufmerksamkeit zu wechseln (Diamond & Lee, 2011), sich schnell auf neue Situationen einstellen und andere Perspektiven einnehmen zu können (vgl. auch Kubesch & Walk, 2009).

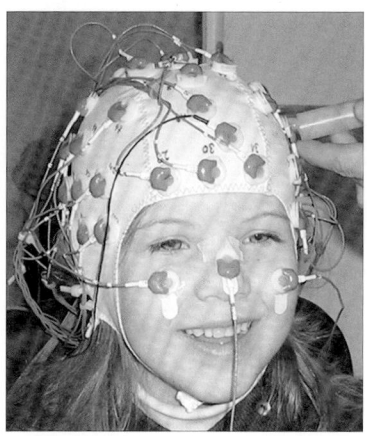

Abb. 12: EEG-Messung bei einem Kleinkind (© Tobias Heed)

Unterschiede zwischen Mono- und Bilingualen werden zum Beispiel durch die kognitiven Anforderungen erklärt, die durch die doppelte Sprachverarbeitung entstehen, und es zeigt sich, dass sich Hirnstrukturen Mehrsprachiger auch tatsächlich von Einsprachigen unterscheiden (Csta et al., 2014; Valian, 2015). Dies kann zum Beispiel sein, zwischen zwei Laut- und grammatischen Systemen zu wechseln, den Wortzugriff in einer Sprache zu hemmen, wenn die andere gerade in Gebrauch ist, und die Fähigkeit, Übersetzungen und Sprachmischungen zu verstehen und zu verarbeiten. Das Kontrollsystem muss ständig gewahr sein, die passende Sprache zu verwenden (und nicht gegenüber der russischsprachigen Tante auf einmal nur Deutsch zu sprechen). Bilinguale sollen so eine besonders gute kognitive Kontrolle haben. Auch bestimmte nichtsprachliche Fähigkeiten können bei Bilingualen anders ausgeprägt sein als bei Monolingualen. Bereits sieben Monate alte bilinguale Säuglinge können zwei verschiedene Informationsstrukturen lernen, monolinguale Säuglinge lernen nur eine (Kovács & Mehler, 2009), sodass Bialystok und Kollegen folgern, dass Bilinguale über eine höhere Flexibilität des Lernens verfügen und auch metasprachlich anders denken als monolinguale. Da Bilinguale zum Beispiel zwei Wörter für ein Konzept haben können (»kedi« und »Katze«), wird sprachliche Flexibilität geschult (Festman, 2013).

Auch wenn Funktionsbereiche wie nichtsprachliche Arbeitsgedächtnisleistungen oder Aufmerksamkeitssteuerung untersucht werden, können die Ergebnisse schon bei bilingualen Vorschulkindern besser ausfallen als bei ihren monolingualen Altersgenossen (Carlson & Meltzoff, 2008; Kovács & Mehler, 2009). Dies gilt besonders für metasprachliche Fähigkeiten, also die bewusste Planung und Kontrolle eigener Sprachleistungen. Einen besonderen Vorteil haben bilinguale Kinder, wenn es um die Aufmerksamkeitsfokussierung und das Ausblenden von störenden Informationen geht. Ein Beispiel hierfür ist der Kartensortiertest. Das Kind muss einen Stapel Karten nach wechselnden Kriterien sortieren, z. B. nach Farbe, Form oder Zahl. Alle drei Kriterien sind aber in jeder Karte beinhaltet (z. B. ein roter Stern, zwei grüne Vierecke). Bialystok fand Ende der 1990er Jahre heraus, dass bilinguale Vierjährige diesen Test so gut ausführten wie monolinguale fünfjährige Kinder (Bialystok, 1999). Gerade im Vorschulalter machen Kinder vergleichsweise große Entwicklungsschübe im Bereich der Selbstkontrolle von Gedanken, Verhaltensweisen und Emotionen. Es scheint, als sei dies der Zeitraum, in dem die Zweisprachigkeit große Auswirkungen auf die Kontrollfähigkeit der Kinder haben kann. Je besser irrelevante, störende, ablenkende und unpassende (sprachliche) Informationen gehemmt werden können, um so besser können sich die Kinder auf die Aufgabe an sich konzentrieren und diese erfolgreicher erfüllen (Festman, 2013).

Tatsächlich entwickeln Bilinguale andere kognitive Strukturen und veränderte kognitive Verarbeitungsmechanismen und -strategien und schneiden, global betrachtet, in vielen Untersuchungen zur kognitiven Leistungsfähigkeit besser ab als Monolinguale (▶ Tab. 7).

Tab. 7: Effekte von Bilingualität im Vergleich mit monolingualen *peers* (Auswahl)

Nachteile von Bilingualität	Studie	Vorteile von Bilingualität	Studie
Kein Vorteil in Bezug auf exekutive Funktionen, höchstens in sehr selektiven Bereichen	Paap et al. (2015)	Bessere exekutive Funktionen, z. B. »Multitasking« oder Aufmerksamkeitssteuerung, da ständig zwischen 2 Sprachen gewechselt wird	Bialystok et al. (2012) Hilchey & Klein (2011)
Geringere rezeptive Wortschatzmenge in einer Sprache	Bialystok & Craik (2010) Bialystok & Luk (2012)	Vorteile in Bezug auf kognitive Konfliktlösestrategien	Costa et al. (2009)
Langsameres Verständnis und Produktion von Wörtern	Ransdell & Fischler (1987) Ivanova & Costa (2008)	Verzögertes Einsetzen von Demenz (um bis zu 5 Jahre) Bilinguale Alzheimerpatient:innen zeigen bessere kognitive Leistungen als monolinguale.	Craik et al. (2010) Schweitzer et al. (2012)
Verlangsamte Abrufgeschwindigkeit	Bialystok et al. (2008a; 2008b)	Vorteile beim Lernen neuer Fremdsprachen, z. B. durch folgende Fähigkeiten:	ASHA (2016)

3.3 Mehrsprachiger Erwerb und kognitive Entwicklung

Tab. 7: Effekte von Bilingualität im Vergleich mit monolingualen *peers* (Auswahl) – Fortsetzung

Nachteile von Bilingualität	Studie	Vorteile von Bilingualität	Studie
		• Rascheres Lernen neuer Wörter • Schnellere Erfassung von Reimen und anderen Beziehungen zwischen Wörtern • Bessere Verarbeitung neuer Informationen • Ausgeprägtere Wortkategorisierungsfähigkeiten • Bessere Problemlösestrategien • Bessere Kommunikationsfähigkeiten • Bessere Fähigkeit, zuzuhören	
Mehr »Es-liegt-mir-auf-der-Zunge«-Momente als Monolinguale	Gollan & Acenas (2004)		

Aus: Chilla, S. (2020): Mehrsprachiger Erwerb. In: S. Sachse, A. Buschmann & A.-K. Bockmann (Hrsg.): *Sprachentwicklung – Sprachdiagnostik – Sprachförderung im Kleinkind- und Vorschulalter. Ein Lehrbuch.* Springer Spektrum, S. 113.

Aktuelle Studien betonen aber erstens, wie schwierig es ist, aus den unterschiedlichen Studien generelle Aussagen abzuleiten, weil die Ein- und Ausschlusskriterien für »Bilinguale« in einzelnen Studien stark unterschiedlich sind (Backer & Bortfeld 2021). Darüber hinaus zeigt sich, dass Bilingualität an sich noch keinen Effekt auslöst: wie viele Sprachen ein Mensch spricht, sagt erst einmal nichts darüber aus, dass sich auch kognitive Effekte nachweisen lassen. Aussagekräftig sind allein die Studien, die auch den täglichen Sprachgebrauch untersuchten. Mit anderen Worten: Vorteile von Mehrsprachigkeit für die kognitive Entwicklung zeigen sich dann, wenn auch mehrsprachig gehandelt werden kann. Gleiches gilt für das Alter zu Beginn des Erwerbs einer zweiten Sprache (AoO): Ob ein:e Erwachsene:r älter oder jünger war, wirkt sich ebenso auf positive Effekte von Mehrsprachigkeit aus, wie das Alter und der Sprachgebrauch zum Testzeitpunkt (Pot et al., 2018).

> **Pädagogisches Fazit**
>
> Aus kognitiver Sicht gibt es viele Gemeinsamkeiten in der Sprachverarbeitung monolingualer und bilingualer Sprecherinnen. Wichtig ist jedoch, dass die neuronalen Verknüpfungen im Gehirn aufgrund von Spracherfahrungen angelegt

und verfestigt werden. Eine Vielzahl von Studien belegt: Unabhängig von den Sprachenkonstellationen überwiegen die Vorteile bilingualer Entwicklung. Der Schlüssel zum mehrsprachigen Erfolg liegt darin, wie intensiv Menschen ihre Sprachen alltäglich und in unterschiedlichen Kontexten verwenden. Sprachenlernen geschieht nicht von selbst; Erfahrungen mit Sprache benötigen Zeit und ein reiches Sprachenangebot. Erst wenn ein Kind in der Lage ist, alltäglich seinen bilingualen Vorteil zu nutzen, wird es auch erweiterte kognitive Fähigkeiten wie im Bereich der Aufmerksamkeitssteuerung ausbilden können.

3.4 Mehrsprachiger Erwerb und sozio-emotionale Entwicklung

Wird die sozio-emotionale Entwicklung erforscht, stehen meist Aspekte wie Frustrationstoleranz, Aufgabenorientierung oder Selbstkontrolle im Vordergrund. Verschiedene Studien belegen in diesen Aspekten Vorteile bilingualer Vorschul- und Schulkinder gegenüber ihren monolingualen Altersgenossen. Allerdings haben viele Untersuchungen einen deutlichen Nachteil: Sie vernachlässigen wesentliche Einflussfaktoren mehrsprachigen Aufwachsens wie Migrationsstatus, Herkunftskultur oder den sozioökonomischen Status der Familien. Dies ist problematisch, da der bilinguale Status oft mit anderen demografischen Faktoren korreliert, die wiederum oft mit sozial-emotionaler Entwicklung in Zusammenhang stehen, sodass es schwer zu interpretieren ist, ob die festgestellten Effekte tatsächlich auf die Bilingualität zurückzuführen sind. Ein Beispiel: Wie in Deutschland durch den Bildungsbericht (Autorengruppe Bildungsberichterstattung, 2014) bestätigt, bedingt der sozioökonomische Status oft die statistischen Unterschiede zwischen Kindern mit verschiedenen sprachlichen Fähigkeiten. Denn das Einkommen und der Status der Familie hängen eng mit den Interaktionsmustern und der Eltern-Kind-Kommunikation, der Entwicklung individueller Interessen, der Entwicklung von Freundschaften außerhalb von KiTa und Schule und der Schulform, die Kinder besuchen, zusammen. Allerdings liegen keine konsistenten Ergebnisse in Bezug auf den Vergleich monolingualer und bilingualer Kinder vor. Aus einem Überblick angloamerikanischer Studien geht hervor, dass sechs der dort zusammengefassten zehn Studien hinsichtlich eines Vorteils von bilingualen Kindern in Bezug auf sozio-emotionale Entwicklung keine bzw. widersprüchliche Ergebnisse feststellen. Vier andere Studien belegen bessere sozial-emotionale Fähigkeiten bei bilingualen Kindern (CECER-DLL, 2011). Aus einer Studie mit spanisch-englisch bilingual aufwachsenden Kindern gibt es Hinweise darauf, dass Kinder, die im Kindergarten ihre Erstsprachen nutzen dürfen, eine höhere Frustrationstoleranz und ausgeprägtere soziale Fähigkeiten ausbilden und einem geringeren sozialen Druck durch Peers ausgesetzt sind als bilinguale Kinder, in deren KiTas eher der Gebrauch der Zweitsprache Englisch forciert wurde. In beiden Sprachen zu Hause zu sein, scheint sich auch auf die

Aufgabenorientierung in schulischen Kontexten positiv auszuwirken (Sandhofer & Uchikoshi, 2013).

3.5 Mehrsprachigkeit und schulische Leistungen

Aufgabe

Stellen Sie sich bitte vor, Sie erforschten mit Ihrer Bezugsgruppe, in der sich ein- und mehrsprachige Kinder befinden, Schmetterlinge (▶ Abb. 13). Wie könnten Sie an die Vorerfahrungen der Kinder anknüpfen und das naturwissenschaftliche Vokabular aller Kinder erweitern? Welche Begriffe könnten allen Kindern unbekannt sein (Beispiel: »Metamorphose«)? Welche Nomina, Verben und Adjektive aus den Erstsprachen der Kinder können Sie vorbereiten, sodass Sie ggf. an das Lexikon in den Erstsprachen anknüpfen können?

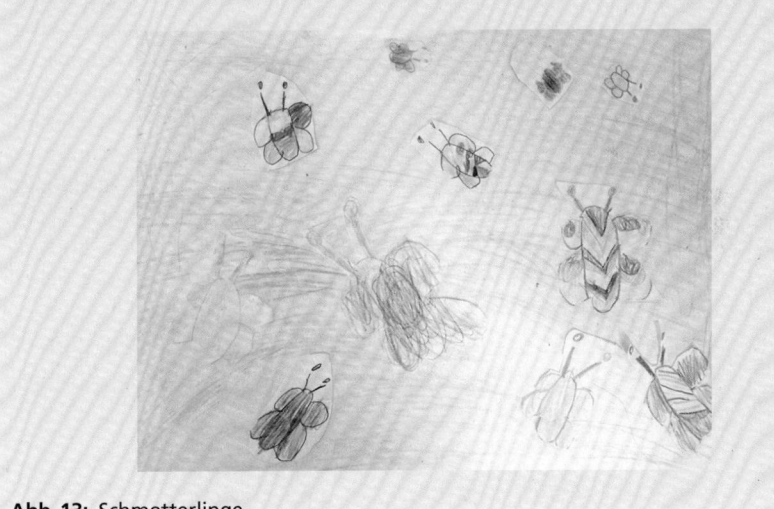

Abb. 13: Schmetterlinge

In verschiedenen Studien wurden die schulischen Leistungen bilingualer Kinder mit denen monolingualer verglichen. Im Fokus standen dabei mathematische Leistungen, naturwissenschaftliche Bildung und Schriftspracherwerb. Für den mathematischen Bereich konnte festgestellt werden, dass Sprachen sich darin unterscheiden, wie sie Konzepte beschreiben. Mathematische Konzepte können so möglicherweise von bilingualen Kindern eher durchdrungen werden als von monolingualen. Dafür ist es wichtig, dass sich das pädagogische Personal verdeutlicht, wie mathematische Konzepte in den Sprachen des Kindes ausgedrückt werden, um den Erwerb mathematischer Konzepte zu unterstützen (Sandhofer & Uchikoshi, 2013, S. 71).

Naturwissenschaftliche Bildung als ein zweiter Bereich wird oft aus der Perspektive von Anpassung des Unterrichts an die Voraussetzungen, welche bilinguale Schüler:innen mitbringen, betrachtet. Daher konzentrieren sich die Studien eher auf die Professions- oder die Curriculumsentwicklung als auf die individuellen Schüler:innen (von Blum, 1998; Gelman & Brenneman, 2004; Peterson & French, 2008). Konsequenterweise fragen die Studien mit Kindern in der Primarstufe danach, auf welches Vorwissen aufgebaut und welche Aspekte der Spracherfahrungen und des sprachlichen Wissens in der Erstsprache genutzt werden können, um neue naturwissenschaftliche Konzepte oder das fachsprachliche Lexikon zu verstehen und auszubauen (Handsfield & Jiménez, 2009; Lee & Luykx, 2007).

Die Forschungslage zur schriftsprachlichen Entwicklung ist ebenfalls uneindeutig. Für den elementarpädagogischen Bereich relevante Ergebnisse zur Entwicklung der phonologischen Bewusstheit belegen einen Vorsprung fünfjähriger Bilingualer gegenüber ihren monolingualen Altersgenossen, der jedoch im Alter von sechs Jahren, wenn der Leseunterricht beginnt, wieder verschwindet (Bruck & Genesee, 1995; Campbell & Sais, 1995; Yelland, Pollard & Mercuri, 1993). Alle Studien legen aber den Schluss nahe, dass sich phonologische Bewusstheit bei mehrsprachigen Kindern nur dann in allen Sprachen entwickeln kann, wenn das Kind auch Kontakt zu diesen Sprachen hat. Diese Fähigkeiten sind in allen Sprachen mehrsprachiger Kinder miteinander verbunden und scheinen auch zwischen Sprachen transferierbar zu sein, und dies unabhängig von den je individuell verschiedenen Sprachenkombinationen. In Bezug auf die Schriftsprachentwicklung ist weiter von Bedeutung, über welche Fähigkeiten die Kinder in ihren Sprachen verfügen, wie weit ihre Vorerfahrungen mit Schrift und ihre Schriftspracherfahrungen vorangeschritten sind und welche Zusammenhänge zwischen den beiden Schriftsystemen bestehen (Bialystok, Luk & Kwan, 2005), wobei die Dekodierungsfähigkeiten in beiden Sprachen entwickelt werden müssen. Bilinguale, deren beide Sprachen das gleiche Schriftsystem teilen (z. B. verwenden Russisch, Ukrainisch und Bulgarisch gleichermaßen das kyrillische Alphabet), belegen jedoch, dass Bilinguale hier ihren monolingualen Altersgenossen im Dekodieren (Entschlüsseln) voraus sein können (Bialystok, Luk & Kwan, 2005).

3.6 »Ja, schaffen die das denn auch noch?« Mehrsprachiger Erwerb unter besonderen Bedingungen

Die internationale Forschung hat sich in den vergangenen Jahren verstärkt der Frage zugewandt, ob mehrsprachiger Erwerb für Kinder, die ihre Sprachen unter den Bedingungen von Benachteiligung und Behinderung erwerben, eine besondere

Herausforderung darstellt. Für Kinder mit Lernschwierigkeiten, bei sprachlichen Beeinträchtigungen wie z. B. Sprachentwicklungsstörungen oder bei Beeinträchtigungen der geistigen Entwicklung wie z. B. Autismus oder Trisomie 21, liegen mittlerweile umfangreiche Ergebnisse vor, die eindeutig belegen: Mehrsprachigkeit ist keine zusätzliche Erwerbshürde für Kinder mit Beeinträchtigungen, sodass ihnen mehrsprachige Bildung zugunsten des Erwerbs »wenigstens einer Sprache« versagt werden sollte. Weiterhin ist Mehrsprachigkeit an sich keine Ursache von Sprachentwicklungsstörungen (z. B. Chilla, Rothweiler & Babur, 2013). In einer umfangreichen Studie mit 20 bilingualen und 40 monolingualen Kindern zwischen zwei und fünf Jahren, bei denen ein Autismus-Spektrum festgestellt wurde, konnten zwischen beiden Gruppen keine statistisch signifikanten Unterschiede in verschiedenen Sprachbereichen wie Alter bei Sprechbeginn, in Sprachproduktionstests oder Tests zur Funktionalen Kommunikation festgestellt werden (Ohashi et al., 2012). Eine Vielzahl von Studien zu weiteren genetisch bedingten Störungsbildern zum bilingualen Erwerb stützen dieses Bild: Diese Kinder können genauso gut mit zwei oder mehr Sprachen umgehen wie Menschen mit Down-Syndrom (Ostad, 2014; Edgin et al., 2011). Niederberger (2003, S. 93) fasst zusammen, dass

> »[…] eine sogenannte geistige Behinderung kein Hindernis für einen gelungenen Bilingualismus darstellt. Weder eine eventuelle hirnorganische Schädigung, noch Schwierigkeiten und dadurch Verzögerungen im Spracherwerbsprozess, noch eine ›Intelligenzminderung‹ wirken sich hemmend aus« (vgl. auch Baker, 2006).

Dass bilinguale Kinder mit Primärbeeinträchtigungen nicht dieselben Niveaus sprachlicher Entwicklung erreichen können wie monolinguale oder bilinguale Kinder ohne Beeinträchtigung, wird dabei nicht in Frage gestellt. Sie erreichen aber in allen ihren Sprachen die funktionellen Sprachfähigkeiten, die auch monolinguale Kinder mit ähnlichen Ausprägungen von Beeinträchtigungen und Behinderungen zeigen.

Aus der Perspektive mehrsprachiger Bildung und pädagogischer Praxis wird oft gefragt, wie man allen Kindern in einer Gruppe gerecht werden könne und wie den besonderen Erwerbsbedingungen von Kindern mit sprachlichen Beeinträchtigungen am besten zu begegnen sei. Tatsächlich hat es bisher nur sehr wenige systematische Studien darüber gegeben, welche mehrsprachigen Programme für Kinder mit Beeinträchtigungen wirksam sind. Die meisten Förder- und Unterstützungsprogramme vernachlässigen diesen Bereich völlig, und so gibt es kaum Hinweise auf deren Umsetzung in nicht nur sprachlich heterogenen Gruppen. Eine Ausnahme bildet das Programm VOLAR (The Vocabulary, Oral Language and Academic Readiness Programme, vgl. Simon-Cereijdo & Gutierrez-Clellen, 2013), das speziell für mehrsprachige Kinder mit spezifischen Sprachentwicklungsstörungen entwickelt wurde. Dabei handelt es sich um eine umschriebene Entwicklungsstörung des Sprechens und der Sprache, die weder auf einer mentalen oder sozialen Beeinträchtigung beruht, noch auf eine primäre Hörbeeinträchtigung zurückgeht und von der ca. 5 bis 7 % aller Kinder betroffen sind (Leonard, 1998; Tomblin et al., 1997; AWMF, 2011). In diesem Programm stehen besonders die Wortschatzentwicklung und die Förderung von lautsprachlichen Fähigkeiten im Vordergrund (mehr Informationen unter http://ies.ed.gov/ncser/projects/grant.asp?ProgID=27&grantid=369). Innerhalb von zwölf Wochen wird viermal pro Woche für 45 Minuten in Kleingruppen gefördert, wobei den Kindern Arbeitsanweisungen gegeben werden. Inhalte der Einheiten sind lautes Vorlesen, verstärktes dialogisches Lesen und praktische Tätigkeiten, die thematisch mit den Texten verbunden sind. Kinder lernen sechs Zielwörter pro Woche. Ein weiterer wichtiger Trainingsbereich sind sogenannte W-Fragen (»wo …?«, »was …?«, »wann …?« etc.) und komplexe Sätze. Erste Evaluationsergebnisse bestätigen eine positive Entwicklung bilingualer Kinder mit Sprachentwicklungsstörungen, die an der Förderung teilnehmen, gegenüber einer Gruppe von Kindern, die von dem bilingualen VOLAR-Programm nicht profitieren konnte (Simon-Cereijdo & Gutierrez-Clellen, 2013).

3.7 Zusammenfassung

Insgesamt beschäftigen sich viele Studien mit zwei Sprachen, wobei die Forschungsergebnisse zum simultan-bilingualen Erwerb überwiegen. Im Vergleich mit monolingualen Erwerbsmodellen oder Modellen des Zweitspracherwerbs Erwachsener wird deutlich, dass bilinguale Kinder nicht einfach nur zwei monolinguale in einer Person sind; bilingualer Erwerb beeinflusst den phonetisch-phonologischen, lexikalischen, grammatischen und nicht zuletzt pragmatischen Erwerb und folgt unter Umständen eigener Logik. Den Erwerb beeinflussen dabei verschiedene Faktoren, die in der KiTa stets mitzudenken sind und ein heterogenes Bild des Erwerbs zeichnen. So unterscheiden sich mehrsprachig aufwachsende Kinder zum Beispiel in ihren Inputbedingungen, in ihren Erwerbssituationen, ihrer Spracherwerbsbiografie, in motivationalen Einstellungen dem Sprachenerwerb gegenüber, in kognitiven Einflussfaktoren und sozio-ökonomischen Faktoren. Es ist wichtig, diese in der Gestaltung von Lernarrangements für die mehrsprachige Bildung mit zu berücksichtigen.

3.8 Literatur zur Vertiefung

Chilla, S. (2020): Mehrsprachiger Erwerb. In: S. Sachse, A. Buschmann & A.-K. Bockmann (Hrsg.): *Sprachentwicklung – Sprachdiagnostik – Sprachförderung im Kleinkind- und Vorschulalter. Ein Lehrbuch.* Heidelberg: Springer Spektrum, S. 109–130.
Ruberg, T. & Rothweiler, M. (2012): *Spracherwerb und Sprachförderung in der KiTa.* Stuttgart: Kohlhammer.
Tracy, R. (2007): *Wie Kinder Sprachen lernen. Und wie wir sie dabei unterstützen können.* Tübingen: Francke.

4 Mehrsprachige Bildung gestalten

Im Folgenden werden Prinzipien einer mehrsprachigen Bildung vorgestellt. Außerdem wird erörtert, welchen Einfluss Einstellungen und Haltungen seitens der pädagogischen Fachkräfte und insbesondere der Einrichtungsleiter:innen auf die erfolgreiche Gestaltung mehrsprachiger Lernräume haben. Darüber hinaus wird aufgezeigt, wie Mehrsprachigkeit in den Einrichtungen sichtbar gemacht werden kann und welche Rolle Erzieher:innen bei der Gestaltung eines mehrsprachigen KiTa-Alltags einnehmen können. Zudem werden Bildungspläne, nach denen KiTas in Deutschland arbeiten, kritisch reflektiert und die in Deutschland nach wie vor überwiegenden Konzepte der Förderung von Deutsch als Zweitsprache referiert. Letztere werden der Vollständigkeit halber aufgeführt, da sie die in Deutschland gängige Sprachpraxis darstellen. Mehrsprachige Bildung hingegen ist die institutionelle Unterstützung aller Sprachen, die ein Kind lernen kann, unter Anerkennung der mehr- und quersprachigen Realität, weshalb der Gestaltung von Lernorten und Lernarrangements für mehrsprachige Bildung nachfolgend deutlich mehr Raum gewidmet wird. Im letzten Abschnitt werden beispielhaft mehrsprachige Verse und Kinderlieder vorgestellt. Sie eignen sich dazu, Mehrsprachigkeit auch bei geringen Sprachkenntnissen in einzelnen Sprachen in den KiTa-Alltag zu integrieren.

4.1 Prinzipien, Bildungspläne und Konzepte: Deutsch als Zweitsprache und Mehrsprachigkeit

Prinzipien, Bildungspläne und Konzepte ermöglichen es, institutionelles professionelles Handeln zu lenken, zu organisieren und zu planen. Prinzipien sind Grundsätze, mit denen Verhalten und Einstellungen begründet werden können. Bildungspläne bieten allgemeine, zielgerichtete und planvolle Orientierung im pädagogischen Alltag, während Konzepte konkretere Hinweise zur Umsetzung geben.

4.1.1 Prinzipien interkultureller Frühpädagogik

Aus Prinzipien der interkulturellen Frühpädagogik können wichtige Erkenntnisse für Fachkräfte zur mehrsprachigen Bildung und zum Umgang mit Differenz abgeleitet werden. Grundlegend ist für die pädagogische Arbeit in Kindertageseinrichtungen, dass auf Bedarfe und Diversität von Kindern und ihren Familien überhaupt eingegangen wird. Sie verlangt von Fachkräften ein umfangreiches pädagogisches, aber auch gesellschaftliches Wissen, um angemessen auf die sich stetig verändernden Lebenswelten reagieren zu können. Professionelles Handeln in sozialen Handlungsfeldern erfordert eine Positionierung in Bezug auf den Umgang mit Differenz (Kessl & Plößer, 2010). Deshalb ist es grundsätzlich als eher problematisch anzusehen, wenn Strategien der Gleichbehandlung so gewählt werden, dass Unterschiede zwischen den Kindern nicht angesprochen werden.

> »Wenn ignoriert wird, dass Kinder bereits früh Botschaften darüber auswerten, wie Merkmale von Menschen bewertet werden, können Kinder kaum Kompetenzen erwerben, die für ein soziales Handeln im Umgang mit Unterschieden grundlegend sind« (Ulich, Oberhuemer & Soltendieck, 2010).

Auch Strategien, die bestimmte Kinder mit ihren Eigenschaften besonders hervorheben, bergen die Gefahr, dass sie auf ihre Herkunft oder Zugehörigkeit reduziert werden (Wagner, 2010). Des Weiteren sind Strategien, die allein auf die »Förderung der Zweitsprache Deutsch« additiv abzielen, schon wegen der ihnen inhärenten Stigmatisierung problematisch.

Anerkennung von und Respekt vor kultureller Diversität und damit auch das Recht auf kulturelle Differenz sind wichtige Prinzipien pädagogischer Expertise. Fachkräfte sollten ein eigenes Verständnis zur Anerkennung kultureller Differenz entwickeln und die pädagogische Praxis entsprechend gestalten können. Mit dem Prinzip der Gleichheit können Barrieren abgebaut werden, die die Anerkennung behindern. In neuerer Zeit werden zunehmend auch pädagogische Strategien zur Umsetzung des Rechtes auf Gleichheit diskutiert (»Paradigma des Antirassismus« bei Banks, 2009, sowie Mac Naughton, 2006). In der deutschsprachigen Debatte wird in diesem Zusammenhang die Bezeichnung *rassismuskritische Pädagogik* verwendet. Zudem sind die *Critical Whiteness Studies*, *Black Studies* und *Critical Race Studies* für diese Blickrichtung impulsgebend (Gilborn & Youdell, 2009; Eggers et al., 2005). Für den Bereich der Kindertageseinrichtungen stellen Wagner (2010; 2009; 2007) und Kolleginnen Überlegungen an, wie eine an Antidiskriminierung orientierte Pädagogik in Kindertageseinrichtungen implementiert werden kann. Der theoretische Bezugsrahmen bezieht sich auf den sogenannten Anti-Bias-Ansatz nach Derman-Sparks und Philipps (2010), auf den Situationsansatz und auf die Theorien zur institutionellen Diskriminierung (Gomolla & Radtke, 2007). Angenommen wird, dass Kinder bereits in jungem Alter Erfahrungen mit Normalität und Abweichung sowie mit personenbezogener Auf- und Abwertung machen. Kinder mit gesellschaftlich niedrig bewerteten Merkmalen müssen aufgrund von Dominanzverhältnissen (Rommelspacher, 2002) verstärkt damit rechnen, dass Abläufe, Materialien und Interaktionen in der Kindertageseinrichtung ihnen und ihren Bedürfnissen nicht entsprechen. Angestrebt wird die Etablierung einer pädagogischen Praxis, die kritisch ist gegenüber jeglichen Formen von Ausgrenzung und Abwertung aufgrund von Herkunft, Sprache, Religion und Hautfarbe und weiteren phänotypischen Merkmalen (Wagner, 2010; 2009; 2007). Die gängige Praxis, dass lediglich die Majoritätensprache Deutsch institutionell gefördert und begleitet wird, widerspricht den Paradigmen zum Umgang mit kultureller Diversität im Bildungswesen. Doch noch immer bekommen Kinder mit ihren diversen Familiensprachen in deutschsprachigen KiTas kaum Gestaltungsspielräume und werden in ihrer Verschiedenheit nicht ausreichend gesehen.

Paradigmen zum Umgang mit kultureller Diversität im Bildungswesen (Auszüge aus Banks, 2009, S. 19 ff.)

Zur Erläuterung: Paradigmen beschreiben zentrale Annahmen, die u. a. im deutschen pädagogischen Diskurs einflussreich sind und Inhalte von Konzepten, Programmen sowie Materialien mitbestimmen und somit maßgeblich unsere Einstellungen und Handlungsweisen beeinflussen.

Paradigma der kulturellen Differenz: Grundannahme ist, dass ethnische Gruppen vielfältige Kulturen leben, die es wertzuschätzen gilt (*recognition*). Pädagogisches Hauptanliegen ist es, die Bildungseinrichtung derart zu verändern, dass sie die Kulturen der Minderheiten bzw. ethnischen Gruppen respektiert und in ihren individuellen Bezugspunkten repräsentiert.

Paradigma der Sprachdifferenz: Annahme ist, dass Kinder einer anderen Erstsprache als der gesellschaftlich dominanten Sprache in ihren Bildungsprozessen nicht erfolgreich sind, weil die Sprachdifferenz zwischen Bildungseinrichtung und Familie nicht überbrückt wird. Pädagogisches Hauptanliegen ist die Überbrückung der Sprachdifferenz z. B. durch bilinguale Programme und Ansätze zur Förderung der Erstsprache.

Paradigma kultureller Deprivation: Manche Kinder wachsen in einer Umwelt auf, die sie in ihren Potenzialen begrenzt, kognitive, soziale und kulturelle Fertigkeiten zu erlernen, die für eine erfolgreiche Bildungsbiografie notwendig sind. Pädagogisches Hauptanliegen sind dann Programme zur Kompensation solcher kulturellen Benachteiligung.

Paradigma der Selbstkonzeptbildung: Kinder aus Minderheitengruppen haben oft ein fragiles Selbstkonzept. Repräsentation ihrer ethnischen Zugehörigkeit kann ihr Selbstwertgefühl fördern und Bildungserfolg erhöhen (Ressourcenorientierung).

Paradigma des Antirassismus: Ungleichheitsverhältnisse bestimmter ethnischer Gruppen im Bildungswesen sind Folge von individuellen, institutionellen und strukturellen Formen von Rassismus. Pädagogisches Hauptanliegen ist, pädagogische Fachkräfte und Kinder zu ermutigen, Rassismus in der Gesellschaft und vor Ort zu verstehen, wahrzunehmen und zu adressieren.

Jede mehr- und vielsprachige Intervention und Begleitung von Entwicklungswegen verlangt eine Reflexion handlungs- und einstellungsleitender interkultureller Paradigmen und Prinzipien.

4 Mehrsprachige Bildung gestalten

Aufgabe

In welchen Situationen möchten Sie, dass sich Ihre Kolleg:innen und Kinder auf Deutsch unterhalten? Was hat dieses Bedürfnis mit Rassismus zu tun?

Sprechen Sie mit den Kindern darüber, was ›typisch‹ Deutsch, Türkisch, Kroatisch, Polnisch etc. ist.

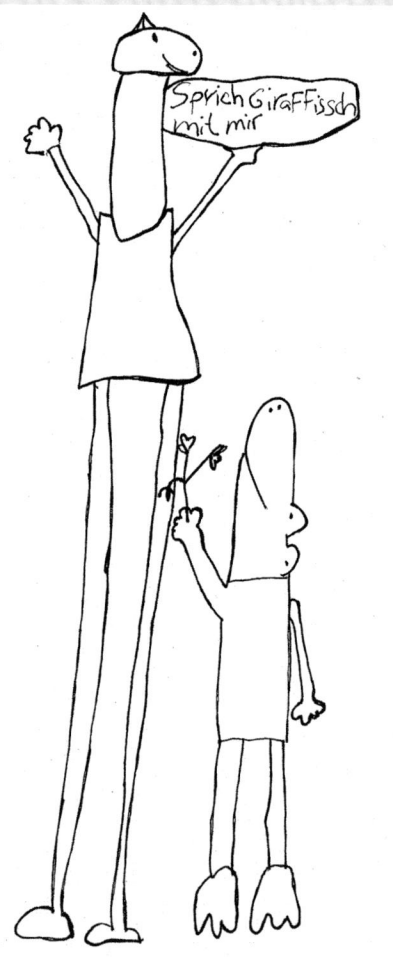

Abb. 14: Sprich giraffisch mit mir! Der Rassist in uns (Chiara Siebert, 7 Jahre)

Einen guten Einblick in Alltagsrassismus gibt die ZDF-Dokumentation »Der Rassist in uns«. Online verfügbar unter: https://www.zdf.de/dokumentation/dokumentation-sonstige/der-rassist-in-uns-104.html

4.1 Prinzipien, Bildungspläne und Konzepte

Pädagogisches Fazit

Professionelles pädagogisches Handeln in sozialen Feldern erfordert eine Positionierung in Bezug auf den Umgang mit Differenz. Es ist sowohl problematisch, wenn Fachkräfte ausschließlich Strategien der Gleichbehandlung wählen, in denen Unterschiede zwischen den Kindern nicht angesprochen werden, als auch Strategien verfolgen, die bestimmte Kinder mit ihren Eigenschaften besonders hervorheben. Diese bergen die Gefahr, dass sie auf ihre (angenommene) Herkunftskultur oder Zugehörigkeit reduziert werden. Fördermaßnahmen, die allein auf die Förderung der Zweitsprache Deutsch additiv abzielen, sind wegen der ihnen inhärenten Stigmatisierung zu überdenken, weil die gängige Praxis, lediglich die Majoritätensprache Deutsch institutionell zu fördern und zu begleiten, nicht nur den rechtlichen Grundlagen und dem gesellschaftlichen Bildungsauftrag der KiTa, sondern auch den Paradigmen zum Umgang mit kultureller Diversität im Bildungswesen widerspricht.

4.1.2 Bildungspläne

Die Bildungspläne der Bundesländer sind bildungspolitische Instrumente der Qualitätsentwicklung sowie Steuerung. Als normative Orientierungsrahmen für die pädagogische Qualität in Kindertageseinrichtungen sollen sich Fachkräfte in ihrem Handeln darauf beziehen. Dies gilt auch für die Gestaltung der pädagogischen Praxis im Umgang mit kultureller und sprachlicher Differenz (Sulzer, 2013, S. 17 ff.; vgl. auch Diehm, 2009; Neumann, 2005, S. 197). Sulzer kommt in ihrer Analyse allerdings zu dem Schluss, dass die Bundesländer keine einheitlichen Qualitätsmaßstäbe für den Umgang mit kultureller Diversität definieren. Dennoch sei feststellbar, dass programmatische Vorgaben zunehmend die soziokulturelle Diversität als Normalfall in den Kindertageseinrichtungen annehmen (Fthenakis & Oberhuemer, 2004). So hat Diversität mehrheitlich Eingang in die Bildungspläne gefunden. Die Differenzsensibilität der Bildungspläne spiegelt dabei jedoch nicht immer die Diversität des föderalen Kontextes wider, denn das Bild vom Kind, das den föderalen Bildungsplänen zugrunde liegt, variiert: In manchen Bildungsplänen wird Kultur als ein Vielfaltsmerkmal aller Kinder definiert. In anderen wird die Auffassung vertreten, dass »Kinder mit Migrationshintergrund« eine eigene »spezifische« kulturelle Gruppe bilden. Die Bildungspläne spiegeln dieses Spannungsfeld wider, indem spezifische Inhalte für bestimmte Zielgruppen dargestellt werden. Das birgt die Gefahr, einzelne Kinder als »besonders« zu stigmatisieren, was den diversen Lebenslagen der Familien nicht gerecht wird.

Aufgabe

Welche Bildungspläne gelten für Ihr Bundesland? Recherchieren Sie im Internet: Wird mehrsprachige Bildung in dem Bildungsplan Ihres Bundeslandes erwähnt? Wie soll mehrsprachige Bildung und diversitätsbewusstes Handeln Ihrem Bildungsplan entsprechend umgesetzt werden? Wie setzt Ihre Einrichtung mehrsprachige Bildung und diversitätsbewusstes Handeln um? Recherchetipp: https://www.kindergartenpaedagogik.de/fachartikel/bildung-erziehung-betreuung/1951

Pädagogisches Fazit

Die Bundesländer haben bisher keine einheitlichen Qualitätsmaßstäbe für den Umgang mit kultureller Diversität definiert. Dennoch hat Heterogenität mehrheitlich Eingang in die Bildungspläne gefunden. Die Differenzsensibilität der Bildungspläne spiegelt dabei allerdings nicht immer die Diversität des föderalen Kontextes wider, denn in manchen Bildungsplänen wird Kultur als ein Vielfaltsmerkmal aller Kinder definiert, während in anderen »Kinder mit Migrationshintergrund« eine eigene »spezifische« sprachlich-kulturelle Gruppe bilden. Die Bildungspläne spiegeln dieses Spannungsfeld wider, indem spezifische Inhalte für bestimmte Zielgruppen dargestellt werden. Das birgt allerdings die Gefahr, diese zu »verbesondern«, womit den diversen Lebenslagen der einzelnen Familien nicht entsprochen werden kann.

4.1.3 Konzepte der Förderung des Deutschen als Zweitsprache in der KiTa

Nahezu alle aktuellen Konzepte zur Sprachförderung in KiTas der einzelnen Bundesländer beschränken sich auf die Förderung der Mehrheitssprache Deutsch und sehen keine konsequent mehrsprachige Förderung im KiTa-Alltag vor, obwohl die aktuelle Bildungsdebatte zunehmend den Fokus auf eine konsequent mehrsprachige Bildung legt (▶ Kap. 2). Befragt nach der Häufigkeit sprachunterstützender Alltagsaktivitäten pro Vormittag im Krippenalter basierend auf Angaben zu 291 Vormittagen, gaben pädagogische Fachkräfte gerade mal durchschnittlich nur 0,03 Aktivitäten im Bereich Mehrsprachigkeit pro Vormittag an. (Henschel et a., 2018, S. 16).

Aufgabe

Ordnen Sie Ihre Sprachbildungs- bzw. Sprachförderpraxis ein. Setzen Sie sich mit Vor- und Nachteilen auseinander? Inwieweit unterstützt Ihr Vorgehen mehrsprachige Bildungsprozesse? Inwieweit handeln Sie diversitäts- und vorurteilsbewusst?[4]

In der nachfolgenden Tabelle 8 (▶ Tab. 8) sind alle Sprachförderprogramme, die in den einzelnen Bundesländern eingesetzt werden, mit ihrer Wirksamkeit zusammengetra-

---

4 https://www.gew.de/migration/materialien-zur-rassismuskritischen-bildungsarbeit/

gen.⁵ Neben den Programmen selbst wurde dargestellt, welche diagnostischen Instrumentarien in den einzelnen Ländern empfohlen bzw. vorgeschrieben werden, welche sprachlichen Basisqualifikationen mit den Programmen gefördert werden sollen, welche Fördermaterialien dazu eingesetzt werden können und ob die Teilnahme an diesen Programmen verpflichtend ist. Außerdem wird die Zielgruppe und Dauer der Maßnahme mit aufgeführt. Aus der Tabelle geht hervor, dass in 13 Bundesländern die additive Sprachförderung vorgeschrieben (außer Mecklenburg-Vorpommern, Sachsen und Thüringen) ist. Freiwillig ist die Teilnahme in Baden-Württemberg, Hessen und Schleswig-Holstein. Die Förderdauer liegt in der Regel zwischen mindestens 3 bis zu 18 Monaten und weist somit keine Kontinuität in der Begleitung des Spracherwerbs auf. Meist erfolgt die Förderung kurz vor der Einschulung und soll die Kinder in ihrer Sprache ›fit machen‹ für die Schule. Die Vielfalt der eingesetzten Fördermaterialien ist kaum überschaubar. Der Großteil der Bundesländer beschränkt sich darauf, den Kindertagesstätten Förderhilfen bzw. Richtlinien in Form von Handreichungen zu verteilen. Im Gegensatz dazu werden nur in einigen Bundesländern sprachstrukturelle Förderprogramme eingesetzt, die bestimmte sprachliche Ebenen zielgerichtet fördern. Dazu gehören in Brandenburg etwa »Handlung und Sprache«, das »Würzburger Trainingsprogramm«, in Niedersachsen das »Kon-Lab-Programm« sowie die »Osnabrücker Materialien«, der »Sprachförderkoffer« in Berlin und das Programm »Förderphon« in Schleswig-Holstein. Die meisten dieser Programme sind an linguistischen Spracherwerbstheorien ausgerichtet und werden in speziellen Settings nach einem bestimmten Ablauf durchgeführt (siehe Redder et al., 2011; Lisker, 2011). Auch die Inhalte der Handlungen, Ansätze und Programme sind durchaus unterschiedlich, sie können den Fokus mehr auf das Fördern richtiger sprachlicher Strukturen legen oder eher darauf, möglichst schnell kommunikativen Bedürfnissen gerecht werden zu können. Bei der Durchführung sprachstruktureller Förderprogramme werden einzelne oder mehrere Sprachebenen systematisch gefördert. Es wird ein zeitlich festgesetzter Ablaufplan verfolgt mit vorgegebenen Materialien. Die:der Erzieher:in fördert eine bestimmte Gruppe von Kindern nach einem festgelegten Vorgehen mehrmals die Woche.

In den letzten Jahren gab es eine ganze Reihe von Evaluationsstudien, die die Wirksamkeit insbesondere der adaptiven sprachstrukturierten Sprachförderprogramme überprüft hat. Insgesamt konnten mit den Studien nicht die erhofften Wirkungen nachgewiesen werden, das trifft insbesondere auf die Sprachfördermaßnahmen mit den entsprechenden Programmen zu (Schöler & Roos, 2010). Neben ausbleibenden empirischen Evidenznachweisen werden sämtliche Programme den in Kapitel 4.1.1 (▶ Kap. 4.1.1) genannten Prinzipien einer interkulturellen Frühpädagogik nicht gerecht. Da die von den Autor:innen postulierte mehrsprachige Bildung bisher nur vereinzelt in der Praxis gelebt wird, stehen für diesen Ansatz entsprechende empirische Wirksamkeitsnachweise noch aus.

---

5 https://uebersicht-sprachfoerderung.stiftung-fairchance.org/?gclid=Cj0KCQjww4OMBhCU ARIsAILndv6orulFm4QNwXeY6OS80gZMwEUKRiXGFbse--dcNRgsiB-iYckbaxMaAgu9E ALw_wcB#recherche

4 Mehrsprachige Bildung gestalten

Tab. 8: Sprachförderprogramme in den einzelnen Bundesländern und deren Wirksamkeit

Bundesland	Diagnostik	Sprachfördermaßnahme	Basisqualifikationen	Fördermaterialien	Teilnahmepflicht	Zielgruppe	Dauer	Wirksamkeitsstudie	Ergebnis
Baden-Württemberg (BW)	SETK 3–5	Intensive Sprachförderung im Kindergarten (ISK)	Phonetik/Phonologie Morphologie/Syntax Semantik/Lexikon Pragmatik Literacy	Förderprogramme sind Trägerentscheidung	Freiwillig	alle Kinder	12 M. 120 h	Begleitforschung »Sag mal was« (Gasteiger-Klipcera et al., 2005 bis 2009)	kein Nachweis
								EVAS (Roos & Schöler, 2005 bis 2008)	kein Nachweis
Bayern (BY)	SISMIK Kenntnisse in DAZ erfassen	Vorkurs Deutsch	Phonetik/Phonologie Morphologie/Syntax Semantik/Lexikon Pragmatik Literacy	Handreichung Lernszenarien – Ein neuer Weg, der Lust auf Schule macht	ja	Kinder nicht deutschsprachiger Eltern	18 M. 240 h		
Berlin (BE)	QuaSta Deutsch Plus 4	Berliner Bildungsprogramm und das Sprachlerntagebuch	Phonetik/Phonologie Morphologie/Syntax Semantik/Lexikon Pragmatik Literacy	Materialien zum Sprachlernen in KiTas und Grundschule	ja	alle Kinder	12 M. 15 h p. W.	Deutsch Plus Bericht zum Probelauf	Diagnostikinstrument bedingt geeignet
Brandenburg (BB)	KISTE	Kompensatorische Sprachförderung	Phonetik/Phonologie Morphologie/Syntax Semantik/Lexikon	Handlung und Sprache Würzburger Trainingsprogramm	ja	alle Kinder	mind. 3 M. 3–5 h p. W.	Modellprojekt: Sprechverhalten und Sprachförderung in der KiTa	Nachweis für die Arbeit in Kleingruppe wurde erbracht. Keine

4.1 Prinzipien, Bildungspläne und Konzepte

Tab. 8: Sprachförderprogramme in den einzelnen Bundesländern und deren Wirksamkeit – Fortsetzung

Bundesland	Diagnostik	Sprachfördermaßnahme	Basisqualifikationen	Fördermaterialien	Teilnahmepflicht	Zielgruppe	Dauer	Wirksamkeitsstudie	Ergebnis
								(Häuser & Jülisch, 2000 bis 2002) EKOS (Wolf et al., 2008 bis 2010)	nachhaltigen Effekte der Sprachförderung nachweisbar.
Bremen (HB)	CITO	Bremer Sprachschatz	Phonetik/Phonologie Morphologie/Syntax Semantik/Lexikon Pragmatik Literacy	Arbeitsmaterialien für die Sprachförderung im Elementarbereich Bremerhaven: Leitfaden zur Sprachförderung in KiTas	ja	alle Kinder	9 M. 2–4 h p. W.	Sprachstandserhebungen und Risikoanalysen bei Vorschulkindern (Kretschmann & Schulte, 2003 bis 2004)	korrelative Übereinstimmung zwischen Erzieherinneneinschätzung und Testung
Hamburg (HH)	HAVAS 5	Additive Sprachfördergruppen	Fördergrundlage sind die individuellen Ergebnisse des HAVAS 5.	Materialien zur frühkindlichen Sprachförderung	ja	alle Kinder	12 M. 160 h	Hamburger Sprachförderkonzept (May et al., 2007 bis 2008)	Wirksamkeit wurde nicht untersucht.
Hessen (HE)	KISS	Sprachförderprogramm für Kindergartenkinder	Morphologie/Syntax Semantik/Lexikon	Handreichung »Deutsch Frühförderung Vorlaufkurs«	freiwillig	alle Kinder	12 M 3–10 h p. W.	Evaluierung von Sprachscreenings (Neumann et al., 2007)	KISS als Screening gilt als geeignet. Kinder zeigen mehr Sprechfreude

4 Mehrsprachige Bildung gestalten

Tab. 8: Sprachförderprogramme in den einzelnen Bundesländern und deren Wirksamkeit – Fortsetzung

Bundes-land	Dia-gnostik	Sprachför-dermaß-nahme	Basisqualifikationen	Fördermateriali-en	Teilnah-mepflicht	Zielgruppe	Dauer	Wirksamkeits-studie	Ergebnis
		ohne aus-reichende Deutsch-Kenntnisse (Vorlauf-kurse)							und einen er-höhten Äuße-rungsumfang, stärkerer Zu-wachs im Bereich Semantik. Kein Nachweis eines besonde-ren Effekts im Vergleich zu anderen Maß-nahmen.
								SPATS-Sprach-förderung: Auswirkungen eines Scree-nings (Busch-mann et al., 2008 bis 2009) DACHS – Deut-sche Sprachför-derung vor der Schule (Rinker et al., 2007 bis 2009)	
Mecklen-burg-Vor-pommern (MV)	keine additiven Sprachfördermaßnahmen im Elementarbereich								
Nieder-sachsen (NI)	Fit in Deutsch	Sprachför-derung vor der Ein-schulung	Phonetik/Phonologie Morphologie/Syntax Semantik/Lexikon Literacy	Kon-Lab Osnabrücker Materialien	ja	alle Kinder	12 M. 1–12 h p. W.	»Fit für Deutsch« (Koch, 2002/ 2003)	Lernzuwächse im Bereich passiver Wort-schatz
Nord-rhein-Westfalen (NW)	Delfin 4		Phonetik/Phonologie Morphologie/Syntax Semantik/Lexikon Pragmatik	Delfin 4 Förderorientie-rungen	ja	alle Kinder	keine Anga-be	keine Wir-kungsstudien	

4.1 Prinzipien, Bildungspläne und Konzepte

Tab. 8: Sprachförderprogramme in den einzelnen Bundesländern und deren Wirksamkeit – Fortsetzung

Bundesland	Diagnostik	Sprachfördermaßnahme	Basisqualifikationen	Fördermaterialien	Teilnahmepflicht	Zielgruppe	Dauer	Wirksamkeitsstudie	Ergebnis
Rheinland-Pfalz (RP)	VER-ES	Landessprachförderprogramm (Basismodul I und Intensivmodul II)	nicht einheitlich	nicht einheitlich	ja	alle Nicht-KiTa-Kinder	9 M. 100 h (Basis) 200 h (intensiv)	Was wirkt wie? Evaluation von Sprachfördermaßnahmen (Kammermeyer et al., 2008 bis 2012)	Ergebnisse stehen noch aus.
Schleswig-Holstein (SH)	nicht einheitlich	SPRINT (Sprachintensivförderung)	Phonetik/Phonologie Morphologie/Syntax Semantik/Lexikon Pragmatik Literacy	Arbeitshilfen zur Sprachförderung im Elementarbereich Handreichung Lernszenarien – Ein neuer Weg, der Lust auf Schule macht Förderphon – Konzept »phonologische Bewusstheit«	ja	alle Kinder	6 M. 10 h p. W.		
Saarland (SL)	Früh Deutsch lernen	»Früh Deutsch lernen«	Morphologie/Syntax Semantik/Lexikon	Ratgeber »Früh Deutsch lernen«	ja	alle Kinder	7 M. 5–10 h p. W.	Hören, lauschen, lernen. Evaluation des Würzburger	Effekte konnten nachgewiesen werden.

4 Mehrsprachige Bildung gestalten

Tab. 8: Sprachförderprogramme in den einzelnen Bundesländern und deren Wirksamkeit – Fortsetzung

Bundes-land	Dia-gnostik	Sprachför-dermaß-nahme	Basisqualifikationen	Fördermateriali-en	Teilnah-mepflicht	Zielgruppe	Dauer	Wirksamkeits-studie Ergebnis
Sachsen (SN)	keine additiven Sprachfördermaßnahmen im Elementarbereich							
Sachsen-Anhalt (ST)	Delfin 4		Phonetik/Phonologie Morphologie/Syntax Semantik/Lexikon Pragmatik	Delfin 4 Sprach-förderorientie-rung	ja	alle Kinder	12 M.	Trainingspro-gramms zur Vorbereitung auf den Erwerb der Schriftspra-che: Zwischen-bericht zum Forschungspro-jekt (Gräsel, 2003)
Thürin-gen (TH)	keine additiven Sprachfördermaßnahmen im Elementarbereich						keine Anga-be	

Anmerkungen: M. = Monate, p. W. = pro Woche.

4.1 Prinzipien, Bildungspläne und Konzepte

Im Rahmen der Expertise »Bildung durch Sprache und Schrift (BISS)«, einer Bund-Länder-Initiative zur Sprachförderung, Sprachdiagnostik und Leseförderung, wurden u. a. Leitlinien für den Elementarbereich für die Bereiche Sprachliche Bildung, Sprachförderung, Sprachdiagnostik sowie Professionalisierung formuliert. Für die sprachliche Bildung und Sprachförderung wird festgehalten (vgl. Schneider & Becker-Stoll, 2013, S. 24 ff.):

1. Basis für sprachliche Bildung und Sprachförderung sind stabile Beziehungen zu den Bezugspersonen und die Anerkennung des Kindes mit seinen individuellen Voraussetzungen und seinem biografischen Hintergrund.
2. Entscheidend für die sprachliche Entwicklung ist die Qualität des sprachlichen Inputs in alltagsintegrierten oder intensiven Kleingruppen.
3. Ein qualitativer Input bietet dem Kind entwicklungsproximal einen umfangreichen, differenzierten Wortschatz sowie grammatisch vielfältige Formen und Strukturen an, beispielsweise durch das Stellen offener Fragen, welche insbesondere dialogische Gesprächsformen ermöglichen.
4. Der Einsatz von Sprachförderstrategien, z. B. Modellierungstechniken, soll Kinder anregen, über persönlich Bedeutsames zu sprechen. Zugleich soll die Aufmerksamkeit auch auf Sprachstrukturelles gelenkt werden.

Aufgabe

Erinnern oder initiieren Sie Situationen, in denen Sie sich den Leitlinien entsprechend verhalten haben. Was haben Sie im Gespräch mit dem Kind beobachtet? Beobachten Sie sich und das Kind in den Leitlinien entsprechenden Gesprächen.

Pädagogisches Fazit

Fast alle gegenwärtigen Konzepte zur Sprachförderung in KiTas der einzelnen Bundesländer befürworten die Förderung der Mehrheitssprache Deutsch und sehen keine konsequente Förderung der Mehrsprachigkeit vor, obwohl dies die Bildungsdebatte seit einigen Jahren fordert.

Das Förderhandeln weist keine Kontinuität in der Begleitung des Spracherwerbs und der Ermöglichung durchgängiger Sprachbildung auf. Meist erfolgt die Förderung erst kurz vor der Einschulung. Evaluationsstudien der letzten Jahre konnten zudem die Wirksamkeit insbesondere der adaptiven sprachstrukturierten Sprachförderprogramme nicht nachweisen. Neben dieser fehlenden empirischen Evidenz werden sämtliche Programme den Prinzipien einer interkulturellen Frühpädagogik nach wie vor nicht gerecht.

4.1.4 Förderung von Mehrsprachigkeit

Ein praktischer Ansatz zur sprachlichen Bildung in mehrsprachigen Gruppen wurde von einer Forscher:innengruppe im DJI im Rahmen des Projekts »Sprachliche Förderung in der KiTa« entwickelt (vgl. Jampert et al., 2006; Jampert et al., 2009). Sprachförderung wird im Programm Kids2talk ausgehend von den Bildungsbereichen Musik, Bewegung, Naturwissenschaften und Medien als Querschnittsaufgabe von Kindertageseinrichtungen verstanden. Dabei geht es zum einen darum, die tieferen Zusammenhänge zwischen Sprache, Handlung und Denken zu entdecken sowie die Funktionen der Sprachen für das jeweilige Kind zu betrachten. Zum anderen wird an den Fähigkeiten und Interessen der Kinder angesetzt – ausgehend vom »sprachlichen Potenzial«, das in den unterschiedlichen Bildungsbereichen steckt. So ist z. B. im naturwissenschaftlichen Bereich die Möglichkeit gegeben, sinnliche Naturerfahrung in Sprache zu fassen und Hypothesen aufzustellen; im Bereich Musik sind neben Rhythmus bzw. Klang besondere sprachliche Formen, Reime und Verse in unterschiedlichen Sprachen erlebbar (Lengyel, 2011). Ein Konzept zur Förderung von Mehrsprachigkeit in der Kindertagesbetreuung im interkulturellen Kontext wurden 2017 vom Amt für Kindertagesbetreuung der Landeshauptstadt Dresden vorgelegt. Das vorliegende Konzept wurde von Praxisakteuren der Arbeitsgruppe »Frühkindliche Bildung; Förderung von Mehrsprachigkeit im Vorschulalter« als Bestandteil des Konzeptes zur Integration von Menschen mit Migrationshintergrund in der Landeshauptstadt Dresden (Integrationskonzept 2015–2020) erarbeitet.

> »Ziel der Bemühungen aller Maßnahmen zur Förderung der Mehrsprachigkeit ist es, allen Mädchen und Jungen sowie ihren Eltern den Blick zu öffnen, dass Mehrsprachigkeit die Normalität ist, der Menschen im Leben begegnen, somit auch im Alltag der Kindertagesbetreuung. Mehrsprachigkeit muss in der Kindertageseinrichtung und Kindertagespflege eine angemessene Aufmerksamkeit und Bearbeitung finden. Insbesondere für Mädchen und Jungen mit Deutsch als Zweit- oder Drittsprache gilt es, gleiche Chancen auf Bildung zu ermöglichen und ihnen damit Zukunftsperspektiven unabhängig von ihrer Herkunft und vom familiären Hintergrund zu eröffnen« (Landeshauptstadt Dresden, 2017, S. 3).[6]

> »Auch im bereits genannten Modellprogramm FÖRMIG wurden in zehn beteiligten Bundesländern Konzepte sprachlicher Bildung im Elementarbereich erprobt. Im Vordergrund standen hier die Gestaltung des Übergangs vom Elementar- zum Primarbereich und die Kooperation mit Eltern. Es wurde eine Vielzahl von Konzepten entwickelt und erprobt (z. B. ›family literacy‹-Konzepte aus dem angelsächsischen Raum), in denen die schriftkulturelle Bildung zwischen den Generationen in den mitgebrachten Sprachen mit der Sprachbildung im Elementar- bzw. Grundschulbereich verbunden wird (vgl. Elfert & Rabkin 2007). Die Vielfalt der realisierten Projekte weist darauf hin, dass es eher um die Entwicklung regionaler sowie lokaler Konzepte geht und weniger um eine ›one-size-fits-all‹-Lösung« (Lengyel, 2011).

---

6 Landeshauptstadt Dresden 2017, https://www.dresden.de/media/pdf/KiTas/Konzept_Mehrsprachigkeit_interk._Kontext_final_Jan._2017.pdf

4.2 Haltung der Leitung und der Institution

Die pädagogische Qualität von Kindertagestätten wird von der Haltung der Leitung maßgeblich bestimmt (Tietze & Viernickel, 2003). Mehrsprachige Bildung lebt von mehrsprachigen Vorbildern, sodass der Einstellung und Anwerbung mehrsprachiger Fachkräfte eine besondere Bedeutung zukommt. Doch zeigen verschiedene Studien, dass ein zweisprachiger Hintergrund allein zwar eine sinnvolle, aber keineswegs hinreichende Voraussetzung für mehrsprachige Bildung in der KiTa ist: Wie auch bei monolingual deutschsprachigen Erzieher:innen, können Fähigkeiten der Beobachtung, Erhebung und Unterstützung der Entwicklung kindlicher Sprachkompetenzen nicht vorausgesetzt werden. Es ist Teil der Professionalisierung aller pädagogischen Fachkräfte, sich mit ihrer eigenen Sprachbiografie (z. B. durch das Sprachenportfolio, ▶ Kap. 1), ihren Sprachfähigkeiten und ihren Kompetenzen hinsichtlich der Kenntnisse von Kindersprache und Spracherwerbsmodellen in ihren Sprachen auseinanderzusetzen.

> **Sprachentwicklung in der Erstsprache (Utecht, 2009)**
>
> Hatice ist vor sechs Jahren aus der Türkei nach Deutschland gekommen. Sie hat dort Pädagogik studiert und arbeitet jetzt in einem deutschen Kindergarten. Kerstin, eine deutsche Kollegin, bittet sie, sich Murat, einen vierjährigen Jungen, der seit einem halben Jahr in ihrer Gruppe ist, genauer anzugucken. Kerstin erzählt, dass Murat seit einem halben Jahr Deutsch lerne. Er könne aber immer noch nicht in »ganzen Sätzen« sprechen, kenne viele Wörter noch nicht und »würfle« die Wörter oft auch noch durcheinander. Die Eltern von Murat sprächen mit dem Jungen nur Türkisch. Sie meinen, dass Murat Türkisch gut könne und weisen Kerstins Verdacht, dass Murat Schwierigkeiten im Spracherwerb haben könnte, energisch zurück.
>
> Bei der nächsten Gelegenheit beginnt Hatice daher ein Gespräch mit Murat auf Türkisch. Murat ist in diesem Gespräch sehr zurückhaltend, er äußert sich nur sehr wenig auf Türkisch und mischt viele deutsche Wörter. Hatice ist hinterher überzeugt: Murat hat Probleme im Spracherwerb sowohl im Deutschen als auch im Türkischen. Gemeinsam mit Kerstin überzeugt sie die Eltern, mit Murat zur Sprachtherapeutin zu gehen. Die zweisprachige Therapeutin kann jedoch nichts Auffälliges feststellen. Murat sei im Türkischen normal entwickelt und seine Sprachentwicklung im Deutschen sei zwar langsam, was aber angesichts der Tatsache, dass Murat Deutsch nur in der KiTa hören und lernen würde, völlig normal sei.
>
> **Aufgabe**
>
> Überlegen Sie bitte, woran es gelegen haben könnte, dass Hatice Murats Sprachentwicklung im Türkischen als auffällig eingeschätzt hat?

4 Mehrsprachige Bildung gestalten

Die Gestaltung von Lernarrangements, kindzentrierte Pädagogik, Zusammenarbeit mit allen an der mehrsprachigen Bildung Beteiligten und pädagogische Reflexionskompetenz bedürfen seitens der Leitung eines veränderten Zeit- und Personalmanagements, das nicht allein durch ein Mehr an Fortbildungen erreicht werden kann.

> **Fallbeispiel: Vera, zwei Jahre und sechs Monate alt**
>
> Vera ist das mittlere Kind in einer Familie mit drei Kindern. Beide Eltern sprechen Türkisch mit ihr, wobei der Vater zur Hochzeit aus der Türkei migriert ist. Veras Mutter ist in Heilbronn als Tochter einer Schneidermeisterfamilie aufgewachsen und arbeitet dort in der lokalen Sparkasse seit ihrem Abitur als Bankkauffrau. Derzeit ist sie wegen des jüngsten Sohnes in Elternzeit. Zuhause sprechen beide Eltern Türkisch mit Vera, wobei die Mutter Migrationstürkisch, der Vater einen ostanatolischen Dialekt spricht. Milan, der ältere Bruder, ist fünf Jahre alt und teilt sich mit seiner Schwester ein Zimmer, die Eltern und der jüngste Bruder Orhan schlafen im Wohnzimmer der Zweizimmerwohnung. Vera hat sich gut in der Krippe eingewöhnt, die sie seit ca. einem Jahr besucht. Ihre besten Freunde sind Claudia (2;9) und Bülent (2;7). Beide Eltern kümmern sich um ihre Kinder, wobei die älteren einen engeren Bezug zum Vater haben. Die Großeltern aus Heilbronn sind regelmäßig zu Besuch, jeden Sommer kommen die Eltern des Vaters für acht Wochen. Die Familie rückt dann etwas zusammen, damit auch die Großeltern in der Familie unterkommen können. Die Leiterin der Einrichtung ist sehr darauf bedacht, die genaue Sprachlernsituation von Vera zu kennen. Sie sieht, dass Vera zu Hause mit unterschiedlichen Dialekten des Türkischen vertraut ist, dass Veras Mutter durch eigene Erfahrungen Kenntnisse und biografische Parallelen zu ihrer Tochter hat. Sie hält die Bezugsperson von Vera an, sich mit den Eltern über das häusliche Kommunikationsverhalten auszutauschen und mit den Eltern gemeinsam auszuloten, welche Möglichkeiten biliteraler Angebote im Elternhaus und in der KiTa stattfinden könnten. Im Sommer, wenn die Großeltern zu Besuch sind, soll es einen gemeinsamen Großeltern-Tag geben, wo alle Großeltern erzählen können, wie sie ihre Kindheit noch in Erinnerung haben.

Viele Vorschläge zur grundsätzlichen Verbesserung der pädagogischen Qualität finden sich in den einschlägigen Veröffentlichungen (z. B. Gutknecht, 2012; Bildungspläne der Bundesländer; Programm Gute KiTa der Bertelsmann Stiftung, 2014).

Erfahrungen aus der sprachpädagogischen Arbeit mit sprachlich heterogenen Gruppen (z. B. Chilla & Henneberg, 2013; Chilla & Vogt, 2014) zeigen, dass die Gestaltung von Lernarrangements für mehrsprachige Kinder vor allem institutionell verankerte Zeitfenster für den interpersonalen und interprofessionellen Austausch unentbehrlich machen. Feste Berichts- und Gesprächszeiten, in denen einmal wöchentlich über die Lern- und Entwicklungsschritte von einzelnen Kindern diskutiert, Entwicklungspläne fortgeschrieben und Lernarrangements geplant werden können, sind notwendig, um pädagogische Professionalität wie kindzentriertes Handeln zu ermöglichen.

Die Dokumentation kindlicher Entwicklungsprozesse wie auch der je eigenen professionellen Entwicklung sollte von der Leitung aktiv gefordert, unterstützt und gefördert werden (▶ Kap. 5; Bennett, 2008). Mit pädagogischer Dokumentation ist eine Demokratisierung verbunden, da eine gemeinsame Wissensbasis über den Bildungsprozess und die Tätigkeiten des pädagogischen Personals zur Verfügung und damit zur Diskussion gestellt werden können (Faik & Darling-Hammond, 2010). Aufgabe der Leitung muss es hier sein, einen Rahmen kollegialen Austausches und einer Diskussionskultur zu schaffen, in der neues Wissen über die kognitiven und die sozialen Prozesse von Kindern geteilt und gemeinsam geplant werden können. Darüber hinaus ist pädagogische Dokumentation oft ein Instrument des interprofessionellen Austausches zwischen Krippe und KiTa am Übergang (Elternhaus und Schule) oder in Fragen der weiteren pädagogischen oder therapeutischen Förderung (Piccio, Giandomenico & Mussati, 2014).

> **Aufgaben von Leitung und Institution im Kontext mehrsprachiger Bildung**
>
> mehrsprachiges Leben in der Institution ermöglichen
>
> - transparente Bildungspläne
> - Mehrsprachigkeit im Pädagogischen Konzept der KiTa verankern
> - Dokumentation mehrsprachiger Bildung anleiten und sicherstellen
> - Bildungspläne in den Sprachen der Kinder (vgl. *Early Years Learning Framework* in Australien: Der nationale Bildungsplan ist in allen Sprachen verfügbar)
> - Gelder für mehrsprachige Materialien einplanen bzw. bereitstellen
> - Bemühung um mehrsprachiges Personal in allen Bereichen
> - gezielt Weiterbildungen zu multiethnischen Themen
> - gezielt Weiterbildungen zu multikulturellen Themen
> - Auswahl ethisch und kulturell angemessener Materialien
> - Routinen der pädagogischen Dokumentation ermöglichen
> - Erkennen und Vermeidung latent rassistischer Arbeits- und Dokumentationspraktiken
> - …
>
> Zusammenarbeit mit Eltern (▶ Kap. 8)
>
> 1. Die eigene Haltung zu Eltern fortwährend prüfen (Einstellungen zu als mangelhaft empfundenen Sprachkompetenzen der Eltern, Einstellungen zu Herkunftsländern, Einstellungen zu Migrationsgründen)
> 2. transparente Bildungspläne und KiTa-Konzepte in den Sprachen der Eltern
> 3. Erreichbarkeit der Eltern über elektronische Medien (E-Mail) → Vorteil: nicht alle Elternanschreiben müssen übersetzt werden, die elektronische Fassung ermöglicht es den Eltern, bei Bedarf Freunde und Bekannte um Hilfe zu bitten oder Online-Übersetzungen zu nutzen (Google-Translate oder DeepL)

4. Portfolio für die Eltern (z. B. mehrsprachiges Portfolio für die Wortschatzarbeit in der Krippe; Zeichnungen/Fotos der Kindtätigkeiten in der KiTa auf Deutsch, zu Hause mit den Eltern in der Erstsprache besprechen/beschriften lassen)
5. ...

Aufgabe

Überlegen Sie, welche Arrangements getroffen werden, um in Ihrer Einrichtung einen Rahmen kollegialen Austausches und einer Diskussionskultur zu schaffen.

Pädagogisches Fazit

Mehrsprachige Bildung lebt von mehrsprachigen Vorbildern, weshalb der Anwerbung und Einstellung mehrsprachiger pädagogischer Fachkräfte zunehmend eine besondere Bedeutung zukommt. Mehrsprachig aufgewachsen zu sein, reicht jedoch für das eigene professionelle Handeln nicht aus. Es sollte darüber hinaus Teil der Professionalisierung aller pädagogischen Fachkräfte sein, sich mit der eigenen Sprachbiografie, den eigenen Sprachfähigkeiten und den eigenen Kompetenzen hinsichtlich der Kenntnisse von Kindersprache und Spracherwerbsmodellen auseinanderzusetzen.

Um Lernarrangements für mehrsprachige Kinder gestalten zu können, bedarf es institutionell verankerter Zeitfenster, die für den interpersonalen und interprofessionellen Austausch zur Verfügung stehen. Aufgabe der Leitung muss es hier sein, einen Rahmen kollegialen Austausches und einer Diskussionskultur zu schaffen, in der neues Wissen über die kognitiven und die sozialen Prozesse von Kindern geteilt und gemeinsam geplant werden können.

4.3 Mehrsprachigkeit institutionell sichtbar machen

Fallbeispiel: Djamila, 4;2 Jahre

Djamila ist mit ihrer Familie, ihren Eltern und vier älteren Brüdern, vor einem Jahr aus Uganda geflüchtet und lebt nun in Berlin-Reinickendorf. In Uganda lebte sie mit ihrer Familie in einem kleinen Dorf in der Nähe von Kampala, der Hauptstadt. Djamila kann sich nicht mehr so gut an das Dorf erinnern wie ihre älteren Brüder. Kaum einer aus der Familie spricht mit Djamila über das Leben in

4.3 Mehrsprachigkeit institutionell sichtbar machen

> Uganda. Die Familiensprache ist Suaheli. Djamila weiß, dass zwei weitere Geschwister gestorben sind, aber auch darüber wird zu Hause nicht gesprochen. In Berlin beeindrucken sie immer wieder die vielen Lichter am Himmel, in der Luft und auf der Erde. Am meisten beeindruckt aber ist Djamila von den Bahnen, die unter der Erde fahren und manchmal aus der Erde herauskommen. Djamila geht seit einem halben Jahr in eine KiTa. Ihre Bezugserzieherin begrüßt sie jeden Morgen mit »Hujambo« (Hallo) und fragt »Habari gani?« (Wie geht's?), worüber Djamila sich sehr freut. In der KiTa gibt es eine große Karte, wo eine kleine Nadel mit einem Bild von Djamila direkt da steckt, wo Djamila mit ihrer Familie mal gewohnt hat. Im Alltag von Djamila gibt es viele Dinge, die sie nicht kennt. Dann ist sie froh, wenn sich ihre Erzieherin Zeit nimmt, um ihr etwas zu zeigen. In einem Schälchen sind kleine Bildchen, die Djamila helfen, den anderen zu zeigen, was sie möchte. Auf dem einen Bildchen ist zum Beispiel ein Garten abgebildet, das Bildchen zieht sie am meisten heraus. Djamila isst gern Maniok und Kochbananen und würde das gern auch mal mit den anderen Kindern essen. Die Kinder in ihrer Gruppe essen am liebsten Spaghetti mit Tomatensoße und nennen das Essen »lecker«.

Mehrsprachige Bildung lebt von den Möglichkeiten, die eine Einrichtung zur Entwicklung aller Sprachen eines Kindes bietet. Mit anderen Worten: Solange mehrsprachige Kommunikation unsichtbar bleibt, kann Mehrsprachigkeit nicht als Bildungsressource genutzt werden. Wünschenswert ist es, dass zunehmend mehrsprachig pädagogisches Fachpersonal Kinder begleiten. Kindertageseinrichtungen haben den gesetzlichen Auftrag, sich an der Lebenswelt der Kinder zu orientieren:

> »Das Bildungs-, Betreuungs- und Erziehungsangebot von Kindertageseinrichtungen soll sich am Alter und dem Entwicklungsstand, den sprachlichen und sonstigen Fähigkeiten, an der Lebenssituation sowie den Interessen und Bedürfnissen des einzelnen Kindes orientieren und seine ethnische Herkunft berücksichtigen« (SGB VIII, § 22 (2)).

Die immer wieder fokussierte Schlüsselvariable ist Kommunikation zwischen Erwachsenen und Kindern und damit die Gestaltung der Qualität und Quantität des Inputs in den Sprachen des Kindes. So wird schnell geschlussfolgert, dass eine KiTa in Deutschland nur für das Deutsche »zuständig sein kann«, da die Erzieher:innen überwiegend selbst monolingual deutschsprachig sind und »ja nicht alle Sprachen in ihrer Gruppe sprechen« können. Seltener werden die Möglichkeiten mehrsprachiger Bildung durch eine mehrsprachige Alltagskultur (Wegweiser in verschiedenen Sprachen, Bildungspläne, Elternanschreiben etc.), Materialien (mehrsprachige (Wimmel-)Bücher, Flashcards, Computerprogramme), Aktivitäten (Geschichten erzählen, Lieder singen, Gedichte rezitieren) oder verschiedene Arbeitsformen (Erzählkreise, Gruppenräume, Peer-Learning) als Aspekte und Möglichkeiten mehrsprachiger Bildung gefasst (▶ Kap. 2 und z. B. Garlin, 2012; Sıkcan, 2007; Verband binationaler Familien und Partnerschaften, 2014).

Die Entwicklung von Familien- und Erstsprache kann mit einem *»Safe place for speech«* unterstützt werden (Laevers et al., 2011). Solch ein sicherer Platz wird erstens garantiert durch die anerkennende Haltung der Bezugserzieher:innen gegenüber den Sprachen und Kulturen eines Kindes und zweitens ganz praktisch als alltägliche Routinen, die den Erstsprachen oder der Zweitsprache Deutsch in besonderer Weise gewidmet sind. Dabei geht es nicht um die künstliche Trennung von Sprachen in Räume, Zeiten oder Orte (im Sinne eines »Erstsprachzimmers«).

> »In other words, everyday activities in preschool provide opportunities for interaction and participation which are important to support children's language learning. This is true for all children but especially for bilingual or multilingual learners. Multilingual children need many opportunities to encounter new words and expressions, for example, through explanatory discourse (Grøver Aukrust & Rydland 2011)« (Kultti, Pramling & Samuelsson, 2014, S. 19).

Unterschiede von Kindern in heterogenen Gruppen können thematisiert werden, ohne dies rassialisierend zu tun. Wie verschiedene Studien belegen, finden sich so eher Gemeinsamkeiten zwischen Eltern mit ähnlichem sozialen Hintergrund als zwischen Eltern mit gemeinsamer Familiensprache (Bildungsbericht, 2014). Ein Weg dahin ist es, seitens der Einrichtung die Eltern zur Einstellung gegenüber Bilingualität und Bildungszielen zu befragen. Ein einfacher Schritt könnte zum Beispiel darin liegen, Familienstatus und Sprache nicht mehr – wie Eingangsfragebögen und in den Statistiken in der KiTa üblich – miteinander gleichzusetzen. Ein Beispiel: Kinder, die in Deutschland geboren sind, sind Deutsche, auch wenn ihre Eltern einen anderen Pass haben. Ein zweites Beispiel: Familien, die zu Hause Kurdisch sprechen, geben dies nur selten an. Sie dann jedoch der Gruppe von Kindern zuzuordnen, die Türkisch als Familiensprache spricht, weil die Nationalität der Eltern dies vorgibt, ist eine unzulässige Verkürzung der sprachlichen Erwerbssituation (Richter, 2022).

Aufgabe

Überlegen Sie, wie in Ihrer Einrichtung Sprachen sichtbar gemacht werden können. Welche Routinen können Sie in den Alltag einführen, die einzelnen Sprachen gewidmet sind?

Pädagogisches Fazit

Wenn mehrsprachige Kommunikation unsichtbar bleibt, kann Mehrsprachigkeit nicht als Bildungsressource genutzt werden. Kindertageseinrichtungen haben den gesetzlichen Auftrag, sich an der Lebenswelt der Kinder zu orientieren, d. h., es müssen Möglichkeiten mehrsprachiger Bildung durch eine mehrsprachige Alltagskultur offeriert werden.

Die Entwicklung von Familien- und Erstsprache kann mit einem »Safe place for speech« unterstützt werden. Damit ist zum einen ein sicherer Platz gemeint, der eine anerkennende Haltung seitens der Bezugserzieherinnen gegenüber den Sprachen und Kulturen des Kindes sicherstellt. Zum anderen werden alltägliche Routinen ermöglicht, die den Erstsprachen oder der Zweitsprache Deutsch in besonderer Weise gewidmet sind.

4.4 Rolle und Aufgaben der Erzieher:innen im mehrsprachigen Bildungsprozess

Für die Begleitung mehrsprachiger Bildungsprozesse tragen Erzieher:innen eine hohe Verantwortung. Sie sind diejenigen, die eine stabile Beziehung zum Kind aufbauen, wesentliche Kenntnisse über unterschiedliche Sprachen und Kulturen flexibel und stetig aktualisierend erwerben müssen und zudem lernen, die Kinder in ihrer Einzigartigkeit wertzuschätzen.

4.4.1 Beziehung zum Kind

»Die optimale Lernsituation besteht in einer interaktiven ganzheitlichen Auseinandersetzung mit der Umwelt und den sich daraus ergebenden Lernangeboten und Lernsituationen« (Braun, 2012, S. 20).

Kinder sind von Geburt an neugierig und interessiert an ihrer Umwelt. Ihre Neugier treibt sie an, die zum Lernen notwendigen Erfahrungen zu suchen (Renz-Polster & Hüther, 2013). Aufgabe von Eltern, Erzieher:innen und anderen Bezugspersonen ist es, ein Kind bei seinen Entdeckungen zu begleiten, ihm Schutz und Sicherheit zu bieten und ihm, wo notwendig, das eine oder andere Hindernis aus dem Weg zu räumen.

»Kinder treibt es förmlich dazu, ihre fundamentalen Lebenskompetenzen aufzubauen. Sie wollen ihre ›Entwicklungssegel‹ setzen. Das gelingt ihnen dann, wenn sie sich in funktionierenden Beziehungen in der Familie geborgen fühlen. Und wenn sie sich auf Augenhöhe mit anderen Kindern bewähren dürfen, in spielerischem Ernst« (Renz-Polster & Hüther, 2013, S. 24).

Erzieher:innen leisten in ihrer täglichen Arbeit intensive emotionale Beziehungsarbeit, um jedes einzelne Kind in seiner Individualität zu erkennen und anzuerkennen. Dies setzt ein hohes Maß an Empathie und Authentizität voraus. Erzieher:innen wenden sich jedem Kind emotional zu und versuchen, seine Bedürfnisse und Interessen wahrzunehmen, mit ihm zu kooperieren, ein ehrliches aufrichtiges Interesse am Kind aufzubauen und auch zu zeigen (Hohmann & Wedewardt, 2021).

»Frühpädagoginnen und Frühpädagogen, deren Ziel es ist, jedes Kind willkommen zu heißen, gestalten eine Institution, in der sie im Sinne dieses Ziels kooperieren; stellen feinfühlige Beziehungen zu den Kindern her; begleiten achtsam die Beziehungen zwischen den Kindern, um sie zur Selbstachtung und wechselseitigen Anerkennung zu befähigen; sind hellhörig für die eigensinnigen kognitiven Interessen der Kinder; bahnen verantwortlich die individuell optimale Annäherung zu ausgewählten Kulturtechniken an« (Prengel, 2011, S. 46 f.).

Neben der pädagogischen Basisarbeit, in der entwicklungsfördernd agiert wird, z. B. beim gemeinsamen Essen, Kochen, Backen, Basteln, Bauen, Kneten, beim Experimentieren und Konstruieren, stellen sprachliche und kulturelle Heterogenität für viele Fachkräfte eine besondere Herausforderung dar. Oft sind die Themen Migration und Integration emotional besetzt und teilweise durchaus mit Unsicherheiten verbunden. Diese Emotionalität und Unsicherheit können in die tägliche pädagogische Arbeit mit einfließen (vgl. Castles, 2009) und die Qualität der Arbeit mindern.

Zudem sind viele Erzieher:innen verunsichert, sobald in der Arbeit mit Familien die soziokulturellen Erfahrungen divergieren. Somit steigen die Anforderungen in der pädagogischen Praxis in Bezug auf kulturelle und sprachliche Vielfalt erheblich (Sulzer, 2013). Professionelles Handeln bedeutet hier, die Verunsicherung zu erkennen, zu thematisieren und reflexiv Stellung zu beziehen bzw. eine professionelle Haltung aufzubauen.

> »Beziehungen und Lernprozesse können unterstützt werden, wenn umfassende professionelle Kompetenzen vorhanden sind, die in Interaktionen mit einzelnen Kindern, in der Selbstständigkeit fördernden Leitung von Kindergruppen, in der Anbahnung und Unterstützung kognitiver Lernprozesse, in der Dokumentation der Interaktionen, in der Zusammenarbeit mit Eltern sowie in vielseitiger multiprofessioneller Kooperation zum Ausdruck kommen« (Prengel, 2011, S. 46 f.).

Aufgabe

Überlegen Sie, in welchen Situationen für Sie die kulturelle Heterogenität Ihrer Kinder eine Herausforderung darstellt. Was genau ist herausfordernd, und was wünschen Sie sich, um sich dieser Aufgabe angemessen stellen zu können? Was wäre angemessen?

4.4.2 Kenntnisse und Wertschätzung

> »Sprachbildung sollte von der Wertschätzung aller Sprachen der Kinder und aller ihrer sprachlichen Äußerungen, sei es in der Familiensprache, sei es im Deutschen, sei es in gemischtsprachigen Äußerungen, getragen sein« (Reich, 2010, S. 31).

Bereits Kinder nehmen Prestigeunterschiede in den Sprachen früh selbst wahr, die in Zusammenhang mit der gesellschaftlichen Bewertung der Sprachen stehen, wenn etwa in einem bilingualen Kindergarten unter Gleichaltrigen die türkische Sprache eher abgewertet wird als die deutsche (Andresen, 1997; Jeuck, 2003, S. 70 ff.; vgl. dazu auch Jampert, 2005). Kinder sind entsprechenden Forschungsbefunden und Beobachtungen zufolge bereits sehr früh sensibel dafür, dass bestimmte Sprachen mehr Prestige haben als andere. Fachkräfte sollten um die identitätsstiftende Funktion von Sprache(n) als Mittel und Ausdruck für die Zugehörigkeit zu nationalen, regionalen und lokalen Gruppen wissen. Sie sollten ebenso Kenntnisse erwerben über die lebensweltlichen Unterschiede im Sprachgebrauch mehrsprachiger Familien sowie über kindliche Sprachgefühle und Haltungen im Lernprozess von zwei oder mehr Sprachen (Militzer et al., 2002). Sie sollten wahrnehmen, wenn Kinder abwertende oder normierende Botschaften äußern, beispielsweise über Begriffsbildungen, Sprachmelodien, Schriftbilder der Familiensprache(n) anderer Kinder (oder Personen außerhalb der Kindergruppe) und diese in der Gruppe thematisieren und nicht tolerieren. Das beinhaltet die Ermutigung und bewusst ausgedrückte Wertschätzung derjenigen Sprachen von Kindern, die gesellschaftlich keinen hohen Status besitzen, z. B. durch Nachfragen, Aufgreifen des Schriftbildes in der Kindertageseinrichtung oder durch Einladungen an die Eltern etwa zu Vorlesesituationen (Merkel, 2010, S. 127 ff.; Wagner, 2010; Jampert, 2005; Wagner & Preissing, 2003).

4.4 Rolle und Aufgaben der Erzieher:innen im mehrsprachigen Bildungsprozess

> Jedes Kind soll seine Sprache(n) wertgeschätzt wissen, weil es sich nur dann als gesamte Person wertgeschätzt fühlen kann.

Akzeptanz und Repräsentation der Erstsprachen kann u. a. über mehrsprachige Bilderbücher, Vorlesesituationen in zwei oder mehr Sprachen sowie über mehrsprachige Sprach- und Singspiele ausgedrückt werden (Ulich, Oberhuemer & Soltendieck, 2010, S. 35 ff., 61 ff.; Wagner, 2010; Jampert et al., 2009; Jampert, 2005; 2003; Ansari, 2004; Wagner & Preissing, 2003).

Mehrsprachige Lernumgebung und das Zulassen vom Gebrauch der Muttersprachen in Einrichtungen verhindert zudem die künstlich herbeigeführte eintretende Sprachlosigkeit der Kinder bzw. das »Silencing«, wenn Kompetenzen in der gewünschten Kommunikations-Sprache noch nicht vorhanden sind, in der anderen Sprache diese aber sehr wohl vorhanden sind (Thomauske, 2015). Um der heterogenen Realität gerecht zu werden, unterstützen zunehmend mehr Konzepte das »translanguaging« (García, 2009; García & Li Wie, 2014), wie beispielsweise »multilingual literacy« (Hélot & Laoire, 2011) oder Quersprachigkeit (List & List, 2004; vgl. auch Panagiotopoulou, 2016).

Aufgaben

Das Bilderbuch *Bin ich klein?* (Winterberg & Wichmann, 2013) ist seit seinem Erscheinen in über 200 Sprachen und Dialekte übersetzt worden. Lesen Sie bitte mit den Eltern oder mit (mehr-) oder (anders-)sprachkompetenten Kolleg:innen das Buch in verschiedenen Sprachen vor. Fragen Sie die Kinder danach, ob eine Sprache schöner klingt, besser ist als eine andere, und, wenn ja, warum? Fragen Sie die Kinder auch, welche Sprache sie lernen sollten und ob es eine Sprache gibt, die sie auf gar keinen Fall lernen wollten. Fragen Sie sich selbst auch, ob Sie Sprachen bevorzugen oder ihren Erwerb gar für ungünstig halten. Setzen Sie sich kritisch mit Ihren Begründungen auseinander.

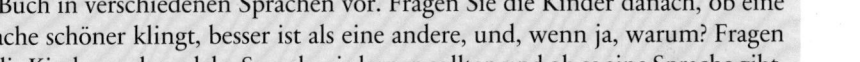

Im Buch *Der Fuchs ruft nein* (Hüsler, 2019) können Kinder ihre Familiensprache entdecken. Mit dem Fuchs zusammen können alle Kinder immer wilder NEIN in ihnen bekannten und unbekannten Sprachen rufen, während »diebische« Tiere schnell davonrennen müssen. Mit dem Buch kann mit allen Kindern zusammen spielerisch und in Bewegung Mehrsprachigkeit entdeckt und bespielt werden. Es bietet zudem vielfältige Schriftzeichen, die nachgemalt und entdeckt werden können.[7]

---

7   Hüsler, S. (2020). Der Fuchs ruft nein. 49 Sprachen. Langenhagen: Talisa.

4.5 Kinderlieder und Verse – Anregungen und Materialien

In diesem Abschnitt werden mehrsprachige Lieder, Gedichte und Verse vorgestellt und es wird beispielhaft ausgeführt, wie diese im KiTa-Alltag integriert werden können. Mit dem Einsatz von mehrsprachigen Kinderliedern, Gedichten und Versen kann die Sprachenvielfalt in Einrichtungen sichtbar gemacht und bespielt werden. Wiegenlieder beruhigen, Kniereiter und Fingerverse unterhalten. Sie bieten uneingeschränkte Zuwendung der Eltern oder Bezugspersonen. Sie wenden sich mit dem Vers ausschließlich dem Kind zu, um es zu beruhigen oder zu unterhalten. Damit bieten sie in ihrer Ausübung die Möglichkeit, eine emotional tiefe Beziehung zueinander aufzubauen. Sie transportieren echte Kindheitsempfindungen bis ins Erwachsenenalter, machen Kinder mit sprachlichen Klängen und Formen sowie kulturellen Lebensweisen und Weisheiten vertraut. In Gedichten geht es nicht um die »Erzählung«, nicht um das Was, sondern um das Wie, also die Art des Sagens (Gutzschhahn, 2021).

Mehrsprachigkeit in der Kinderlyrik umfasst neben nationaler Sprachenvielfalt auch Phantasiesprache, Dialekte und Soziolekte. Statt dem Kommunikations- und Verständigungsdruck zu erliegen, können wir uns in Kindergedichten sprachlichen Formen zuwenden, sie erfahr- und fühlbar machen und ihren Formen und Klängen nachspüren. Andrea Karimé lotet die Möglichkeiten des mehrsprachigen Sounds in »zungenbrecher – klatschspiel« sehr schön aus: *Matschkakatze / katzenfratze / klatschkakatze / patschkapatze / matschkamatsche / katzenklatsche / watschkawatsche*. Erklärend ist diesem Vers hinzugefügt, dass *matschka*, geschrieben eigentlich *mačka*, kroatisch ist und Katze heißt.[8]

Insbesondere mehrsprachige Lyrik kann das identitätsstiftende Potenzial von Sprache durch ihre verdichtenden Formen offerieren. Sie lässt durch ihre semantischen und syntaktischen Leerstellen Räume für Identifikation. Auffällig ist derzeit, dass Lyrik für Kinder nur selten verschiedene Sprachen in einem Vers und Gedicht vereint. Hier unterschiedliche Sprachen in ihren Klängen und Formen zusammen wirken zu lassen, wird sicher eine spannende Reise der Zukunft.

In ihrem Vortrag *Wörter und Himmelörter – Sprachen erfinden, poetische und fantastische Räume öffnen*, den Andrea Karimé im Rahmen der Poetik-Dozentur im Wintersemester 2019/20 an der Pädagogischen Hochschule Karlsruhe gehalten hat, heißt es: »Die Lyrik weiß schon lange, dass erfundene falsche richtige Wörter die Macht haben, Welten und Sprachen entstehen zu lassen.« (Karimé 2019/20).

---

[8] https://dasgedichtblog.de/gedichte-fuer-kinder-folge-71-sechs-unveroeffentlichte-gedichte-von-andrea-karime/2021/04/10/

Die Bedeutung von Kinderliedern und Kinderversen für die frühe Kindheit

»Kinderlieder und -verse sind nicht einfach lustige, belanglose Sprüche für Kinder. Sie sind die erste Form von Literatur, mit der das Kind in Kontakt kommt. Kinder fühlen sich angesprochen von Sprachrhythmus und Reim, von der Sprachmelodie, von den oft köstlichen Lautfolgen und Wörtern, und sie wünschen das Gesagte oder Gesungene noch einmal zu hören. Der textliche Inhalt ist dabei oft sekundär, er wird von den ganz kleinen Kindern eh noch nicht verstanden und trotzdem freuen sie sich und hören gespannt zu« (Hüsler, 2011, S. 9).

Kinderlyrik ermöglicht sprachästhetische Erfahrung. Das heißt, dass sie einen sinnlich erfahrbaren Zugang zur Sprache erzeugt. Auf diese Weise wird vorkategoriale Erkenntnis möglich (Schneider, 2021, S. 21 ff.). Jeder kognitive und damit kategoriale Zugang zur Sprache konstruiert Erfahrungen mittels bereits vorhandenen Vorwissens. Die ästhetische Erfahrung hingegen schafft den Ermöglichungsraum für neue Kategorien erst und ist somit der kategorialen Erkenntnis vorgeschaltet. Zu empfehlen ist es deshalb, Lyrik für Kinder zuvörderst sinnlich erfahrbar zu machen. Lyrikarbeit mit Kindern darf still passieren, in der Auseinandersetzung mit sich selbst. So könnte beispielsweise jeden Tag zum Morgenkreis, gemeinsamen Frühstück o. ä. zunächst ein Gedicht vorgelesen werden.[9]

Mit Lyrik können zudem sprachliche Normen und Erwartungen durchbrochen und sprachliche Freiräume geschaffen werden. Kinder mit Sprach-, Sprech- und Redeflussstörungen sowie Kinder mit kognitiven Beeinträchtigungen erfahren in ihrem Alltag Pathologisierungen und dekonstruierende Zuschreibungen ihrer (Sprach-)Kompetenzen. All jene und Kinder, die sich darin üben, verschiedene Sprachen zu sprechen, bekommen in der Lyrik normativ entlastete Räume, in denen sie sich sprachlich entfalten können, ohne Angst vor Fehlern oder Restriktionen haben zu müssen. Das Spiel mit Sprache, zum Beispiel mittels Kniereitern, Abzählversen oder in Lügen- und Unsinnsgedichten, zum Beispiel in der Anthologie *Ununterbrochen schwimmt im Meer der Hinundhering hin und her: Das dicke Buch vom Nonsens-Reim*, 2015 herausgegeben von Uwe-Michael Gutzschhahn, bedeutet Zweckentbundenheit. Das Sprachspiel macht Sprache selbst zum Thema und nutzt sie kontextunabhängig, sinnfrei oder sinnstiftend. Die Befreiung von semantisierenden Funktionen lyrischer formgebundener Sprache schafft didaktisch und methodisch nutzbare Einsichten in sprachliche Formen, z. B. ankaufen, verkaufen, zerkaufen: entkaufen? Welche Kraft haben Präfixe im Deutschen? Welche sind üblich? Welche nicht? Was könnten sie bedeuten? Zudem grenzt sich formgebundene Sprache von der Alltagssprache durch einen besonderen Klang oder abstrakteren Inhalt ab und verdichtet Erfahrungen auf wenige Wörter. So kann etwa das Empfinden suprasegmentaler Merkmale von Sprache, wie Tonhöhen, Akzente, Prosodie, in den Vordergrund

---

9 Ansprechende Gedichte aktueller Kindergedichte finden sich auf diesem Blob, welcher von Uwe-Michael Gutzschhahn seit 2015 monatlich erweitert wird und mittlerweile über 450 Gedichte bereithält: https://dasgedichtblog.de/category/lyrik/gedichte-fuer-kinder/

rücken und die Phonologische Bewusstheit als wichtige Voraussetzung für den Schriftspracherwerb wird unterstützt. Reime ermöglichen durch Klangähnlichkeit Merkhilfen, beispielsweise in Eselsbrücken oder Merksätzen. Auch die ritualisierende und ordnungsstiftende Kraft lyrischer Ausdrucksformen, sei es beim Beten, in Tisch- oder Tagessprüchen, stiftet sprachliche Gestaltung und Bildung.

Gedichtbeispiele für

a)   erfundene Sprachen

(1) Lewis Carroll: The Jabberwocky – Der Zipferlake (dt. von Christian Enzensberger)[10]
(2) Christian Morgenstern: Das große Lalula[11]

Kroklokwafzi? Semmememmi!
Seiokrontro – prafriplo:
Bifzi, bafzi; hulalemmi:
quasti basti bo ...
Lalu lalu lalu lalu la!
Hontraruru miromente
zasku zes rü rü?
Entepente, leiolente
klekwapufzi lü?
Lalu lalu lalu lala la!
Simarar kos malzipempu
silzuzankunkrei (;)!
Marjomar dos: Quempu Lempu
Siri Suri Sei []!
Lalu lalu lalu lalu la!

(3) Christian Morgenstern: Gruselett[12]
(4) Hans-Adolf Halbey: Kleine Turnübung[13]
(5) Christa Reinig: Ballade von den unsagbaren Geschehnissen[14]
(6) Erich Fried: Leilied bei Ungewinster[15]
(7) Oskar Pastior: Wer kommt denn da[16]

---

10 Lewis Carroll, aus »Alice hinter den Spiegeln«, Übersetzung: Christian Enzensberger. https://www.youtube.com/watch?v=Q_Um3787fSY, letzter Zugriff: 15.11.2021.
11 Aus: Christian Morgenstern, Alle Galgenlieder, Insel, Verlag, Leipzig 1938. https://www.youtube.com/watch?v=S9jLCRa3m0A, letzter Zugriff: 15.11.2021.
12 https://www.youtube.com/watch?v=hC8AGrdkiQI, letzter Zugriff: 15.11.2021.
13 https://www.loft75.de/reiner-unsinn/, letzter Zugriff: 15.11.2021.
14 https://cdn.webklik.net/user_files/2013_05/482463/grade_8_191515/Gedichte.pdf, letzter Zugriff: 15.11.2021.
15 https://www.youtube.com/watch?v=l7aIXUiSLVA, letzter Zugriff: 15.11.2021.
16 https://www.deutschlandfunkkultur.de/macht-der-sprache-100.html, letzter Zugriff: 15.11.2021.

(8) Nils Mohl: der golbert[17]

b)   Geheimsprachen

(9) Uwe-Michael Gutzschhahn: Kleilinelis Hulihn oder Gedicht in Li-Sprache[18]
in Erinnerung an Joachim Ringelnatz

Ilich bilin eilin kleilinelis Hulihn,
ulind halib nilicht vielil zuli tulin.
Kolimm zuli milir ilin meilin Haulis,
duli sülißeli kleilineli Maulis.
Dalinn kulischeliln wilir ilim Stolih
zuli zweilit olidelir milit Flolih.

(10) Joachim Ringelnatz: Gedicht in Bi-Sprache[19]

Ibich habibebi dibich,
Lobittebi, sobi liebib.
Habist aubich dubi mibich
Liebib? Neibin, vebirgibib.

Nabih obidebir febirn,
Gobitt seibi dibir gubit.
Meibin Hebirz habit gebirn
Abin dibir gebirubiht.

c)   veränderte Sprachen durch Silben- oder Buchstabentausch

(11) Nils Mohl: blische fubbern[20]
(12) Uwe-Michael Gutzschhahn: Sonnenstich[21]
(13) Paul Maar: Land auf dem Sonntag[22]
(14) Ernst Jandl: Ottos Mops[23]

---

[17] https://www.facebook.com/Mixtvision/videos/der-golbert/983270302187353/, letzter Zugriff: 15.11.2021.
[18] Gutzschhahn, U. W. (2018). Die Muße der Mäuse. Elif, S. 32. (Der Autor hat den Abdruck des Gedichtes erlaubt.)
[19] https://de.wikisource.org/wiki/Gedicht_in_Bi-Sprache; https://www.youtube.com/watch?v=FrT766s6uZw, letzter Zugriff: 15.11.2021.
[20] https://dasgedichtblog.de/gedichte-fuer-kinder-folge-55-sieben-unveroeffentlichte-kindergedichte-von-nils-mohl/2019/09/10/, letzter Zugriff: 15.11.2021.
[21] http://www.gutzschhahn.de/gedicht-des-monats-august/, letzter Zugriff: 15.11.2021.
[22] https://www.lyrikline.org/de/gedichte/land-auf-dem-sonntag-1437
[23] https://www.lyrikline.org/de/gedichte/ottos-mops-1232, letzter Zugriff: 15.11.2021.

d) Tiersprachen

(15) Uwe-Michael Gutzschhahn: Krähen[24]
(16) Hugo Ball: Seepferdchen und Flugfische[25]

Beispiel Sprechreim in den Sprachen Deutsch und Türkisch

Fünf Gespenster

Fünf Gespenster hocken vor dem Fenster
    Das erste schreit: Haaaaaaaaaaaaaaaaaaah,
    Das zweite schreit: Hoooooooooooooooo,
    Das dritte schreit: HIIIIIIIIIIIIIIIIIIIIIIIIIIIIIIH,
    Das vierte schreit: Hiiiiiiiiiiiiiiiiiiiiiiiiiiiiiiiiih,
    Das fünfte schwebt zu Dir herein und flüstert: WOLL'N WIR FREUNDE SEIN?

Bes Hayalet (türkisch)

Bes hayalet pencerenin önünde duruyorlar
    Birincisi bagiriyor: Haaaaaaaaaaaaaaah,
    Ikincisi bagiriyor: HOOOOOOOOOOOOH,
    Ücüncüsü bagiriyor: HIIIIIIIIIIIIIIIIIIIIH,
    Dördüncüsü bagiriyor: Hiiiiiiiiiiiiiiiiiiiiiiih,
    Besincisi yanina süzülüp fisildiyor: arkandas olalim mi?

---

24 http://www.gutzschhahn.de/tag/gedicht/page/4/, letzter Zugriff: 15.11.2021.
25 https://www.lyrikline.org/de/gedichte/seepferdchen-und-flugfische-von-hugo-ball-10299, letzter Zugriff: 15.11.2021.

Bruder Jakob

Kanon Volkslied

Albanisch
Arbër vlla-e, Arbër vlla-e
A po flen, a po flen?
|: Kumbona ka ra-e :|
|: Ding dang dong :|

Englisch
|: Are you sleeping :|
Brother John, brother John?
|: Morning Bells are ringing :|
Ding ding dong, ding ding dong.

Hebräisch
Achinu Jaacov, Achinu Jaacov
al tischaan, al tischaan
|: hapa-amon melzalzäl, :|
ding dang dong, ding dang dong.

Niederländisch
Broeder Jakob, broeder Jakob,
slaapt gij nog? Slaapt gij nog?
|: Alle klokken luid :|
Ding ding dong, ding ding dong.

Türkisch
Yakup usta, yakup usta
Haydi kalk, haydi kalk,
Artik sabah oldu, artik sabah oldu,
Gun dodu, gun dodu.

Deutsch
Bruder Jakob, Bruder Jakob,
|: Schläfst du noch? :|
|: Hörst du nicht die Glocken? :|
Ding dang dong, ding dang dong.

Französisch
Frère Jacques, Frère Jacques
Dormez-vous, dormez-vous?
|: Sonnez les matines, :|
Ding ding dong, ding ding dong.

Italienisch
Frà Martino, campanaro
dormi tu? dormi tu?
|: Suona le campane! :|
Din don dan, din don dan.

Polnisch
Panie Janie! Panie Janie!
Rano wstań! Rano wstań!
|: Wszystkie dźwony biją :|
Bim, bam, bum, bim, bam, bum.

4 Mehrsprachige Bildung gestalten

Im Folgenden sind einige Versbeispiele zusammengestellt.
Ein Zauberspruch aus dem Türkischen:

Türkisch	Aussprache	Übersetzung
Hokus Pokus karga bacak Çıktı, çıktı, ne çıktı? Işte simitler çıktı.	Hokus Pokus Karga badschak Tschekte tschekte, ne tschekte? Ischte simitler tschekte.	Hokus pokus Krähenbein Ein Los gezogen, was ist das Resultat? Diese Simit (Brezelringe mit Sesam).

Mit dem nachfolgenden Spruch können Kinder animiert werden, die Zahlenfolgen in ihren Sprachen zu ergänzen, ohne dass der:die Erzieher:in Kenntnisse in der jeweiligen Muttersprache des Kindes besitzt.

»Linke Hand – rechte Hand
Die linke Hand hat fünf Finger,
die rechte Hand hat fünf Finger
sieh hin, sieh genau hin!
links 1-2-3-4-5, rechts 1-2-3-4-5
zusammen sind es 10!
Wenn du willst, sieh hin, sieh genau hin:
1-2-3-4-5-6-7-8-9-10.«
(http://www.verband-binationaler.de/)

Solche Aufzählungen und Ergänzungen können auch mit Körperteilen, Monaten, Tagen etc. erfolgen.

Um Mehrsprachigkeit sichtbar zu machen, bieten sich auch mehrsprachige Poster, wie beispielsweise die *Hasenreime* an (Hüsler, 2011). Sie können mit Eltern und Kindern zusammen erarbeitet werden. Der Hase in seiner Bedeutung etwa als Osterhase kann gemeinsam thematisiert werden.

Flüstervers vom Wolf

»Wer schleicht, wer schleicht durchs Kinderhaus
Und niemand hat's gesehen?
Es ist der Wolf!
Der Wolf! Der Wolf! Der Wolf!«
Die Kinder schleichen durch den Raum und flüstern:
»Wer schleicht, wer schleicht durchs Kinderhaus,
Und niemand hat's gesehen?«
Alle bleiben stehen.
Ein Kind wählt die Sprache

und ruft: »Es ist der Wolf!«
Alle rufen mit: »Der Wolf! Der Wolf! Der Wolf!«
Oder das Kind wählt eine andere Sprache:
»Es ist der Lupo!«
Alle rufen mit: »Lupo! Lupo! Lupo!«

Улитка – Schneckchen		
Russisch	**Aussprache**	**Übersetzung**
Улитка, улитка,	Ulitka ulitka	Schneckchen, Schneckchen
Высуни рожки	Wisuni roschki	Streck deine Fühler
Дам тебе горошка.	Dam tjebe garoschka.	Ich gebe dir Erbsen.

(Hüsler, 2011, S. 32)

Pädagogische Prozesse, in denen das Aufwachsen mit zwei und mehr Sprachen mit den Kindern explizit thematisiert wird, können mindestens ab dem Vorschulalter als Anlass zur Anbahnung von Sprachbewusstheit und zu Sprachvergleichen dienen (Reich, 2008, S. 43 ff.; List, 2007, S. 50 ff.). Zudem hat ein bewusster Umgang selbstbildbestärkende Funktion. Denn wird die Erstsprache im Geschehen der Bildungsinstitutionen ignoriert oder als Defizit abgewertet, wirkt sich das negativ auf das Selbstbild von Kindern aus: »Sprache und Identitätsentwicklung sind eng miteinander verknüpft, sodass ein Zurückweisen und Nichtbeachten der Herkunftssprache des Kindes eine krisenhafte Störung in der Identitätsentwicklung zur Folge haben kann« (Röhner, 2005, S. 9). Fachkräfte sind daher aufgefordert, ihre eigenen Spracheinstellungen zu reflektieren, da sich diese im eigenen Handeln ausdrücken und das Beziehungsverhältnis beeinträchtigen können, z. B. in Etikettierungen, in geringerer Zuwendung und Aufmerksamkeit, geringerer Anerkennung von Entwicklungsleistungen (Mecheril & Quehl, 2006; Wagner, 2010; Lengyel, 2009, S. 120 ff.; Ansari, 2004).

Aufgabe

Mahlzeiten werden täglich eingenommen und stellen eines der wichtigsten Rituale dar. Kinder erfahren in ihren Familien und im Kindergarten beispielsweise, wann gegessen wird – morgens ein Frühstück, mittags ein Mittagessen, nachmittags eine Vesper und abends das Abendbrotessen. Sie erfahren auch, wie gegessen wird, am Tisch sitzend oder gemeinsam auf dem Fußboden kniend mit oder ohne kleinen Tisch (▶ Abb. 15). Darüber hinaus erlernen sie die Fertigkeit, mit den Fingern, mit Messer und Gabel oder mit Stäbchen geschickt zu essen. Sie lernen viele unterschiedliche Speisen und die Praxis ihrer Zubereitung kennen.
Thematisieren Sie die unterschiedlichen Esskulturerfahrungen in der KiTa. Essen Sie auch mal gemeinsam auf dem Fußboden, mit den Fingern oder mit

Stäbchen. Lernen Sie zusammen mit den Kindern die unterschiedlichen Bezeichnungen der Speisen kennen. Laden Sie sich Eltern zum gemeinsamen Kochen ein. Auch Tischsprüche können ausgetauscht oder vervielsprachlicht werden.

Abb. 15: Esskulturen

Beispiel für einen Tischspruch

Gemüse, Suppe oder Grießbrei
Egal ob Gemüse, Suppe oder Grießbrei,
wichtig ist, du bist dabei.
Und auch, dass es schmeckt,
was man sich in den Mund reinsteckt.
Auch wenn du denkst, es schmeckt dir nicht,
solltest du es mal probieren,
du kannst nichts dabei verlieren!

(Die Speisen in der ersten Zeile können von den Kindern ausgetauscht werden.)

Two little eyes – to look around.
Two little ears – to hear each sound.
One little nose – to smell what's sweet.
One little mouth – that likes to eat.
Enjoy your lunch!

4.6 Zusammenfassung

Um mehrsprachige Bildung konsequent und durchgängig gestalten zu können, muss die Leitung einer Einrichtung einen Rahmen kollegialen Austausches und einer Diskussionskultur schaffen, in der neues Wissen über die kognitiven und sozialen Prozesse von Kindern geteilt und diese gemeinsam geplant werden können. Mehrsprachigkeit muss sichtbar und als Bildungsressource erkannt sein. Erzieher:innen nehmen dabei eine wichtige Rolle ein. Sie gestalten die Beziehung zum Kind und seinen Sprachen. Wünschenswert ist es in diesem Zusammenhang, dass zunehmend mehrsprachig pädagogisches Fachpersonal angestellt wird, um Kinder in ihrem Sprachenerwerb begleiten zu können. Die öffentlich diskutierten Sprachförderkonzepte, nach denen gegenwärtig in Krippen und Tageseinrichtungen gearbeitet wird, umfassen noch immer fast ausschließlich die Förderung der deutschen Sprache (vgl. Jampert et al., 2007) und berücksichtigen die mehrsprachige Kompetenz des Kindes nicht bzw. nicht ausreichend oder in einer Weise, in der der Muttersprachenerwerb den Deutscherwerb moderiert. Wirkungsnachweise der gezielten Programme sind eher ernüchternd gering, sodass letztlich zu fragen ist, ob der Aufwand sich in dieser Weise tatsächlich lohnt. Gerade additiv durchgeführte, sprachstrukturell sehr eng geführte Programme stehen auch deshalb in der Kritik, weil sie inklusiven Ansätzen entgegenstehen, da die Durchführung eher separierend als alltagsintegriert erfolgt. Erfolgsversprechend sind hingegen Ansätze, die die Qualität der Interaktion in den Blick nehmen (▶ Kap. 6).

4.7 Literatur zur Vertiefung

Chilla, S. & Haberzettl, S. (Hrsg.) (2014): *Handbuch Spracherwerb und Sprachentwicklungsstörungen. Mehrsprachigkeit.* München: Elsevier, Urban & Fischer.
Hering, W. (2021). *Lebensfreude in aller Welt. Die große Sammlung von 40 Spielliedern aus 30 Ländern.* SchauHoer.
Hüsler, S. (2017). *Kinderverse in über 50 Sprachen mit Originaltexten, Aussprachhilfen, Übersetzungen und CD.* 3. Auflage. Freiburg im Breisgau: Lambertus.
Hüsler, S. (2011): *Verse, Lieder und Reime – traditionelle sprachliche Bildung für die Kleinsten quer durch viele Sprachen.* München: Deutsches Jugendinstitut. Online verfügbar unter: http://www.fruehe-chancen.de/files/schwerpunkt_KiTas/application/pdf/huesler.pdf
Gutzschhahn, U. M. (2015). *Ununterbrochen schwimmt im Meer der Hinundhering hin und her: Das dicke Buch vom Nonsens-Reim.* Cbj.
Karimé, A. (2021): *Das schönste Zimmer in meinem Kopf.* Elif-Verlag.
NRW mehrsprachig: http://www.mehrsprachigvorlesen.verband-binationaler.de/
Prengel, A. (2010): *Wieviel Unterschiedlichkeit passt in eine KiTa? Theoretische Grundlagen einer inklusiven Praxis in der Frühpädagogik.* Vortragstext Fachforum Inklusion, Weiterbildungsinitiative Frühpädagogische Fachkräfte, Deutsches Jugendinstitut, München, 29.06.2010. Online verfügbar unter: http://www.weiterbildungsinitiative.de/uploads/media/WiFF_Fachforum_Inklusion_Impulsreferat_Prof._Dr._Prengel.pdf

Prengel, A. (2011): Zwischen Heterogenität und Hierarchie in der Bildung – Studien zur Unvollendbarkeit der Demokratie. In: L. Ludwig, H. Luckas, F. Hamburger & S. Aufenanger (Hrsg.) (2011): *Bildung in der Demokratie II. Tendenzen – Diskurse – Praktiken*. Schriftenreihe der Deutschen Gesellschaft für Erziehungswissenschaft. Opladen & Farmington Hills: Budrich, S. 83–94.

Verband binationaler Familien und Partnerschaften, iaf e. V.: http://www.verband-binationaler.de/

Verein für frühe Mehrsprachigkeit an Kindertageseinrichtungen und Schulen FMKS e. V.: http://www.fmks-online.de/index.html

5 Mehrsprachige Bildung behutsam begleiten, aufmerksam beobachten, verantwortungsvoll diagnostizieren und dokumentieren

Transparenz von Lern- und Entwicklungsschritten sowie die Gestaltung von Lernumgebungen sind unabdingbar, um alle am sprachlichen Bildungsprozess Beteiligten einzubinden. Dies gilt bereits für das Krippenalter (siehe z. B. Rintakorpi, Lipponen & Peunamo, 2014). Die Vorteile pädagogischer Dokumentation sind dabei für die Beobachtung, Diagnostik und Konstruktion von Lerneridentitäten in der frühen Bildung empirisch belegt (Carr & Lee, 2012; Rintakorpi, Lipponen & Peunamo, 2014). »In early childhood education, documentation helps to make learning and teaching visible« (Miller, 2014). Das Begleiten, Beobachten und Diagnostizieren in mehrsprachigen Kontexten unterscheidet sich nicht grundsätzlich von einsprachigen Lernkontexten. Das Rad muss demnach für mehrsprachige Bildungskontexte nicht neu erfunden werden. Viele Strategien und Prinzipien gelten auch in der Unterstützung mehrsprachiger Bildung und können übertragen werden, wenn Interesse am Kind gezeigt wird sowie Interesse an den Kulturen in der Bezugsgruppe, an den Sprachen in der Bezugsgruppe und an den Kindern in ihrer je individuellen (sprachlichen) Entwicklung vorhanden ist.

5.1 Pädagogisches Dokumentieren

Pädagogische Dokumentation wird zu einem Instrument pädagogischer Professionalisierung, wenn sie nicht nur als reine Sammlung von Dokumentationsbögen oder Produkten des Kindes konzipiert wird, sondern auch die Analyse und Interpretation der am Bildungsprozess Beteiligten enthält. Nicht zuletzt die Analyse der dokumentierten Aktivitäten und Veranstaltungen ermöglicht es Fachkräften, sich ihrer eigenen Motive und Ergebnisse der praktischen Arbeit bewusst zu werden und sich ihre »erzieherischen Leistungen« (Piccio, Giandomenico & Musatti, 2014) zu vergegenwärtigen.

Die pädagogische Dokumentation nimmt dabei die ganze Lebenswelt des Kindes in den Blick: So führt sie über den Kindergartenalltag hinaus auch in den Familienalltag. Dokumentation bezieht sich dabei auf die tägliche Praxis des Kindes und den Prozess des Austausches unter Fach- bzw. Bezugspersonen (Eltern eingeschlossen) (vgl. Dahlberg, Moss & Pence, 2007, zitiert nach Rintakorpi, Lipponen & Peunamo, 2014). Generell gilt: Dokumentationen sind keine neutralen Darstellungen, sondern werden in der institutionellen und persönlichen Praxis wertorientiert ausgehandelt. Eine Dokumentationsform, die sowohl die institutionelle und familiäre Lebenswelt des Kindes in den Blick nimmt und die dabei nicht nur Fakten, sondern auch Gefühle und Interessen des Kindes fokussiert sowie den Blick nicht nur einseitig auf das Kind richtet, sondern auch den Blick des Kindes auf seine Lebenswelt versucht wahrzunehmen, stellt *The Fan of the Child* dar.

Fan ist ein dokumentarischer Fächer, der von Eltern und Erzieher:innen gleichermaßen im gemeinsamen Austausch entwickelt wird. Er stellt ein Portfolio von Fotos und Notizen dar und ermöglicht es so, Erzieher:innen einen Einblick in das Familienleben des Kindes zu geben und den Eltern einen Einblick in das Kindergartenleben. Pädagogische Dokumentation wird so zu einem transparenten Instrument des Austausches und der Reflexion (Rintakorpi, Lipponen & Peunamo, 2014).

5.2 Beobachten

Die sprachliche Entwicklung zu beobachten, heißt zum einen, das sprachliche Kommunikationsverhalten des Kindes zu betrachten. Im Fokus stehen dabei die Fähigkeiten des Kindes, sich über ein komplexes strukturiertes Symbolsystem mit anderen Menschen zu verständigen. Zum anderen können Einblicke in das Denken, in mentale Vorstellungsbilder, kindliche Ideenwelten und Erklärungsmuster gewonnen werden. Mit den meisten derzeit zur Verfügung stehenden Inventaren (im Überblick Schöler & Kany, 2010; Gagarina, 2014) wird vor allem das sprachlich-strukturelle Kommunikationsverhalten entweder aus monolingual deutschsprachiger oder rein zweitspracherwerbsbezogener Perspektive in den Blick genommen. Andere körperlich-ästhetische Ausdrucksressourcen bleiben unberücksichtigt.

Wer Kinder pädagogisch professionell begleitet, lernt, sie dabei zu sehen und zu verstehen, wie sie sich ihre Welt zu eigen machen. Erzieher:innen in Krippen und Kindertageseinrichtungen wird nicht nur die Aufgabe zugetragen, Kinder zu beobachten und ihre Entwicklung dabei zu dokumentieren. Sie selbst können Beobachtungs- und Dokumentationsprozesse nutzen, um Kinder in ihren Bedürfnissen besser zu verstehen und mit ihnen angemessen in Interaktion zu treten. Werden kindliche Verhaltensweisen verstehbar, bieten sie Erwachsenen Orientierung im Handeln, Sicherheit, Zutrauen und letztendlich Zufriedenheit.

Das wichtigste Ziel einer jeden Beobachtung ist das Sich-orientieren-können. Beobachten beginnt mit der Frage: »Wer bist Du?« Eine solche Frage erkennt das Kind an, schätzt es in seinem Wert. Mit einer solchen Frage wird nicht ausschließlich nach der Leistungsfähigkeit gefragt und nicht das Defizitäre, das nicht Vorhandene evident.

Jedes ...

> »Beobachten setzt ein Verständnis von Entwicklungs- und Lernprozessen voraus und regt zum Nachdenken an. Beobachtung spiegelt die innere Haltung des Betrachters wider, seine

5.2 Beobachten

Offenheit und Neugierde gegenüber dem Unerwarteten. Beobachtung drückt Beziehung aus, denn in der Beobachtung ist immer auch ein Beachten enthalten, ein Wahrnehmen des anderen [...]« (Daum & Neuß, 2010, S. 212).

Professionelle Beobachtung meint ein routiniertes und sich selbst im Beobachten reflektierendes Handeln. Verhaltensweisen und Abläufe beim Beobachten werden vergleichbar, wenn die dem Beobachten zugrunde liegenden Kriterien und deren Ausprägungsgrade, die im Verhalten des Kindes in Augenschein genommen werden, dem Beobachtenden bewusst sind. Auf diese Weise wird Beobachtung objektivierbar, das meint beispielsweise, dass ein:e Kolleg:in sich dann vergleichbar verhalten kann, wenn er:sie den eigenen Beobachtungen die gleichen Kriterien wie die der Kolleg:innen zugrunde legt. Damit können Beobachtungsereignisse intersubjektiv ausgetauscht und verglichen werden. Beobachtungen können zielgerichtet sein, indem die Erzieher:innen etwa nach dem sprachlichen Entwicklungsstand fragen. Anders als beim Diagnostizieren müssen beim Beobachten aber nicht unabdingbar Vergleiche, beispielsweise in Bezug auf eine bestimmte Entwicklungsaufgabe zwischen verschiedenen Kindern, vorgenommen werden.

Aufgabe

»Welche Erwartungen haben Sie an Kinder und wie entstehen Ihre Erwartungen?
Wann wird etwas zur Abnorm im Verhalten eines Kindes?
Wann wird eine Kompetenz, Fähigkeit oder Fertigkeit förderbedürftig?
Woher wissen Sie, wie ein Kind gefördert werden kann?
Woher wissen Sie, dass das Kind durch das motivierte Fördertun nun nicht sogar behindert wird?
Wie beobachtet man eigentlich die mehrsprachige Entwicklung eines Kindes vor allem dann, wenn man die verschiedenen Sprachen des Kindes gar nicht spricht?«

Beobachten ist ein aktiver (Re-)Konstruktionsprozess. Erzieher:in und Kind stehen im Beobachtungsprozess in einer sozialen Beziehung (vgl. Kany & Schöler, 2010, S. 106; ▶ Abb. 16). Sie verhalten sich zueinander. Diese Verhaltensweisen sind Folge geteilter Erfahrungen aus einem gemeinsamen sozialen Kontext, theoretischem Wissen aufseiten der Beobachter:in und impliziten Persönlichkeitskonzepten derjenigen, die an einer Beobachtungsdyade beteiligt sind. Beobachtung wird gelenkt mittels Erwartungen und Bedürfnissen. Und Erwartungen wiederum werden durch Bedürfnisse, Umwelteinflüsse, Einstellungen und Vorurteile geformt. Auch das zu beobachtende Kind macht Erfahrungen mit Settings, in denen es wahrgenommen und beobachtet, in denen ihm eine bestimmte Einstellung und Erwartung gespiegelt wird. Das wiederum beeinflusst das Verhalten des beobachteten Kindes. In Beobachtungen kommen Beobachtende oft zu sehr unterschiedlichen Befunden, weshalb mittels Beobachtungsinventaren und Schulungen versucht wird, den Beobachtungsprozess zu objektivieren.

5 Mehrsprachige Bildung behutsam begleiten

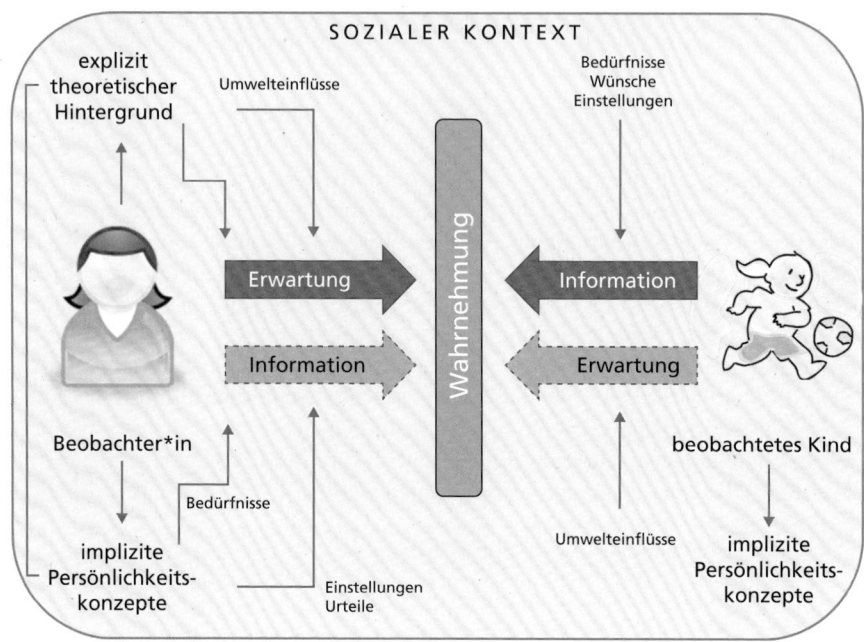

Abb. 16: Beobachtungsprozess

5.3 Diagnostische Aufgaben

Diagnostische Aufgaben gehören ebenso wie das Beobachten zum Alltag von Erzieher:innen. Diagnostik meint im Wesentlichen Vergleichen (»Wie verhält sich ein Kind im Vergleich zu anderen ihm beispielsweise in Bezug auf das Alter vergleichbaren Kindern?«).

1. Es kann mittels diagnostischer Vergleiche auf beschreibender Ebene ein Verhalten oder eine Leistung sichtbar gemacht werden, indem das Verhalten oder die Leistung auf einer Normskala eingeordnet werden.
2. Es können auf der Erklärungsebene über beobachtete Leistungen und Verhaltensweisen statistisch begründete Rückschlüsse auf vorhandene Fähigkeiten gezogen werden. Damit ist gemeint, dass bestimmte Verhaltensweisen mittels einer Diagnose einem bestimmten Spektrum von Erklärungsansätzen zugeordnet werden, die sich bei analogen Fällen bereits bewährt haben.
3. Außerdem können auf der Ebene der Prognose statistisch basierte Vorhersagen über weitere Entwicklungsverläufe getroffen werden. Auch hierbei wird die Erfahrung zugrunde gelegt, die bereits mit vergleichbaren Fällen gemacht wurde.

5.3 Diagnostische Aufgaben

Aufgabe

Das, was beobachtet wird, ist noch nicht die Erklärung für die ursächlichen Zusammenhänge. Wie können im Alltag Beobachtungsdaten zunächst nur beschrieben und damit getrennt werden von möglicherweise vorschnellen Erklärungsansätzen, Ursachenzuschreibungen und anderen Interpretationen? Fragen Sie sich, wie häufig Sie zunächst im Elternhaus des Kindes die Ursachen für dessen auffälliges Verhalten suchen? Suchen Sie zudem nach anderen Gegebenheiten, in denen Sie über das zu beobachtende Verhalten möglicherweise vorschnell auf deren Ursachen geschlossen haben.

Mit pädagogischer Sprachdiagnostik werden bestimmte Ziele verfolgt:

1. Sie hilft dabei, die Zuweisung von finanziellen Mitteln und Arbeitsstunden zu legitimieren,
2. sie kann dazu verwendet werden, den Erfolg pädagogischer Maßnahmen zu evaluieren, und
3. sie kann neben der Beobachtung darin unterstützen, sprachförderliche Handlungen zu individualisieren.

Aufgabe

Können Sie folgenden Sätzen zustimmen? Begründen Sie Ihre Meinung oder versuchen Sie, eine persönliche Antwort auf die Anschlussfrage zu finden.

- »Wir beobachten all das, was wir schon wissen, womöglich aber nicht das Kind.« Was bedeutet das in Bezug auf die Erkenntnisgewinnung mittels Beobachtung?
- »Wir sehen Handlungen des Kindes, sehen dasjenige, was sich zeigt, nicht aber dasjenige, was nicht zu sehen ist. Dasjenige, was am Verhalten eines Kindes nicht zu sehen ist, sehen wir vielleicht an einem anderen Kind. Erst im Vergleichen der beiden Kinder schließen wir nun auf ein Nichtvorhandensein. Der Blick auf das Nichtvorhandensein entsteht erst mit dem Bewusstsein des möglichen Vorhandenseins. Vergleichen wir ein Kind in seinen Leistungen mit einem anderen Kind, dann sehen wir nicht nur seine Begabungen, sondern insbesondere auch seine Defizite.« Was bedeutet das Vergleichen von Kindern in Bezug darauf, die individuellen Stärken eines Kindes in den Blick nehmen zu wollen?
- »Ein Nichtvorhandensein einer Fähigkeit oder Fertigkeit ist noch keine Abnorm, kein Hinweis auf einen Rückschritt, Stillstand oder eine Abweichung. Es ist für sich genommen nichts, was bewertbar wäre.« Was bedeutet es, wenn an einem Kind eine bestimmte Verhaltensweise nicht beobachtet wird?
- »Wenn wir etwas beobachten, was wir schon kennen, weil wir schon etwas darüber wissen, dann haben wir am Kind etwas Bekanntes wiedererkannt.

> Wenn wir etwas beobachten, was wir vorher noch nicht gesehen haben, dann bedarf diese Beobachtung meist einer Erklärung, die wir möglicherweise erst anlesen, recherchieren, mit anderen diskutieren müssen, um sie zu verstehen.« Was bedeutet das für den Beobachtungsprozess?
> - »In Bezug auf Entwicklungen des Kindes entwickeln wir Erwartungen. Diese Erwartungen sind das Ergebnis unserer Erfahrungen, unseres Wissens. Erwartungen aber können sich verändern, sie sind nicht statisch, genauso wie unsere Einstellungen in Bezug auf die Entwicklungsgüte eines Kindes. Eine Bewertung der Entwicklung eines Kindes ist demnach abhängig von der Entwicklung unserer Erwartungen, unseres Wissens und unserer Einstellungen.« Was bedeutet das für die Beziehung, die wir zu einem Kind eingehen?

5.4 Auswahl diagnostischer Verfahren

Für die Diagnostik sprachlicher Entwicklungsprozesse stehen eine Reihe von Instrumentarien zur Verfügung. Bei der Auswahl eines geeigneten Instruments sind folgende Fragen relevant (nach Kany & Schöler, 2010, S. 111, ergänzt durch die Autorinnen):

- Für welchen Sprachbereich/für welche Sprachen soll das Verfahren gelten? Eine Sprachdiagnostik sollte bei mehrsprachigen Kindern alle Sprachen einbeziehen.
- Für welchen Altersbereich kann das Verfahren eingesetzt werden? Bei mehrsprachigen Entwicklungsverläufen ist zu beachten, dass das angegebene Alter häufig irrelevant ist, weil dieses an monolinguale Entwicklungsverläufe angepasst wurde. Bei mehrsprachigen Kindern ist der Kontaktzeitraum und die Intensität des Kontaktes für die Auswahl geeigneter Verfahren heranzuziehen. Normierte Daten sind für die individuellen Entwicklungsverläufe mehrsprachiger Kinder in nicht ausreichendem Maße vorhanden, weil die Entwicklungswege zu verschieden sind.
- Welches Material wird benötigt? Welche konkreten Anweisungen müssen gegeben werden, möglicherweise in unterschiedlichen Sprachen? Es ist sicherzustellen, dass Abbildungen und Materialien von den Kindern verstanden, erkannt und anerkannt werden. Manche Abbildungen können mit kulturellen Gegebenheiten divergieren und Kinder in Konflikte bringen.
- Wie sind die Antworten bzw. Aufgabenlösungen der getesteten Kinder zu bewerten? Es ist zu prüfen, ob entsprechende Testmanuale Hinweise zur Auswertung der Ergebnisse von mehrsprachigen Kindern bereithalten. Eine Einschätzung, ob beispielsweise eine Sprachstörung vorliegt, kann nur dann vorgenommen werden, wenn das Kind alle seine Sprachen mit Schwierigkeiten erwirbt. Andernfalls sind Rückstände eher auf die besonderen Erwerbsbedingungen zurückzuführen.

5.4 Auswahl diagnostischer Verfahren

In Folge fehlender Vergleichsnormen besteht insbesondere bei mehrsprachigen Kindern die Gefahr der Über- und Unterschätzung ihrer sprachlichen Fähigkeiten. Auch bei mehrsprachigen Kindern ist kritisch zu reflektieren, wozu ein diagnostisches Verfahren dient: etwa zur differenzialdiagnostischen Abklärung von sprachauffälligem und sprachunauffälligem Sprachgebrauch, zur Messung des Aneignungsniveaus oder zur Bewertung einer zu erbringenden Leistung. Wenn das Aneignungsniveau gemessen wird, dann müssen für entsprechende Erwerbsbereiche Erwerbsfolgen spracherwerbstheoretisch festgelegt sein, die es erlauben, von einem niedrigeren auf ein höheres Niveau zu gelangen.

Dehn (2006) formuliert folgende diagnostische Leitfragen:

- Was kann das Kind?
- Was muss es noch lernen?
- Was soll es als Nächstes lernen?

Diese Leitfragen ermöglichen eine grobe Orientierung, worum es in diagnostischen Prozessen zuallererst gehen sollte.

Für eine Gruppierung von sprachdiagnostischen Verfahren schlagen Kany und Schöler (2010) die Kategorien Inhalts- und Zweckorientierung vor. Inhaltlich geht es um die Erfassung der Sprachleistungsbereiche: Phonetik, Phonologie, Syntax, Semantik, Wortschatz, Pragmatik sowie schriftsprachliche Leistungen. Zweckorientiert dienen Verfahren politischen und pädagogischen Zielsetzungen. Politischen Zwecken dienen Vorsorgeuntersuchungen sowie Schuleingangsuntersuchungen, um gesellschaftlich die elterliche Betreuungsfürsorge und Schuleignung zu kontrollieren bzw. abzusichern. Pädagogischen Zwecken dienen Sprachtests oder sprachförderdiagnostische Verfahren zur individuellen angemessenen (entwicklungsproximalen) Förderung.

Entscheidend bei einer diagnostischen Abklärung von mehrsprachig aufwachsenden Kindern ist, ob es sich bei der Störung um eine im Kind angelegte eingeschränkte Fähigkeit handelt, Sprache zu erwerben, oder ob äußere Bedingungen, wie beispielsweise zu wenig sprachliche Anregungen, der Grund für die Auffälligkeit sind.

In Bezug auf die Sprachförderung kam es in den letzten Jahren zu einer Inflation an neu entwickelten diagnostischen Verfahren. Ehlich (2005a; 2005b), Fried (2004) oder Gogolin, Neumann und Reuther (2001) zufolge sollten Sprachstanderhebungsverfahren folgenden Kriterien genügen:

- testtheoretische Standards erfüllen,
- Zusammenspiel von Kompetenz und Performanz reflektieren,
- gestufte Verfahren mit Screening und detaillierter qualitativer Beschreibung individueller Entwicklungsverläufe darstellen,
- Orientierung an sprachlichen Kompetenzen bieten, die es zu fördern gilt und eine Orientierung an sprachlichen Defiziten vermeiden,
- kindliche Zwei- und Mehrsprachigkeit berücksichtigen,

- auf den Standards gesprochener Sprache basieren,
- an kindlicher Sprachentwicklung orientiert sein,
- sich an Entwicklung und Förderung orientieren,
- handhabbar und praxisnah sein.

Im Folgenden sind Determinanten der Mehrsprachigkeit aufgeführt. Dabei handelt es sich um Faktoren, die die mehrsprachige Kompetenz maßgeblich beeinflussen (vgl. Schulz, 2013, S. 192):

- *Sprachbiografie*: Abhängig vom Alter bei Erwerbsbeginn (Age of Onset, AoO) und der Dauer des Kontakts mit der Zweitsprache bis zum jeweiligen Messzeitpunkt unterscheiden sich mehrsprachige von einsprachigen Kindern. In Deutschland wachsen viele Kinder sukzessiv bilingual auf mit einem AoO zwischen 2;0 und 3;11 Jahren, d. h., sie beginnen früh mit dem Erwerb des Deutschen als Zweitsprache (DaZ). Vergleicht man beispielsweise einen solchen fünfjährigen DaZ-Lerner mit einem gleichaltrigen einsprachigen Kind, verfügt ersterer über eine kürzere Kontaktdauer mit dem Deutschen sowie über ein höheres Alter bei Erwerbsbeginn der L2, sodass gleiche Sprachleistungen nicht erwartbar sind.
- *Rolle der Erstsprache und Sprachwissen*: Man nimmt an, dass der Einfluss der Erstsprache auf den Erwerb der Zweitsprache mit steigendem AoO zunimmt. So eignen sich sukzessiv bilinguale Kinder die Satzstruktur offenbar noch unabhängig von ihrer jeweiligen L1 ähnlich an. Alle sukzessiv mehrsprachigen Lerner:innen verfügen jedoch über implizites und explizites Sprachwissen, das Erwerbsverlauf und sprachliche Leistungen in der L2 beeinflussen kann.
- *Variable Faktoren*: Mehrsprachige Kinder zeichnen sich in vielen weiteren Bereichen durch große interindividuelle Varianz sowie durch Unterschiede zu einsprachigen Lerner:innen aus. Dazu gehören Inputqualität und -quantität der Zweitsprache sowie nicht-sprachliche Faktoren wie kulturelle und soziale Erfahrungen und das resultierende Weltwissen, die für viele Aspekte des Spracherwerbs relevant sind. Die Gruppe der mehrsprachigen Lerner:innen weist eine große Heterogenität auf, die durch Unterschiede in den Erwerbsbiografien bedingt ist. Die Aufgabe, Kinder mit SSES von typischen Lerner:innen zu unterscheiden, ist daher bei mehrsprachigen Kindern komplexer als bei einsprachigen Kindern.

Verfahren zur Sprachdiagnostik, die sich in ihrem Einsatz für mehrsprachige Kinder eignen können, werden im Überblick in Chilla et al. (2013) und Chilla (2022) vorgestellt. Erhebungsinstrumente für die KiTa finden sich mit Qualitätskriterien unter folgenden Link: https://www.biss-sprachbildung.de/angebote-fuer-die-praxis/tool-dokumentation/qualitaetscheck-der-foerderkonzepte-und-foerderinstrumente/

> **Pädagogisches Fazit**
>
>
>
> Die pädagogische Dokumentation sollte immer die ganze Lebenswelt des Kindes in den Blick nehmen, d. h., sie führt über den Kindergartenalltag hinaus auch in den Familienalltag. Dokumentation bezieht sich auf den Inhalt, also die tägliche

Praxis des Kindes und den Prozess des Austausches unter Fach- bzw. Bezugspersonen, wobei Eltern mit eingeschlossen sind. Dokumentationen sind keine neutralen Darstellungen, sondern werden in der institutionellen und persönlichen Praxis wertorientiert ausgehandelt. Die Analyse der dokumentierten Aktivitäten und Veranstaltungen ermöglicht es Fachkräften, sich ihrer eigenen Motive und Ergebnisse der praktischen Arbeit bewusst zu werden und sich ihrer »erzieherischen Leistungen« zu vergegenwärtigen.

Das Dokumentationsinstrument *The Fan of the Child* ist ein dokumentarischer Fächer, der von Eltern und Erzieher:innen im Austausch entwickelt wird. Er stellt ein Portfolio von Fotos und Notizen dar und ermöglicht so, Erzieher:innen Einblick in das Familienleben des Kindes zu geben und den Eltern Einblick in das Kindergartenleben. Pädagogische Dokumentation wird so zu einem transparenten Instrument des Austausches und der Reflexion.

Erzieher:innen in Krippen und Kindertageseinrichtungen haben nicht nur die Aufgabe, Kinder zu beobachten und ihre Entwicklung dabei zu dokumentieren. Sie selbst können Beobachtungs- und Dokumentationsprozesse nutzen, um Kinder in ihren Bedürfnissen besser zu verstehen und mit ihnen angemessen in Interaktion zu treten. Professionelle Beobachtung meint ein routiniertes und sich selbst im Beobachten reflektierendes Handeln. Mit den meisten derzeit zur Verfügung stehenden Inventaren wird allerdings vor allem das sprachlich-strukturelle Kommunikationsverhalten entweder aus monolingual deutschsprachiger oder rein zweitspracherwerbsbezogener Perspektive in den Blick genommen, andere körperlich-ästhetische Ausdrucksressourcen sowie mehrsprachige Perspektiven bleiben in der Regel unberücksichtigt.

Diagnostik meint im Wesentlichen Vergleichen (»Wie verhält sich ein Kind im Vergleich zu anderen ihm beispielsweise in Bezug auf das Alter vergleichbaren Kindern?«). Für die Diagnostik sprachlicher Entwicklung stehen eine Reihe von Instrumentarien zur Verfügung. Bei der Auswahl eines geeigneten Instruments für mehrsprachige Kinder sind folgende Fragen zusätzlich relevant:

1. Bezieht die Sprachdiagnostik alle Sprachen der mehrsprachigen Kinder ein?
2. Werden der Kontaktzeitraum und die Intensität des Kontaktes für die Auswahl geeigneter Verfahren bei mehrsprachigen Kindern mit herangezogen? Normierte Daten sind für die individuellen Entwicklungsverläufe mehrsprachiger Kinder in nicht ausreichendem Maße vorhanden, weil die Entwicklungswege zu verschieden sind.
3. Sind Material und Abbildungen in verschiedenen Sprachen bzw. verstehbar für die Kinder?
4. Gibt es in den Testmanualen Hinweise zur Auswertung der Ergebnisse von mehrsprachigen Kindern?

5.5 Zusammenfassung

Um (nächste) Lern- und Entwicklungsschritte transparent formulieren zu können und Lernumgebungen kindgerecht zu gestalten, sind das pädagogische Dokumentieren, Beobachten und Diagnostizieren unumgänglich. Insbesondere normierende Testverfahren müssen daraufhin geprüft werden, ob sie Normwerte für mehrsprachige Erwerbsbedingungen ausweisen, damit sie aussagekräftig sind. Um bei mehrsprachigen Kindern eine Sprachentwicklungsstörung feststellen zu können, müssen alle Sprachen des Kindes in den diagnostischen Test einbezogen werden.

5.6 Literatur zur Vertiefung

Gagarina, N. (2014): Diagnostik von Erstsprachkompetenzen im Migrationskontext. In: S. Chilla & S. Haberzettl (Hrsg.) (2014). *Handbuch Spracherwerb und Sprachentwicklungsstörungen. Mehrsprachigkeit.* München: Elsevier, Urban & Fischer, S. 73–84.

Kany, W. & Schöler, H. (2010): *Fokus: Sprachdiagnostik. Leitfaden zur Sprachstandsbestimmung im Kindergarten.* 2., erw. Aufl. Berlin: Cornelsen Scriptor.

Rintakorpi, K., Lipponen, L. & Peunamo, J. (2014): Documenting with Parents and Toddlers: A Finnish Case Study. In: *Early Years*, 34 (2), S. 188–197.

6 Mehrsprachige Bildung durch Interaktion

Mehrsprachige Bildung bedeutet, dass alle Sprachen in der Lebens- und Lernumgebung des Kindes präsent sind und in ihrer Rolle für die Lebenswelt und Identitätsentwicklung gewürdigt und unterstützt werden. In diesem Kontext ist die alltagsintegrierte, reflexive Interaktionsgestaltung zentral (Gagarina et al., 2014). Dabei können das nachfolgend vorgestellte Scaffolding-Prinzip, stützende Dialoge und handlungsbegleitendes Sprechen die Interaktion zwischen Kind und Erzieher:in unterstützen. Zudem bietet der Alltag Fachkräften zahlreiche Möglichkeiten, ihre Äußerungen mittels Moderations- und Interaktionstechniken so zu modellieren, dass sie in Bezug auf die kindliche Entwicklung sprachanregende Wirkung entfalten können. Dieser Zugang betont die »Unterstützung der kindlichen kommunikativen Fähigkeiten im Alltag« (Ulich, Oberhuemer & Soltendieck, 2010; Jampert et al., 2005, S. 307 ff.; Ulich, 2004). Sie folgen Theorien des Spracherwerbs, die im sprachlichen und sozialen Kontakt mit anderen Ansätze zur Sprachentwicklungsförderung sehen (Dehn, Oome-Welke & Osburg, 2012, S. 79 ff.).

Eine gelungene Begleitung von Bildungsprozessen in mehrsprachigen Lernumgebungen bedarf einer hohen Interaktionsqualität. Die Forschungslage zeigt, dass wirksame Fachkraft-Kind-Interaktionen gekennzeichnet sind durch (vgl. Chilla & Niebuhr-Siebert, im Druck):

- eine hohe Beziehungsqualität,
- häufige Gespräche,
- ein ausgewogenes Maß an aktiver Beteiligung der Kinder und der Fachkraft,
- ein angemessenes Feedback zum Spiel der Kinder, z. B. durch Ermutigung, an einer Frage »dran« zu bleiben und
- eine zugewandte Unterstützung und Anregung zum Weiterdenken, z. B. durch offene Fragen mit Aufforderungscharakter.

Je häufiger und intensiver Fachkräfte mit Kindern in Kindertageseinrichtungen sprachlich interagieren, desto mehr unterstützen sie die kindliche Entwicklung. Insbesondere »Dialoge mit den Kindern, die von Wertschätzung geprägt sind, an den Interessen und Kompetenzen der Kinder anknüpfen und diese anregen, Fragen zu stellen und sich mit einem Thema auseinander zu setzen« (Wertfein, Wirts & Wildgruber, 2015, S. 28) helfen Kindern, ihre sprachliche Handlungsfähigkeit auszubauen.

Die Interaktionen zwischen Fachkraft und Kind sind besonders anregend, wenn sie sich an den aktuellen Kompetenzniveaus des Kindes orientieren und ihm so viel Unterstützung anbieten, dass die »Zone der (nächstmöglichen) Entwicklung« angesprochen wird (vgl. Viernickel et al., 2011, S. 47). »Dabei sind Impulse, die die Kinder herausfordern und ihnen etwas ›zumuten‹, gut, wenn sie keine Überforderung darstellen, sondern zu einer vom Erwachsenen unterstützten Exploration anregen« (ebd.).

Wertschätzung wird durch das aktive Gestalten mehrsprachiger Lernräume erreicht. Wenn die Fachkraft Quersprachigkeit vorlebt und unterstützt, gezielt vielsprachige und vieldialektale Angebote macht und Gebärden zum Alltag gehören, wird eine sprachenbunte Kommunikationskultur etabliert. Neben der sprachlichen Anregung bleiben die emotional-soziale Komponente und sichere Bindung zentral: Bei guter emotionaler Unterstützung durch die Fachkraft zeigen Kinder deutliche Fortschritte in ihrer sozial-emotionalen, sprachlichen und kognitiven Entwicklung (Downer, Sabol & Hamre, 2010).

Auch die sensitive Responsivität gilt als maßgebliche Qualitätsdimension in der Fachkraft-Kind-Interaktion. Sie beschreibt reflexive und kultursensible sprachliche Verhaltensweisen. Eine reponsive Fachkraft zeigt dabei ein hohes Maß an Wärme, Humor und Freundlichkeit (Papoušek & Papoušek, 1987). Im Rahmen einer Text- und Videoanalyse hat die Erziehungswissenschaftlerin Regina Remsperger hierfür ein differenziertes Analysekonzept der »Sensitiven Responsivität« erarbeitet. Damit wird einerseits erfasst, ob eine pädagogische Fachkraft überhaupt auf ein Kind reagiert und in welchem Maße ihre Reaktion feinfühlig ausfällt. In einem ersten Schritt wurden in dieser Studie aus einer vergleichenden Textanalyse folgende Kategorisierungen für das Interaktionsverhalten von Erzieher:innen vorgenommen und mit differenzierenden Codes versehen:

- Signale bemerken (Zugänglichkeit, Aufmerksamkeit),
- auf Signale angemessen reagieren (z. B. Promptheit und Richtigkeit der Interpretation, generelle Haltung, Emotionales Klima oder Stimulation),
- Ausdruckskanäle (Sprache, Stimme, Gesicht, Körper).

In der ethnographisch angelegten Studie wurden daraufhin in acht KiTas die alltäglichen sozialen Interaktionen und Umgangsformen zwischen Erzieher:innen und Kindern in den Fokus genommen: »Teilnehmende Beobachtungen und Videoaufzeichnungen dienten der Rekonstruktion des kindlichen Interaktionsverhaltens und der sich auf unterschiedlichen Ausdruckskanälen äußernden Pädagogischen Responsivität« (Remsperger, 2013, S. 13). Durch die Videoanalyse wurde deutlich, dass das vielfältige und in komplexen Wechselwirkungen stehende Interaktionsverhalten der Erzieher:innen durch die vorhandenen Kategorisierungen und Codierungen nur ansatzweise erfasst werden konnte, so dass diese weiter ausdifferenziert und modifiziert werden mussten. Die schließlich in 63 Codes ausdifferenzierten Codierungen wie »Promptheit«, »Eingehen«, »Wertschätzung zeigen/loben« oder »Stimulation« erlaubten es, »die fließenden Übergänge von einem feinfühligen Verhalten zu einem wenig sensitiv-responsiven Antworten […] sehr nuanciert zu beschreiben« (Remsperger, 2013, S. 17). Wie Remsperger weiter ausführt, wurde bei der Auswertung der Videoszenen deutlich, wie differenziert sich ein sensitiv-responsives Antwortverhalten pädagogischer Fachkräfte gestaltet und wodurch es zentral gekennzeichnet ist:

»Situationen mit einer überwiegend hohen Sensitiven Responsivität sind gekennzeichnet durch das Interesse, Engagement, Verständnis, das Herstellen des Blickkontakts, die Ruhe und nicht zuletzt durch das intensive Eingehen der ErzieherInnen auf die Kinder. Demgegenüber sind Diskontinuität und Inkongruenz Merkmale von Situationen mit einem eher wenig sensitiv-responsiven pädagogischen Verhalten. Ablenkungen und Unruhe sind oftmals Gründe für die sich verringernde Sensitive Responsivität der Fachkräfte« (Remsperger, 2013, S. 18).

Als qualitativ besonders hochwertige Interaktion gilt darüber hinaus das »sustained share thinking« (SST). Es beschreibt einen prozesshaften Dialog auf Augenhöhe zwischen pädagogischen Fachkräften und Kindern, das gemeinsame Denken, Diskutieren und Hypothesen entwickeln zu bestimmten Fragestellungen. In einer Querschnitts-Studie haben Frauke Hildebrandt und Kolleg:innen untersucht, welche Auswirkungen die Interaktionsformate SST und »Direct Teaching« jeweils auf das Sprachverhalten von Kindern haben. Im Ergebnis konnte gezeigt werden, »dass SST dazu führt, dass Kinder mehr sprechen und insbesondere 4-6jährige Kinder mehr Hypothesen bilden, widersprechen und ihre Aussagen epistemisch markieren« (Hildebrandt et al., 2016, S. 88). In diesem Sinne zeigte die Studie, dass Kinder auf SST-Interaktionsangebote sprachlich noch engagierter reagieren als beispielsweise auf Interaktionsangebote im »Direct Teaching«-Format. Erklärungen sehen die Autor:innen in einer Abmilderung des Wissensgefälles und einer stärkeren Dialogsymmetrie zwischen Fachkraft und Kindern beim SST.

6.1 Mehrsprachigkeit in der Bezugsgruppe

Die Frage, wie Kinder, die mehrsprachig aufwachsen, in ihrem sprachlichen Entwicklungsprozess angemessen unterstützt werden können, ist in Deutschland nach wie vor Gegenstand kontroverser bildungspolitischer Debatten (Fürstenau & Gomolla, 2010; Gogolin & Neumann, 2009). Dabei zeichnen sich drei Positionen ab: Es wird eine rein monolinguale Förderung zugunsten der Mehrheitssprache Deutsch gefordert. Es steht die konsequente Sichtbarkeit aller Sprachen in der Lernumgebung des Kindes zur Diskussion. Es wird empfohlen, dass Kinder zunächst ihre Familiensprache erwerben bzw. konsolidieren und erst dann mit der Zweitsprache Deutsch beginnen (vgl. Moin, Schwartz & Breitkopf, 2011).

Mit dem hier vorgeschlagenen Konzept von mehrsprachiger Bildung unter Anerkennung der Kinderrechte sollen alle Sprachen in der Lebens- und Lernumgebung des Kindes nicht nur präsent sein, sondern in ihren für die Lebenswelt- und Identitätsentwicklung bedeutenden Rolle gewürdigt und unterstützt werden. Nur eine der Sprachen des Kindes zu »fördern«, beschneide die Lern- und Entwicklungspotenziale des Kindes künstlich.

Sprachbildung als Ko-Konstruktionsprozess betont die Eigenaktivität der Kinder, ihre Sprachen als Kommunikationsmittel in enger Wechselwirkung mit der Umwelt zu entdecken. Sprache ist dabei Medium, sich Wissen anzueignen, in

Dialog zu treten sowie den Handlungsspielraum und die Partizipationsmöglichkeiten zu erweitern. Wird das Lernen einer Sprache im Lernumfeld unterbunden oder zugunsten einer anderen Sprache vernachlässigt, werden dem Kind Teile seines Lebensraumes und seiner Identität genommen, es werden ihm potenzielle Lernräume verweigert.

> **Viele Sprachen in einer Gruppe – was nun? (Caroll, 2008)**
>
> Oft wird die Idee, dass alle Sprachen gleichberechtigt gefördert werden sollten, mit dem Einwand abgelehnt, dass eine derartige Förderung nicht umsetzbar sei, weil man in Kindergruppen zu viele verschiedene Sprachen vorfinde. Deswegen sei es besser, sich auf die Förderung der deutschen Sprache zu konzentrieren. Man könnte jedoch die verschiedenen Sprachen als Kapital aufgreifen, indem man zunächst feststellt, welche Familiensprachen in den Kindergruppen vorhanden sind. Dann könnte man dementsprechend in Einrichtungen Gruppen bilden und dort nach der »Immersionsmethode« die Familiensprachen aufgreifen. Das könnten pro Gruppe Deutsch und zwei weitere Sprachen sein. Auf diese Weise ließen sich z. B. in viergruppigen Einrichtungen viele verschiedene Sprachen begleiten. Vorstellbar ist auch, dass in einem Einzugsgebiet, d. h., in einem Radius, der vom Wohnort der Kinder gut erreichbar ist, verschiedene Einrichtungen unterschiedliche Sprachkombinationen anbieten, um möglichst viele Familiensprachen berücksichtigen zu können. Sollten aber einzelne Kinder nicht in diesen Gruppen berücksichtigt werden können, könnte man in den Einrichtungen immer speziell für diese Kinder Mentor:innen einsetzen. Dieses Vorgehen eröffnete auch den einsprachig deutschsprachigen Kindern, verschiedene Sprachkombinationen schon im Vorschulalter kennenzulernen. Dann würden alle Kinder beim Schuleintritt verschiedene Sprachen als Erstsprachen beherrschen, wie z. B. Deutsch und Türkisch oder Deutsch und Italienisch, oder sogar drei Sprachen, wie z. B. Deutsch, Sorbisch und Russisch etc. Inzwischen gibt es in Deutschland zahlreiche private Initiativschulen, die verschiedene Sprachkombinationen ab der Grundschule als möglichen Anschluss an den Kindergarten anbieten.

Aufgabe

Überlegen Sie bitte, welche mehrsprachigen Lernarrangements Ihre Einrichtung bietet.

6.2 Scaffolding als Unterstützung mehrsprachiger Bildung

Dem Scaffolding-Prinzip wird im Sinne des ko-konstruktiven Lernens für die Entwicklung zwei- und mehrsprachiger Kompetenzen besondere Bedeutung zugesprochen (Senyildiz, 2010, S. 29 ff.; Lengyel, 2009, S. 128 ff.; vgl. auch Thiersch, 2007). Mit Scaffolding werden die sprachlichen Anforderungen an die Fähigkeiten der Kinder angepasst, ohne sie zu unter- oder zu überfordern (Jampert et al., 2006, S. 42).

> Der Begriff »Scaffolding« stammt von dem Entwicklungspsychologen Bruner (1974) und bezieht sich auf das Konstrukt der ›Zone der nächsten Entwicklung‹. Vygotskij (2002, S. 330) definiert als Zone der nächsten Entwicklung den Bereich, der die dem Kind zugänglichen Übergänge bestimmt. Die Entwicklungsstufe eines Kindes lässt sich Vygotskij zufolge nicht nur durch die erfolgten Entwicklungsschritte und erworbenen Kenntnisse definieren, sondern durch die »reifenden Funktionen«. Wörtlich übersetzt bedeutet der Begriff so viel wie Bau- oder Hilfsgerüst; gemeint sind also Unterstützungsangebote, die zur Wissenskonstruktion benötigt werden, aber wieder abgebaut werden, sobald die Lernkonstruktion erfolgt ist. Das didaktische Konstrukt »Scaffolding« umfasst die Überprüfung der Verständnisfähigkeiten der Kinder, individuelle Lernhilfen und das Ausblenden von Lernhilfen, sobald die Kinder weniger bzw. keine Hilfen zur Bewältigung der Aufgaben mehr benötigen.
>
> In dem konstruktivistischen Lernansatz von Gibbons (2002; 2006) wird davon ausgegangen, dass Lernen durch gemeinsame Konstruktion erfolgt. Dementsprechend kommt der Interaktion eine besondere Bedeutung zu, in der die interaktive Kommunikation zwischen Kindern und Erzieher:innen oder Schüler:innen und Lehrer:innen im Mittelpunkt steht. Scaffolding wird nicht als einfache Hilfe verstanden, sondern als Unterstützung, die es den Lernenden ermöglicht, selbst zu agieren. Ein solches Verstehensgerüst kann der Kontext darstellen. So fällt es Lernenden leichter, Sprache zu verstehen, wenn sie den Zusammenhang zwischen Situation und Handlung verstehen (McGee & Ukrainetz, 2009; Eshach, Dor-Ziderman & Arbel, 2011).

Mögliche kontextuelle Verstehensgerüste (Hoppenstedt & Apeltauer, 2010, S. 79 f.; Chilla & Niebuhr-Siebert, in Druck) sind in der nachfolgenden Tabelle 9 (▶ Tab. 9) zusammengefasst.

Tab. 9: Kontextuelle Verstehensgerüste

Anlass	Erklärung	Übertragung auf einen mehrsprachigen Kontext
Klare Strukturen schaffen	Räume und Raumteile können feste, äußere Strukturen herstellen.	• Bebilderung von Räumlichkeiten • Schubladen mit Bildern oder Symbolen • Erklärung der Regeln, die z. B. in der Bauecke gelten, auf Bildern, mit Piktogrammen oder Symbolen der unterstützten Kommunikation wie beispielsweise Metacom
Rituale etablieren	Feste Alltagsabläufe herstellen oder zu bestimmten Situationen bestimmte Gegenstände ritualisiert einsetzen.	Klangschalen, Handpuppen, Erzählteppiche, Geschichtensteine oder Ähnliches können als nichtsprachliche Symbole eingeführt werden, um ritualisierte Praxis herzustellen: • Erfolgt der Ton der Klangschale, wird eine Ruhezeit eingeläutet. • Eine Handpuppe ist immer dann zur Hand, wenn eine Geschichte erzählt wird. Sie ist zugleich Sprachenkünstlerin. Sie mischt Sprachen, übersetzt sie, erläutert Bedeutungen und fordert Kinder zu kreativem Nonsens auf. Gelegentlich versteht sie auch etwas nicht und bittet die Kinder, mit ihr nach Lösungsstrategien zu suchen. Handpuppen haben außerdem häufig Sammelleidenschaften für Wörter aus der ganzen Welt. • Empfehlenswert sind auch gemeinsame Routinen zur Nutzung von (Bild-)Wörterbüchern in verschiedenen Sprachen oder die Einführung eines Zeichens, das hochgehalten werden kann, wenn Wörter/Begriffe nicht verstanden werden.
Herstellen eines Lebensweltbezuges	Den Kindern kann durch bestimmte Gegenstände, Handlungen oder die Nutzung von Symbolen ein Verständnis der Situation erleichtert werden.	• Essutensilien aus verschiedenen Kulturen, wenn das Thema Essen besprochen wird • Gegenstände, die für Feste genutzt werden (Kultti 2013)
Anknüpfen an die Erfahrungen des Kindes	Erinnerungsfragen: »Hast Du so ein Tier schon einmal gesehen? Wo? Was hat es gemacht?«	• Fragen in den entsprechenden Sprachen der Kinder stellen • nach Wörtern aus anderen Sprachen fragen
Bilder, Gegenstände und bildgestützte Erzählungen	Erzählbeiträge der Kinder (gebärden-)sprachlich, bildlich und gegenständlich unterstützend begleiten.	• Bilder und Gegenstände nutzen, die das Kind von zu Hause kennt • Gebärden und Fotos einsetzen oder Bilder malen lassen, um diese als Sprech- und Erzählanlass zu nutzen

Tab. 9: Kontextuelle Verstehensgerüste – Fortsetzung

Anlass	Erklärung	Übertragung auf einen mehrsprachigen Kontext
Gestik, Mimik und die Körperhaltung unterstützend einsetzen	Das Verstehen des Kindes durch den Einsatz der eigenen Mimik und Gestik sichern.	• Bewusstmachung und Aufklärung von kulturell unterschiedlicher Mimik und Gestik → Gebärdensprachbezug • Etablierung des Fingeralphabetes und unterstützender Gebärden (z. B. direkt aus der Gebärdensprache), die parallel zur Lautsprache genutzt werden können

Aufgabe

Betrachten Sie bitte den Scaffolding-Stern (▶ Abb. 17). Welche Handlungen beziehen Sie sehr oft (vier Sterne), welche oft (drei Sterne), welche gelegentlich (zwei Sterne) und welche nie in Ihrem Alltag ein? Wie viele Sterne konnten Sie insgesamt sammeln?

Abb. 17: Scaffolding-Stern

6.3 Stützende Dialoge

»Das Wesentliche des stützenden Sprechstils liegt im Dialog zwischen Mutter/Vater und Kind, über den die Eltern eine gemeinsame Erfahrungswelt herstellen und das Kind damit zum Interaktionspartner ›auf Augenhöhe‹ macht. Durch die stützende Sprache begrenzt der erwachsene Interaktionspartner die Informationen so, dass das kleine Kind mit ihnen umgehen kann und durch sie weitergeführt wird. Das Niveau der stützenden Sprache sollte dabei immer etwas über dem Entwicklungsniveau des Kindes liegen« (Hoppenstedt & Apeltauer, 2010, S. 80).

Der bedeutungsvolle spontane authentische Dialog ist die wichtigste Form der sprachlichen Interaktion. Im Dialog hat das sprachliche Angebot für das Kind kommunikative Relevanz. Es setzt an den Aktivitäten, Interessen und Bedürfnissen des Kindes an. Der Begriff »Feinfühligkeit« (oder ›sensitive Responsivität‹) taucht häufig in den Diskussionen um das Dialogverhalten von pädagogischen Fachkräften auf. Gemeint ist das sensible wertschätzende Aufgreifen von kleinkindlichen Themen und Interessen.

Körpersprachlich können Kinder ihren Gesprächswillen beispielsweise mit folgenden Strategien deutlich machen (Jampert et al., 2011). Sie

- schauen die:den Erzieher:in mit erwartungsvollen Augen an,
- ziehen der:dem Erzieher:in an der Hose,
- robben auf die:den Erzieher:in zu und erobern sich deren:dessen Schoß,
- lächeln die:den Erzieher:in an,
- drücken der:dem Erzieher:in etwas in die Hand,
- laufen ihrer:ihrem Erzieher:in quer durch die KiTa hinterher,
- beobachten interessiert, womit sich die:der Erzieher:in beschäftigt,
- zeigen auf einen Gegenstand in ihrem Blickfeld,
- halten etwas in die Luft sowie
- wedeln eifrig mit den Händen und Armen und hüpfen aufgeregt zu der:dem Erzieher:in hoch.

Dabei können auch kurze Dialoge intensiv und gestaltgebend sein, wenn das Kind für einen Augenblick wirklich die ungeteilte Aufmerksamkeit der:des Erzieher:in bekommt und das Gespräch wechselseitig verläuft. Mit diesem Anspruch sind Dialoge täglich in den Alltag einbaubar und selbstverständlich, insbesondere auch in der Ansprache eines einzelnen Kindes. Dialoge sind kombinierbar mit Interaktions- und Modellierungstechniken (▶ Kap. 5.3 und ▶ Kap. 5.4).

Nachfolgende Tabelle 10 (▶ Tab. 10) stellt Gesprächsstrategien zusammen, wie im Gespräch dialogische Formen initiiert werden können.

Tab. 10: Gesprächsstrategien zur Initiierung eines Dialoges

Strategie	Beschreibung	Gelegenheitsstrukturen
Offene Frageformulierung	Fragen, die nicht durch Zeigen auf Abbildungen oder mit »ja« und »nein« beantwortet werden können, sondern zu längeren Antworten einladen, z. B. Fragen nach Tätigkeiten oder Handlungen.	• Raum, um sprachliche Fähigkeiten auszuprobieren • Wiedergabe der Handlung/Darstellung in eigenen Worten • Fantasieanregung
Einfache W-Fragen	Wer? Was? Wo? »Wo ist der Mann gerade?«	• Wortschatzerweiterung (Lexik)
Erweiterte W-Fragen	Warum? Weshalb? Wieso? Bedeutungen entstehen lassen, gemeinsam konstruieren, »weiterspinnen«, beispielsweise: »Warum weint das Kind wohl?«	• Ziehen von Kausalschlüssen • Perspektivenübernahme • Ausbildung interpretativer Kompetenz • Unterstützung des analytischen Denkens

Tab. 10: Gesprächsstrategien zur Initiierung eines Dialoges – Fortsetzung

Strategie	Beschreibung	Gelegenheitsstrukturen
Rückfragen, Erinnerungsfragen	Rückfragen und Erinnerungsfragen in Bezug auf die Geschichte: »Erinnerst du dich noch daran, an …?, wie …?, warum …?« etc.	• Ziehen von Kausalschlüssen • Aufbau des Handlungsablaufs wird deutlich (Ausbildung von Geschichtenschemata)
Nonverbale Impulse	Mimik, Gestik, Zeigen auf eine Stelle eines Bildes, Gefühlsäußerungen: Erschrecken, Erstaunen	• Aufrechterhaltung der Aufmerksamkeit und Konzentration • Aktivierung zu verbalen Äußerungen
Verbale Impulse	Lenken der Aufmerksamkeit auf bestimmte Aspekte der Abbildung: »Sieh mal, hier sieht man …«, Aufforderung zum Teilen der Gefühle: »Oh jee!«; »Toll, was?«	• Aufrechterhaltung der Aufmerksamkeit und Konzentration • Aktivierung zu verbalen Äußerungen
Aufforderungen, Gegenstände zu benennen oder zu beschreiben	Gegenstände sollen definiert und umschrieben werden: »Wie nennt man das hier?«, »Wozu braucht man so was?«	• Wortschatzerweiterung (Lexik) • Verfestigung von Wortbedeutungen und Begriffen (Semantik)
Aufforderung, begonnene Sätze zu vollenden bzw. zu ergänzen	Die Aufforderung zur Satzvollendung bietet sich insbesondere bei Reimen an.	• Ausbildung phonologischer Bewusstheit • Ziehen von Kausalschlüssen
Aufforderungen zum Erzählen über die abgebildeten Darstellungen Niedriges Distanzierungsniveau	Abbildungen sollen beschrieben und/oder Beziehungen und Abfolgen zwischen den Bildern und Episoden hergestellt werden: »Jetzt bist du mit dem Vorlesen an der Reihe!«	• Ausbildung visueller Kompetenz • Ziehen von Kausalschlüssen • Ausbildung von Ausdrucks- und Erzählkompetenz • eventuell: Nutzung konzeptionell schriftlicher Sprachelemente
Aufforderung zur Dekontextualisierung Mittleres Distanzierungsniveau	Die Darstellungen und Inhalte sollen in Bezug zur Lebenswelt des Kindes bzw. zur Welt außerhalb des Buches gestellt werden: »Weißt du noch, wie es war, als du …?«	• Übung von Dekontextualisierungsleistungen • Anregung zum analytischen und interpretativen Denken • Ausbildung von Ausdrucksfähigkeit
Aufforderung zur Interpretation, zum Vorausdeuten der Geschichte, Ergründen des	Der mögliche weitere Handlungsverlauf der Geschichte soll geschildert werden, Gründe sollen abgeleitet, Effekte vorausgesehen werden:	• Ziehen von Kausalschlüssen • Ausbildung interpretativer Bewusstheit • Fantasieanregung • Ausdrucksfähigkeit

Tab. 10: Gesprächsstrategien zur Initiierung eines Dialoges – Fortsetzung

Strategie	Beschreibung	Gelegenheitsstrukturen
Handlungsverlaufs Hohes Distanzierungsniveau	»Warum verhält sich der Mann so?«, »Wie wird die Geschichte wohl zu Ende gehen?«	• Ausbildung eines Bewusstseins über Geschichtenschemata

Aus: Deutsches Jugendinstitut/Weiterbildungsinitiative Frühpädagogische Fachkräfte (Hrsg.) (2011): *Frühe Bildung – Bedeutung und Aufgaben der pädagogischen Fachkraft. Grundlagen für die kompetenzorientierte Weiterbildung. WiFF Wegweiser Weiterbildung, Band 4.* München, S. 189–190. Online verfügbar unter: https://www.weiterbildungs initiative.de/fileadmin/Redaktion/Publikationen/Anhaenge/Arbeitsblatt_3_Die_Techni ken_des_Dialogischen_Lesens.pdf

Philosophieren mit Kindern

Kinder wollen die Welt verstehen und entdecken. Philosophieren bündelt Welt-Entdeckung, gemeinsames Sprechen, gemeinsames Nachdenken und Entscheidungen treffen. »Philosophieren mit Kindern ist ein offendynamischer Denk-/Sprechprozess, in dem Menschen gemeinsam ihre Möglichkeiten erweitern können. Offenheit heißt, dass es kein Ergebnis gibt, das schon vorher feststeht. Philosophieren bedeutet nicht die Weitergabe von Wissensinhalten. Dynamisch meint, dass sich im Philosophieren Menschen gedanklich bewegen und flexibel sein müssen. Die Erweiterung von Möglichkeiten bedeutet, dass das Philosophieren viele Fähigkeiten und Kompetenzen trainiert, z. B. Einfühlungsvermögen, kognitive Fähigkeiten, Entscheidungsbereitschaft, Rhetorik, Selbsterfahrung« (Siegmund, 2011, S. 13).

Beim gemeinsamen Philosophieren werden Kinder nicht unterrichtet, sondern es findet ein gemeinsames Nachdenken auf Augenhöhe statt. Es gibt nicht den einen Weg, wie man mit Kindern richtig philosophiert. Kinder stellen im KiTa-Alltag Tag für Tag Fragen und erkunden sich und ihre Umwelt. Sie wollen die Welt entdecken. Von Anfang an zweifeln und staunen Kinder und sind neugierig. Philosophieren mit Kindern bedeutet, dass man mit ihnen ihre Fragelust teilt, mit ihnen über Gott und die Welt spricht.

Beispiel

Fragt ein Kind, warum der Himmel blau ist, muss der:die Erwachsene nicht sofort darauf antworten, sondern könnte die Frage zurückgeben an das Kind, zum Beispiel mit den Worten: »Was denkst denn Du, warum der Himmel blau ist?« Der KiTa-Alltag bietet überall Anlass, sich auf Gespräche mit Kindern einzulassen und mit Kindern zu philosophieren.

Beispiele für philosophische Fragen, die Mehrsprachigkeit thematisieren, können sein:

- Warum sprechen Menschen unterschiedliche Sprachen?
- Gibt es eine Sprache, die am schönsten ist?
- Was gehört alles zu einer Sprache?
- Was magst Du an deinen Sprachen und warum?

6.4 Handlungsbegleitendes Sprechen

Durch das handlungsbegleitende Sprechen bietet der:die Erzieher:in dem Kind eine Deutung der Situation an. Er:sie beschreibt beispielsweise, was geschieht, und unterstützt das Kind somit, eine Situation zu verstehen (Krug, 2011, S. 12). Eine wichtige Form, den Alltag sprachlich zu begleiten, ist das handlungsbegleitende Sprechen. Hierbei bietet der:die Erzieher:in dem Kind ihre Deutung der Situation oder Handlung an.

Der:die Erzieher:in kann (vgl. Krug, 2011)

- ankündigen, was er:sie vorhat (»Ich möchte Dir das Lätzchen/слюнявчик/babeiro/wéizuĭ umbinden«),
- Gegenstände zeigen, benennen und entsprechende Funktionen erklären (»Das ist eine Suppenkelle/tāngsháo/dipper« oder »Damit kann man …«, »Hast Du eine Idee, was man damit noch machen kann?«, »Das ist ein Vogel. Auf Deutsch zwitschert er: ›piep, piep‹. Auf Japanisch heißt er tori und macht ›pyu, pyu‹ und auf Griechisch macht er ›tsiu, tsiu‹. Wie sagst du dazu auf Urdu?«),
- seine:ihre eigenen Handlungen und die des Kindes beschreiben (»Du musst mal auf die Toilette, komm wir schauen mal gemeinsam, wo die Toilette ist«),
- Gefühle und Befindlichkeiten ausdrücken, die er:sie beim Kind wahrnimmt oder zumindest vermutet (»Na, Dir ist jetzt wohl doch etwas ängstlich zumute?«). Gefühle können auch in verschiedenen Sprachen ausgedrückt werden und mit (vorher interkulturell geklärter) Mimik und Gestik unterstützt werden,
- das Kind zur Zusammenarbeit einladen (»Hältst Du den Waschlappen/myjka/мочалкой fest, dann kann ich die Wasserbrause nehmen?«),
- wahrnehmen, worauf das Kind seine Aufmerksamkeit richtet und seine Wahrnehmungen bestätigen (»Du hörst den Hahn draußen, ganz schön laut, stimmt's. Der Hahn kräht kikeriki/kukeleku/cocorico/quiquiriquí/cock-a-doodle-doo«).

Grundsätzlich kann alles, was in einer Situation von Bedeutung ist, einfließen. Mit dem handlungsbegleitenden Sprechen unterstützt der:die Erzieher:in auch sich selbst, in routinierten Situationen mit seiner:ihrer Aufmerksamkeit beim Kind zu bleiben. Für das Kind bietet diese Form des Sprechens die Möglichkeit, seine Bedürfnisse wahrzunehmen, es kann in der Folge auf seine Bedürfnisse Einfluss nehmen und erlebt sich auf diese Weise als selbstwirksam. Das Kind kann zudem auch die Erfahrung machen, dass sich der:die Erwachsene über die Aktivitäten des Kindes freut und seine Initiative aufgreift, dass es selbst immer mehr zur Befriedigung seiner Bedürfnisse beitragen kann und zunehmend unabhängiger wird (vgl. Krug, 2011, S. 14).

Handlungsbegleitendes Sprechen bietet sich vor allem auch in Standardsituationen an, etwa als Zwiegespräch beim Wickeln und Anziehen oder im gemeinsamen Gespräch beim Mittagessen und Zähneputzen. Wenn Fachkräfte den Standardsituationen mehr Zeit einräumen, dann entsteht genügend Raum für Interaktionen und Dialoge.

6.5 Modellieren der Lernersprachen

Um Sprachlernprozesse zu unterstützen, kann es zudem sinnvoll sein, im mündlichsprachlichem Verhalten Methoden aus der klassischen Kindersprachtherapie zu nutzen und für Alltagsgespräche anzupassen bzw. abzuwandeln. Dabei können durchaus auch sprachspezifizierende bzw. sprachmodellierende Methoden, wie Inputspezifizierung, sprachliche Modellierungstechniken, expressive oder auch rezeptive Übungen, die Methode der Kontrastierung, sowie das Evozieren metasprachlichen Bewusstseins zum Einsatz kommen.

6.5.1 Inputspezifizierung

Inputspezifizierung bezeichnet die im Therapiekontext mündliche Präsentation eines speziell aufbereiteten sprachlichen Inputs (vgl. Siegmüller & Kauschke, 2006). Die Spezifizierung eines Inputs sollte immer dann erfolgen, wenn das Kind die sprachliche Zielstruktur noch nicht selbst anwendet, sie erfolgt somit vor der ersten Anwendung der Zielstruktur durch das Kind. Die Anforderung an das Kind besteht darin, die angebotene Zielstruktur möglichst bewusst wahrzunehmen. Sie oder er muss aber nicht unmittelbar oder direkt auf dieses sprachliche Angebot reagieren.

Für die Methode der Inputspezifizierung wird die Vorbereitungsphase von der Präsentationsphase unterschieden. In der Vorbereitungsphase geht es darum, eine im Input zu spezifizierende sprachliche Zielstruktur festzulegen, beispielsweise auf Grundlage einer vorher durchgeführten Diagnostik, Leistungsmessung oder informellen Beobachtung. Vor diesem Hintergrund wird vorab geeignetes Sprachmaterial ausgewählt, anhand dessen die Zielstruktur transparent gemacht wird. Zu beachten ist, dass die Zielstruktur nicht identisch mit dem ausgewählten sprachlichen Material sein sollte, in welches diese eingebettet ist. Wählt die:der Erzieher:in beispielsweise die sprachliche Zielstruktur »Einführung von Inversion«, also die Nachstellung des Subjekts hinter das flektierte Verb im Hauptsatz, aus, können unterschiedliche Sätze und damit unterschiedliches Sprachmaterial die Zielstruktur Inversion tragen, z. B. »*Dann kommt der Hund zur Frau*« oder »*Dann ist sie zu dem Hund gekommen*«. Für die Inputspezifizierung kann nicht nur das Sprachmaterial aufbereitet werden, sondern auch die Situation, in der die sprachliche Zielstruktur präsentiert wird. Unterschieden wird die Inputsequenz von der interaktiven Inputspezifizierung. Bei der Inputsequenz wird der sprachliche Input dem Kind in einer konzentrierten, hochfrequentierten Form angeboten. Kinder hören einfach zu. Für die interaktive Inputspezifizierung gilt, dass Kinder in einem interaktiven Rahmen agieren bzw. reagieren, selbst aber noch nicht die sprachliche Zielstruktur anwenden müssen. Die Herausforderung für Fachkräfte besteht darin, die sprachlichen Zielstrukturen, die es zu fördern gilt, überhaupt erst zu erkennen und in angemessener Weise darzubieten.

> Im mehrsprachigen Kontext wird es dem:der monolingual deutschsprachigen Erzieher:in meist nur gelingen, den Input im Deutschen zu spezifizieren. Denn die Methode der Inputspezifizierung setzt nicht nur Kenntnisse in der zu spezifizierenden Sprache, sondern auch über Erwerbsphasen und zu erwerbende Strukturen voraus. Werden die Kenntnisse zum sukzessiv-bilingualen Erwerb des Deutschen herangezogen, eignen sich zum Beispiel die von den Kindern genutzten »chunks« als Ansatzpunkt für eine Inputspezifizierung. Zunächst wäre die Erwerbsphase genauer zu bestimmen (Vorbereitungsphase).
> Beispiel von Zeren, ca. viereinhalb Jahre alt:
> da is hier nich habe.
> du bis das habe.
> das is so machen.
> mein is dei(n) spiele.
> ich mach malen.
> Zeren befindet sich in einer Phase, in der sie den nicht analysierten Satzteil *das ist* mit dem Inhalt kombiniert, den sie äußern möchte. Ziel wäre es hier, die Satzstruktur zu flexibilisieren und Sätze mit Vollverben statt mit Auxiliar anzubieten. Dazu gehört es auch, das Verblexikon zu erweitern und den Fokus des Kindes auf das Verb zu lenken. Es bietet sich an, hier konsequent handlungsleitend zu sprechen. So könnten Zeren und der:die Erzieher:in zum Beispiel »Da ist der Wurm drin« (Zoch, 2010) spielen. Das von dem:der Erzieher:in angebotene Sprachmaterial wäre zum Beispiel:
> »Hier *würfle* ich eine drei. Ich *habe* keine drei (*gewürfelt*). Du *hast* jetzt den Würfel. Du *würfelst* eine vier.«

6.5.2 Modellierung

> *Modellierung*: Äußerungen von Kindern werden unmittelbar in der Alltagsinteraktion aufgegriffen, gespiegelt bzw. verändert. Auch bei der Modellierung wird keine direkte Reaktion vom Kind erwartet.

Das Kind soll mittels Modellierung die Möglichkeit erhalten, seine Äußerungen mit denen der Fachkraft abzugleichen, ohne jedoch diskreditiert zu werden. Modellierung ist der kindlichen Äußerung nachgestellt. Die Modellierung wird zur Festigung und Automatisierung neuer sprachlicher Strukturen eingesetzt. Wichtig ist, dass das Kind den neuen sprachlichen Entwicklungsschritt bereits anzeigt, darin zwar noch unsicher sein kann, aber dennoch bereits die Zielstruktur verwendet. Modellierungstechniken können mit weiteren Methoden verknüpft werden, beispielsweise mit der Inputspezifizierung.

In nachfolgender Tabelle 11 (▶ Tab. 11) sind verschiedene korrigierende, dialogische und bestätigende Techniken im ein- und mehrsprachigen Kontext zusammengestellt (vgl. Siegmüller & Kauschke, 2006, S. 37).

Tab. 11: Techniken der Modellierung

Techniken	Erläuterung	Beispiel
Korrigierende Techniken		
Korrigierendes (korrektives) Feedback einer fehlerhaften Äußerung	Vorgabe der korrekten Form (durch Umstrukturierung) *Beispiel* Kind: »Dann <u>der Mann</u> hat den Hund mitgenommen.« Erzieher:in: »Dann hat <u>der Mann</u> den Hund mitgenommen.«	Kind, das *chunks* verwendet: »*Das ist die Hund kommen.*« Erzieher:in: »*Da kommt der Hund. (zeigt) Das ist das Bild, auf dem der Hund kommt.*«
Metasprachlicher Kommentar	positiver Kommentar mit erweitertem korrigierendem Feedback *Beispiel* Kind: »Dann <u>der Mann</u> hat den Hund mitgenommen.« Erzieher:in: »Ja genau, dann hat <u>der Mann</u> den Hund mitgenommen.« negativer Kommentar mit erweitertem korrigierendem Feedback: *Beispiel* Kind: »Dann <u>die Frau</u> hat den Hund mitgenommen.«	Kind, das *chunks* verwendet: »*Das ist köpek (türkisch = Hund) kommen.*« Erzieher:in: »*işte köpek*« »*Da ist ein Hund. Da kommt der Hund. (zeigt) Das ist das Bild, auf dem der Hund kommt.*«

6.5 Modellieren der Lernersprachen

Tab. 11: Techniken der Modellierung – Fortsetzung

Techniken	Erläuterung	Beispiel
	Erzieher:in: »*Nein, nicht ganz, dann hat der Mann den Hund mitgenommen.*«	
Alternativfrage	Die Äußerung des Kindes wird kontrastiert mit einer korrekten sprachlichen Form; das Kind entscheidet selbst über die Richtigkeit. *Beispiel* Kind: »*Ich möchte der Buch!*« Erzieher:in: »*Möchtest du der oder das Buch?*«	Dem Kind werden in seiner Erstsprache Alternativfragen gestellt.
Aufforderung zur Selbstkorrektur	Nachfrage *Beispiel* Erzieher:in: »*Wie bitte? Was meinst du?*« Aufforderung zur erneuten Äußerung *Beispiel* Erzieher:in: »*Kannst du das noch einmal sagen?*«	Erzieher:in: »*Kannst du es bitte in deiner Sprache sagen? Wie könnte das auf Deutsch heißen? Kannst du mal das Wörterbuch holen und mir das Wort zeigen? Ahh, du meinst den Hund! Kannst du es noch einmal so sagen, dass ich es besser verstehe?*«
Dialogisch weiterführende Techniken		
Expansion	Sinnerweiterung einer korrekten Äußerung durch Hinzufügen eines zusätzlichen Elementes; die von der: dem Sprecher:in gedachte sprachliche Zielstruktur wird dabei aufgegriffen, weitgehend beibehalten, aber erweitert. *Beispiel* Kind: »*auch Bruder haben und gespielt*« Erzieher:in: »*Du möchtest sagen: Ich habe auch einen Bruder. Ich habe mit meinem Bruder gespielt. Stimmt das so?*«	Kind: »*Auch abi haben und gespielt.*« Erzieher:in: »*Du möchtest sagen: Ich habe auch einen Abi. Ich habe mit meinem großen Bruder, meinem Abi, gespielt.*«
Extension	Die Extension nimmt Bezug auf die Äußerung des Kindes und führt sie fort. *Beispiel*	Kind: »*Dann he took the train.*« Erzieher:in: »*Genau, er will mit dem Zug nach Erfurt fahren.*«

Tab. 11: Techniken der Modellierung – Fortsetzung

Techniken	Erläuterung	Beispiel
		Kind: »*Dann ist der Mann in den Zug gestiegen.*« Erzieher:in: »*Genau, er will nach Erfurt fahren.*« Durch Kohärenzmittel (Kohärenz = Zusammenhang) wird auf die kindliche Äußerung Bezug genommen. Es erfolgt eine logische Weiterführung; auf diese Weise entsteht ein Dialog. *Beispiel* Kind: »*Er hat sich Kartoffel genommen.*« Erzieher:in: »*Ja, damit er endlich satt wird.*«
Umformung	direkte Aufnahme der Äußerung mit Variation der syntaktischen Struktur *Beispiel* Kind: »*Dann der Mann hat den Hund mitgenommen.*« Erzieher:in: »*Dann hat der Mann den Hund mitgenommen.*« Die Umformung kann zusätzlich mit einer Expansion verbunden werden.	
Bestätigende Techniken		
Einfache Wiederholung	Die Äußerung des Lernenden wird wiederholt und auf diese Weise positiv verstärkt. *Beispiel* Kind: »*Da hat der Mann den Hund mitgenommen.*« Erzieher:in: »*Da hat der Mann den Hund mitgenommen.*«	
Metasprachlicher Kommentar	positiv verstärkend plus einfache Wiederholung *Beispiel* Kind: »*Da hat der Mann den Hund mitgenommen.*« Erzieher:in: »*Da hat der Mann den Hund mitgenommen.*«	

6.5.3 Übungen

> Mit *Übungen* wird das Ziel verfolgt, eine bereits eingeführte sprachliche Zielstruktur dauerhaft und sicher in die Spontansprache zu übernehmen.

Übungen werden immer mit anderen Methoden wie beispielsweise Modellierungstechniken, Metasprache oder Kontrastierung verknüpft. Komplexität und Schwierigkeit sollten sich an den Fähigkeiten des Kindes orientieren. Hilfestellungen sollten nach Bedarf hierarchisch abgestuft werden.

> **Aufgabe zur mehrsprachigen Wortschatzerweiterung**
>
> Junge (5;4 Jahre): »Und mein Papa kauft mir конфетка (konfetka – Bonbon) und пока (poka – tschüss).«
> Erzieher:in: »Ah, Dein Papa kauft Dir конфетка oder ich würde in meiner Sprache dazu Bonbons sagen. Fallen Dir noch mehr Wörter für Bonbons ein?«
> (Soultanian 2012: https://nezabudka.de/wp-content/uploads/pdf/Vortrag_Soulta nian_26.09.12.pdf)
> Suchen Sie nach weiteren Beispielen zur Wortschatzerweiterung.

6.5.4 Kontrastierung

> *Kontrastierung* bezeichnet die Gegenüberstellung zweier sprachlicher Strukturen, z. B. von syntaktischen Strukturen oder morphologischen Markern, sowie die Gegenüberstellung sprachlicher Einheiten wie Laute oder Wörter. Mittels Kontrastierung wird eine sprachliche Struktur kontextuell verengt, die Verwendung einer bestimmten Struktur wird somit unabdingbar. Der unmittelbare Vergleich der beiden kontrastierten Strukturen macht dem Kind die funktionale Notwendigkeit der sprachlichen Struktur bewusst (vgl. Siegmüller & Kauschke, 2006, siehe auch Niebuhr-Siebert & Baake, 2014).

Durch Kontrastierung soll kommunikativ Druck ausgeübt werden, damit das Sprachsystem des Lernenden erweitert bzw. Annahmen revidiert werden können.

»Durch Aufbau eines kommunikativen Drucks entsteht ein entwicklungsauslösender Konflikt, der zur Erweiterung oder Revision des kindlichen Sprachsystems anregt« (Tracy, 2000, S. 13).

Kontraste können beispielsweise dargestellt werden

- auf Phonemebene als Phonemkontraste: *Reiter* vs. Leiter,
- auf der Ebene der Semantik: »*Den* Mann schubst die Frau.« vs. »*Der* Mann schubst die Frau.« und
- auf morpho-syntaktischer Ebene: »Das Auto fährt auf *der* Straße.« vs. »Das Auto fährt auf die Straße.«

Mehrsprachige Beispiele von Kontrasten könnten folgende sein:

- Phonemkontrast: *Toilette* (deutsch) vs. *tuvalet* (türkisch); *wedder* (niederdeutsch) vs. *Wetter* (hochdeutsch)
- semantische Kontraste durch sogenannte *»false friends«* oder der Differenz zwischen Wortform und Konzept (▶ Kap. 3.2.3; eine gute Übersicht von falschen Freunden in verschiedenen Sprachen findet sich unter: http://de.wikipedia.org/wiki/Liste_falscher_Freunde):

- *abi* (türkisch *großer Bruder*) – Abi(tur)
- *bot* (türkisch *Stiefel*) – Boot
- *da* (viele slawische Sprachen *ja*) – da
- *ich* (viele slawische Sprachen *ihr*) – ich
- *mielone* (viele slawische Sprachen *Gehacktes*) – Melone
- *stůl* (tschechisch *Tisch*) – Stuhl
- *cald* (rumänisch *warm*) – kalt
- *kleinkind* (afrikaans *Enkelkind*) – Kleinkind

• gemeinsames Thematisieren morphosyntaktischer Kontraste zwischen Sprachen und Aktivierung metasprachlicher Kompetenzen:
  - »ich fahre *auf* dem Zug« (Englisch: on the train) vs. »ich fahre mit dem Zug«
  - das fehlende grammatische Genus im Türkischen vs. er, sie, es im Deutschen:
    kadın (Frau, nicht: die Frau)
    kadın doktor (Frau Arzt, Ärztin)
    kadın-ın doktor-u (der Arzt der Frau – Genitiv possessiv)

Bei der Verwendung kontrastierender Techniken muss der:dem Erzieher:in der auszulösende sprachliche Konflikt selbst bewusst sein. Sie:er muss über spracherwerbstheoretische Expertise verfügen, um diese Methode anwenden zu können.

6.5.5 Metasprache

> Durch die *metasprachliche Auseinandersetzung* erfolgt eine direkte, bewusste Auseinandersetzung mit sprachlichen Strukturen. Gegenstand metasprachlicher Reflexionen sind diejenigen sprachlichen Zielstrukturen, die die nächste zu erlernende Einheit darstellen.

Metasprachlich reflektiert werden sprachliche Strukturen und Regeln. Sprachwissen wird auf explizitem Weg erweitert. Die Auseinandersetzung mit sprachlichen Strukturen erfolgt bewusst. Diese Methode erfordert hohe Konzentration und Bereitschaft, sich mit der Symptomatik auseinanderzusetzen. Gleichzeitig aber kann, und das ist sicher eine abzuwägende Gefahr, ein Lernprozesse behinderndes Störungsbewusstsein entwickelt werden.

> **Beispiel**
>
> Hier können erste sprachvergleichende Fragen gestellt werden:
>   »Kennst Du noch ein anderes Wort für Hund?«
>   »Welche Sprache sprichst Du zu Hause/in der KiTa besonders gern?«

Metasprachliche Auseinandersetzungen erfordern von Erzieher:innen explizit zugängliches Sprachwissen. Sie benötigen Wissen über Sprachstrukturen, Lernsprachen und Sprachentwicklung sowie Beschreibungskriterien von Sprachstrukturen.

Language Awareness

Wichtiges Kennzeichen dieses didaktischen Konzeptes ist sein ganzheitlicher Ansatz. Die Zielsetzungen beziehen sich auf die kognitive, emotional-affektive, soziale und machtstrukturelle Ebene. Auf der kognitiven Ebene soll durch den expliziten Umgang mit Regeln und Mustern in der Ausgangs- und Zielsprache eine bestimmte Metabewusstheit bewirkt werden. Emotionen spielen eine wichtige Rolle im Spracherwerb und beim Lernen überhaupt. Auf der emotional-affektiven Ebene soll ein positiver Bezug zu Sprache hergestellt werden. Auf der sozialen Ebene geht es darum, bewusst zu machen, welche Rolle Sprache in der Gesellschaft spielt. Durch eine kritische sprachliche Analyse vor dem Hintergrund gesellschaftlich-politischer Dimension von Sprache soll auf die Macht der Sprache aufmerksam gemacht werden; für diesen Teilbereich setzt sich die Critical Language Awareness ein (Fehling, 2010). Methodisch wird in LA-Ansätzen häufig der Sprachvergleich eingesetzt. Als ebenso wichtig werden aber auch kreative Übungen mit Sprache wie auch mit Sprachmanipulationen als Ausgangspunkt der Reflexion über Sprache benannt (vgl. Luchtenberg, 2010).

Über den Bildungsbereich Sprache hinaus ist eine sprachbewusste Gestaltung von pädagogischen Aktivitäten in Vernetzung mit möglichst vielen Bildungsbereichen anzuregen (Reich, 2008, S. 96 f.). So kann bei der Planung von Projekten und Aktivitäten bereits vorab überlegt werden, wie diese auch sprachunterstützend ausgerichtet sein können. Die Materialien des Projekts »Kinder Sprache stärken!« zeigen auf, wie sprachstrukturell betonte Zugänge in pädagogische Alltagshandlungen und Projekte eingebunden werden können. Sie sind für verschiedene Bildungsbereiche wie Musik, Bewegung, Naturwissenschaften ausgearbeitet und beziehen Mehrsprachigkeit explizit mit ein (Jampert et al., 2009; 2006; für den Bildungsbereich Naturwissenschaften vgl. auch Reich, 2008.)

Pädagogisches Fazit

Mit dem vorgeschlagenen Konzept von mehrsprachiger Bildung sollen alle Sprachen in der Lebens- und Lernumgebung des Kindes präsent sein und in ihren für die Lebenswelt- und Identitätsentwicklung bedeutenden Rolle gewürdigt und unterstützt werden. Nur eine der Sprachen des Kindes zu »fördern«, beschneidet die Lern- und Entwicklungspotenziale des Kindes künstlich. Dabei können die um eine mehrsprachige Perspektive erweiterten vertrauten Methoden, namentlich das Scaffolding-Prinzip, stützende Dialoge und handlungsbegleitendes Sprechen die Interaktion zwischen Kind und Erzieher:in unterstützen. Zudem bietet der Alltag Fachkräften zahlreiche Möglichkeiten, ihre Äußerungen mittels Moderations- und Interaktionstechniken so zu modellieren, dass sie in Bezug auf die kindliche Entwicklung sprachanregende Wirkung entfalten können.

6.6 Zusammenfassung

Eine sprachbewusste Gestaltung der Alltagskommunikation erfordert, möglichst zwei- bzw. mehrsprachige Sprechangebote. Mehrsprachige Sprachlernprozesse können durch sprachspezifizierende bzw. sprachmodellierende Methoden, wie Inputspezifizierung, sprachliche Modellierungstechniken, expressive oder auch rezeptive Übungen, die Methode der Kontrastierung, sowie das Evozieren metasprachlichen Bewusstseins unterstützt werden. Insbesondere sprachspezifizierende und sprachmodellierende Methoden setzen gezieltes sprachstrukturelles Wissen und Kenntnisse über Phasen und Wege des Spracherwerbes voraus (Tracy & Lemke, 2009). Die Fragetechnik des offenen Fragens lässt sich mit dem philosophierenden Gespräch sehr gut umsetzen. Bei unterschiedlichen Sprachniveaus sollte auf ein ausgewogenes Verhältnis der Rezeption und Produktion aller Kinder geachtet sowie eine unterstützende Kommunikation angeboten werden, beispielsweise durch Gestik und Mimik, langsames Sprechen in vollständigen Sätzen und das Schaffen übersichtlicher Handlungssituationen (Jeuk, 2010, S. 130 ff.; Merkel, 2010, S. 125 ff.). Neben der Erzieher:in-Kind-Interaktion wird auch die Kind-Kind-Interaktion als relevant für die sprachliche Entwicklung mehrsprachiger Kinder eingeschätzt. Fachkräfte können diese unterstützen durch das Schaffen von mehrsprachigen Gesprächsanlässen, die Initiierung sprachanregender Tätigkeiten oder das Einnehmen der Mittlerfunktion (ebd.; Albers, 2011; Reich, 2008, S. 94 ff.; Thiersch, 2007).

6.7 Literatur zur Vertiefung

Siegmüller, J. & Kauschke, C. (2006): *Patholinguistische Therapie bei Sprachentwicklungsstörungen.* München: Elsevier.
Siegmüller, J., Schröders, C., Sandhop, U., Otto, M. & Herzog-Meinecke, C. (2010): Wie effektiv ist die Inputspezifizierung? In: *Forum Logopädie*, 24 (1), S. 16–23.

7 Mehrsprachige Bildung und Biliteralität

Neben der mündlichen Sprachentwicklung ist auch der mehrsprachige Erwerb schriftsprachlicher Kompetenzen im Kleinkindalter von Bedeutung und vom Erwerb mündlicher Sprache zu unterscheiden. (Dialogisches) Vorlesen und Erzählen sind Voraussetzungen für den späteren Schriftspracherwerb, weil mit ihnen dem Kind das Konzept schriftlicher Sprache im mündlichen Medium vermittelt wird. Nachfolgend werden das Dialogische Lesen und das Erzählen dargestellt.

7.1 Dialogisches Lesen

> **Fallbeispiel: Denis, 5;2 Jahre**
>
> Denis ist der jüngste von vier Brüdern und lebt mit seiner Familie in Hamburg. Er ist mit drei Jahren in die KiTa Monetstraße gekommen. Die Familie ist vor 20 Jahren aus der Ukraine migriert, beide Elternteile sprechen Ukrainisch und Russisch mit ihren Söhnen. Da Denis' Mutter und Vater ein Restaurant führen, ist Denis meist mit seinen beiden mittleren Brüdern (12 und 14 Jahre alt) bei seinem Onkel im Schrebergarten in den Vierlanden. Er interessiert sich sehr für die Hunde- und Taubenzucht seines Onkels und kennt sich gut mit Tieren aus. Er ist sehr zugewandt, erzählt und bastelt gerne und ist äußerst hilfsbereit. Am liebsten mag er das Märchen »Sirko«, ein ukrainisches Märchen, welches ihm die Eltern auf Ukrainisch erzählen und auf Deutsch vorlesen. Sirko ist ein alter Hund, der von seinem Herrchen vom Hof gejagt wurde. Denis liebt Märchen und freut sich immer, wenn auch andere Kinder ukrainische Märchen kennenlernen.

> »Der Begriff ›Biliteralität‹ bezieht sich auf das Lesen und Schreiben in zwei Sprachen. Biliteralität ist die Fähigkeit, zwei Sprachen zu sprechen und in beiden Sprachen Literalität erfahren zu haben« (Hoppenstedt & Apeltauer, 2010, S. 38).

Mehrsprachig aufwachsende Kinder haben in deutschen Bildungsinstitutionen nur eingeschränkt die Möglichkeit, Erfahrungen mit Literalität in ihren Herkunftssprachen zu sammeln. Verschiedene Untersuchungen zeigen aber die Wichtigkeit auf, literale Erfahrungen in all seinen Sprachen machen zu können (vgl. Fekonja-Peklaij, Marjanovič-Umek & Kranjc, 2010; Kim, 2014).

Die positiven Wirkungsweisen des Vorlesens sind seit langem gut belegt (im Überblick: National Reading Panel, 2000; Cox Gurdon, 2019; Gressnich, Müller & Stark, 2015; Barkow & Müller, 2016; Bräuer & Trischer, 2015; Vorlesestudien der Stiftung Lesen).

Lesen gilt als gesellschaftliche Schlüsselkompetenz. Dem Vorlesen lassen sich folgende Funktionen zuweisen (vgl. Belgrad, 2015, S. 20 f., ergänzt durch die Autorinnen; vgl. auch Chilla & Niebuhr-Siebert, in Druck):

- Die kulturelle Funktion: Weitergabe kultureller und literarischer Traditionen (Lesetipps: Sulchan-Saba Orbeliani & Zura Mchedlischwili. 2017. *Die Weisheit der Lüge: Fabeln, Märchen und Gleichnisse aus Georgien*. Edition Orient; Judith Silverstone & Ray Lavalee. 2019. *Die Würdigung des Bisons – Eine Legende der Plains Cree*. Mons; Tang Wei. 2020. *Im Garten von Oma Apo*. BaoBab; Anne Richter & Mehrdad Zaeri. 2013. *Prinzessin Sharifa und der mutige Walter*. Baobab; Anja Tuckermann & Mahari. 2021. *Vier Ochsen. Ein Märchen aus Eritrea*. Zweisprachig tigrinisch-deutsch, Edition Orient; Schimel & Marcianita Furlanetto Andrzejewski. 2021. *Schau mal, wer da tanzt*. Spanisch, Deutsch, Portugiesisch, Englisch. Ein Pappbilderbuch, ab 2. Edition Orient).
- Die literarisch-ästhetische Funktion: Pädagogische Fachkräfte sind Lesevorbilder und Lesemodelle. Mit ihrer Persönlichkeit, ihrer Stimme und dem Klang der Sprache kann dem vorzulesenden Text Leben eingehaucht werden. Insbesondere das gemeinsame Betrachten des Bilderbuches als Zusammenspiel von Bild und Text ist eine bildende literarisch-ästhetische Erfahrung (vgl. Knopf & Abraham, 2014; Niebuhr-Siebert, 2022). (Lesetipps: Chae Seung-Yeon. 2018.[26] *A Shadow*. Koreanisches Kinderbuch als Silent Book; Shaun Tan. 2017. *Der rote Baum*. Aladin; Albertine Germano Zullo. 2008. *La Rumeur de Venise*. La Joie de Lire; Natia Nadareischwili. 2016. *Schlaf gut*. Baobab; Allen Say. 2018. *Großvaters Reise*. Edition Bracklo; Menena Cottin. 2018. *Das schwarze Buch der Farben*. Fischer; Zo-O. 2021. *Die Ecke*. Urachhaus; Reza Dalvand. 2021. *Plitsch, platsch – pitsch, patsch. Ein Abzählreim aus dem Iran*. Zweisprachig Deutsch–Persisch).
- Die kognitive Funktion: Beim Vorlesen und Betrachten werden Interessen geweckt, innere Vorstellungsbilder erzeugt, Wissen vermittelt (Lesetipps: Aleksandra Mizielinska & Daniel Mizielinska. 2008. *Alle Welt – Das Landkartenbuch*. Moritz; Guilia Malerba & Febe Sillani. 2018. *So isst die Welt*. Riva; Charlotte Guillain & Yuval Zommer. 2018. *Unter meinen Füssen*. Prestel; Meredith L. Rowe. 2021. *Jeden Tag ein neues Wort*. Insel-Verlag).
- Die emotionale Funktion: Die Vorlesesituation selbst schafft Nähe und Genuss. Sie ermöglicht Entspannung, schafft Geborgenheit (Niebuhr-Siebert, 2020; 2018; 2019b) (Lesetipps: Von (oder im Rahmen) der AVJ-Initiative »Volle Vielfalt Bilderbücher« in Zusammenarbeit mit der Fachhochschule Clara Hoffbauer in Potsdam sind eine Vielzahl von Bilderbüchern und pädagogischen Aktionshinweisen zusammengestellt worden, insbesondere auch für die Arbeit in vielspra-

---

26 Buch kann erworben werden unter: https://mundoazul.de/products/a-shadow-kinderbuch-koreanisch-chae-seung-yeon?_pos=1&_sid=78b2ea6ab&_ss=r

chigen Lesesituationen und unter der Berücksichtigung der Schaffung einer angenehmen und anregenden Leseatmosphäre: http://www.avj-online.de/aktivitaeten/volle_vielfalt_kinderbuecher/; Chris Naylor-Ballesteros. 2020. *Der Koffer*; Theresa Bodner. 2020. *In mir drin ist's bunt.* Tyrolia; Satomi Ichikawa. 2020. *Kleines Pferdchen Mahabat.* Moritz Verlag).
- Die reflexive Funktion: Literatur präsentiert immer auch eigene und fremde Lebensentwürfe. So werden eigene Identitäten durch Protagonist:innen konstruiert. In der Vielfalt von literarischen Begegnungen entdecken Kinder eine Vielzahl von Lebensentwürfen. (Lesetipp: Sandra Niebuhr-Siebert. 2020. *Mina entdeckt eine neue Welt.* Carlsen; diverse Lesetipps zu unterschiedlichen Lebensentwürfen unter: www.kimi-siegel.de[27]).

Aufgabe

Blumenwiese: Auf einer Tapeten- oder Papierrolle, die im Raum ausgerollt wird, können Kinder Blumen und kleine Tiere malen. Dann können Blumen- und Tiernamen aus verschiedenen Sprachen recherchiert werden oder Phantasienamen erdacht werden. Die Pädagogische Fachkraft schreibt entsprechende Namen auf die Papierrolle, die dann auf Augenhöhe der Kinder aufgehängt werden kann. Auch Fischmotive bieten sich an (Bildanregungen im Buch »Mina entdeckt eine neue Welt« von Sandra Niebuhr-Siebert).

Weitere Funktionen, die ausschließlich für mehrsprachige Texte gelten, sind (Eder, 2000, S. 31 ff.):

- Die stilistische Funktion von Mehrsprachigkeit: ästhetische Komponente von Mehrsprachigkeit, durch die die Figuren sprachlich charakterisiert werden (Lesetipp: Barbara van den Speulhof. 2012. *Ginpuin, Auf der Suche nach dem großen Glück.* Coppenrath) oder in der die Verwendung der jeweiligen Sprache lebensweltlichen Handlungszusammenhängen entspricht und damit die Illusion größerer Wirklichkeitsnähe fördert, beispielsweise der dialektale Gebrauch im Kinderbuchklassiker »Heidi«. Verschiedene Sprachen können ein dialogisches Geschehen suggerieren (Lesetipps: Silvia Hüsler. 2019. *Der Fuchs ruft Nein.* Talisa; Manjula Padmanabhan. 2017. *Ich bin einmalig! Kannst Du mich finden?* Talisa). Sprachen können aber auch die Fiktion von Fremdheit suggerieren, beispielsweise durch poetische Verfremdung oder neologistische Textelemente. Weitere stilistische Funktionen haben komische und spielerische Elemente. Für mehrsprachige Kontexte eignen sich Bücher, die mit Kunstsprachen spielen und damit Assoziationen elizitieren (Lesetipp: Carson Ellis. 2017. *Wazn Teez?* NordSüd) oder Kunstschriften (Lesetipp: Ji Hyeon Lee. 2018. *La Porta.* Arecchio Acerbo).

---

27 Das Kimi-Siegel ist ein Siegel für Vielfalt in Kinder- und Jugendbüchern. Es wird seit 2018 für Neuerscheinungen vergeben.

- Sprachenpolitische Funktion von Mehrsprachigkeit: Rösch (2000, S. 7) betont, dass Literatur ein ideologisches Instrument zur Ausübung sozialer, ethnischer und kultureller Macht sei. Mehrsprachige Literatur trägt der sprachlichen Realität pluriethnischer Lebensräume Rechnung. Schlösser (2018, S. 10 f.) weist in diesem Zusammenhang auf die Funktionen hin, Kinder mit Büchern antirassistisch zu erziehen und sie mit kultursensitiven Büchern gegen stereotype Bilder, Vorurteile und Rassismen zu wappnen.

Eine mehrsprachige Vorlesesituation gestalten (vgl. Niebuhr-Siebert, 2018; 2019b; 2020):

- Suchen Sie sich sprachkompetente Verbündete. Im Projekt »Unsere Omas und Opas erzählen in vielen Sprachen« konnten die kooperierenden Einrichtungen zwischen vier Sprachen (Arabisch, Französisch, Russisch und Türkisch) wählen. Im Projekt »Wir sprechen Türkisch. Bildungserfolg durch Stärkung der Familiensprachen« stand die türkische Sprache im Mittelpunkt (aus: http://www.verband-binationaler.de/fileadmin/user_upload/Regionalgruppen/nrw/Projekt_Mehrsprach_web.pdf).
- Erste Bilderbücher – egal in welcher Sprache – sollten überschaubar sein, zum Betrachten und Entdecken einladen und emotional anregen. Hierbei eignen sich vor allem auch Silent Books. Sie bieten Kindern Bücher ganz ohne Sprache und sind auf der Bildebene pluriethnisch und multinational codiert. Eine Zusammenstellung und Tipps im Umgang finden sich unter:
  https://mundoazul.de/collections/silent-books?page=1
  https://publiscologne.th-koeln.de/frontdoor/deliver/index/docId/1004/file/BA_Surkamp_Imme.pdf
  https://www.ibby.org/awards-activities/activities/silent-books
- Lesen Sie zur Vorbereitung einer Vorlesestunde die Geschichte mehrmals laut vor. Überlegen Sie sich Fragen und alternative Handlungsverläufe für die Geschichte und üben Sie den Wechsel der Sprachen, wenn Sie mit Co-Vorleser:innen arbeiten. Unterhaltsam ist es, beim Vorlesen die Stimme zu verstellen und Tierstimmen nachzuahmen: Einen Würfel basteln und mit Tieren bemalen, die stellvertretend für charakteristische Stimmen stehen: Eine Maus ist vielleicht ganz leise und piepst. Ein Bär ist brummig und laut. Ein Faultier ist ganz, ganz langsam. Eine Ameise huscht über das Papier. In die Vorlesesituation hineingewürfelt, erzeugt ein solcher Würfel herrliches Gelächter und Alberei.
- Achten Sie auf die Mimik und Gestik der Kinder. Sie verraten Ihnen, ob die Geschichte verstanden wird und gefällt.
- Regen Sie die Kinder durch Fragen oder Impulse dazu an, etwas zu den Bildern und der Handlung zu erzählen. Offene Fragen eignen sich dazu besonders, z. B. »Was ist denn hier los? Wie geht es wohl weiter?« Detektiv spielen als Spielanregung: Basteln von Detektivkärtchen: Wer? Was? Womit? Wann? Wie? Wo? (gern in unterschiedlichen Sprachen): Es wird vorgelesen und zwischendurch eine Karte gezogen. Dann wird die Frage vorgelesen: Womit? Jetzt ist Phantasie

gefragt, um eine Frage formulieren zu können, z. B.: Womit könnte in der Geschichte dieses oder jenes gestohlen werden? Die Fragen können zunächst die Erwachsenen stellen, später die Kinder oder am besten abwechselnd. Dabei ist es wichtig, keine Fragen zur Prüfung des Textverstehens zu stellen, die die Kinder richtig oder falsch beantworten können, um in Vorlesesituationen Prüfungssituationen zu vermeiden.
- Machen Sie wiederkehrende Wörter und Sätze zu gemeinsamen Textstellen und lassen Sie die Kinder sprachliche Besonderheiten der Geschichte mitsprechen. Dies kann parallel auch mehrsprachig erfolgen.
- Kofferbühne: Eine solche kann ganz leicht aus einer Streichholzschachtel oder einem kleinen Spielzeugkoffer entstehen. Eine Streichholzschachtel wird bemalt und bestückt mit zwei kleinen Spielsteinchen. Diese stellen die Protagonist:innen der vorgelesenen Geschichte dar. Kinder schauen während des Vorlesens immer wieder gebannt auf die Minibühne und sind fokussiert. Das gleiche erzeugen Minispielkoffer mit Playmobil-Figuren oder Minipüppchen: https://www.youtube.com/watch?v=n-UDxcRdLJo
- Sie können einzelne Wörter und Begriffe aus dem Bilderbuch in unterschiedlichen Sprachen aufschreiben (lassen) und z. B. als Lesezeichen in das Buch legen oder den Kindern mitgeben.
- Besprechen Sie Wörter, die es in einzelnen Sprachen nicht gibt, z. B. das Wort Poronkusema, was auf Finnisch so viel bedeutet, wie: Die Entfernung, die ein Rentier unterwegs sein kann, bevor es pinkeln muss (Lesetipp: Nicola Edwards & Luisa Uribe. 2018. *Total verrückte Wörter. Eine Sammlung unersetzbarer Wörter aus der ganzen Welt*. 360 Grad).
- Versuchen Sie Bezüge zwischen der Geschichte und der (mehrsprachigen) Lebenswelt der Kinder herzustellen. Kennen die Kinder ähnliche Situationen?
- Vertiefen Sie Aspekte der Geschichte durch Nacherzählen oder durch Nachspielen von einzelnen Szenen. Fingerspiele oder Puppen können dies unterstützen. Das Nachstempeln von Geschichten ist eine schöne Alternative.
- Auch das Malen, Basteln und Kneten zur Geschichte vertieft das Gehörte. Ermuntern Sie die Kinder, ihre gemalten Bilder und Bastelarbeiten zu beschreiben und den anderen Kindern zu erklären.
- Zeigen Sie den Kindern, dass auch Sie sprachlich nicht alles verstehen. Bitten Sie die Kinder, Ihnen zu helfen. Begeben Sie sich in eine lernende Rolle. Dadurch ermutigen Sie die Kinder, ihre Kompetenzen zu zeigen. Auch mitgebrachte Sprechpuppen können sich helfen lassen.
- Zeigen Sie Wege auf, wie sich die eigenen Sprachenkompetenzen ausbauen lassen, z. B. durch Wörter erfragen, Nachhaken, Gespräche mit Sprecher*innen dieser Sprache, das Nachschlagen in einem Lexikon oder Wörterbuch.
- Sprechzeichnen: »Das ist das Haus vom Nikolaus.« Und dabei wird im Sprechrhythmus ein Haus gemalt. Wer kennt das nicht? Und trotzdem wird es nur noch selten gemacht. Gemalt werden darf auf dem Rücken, einem Blatt, in den Sand oder in die Hand. Die Malanleitungen können in unterschiedlichen Sprachen erfolgen.

- Storycubes und Lala-Cubes (▶ Abb. 18): sind mittlerweile sehr beliebt. Es handelt sich um Würfel, auf denen unterschiedliche Motive dargestellt sind: z. B. Krone, Schlüssel, Zauberstab ... Kinder würfeln, um dann eine eigene Geschichte zu dem zu erzählenden Motiv zu erfinden. Fällt ihnen nichts mehr ein, dann wird erneut gewürfelt. Solche Würfel lassen sich leicht selbst herstellen.

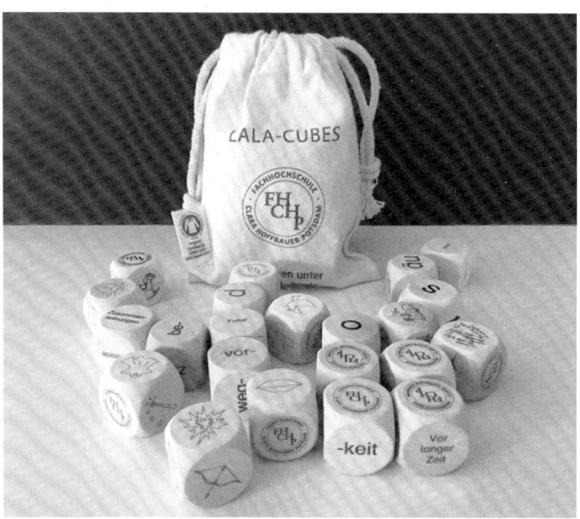

Abb. 18: LALA-Cubes (Entwicklung und Produktion durch Sandra Niebuhr-Siebert in Zusammenarbeit mit der Fachhochschule Clara Hoffbauer Potsdam, www.fhchp.de)

- Gegenstände beleben: Ein geheimnisvoller Stein, der alle Geschichten der Welt aufgesammelt und in sich verschlossen hat und der mit einem sanften Streichen über seine Oberfläche anfängt, uns leise zuzuflüstern (Lesetipp: Brendan Wenzel. 2019. *Der stille Stein*. NordSüd). Ein alter Schlüssel, ein Schloss, ein Nagel: Solche Gegenstände beleben jede Vorlesesituation. Nebenbei und still und leise aus der Tasche gezogen, zaubern sie kleine Wunder auf die Welt.

Weitere Beispiele unter: http://www.verband-binationaler.de/fileadmin/user_upload/Regionalgruppen/nrw/Projekt_Mehrsprach_web.pdf

Apeltauer (2006, S. 8) zufolge konnten Untersuchungen nachweisen,

> »dass die Erstsprache immer mit aktiviert wird, wenn die Zweitsprache gebraucht wird. Man kann sie nicht ausschalten. Indem man die Erstsprache ausklammert, fordert man von den Lernern eine aktive Unterdrückung von Assoziationen und Vergleichen, die sich ihm aufdrängen: Lerner werden an der Nutzung ihres Lernpotentials gehindert«.

Die Anbahnung von Biliteralität ist eine wichtige Form für die Kinder, ihre Mehrsprachigkeit zu entfalten.

Das Konzept des Dialogischen Lesens (*dialogic reading*) ermöglichst es, die sprachliche Entwicklung durch gemeinsame Bilderbuchbetrachtung und gemeinsames Lesen zu unterstützen.

»Der Begriff wurde von Whitehurst et al. (1988) geprägt und bezeichnet eine bestimmte Art der Kommunikation zwischen Erwachsenem und einem oder mehreren Kindern über ein Buch oder ein anderes visuell ansprechendes Material (z. B. Fotos, Kataloge). An erster Stelle steht das Gespräch über das Buch, wobei der Inhalt bzw. Text zunächst eine eher nebensächliche Rolle spielt. Wichtig dagegen ist, dass das Kind – nicht der Erwachsene – zum Erzählenden der Handlung wird« (Roux, 2004, S. 110).

Vorlesen bedeutet Begegnung, Beziehung, Nähe, ein gemeinsames Erleben und Geborgenheit. Wichtig sind persönliche Zuwendung und ein positives Lese-Vorbild (siehe auch www.eltern-brauchen-vorlesen.de).

7.1.1 Klassisches und dialogisches Lesen

Das Dialogische wird vom Klassischen Vorlesen unterschieden. Beim Klassischen Vorlesen ist der:die Vorlesende aktiv. Die Kinder hören ihm:ihr zu. Ein Dialog zwischen Vorlesend:er und Kindern ist unerwünscht und wird als störend empfunden. Im Falle einer Unterbrechung wird die Aufmerksamkeit zügig auf den Inhalt des Buches zurückgelenkt. Beim Dialogischen Lesen ist der kommunikative Austausch zu jedem Zeitpunkt erwünscht: Kinder werden bereits während der Vorlesesituation zum Erzählen animiert. Der:die Erwachsene rückt je nach Erzählaktivität der Kinder in die Rolle des:der aktiven Zuhörer:in. Er:sie stellt Fragen, ohne kindliche Antworten zu bewerten und zu korrigieren, gibt Erzählimpulse, ergänzt und erweitert die Aussagen der Kinder (▶ Tab. 12; vgl. Roux, 2004, S. 111).

Tab. 12: Unterschiede zwischen klassischem Vorlesen und dialogischem Lesen

Klassisches Vorlesen	Dialogisches Lesen	Mehrsprachige Vorlesesituationen
Erwachsene:r eher gleich bleibend aktiv (liest vor)	Erwachsene:r anfangs aktiv (stellt Fragen, gibt verstärkt Impulse), dann zunehmend zurückhaltender	Mit einem:einer Vorlesepartner:in kann im Wechsel die Geschichte in beiden Sprachen vorgestellt werden. Figurennamen können benannt und abwechselnd Fragen dazu gestellt werden, Vorwissen kann aktiviert werden. Laden Sie ein:en gebärdensprachkompetent:en Vorlesepartner:in ein, die:der die Geschichte in DGS erzählt.
Kind eher gleichbleibend passiv	Kind aktiv (zunehmende Aktivität des Kindes)	Kinder können Zwischenfragen stellen, Kommentare einbringen, die Geschichte (in einer anderen Sprache) weitererzählen, neue Enden finden, nebenbei ein Bild malen.
Wenig Interaktion zwischen Erwachsene:r und Kind	fortwährende Interaktion zwischen Erwachsenem und Kind	Erwachsene reagieren flexibel auf die Beiträge der Kinder, stellen zum Teil abwegige und amüsante Fragen,

Tab. 12: Unterschiede zwischen klassischem Vorlesen und dialogischem Lesen
 – Fortsetzung

Klassisches Vorlesen	Dialogisches Lesen	Mehrsprachige Vorlesesituationen
		thematisieren mit den Kindern sprachliche Unterschiede, versuchen unterschiedliche Sprachen einzubeziehen.
Beiträge der Kinder werden als störend erfahren.	Beiträge der Kinder sind ausdrücklich erwünscht.	Erwachsene fordern Kinder aktiv auf mitzuwirken, beispielsweise auch mittels Mimik, Pantomime, Gestik und Sounds.
Beiträge der Kinder werden lediglich kurz kommentiert.	Beiträge der Kinder werden aufgegriffen, integriert und erweitert.	Begriffe in Geschichten werden übersetzt in andere Sprachen, es werden neue Wörter (auch Quatschwörter) erfunden und integriert.

Beispiel für das Kommentieren von Gesprächsbeiträgen der Kinder zu einer Geschichte

Kind:	»Der dog mochte Mädchen nicht.«
Erzieher:in:	»Oh, warum glaubst Du, dass das Mädchen den Hund nicht mochte?«
Kind:	»Mädchen weggelaufen.«
Erzieher:in:	»Warum ist das Mädchen vielleicht weggelaufen?«
Anderes Kind:	»Mädchen ist ängstlich.«
Erzieher:in:	»Ja, das könnte sein. Kennt jemand eigentlich noch andere Wörter für Mädchen und Hund? Wie können wir ›ängstlich‹ darstellen? Kann jemand zeigen, wie ein ängstlicher Mensch aussieht? Das Mädchen läuft vor dem Hund weg. Was machen Menschen noch, wenn sie Angst vor jemandem haben?«

Mit dem Dialogischen Lesen wird ein regelmäßiger und vielfältiger Sprachgebrauch, das Feedback und die »stützende Sprache« (»*scaffolding*«) Erwachsener während des gemeinsamen Betrachtens von Bilderbüchern bezeichnet. Erwachsene sollen damit die sprachliche Entwicklung von Kindern unterstützen und erleichtern. In diesem Zusammenhang entwickeln Whitehurst et al. (1988; Whitehurst et al., 1999, S. 6 ff.) ein Bündel von Verhaltenstechniken für Erzieher:innen, Lehrkräfte und Eltern. Die Techniken sind auf das Alter der Kinder abgestimmt (▶ Tab. 13). So existieren spezifische Techniken für Kinder im Alter von zwei bis drei Jahren sowie für vier- bis fünfjährige Kinder. Was beiden gemeinsam zugrunde liegt ist, dass das Kind der Erzähler der Geschichte werden soll, während die:der Erwachsene zur:zum aktiven Zuhörer:in wird.

7.1 Dialogisches Lesen

Techniken des Dialogischen Lesens:

- Die:der Erwachsene stellt Fragen, gibt Impulse, lobt und erweitert die Antworten des Kindes. Dabei führt sie:er das Kind (meist unbewusst) auf höhere sprachliche Entwicklungsstufen. Sie:er berichtet und bewertet die Antworten des Kindes aber nicht.
- Die stützende Sprache hilft dem Kind zur leichteren, schnelleren Entwicklung seiner sprachlichen Fähigkeiten.
- Mit fortgeschrittenem Entwicklungsstand älterer Kinder werden die Fragen der Erwachsenen komplexer, beispielsweise durch erweiterte W-Fragen.
- Mit zunehmendem Alter rückt der Gesamtzusammenhang, z. B. die Geschichte des Buches, stärker in den Vordergrund; es werden gezielte Erinnerungs- und Rückfragen gestellt.
- Die Methode des Dialogischen Lesens bei Vier- bis Fünfjährigen unterstützt zunehmend die freie Rede der Kinder.

Tab. 13: Die Technik des Dialogischen Lesens in Abhängigkeit vom Alter des Kindes

Verhalten Erwachsener	Zwei- bis dreijährige Kinder	Vier- bis fünfjährige Kinder	Mehrsprachige Situationen
Fragetechnik	• einfache »W«-Fragen (Wer? Was? Wo? Wie?) • auf kindliche Antworten nachfragen, weitere Fragen stellen • offene Frageformulierung (siehe »W«-Fragen)	• erweiterte »W«-Fragen (Wer? Was? Wo? Wie? Warum? Weshalb? ...) • Rück- und Erinnerungsfragen (»Erinnerst du dich noch an ...?«) • offene Frageformulierung sowie Fragen stellen, die einen Alltagsbezug herstellen (»Hast du so etwas auch schon einmal erlebt?«)	• »Wo könnte es solches Obst geben?«, »Wir können uns auch ein Land ausdenken.« • »Wenn es hier schneit, schneit es dann bei deinem Onkel in Neuseeland auch?« • »Erinnerst du dich noch an deinen letzten Urlaub bei Oma? Magst du davon erzählen?« • »Gibt es das hier nur in Deutschland?« • »Wo habt ihr das schonmal gesehen?«
Reaktionen auf kindliche Aussagen	• Wiederholung der Aussagen • wenn nötig, Hilfestellungen geben	• Wiederholung der Aussagen • wenn nötig, Hilfestellungen geben • Expansion (Kind: »Das ist ein Hund.«,	Kind: »kedi!«, Erwachsene:r: »Ja, genau, das ist eine graue Katze.«

Tab. 13: Die Technik des Dialogischen Lesens in Abhängigkeit vom Alter des Kindes – Fortsetzung

Verhalten Erwachsener	Zwei- bis dreijährige Kinder	Vier- bis fünfjährige Kinder	Mehrsprachige Situationen
	• Erweiterung kindlicher Aussagen (Expansion)	Erwachsene:r: »Ja, das ist ein großer Hund.«	• Kind: »akschnmän mach!«, Erwachsene:r: »Ja, der Actionman macht eine Action.«
Aufforderungen	• um etwas bitten • Gestik und Mimik zur Unterstützung	• Sätze vervollständigen lassen • in eigenen Worten Geschichte zu Ende erzählen lassen • Expansionen sollen vom Kind wiederholt werden	• »Die Giraffe hat einen langen ...« • »Was denkst du, wie die Geschichte aufhört?«

Für das dialogische Vorlesen konnten Whitehurst und Kolleg:innen positive Effekte auf die Sprachentwicklung und spätere Leseentwicklung nachweisen (vgl. Whitehurst et al., 1994; Whitehurst & Lonigan, 1998).

> Um Vorlesesituationen abwechslungsreich zu gestalten, sind verschiedene Varianten der Bilderbuchbetrachtung möglich:
> *Bilderbuchkino*: Beim Bilderbuchkino projizieren Sie Bilder oder ganze Seiten aus dem Buch an die Wand, betrachten diese wie im Kino und lesen die Textstellen dazu vor.
> *Kniebücher* sind großformatige Klappbücher mit Spiralbindung, die Sie auf Ihren Knien stehend den Kindern zeigen und vorlesen.
> *Kamishibai*: Beim japanischen Papiertheaterspiel schieben Sie in einen zusammenklappbaren, bühnenähnlichen Rahmen Bildtafeln ein und erzählen mit kurzen Texten eine Geschichte (siehe auch: http://www.kamishibai.com/).
> *Dokumentenkamera*: Mit ihr kann ein Buch an die Wand projiziert werden, so dass viele Kinder »mitlesen« können.
>
> **Interaktive digitale Angebote**
>
> Bilderbuch-Apps, die mit dem Beamer an die Wand geworfen werden können: www.akademie-kjl.de/buch-app-empfehlungen/app-des-monats/
> https://www.stiftunglesen.de/informieren/unsere-angebote/fuer-kitafachkraefte/vorleseideen
> *Polylino* ist eine Bilderbuch-App und lässt sich auf dem Tablet installieren. Die App enthält über 400 Bücher auf Deutsch und in über 60 anderen Sprachen,

wobei der Bilderbuchservice stetig wächst und neue Lizenzen der Verlage hinzugewonnen werden. Die Bücher werden immer von professionellen Sprecher:innen in den jeweiligen Landessprachen eingelesen. Auf diese Weise können Kinder selbstständig durch E-Books blättern, die ihnen in ihren jeweiligen Muttersprachen vorgelesen werden (https://www.ilteducation.de/; vgl. auch Niebuhr-Siebert, 2019b).

Nützliche Links für mehrsprachige Kinderbücher:

- http://www.anadolu-verlag.de/
- http://www.bilingus.de/
- http://www.edition-bilibri.com/
- http://www.edition-lingua-mundi.com/
- http://www.edition-orient.de/
- http://www.kurierderzarin.de/
- http://www.le-matou.de/

Weitere Materialien und Werkzeuge zum Gestalten mehrsprachiger Vorleseangebote:

- http://www.mehrsprachigvorlesen.verband-binationaler.de/
- http://www.aladin-verlag.de/
- http://www.le-matou.de/
- http://www.mantralingua.com/
- http://www.minedition.com/
- http://www.oenel.de/
- http://www.talisa-verlag.de/
- http://www.tamakai-books.de/
- http://www.tulipan-verlag.de/
- http://www.mixtvision-verlag.de/
- http://www.magellanverlag.de/
- http://www.ipe-mainz.de/

Aufgabe

Für eine Vorlesesituation können Sie Kindern mit und ohne Bildmaterial vorlesen. Welche Vor- und Nachteile hat entsprechendes Vorgehen?

7.2 Erzählen

»Wer erzählt, bietet keinen festen Text, sondern improvisiert seinen Wortlaut im Augenblick des Erzählens. Das Erzählen von Geschichten knüpft, auch wo es um längere fiktive Handlungen geht, an das alltägliche Sprechen an« (http://www.handbuch-kindheit.uni-bremen.de/teil3_4.html).

Im Erzählen agieren Kinder Wünsche, Probleme und Konflikte in stellvertretenden Geschichten aus, sie leben in ihren Geschichten und erklären sich die Welt über Geschichten. Kinder können in ihren Familien mit vom KiTa-Alltag abweichenden Erzähl- und Schriftkulturen vertraut sein, weshalb eine Interaktion darüber sehr wichtig ist. Kinder sind immer bereit, Geschichten aufzunehmen, und zwar in allen medialen Formen, seien sie persönlich erzählt, vorgelesen, auf einer CD bzw. als MP3 abgelauscht oder am Bildschirm verfolgt. Das Erzählen hat gegenüber den medialen Präsentationen den Vorzug, dass die Kinder über den Austausch der Zuhörersignale anders an der Geschichte beteiligt werden. Darum erinnern Kinder Erzählungen sehr viel länger und genauer als mediale Geschichten (Becker-Textor & Michelfeit, 2000).

Zu den Aufgaben beim Erzählen zählt Meng (1988, S. 7) die Fähigkeit, eine Geschichte einzuleiten, Kontakt zur:zum Zuhörer:in aufnehmen zu können, ein erzählenswertes Ereignis auszuwählen und das Interesse des Zuhörenden abschätzen zu können. Darüber hinaus zählt die Fähigkeit dazu, die vermutliche Einstellung der Zuhörenden zum zu erzählenden Erlebnis vorwegzunehmen, die Verständnisvoraussetzungen der Zuhörenden abschätzen zu können und ggf. zu schaffen, den Ereignisverlauf und die ihn verknüpfenden Faktoren in der richtigen Reihenfolge detailgetreu darzustellen, die eigene Einstellung zum Ereignisverlauf deutlich zu machen und das Ende einer Erzählung zu kennzeichnen.

Tab. 14: Erzählkompetenzen drei- und sechsjähriger deutschsprachiger Kinder

Dreijährige Kinder	*Sechsjährige Kinder*
verbalisieren noch nicht alle wesentlichen Aspekte.	verbalisieren alle wesentlichen Aspekte.
können das Hörerwissen nur unzureichend einschätzen.	können das Hörerwissen einschätzen.
benötigen aktive Unterstützung des erwachsenen Hörers: Ausbau von Erzählkernen in Frageform: »Du warst beim Doktor?«.	benötigen keine aktive Unterstützung.
können Erzählungen noch nicht adäquat sprachlich in zeitliche Abläufe gliedern.	können propositionale Kerne verknüpfen: *Und da hat sie was falsch gemacht.*
können die Erzählung nicht emotional bewerten.	können die Erzählung emotional bewerten.

Zum Erzählerwerb im Alltag geben die Arbeiten von Meng, Kraft und Nitsche (1991) einen guten Überblick. Unter anderem geht aus ihnen hervor, dass jüngeren Kindern vor allem die Fähigkeit fehlt, einzuschätzen, was der:die Zuhörer:in schon weiß. Darüber hinaus fällt es Dreijährigen gegenüber Sechsjährigen schwer, die Relevanz einzelner Sachverhalte bzw. Ereignisse einschätzen zu können. In der Regel haben sechsjährige deutschsprachige Kinder wesentliche sprachliche Mittel zur Strukturierung beispielsweise von Zeitrelationen bereits erworben, wobei diese kaum funktional angemessen verwendet werden (Grießhaber, 2010a; 2010b; ▶ Tab. 14).

Es gibt unterschiedliche Formen des Erzählens. Erzählen Kinder etwas oder wird ihnen etwas erzählt, muss es sich nicht automatisch immer um die gleiche Form des Erzählens handeln. Becker (2001; 2005) konnte in ihren Arbeiten zeigen, dass Erzählfähigkeit in Bezug auf verschiedene Erzählformen unterschiedlich weit entwickelt sein kann. Sie unterscheidet zwischen Fantasiegeschichte, Erlebniserzählung, Bildergeschichte und Nacherzählung. Die Fantasiegeschichte charakterisiert sie als primär fiktiv, die Erlebnisgeschichte als primär nonfiktiv, die Bildergeschichte als reproduzierend visuell und die Nacherzählung als reproduzierend auditiv (▶ Tab. 15).

Tab. 15: Überblick über Merkmale der vier Erzählformen

Erzählform	Prosodie/Sprechstil	Phraseologismen	Tempusgebrauch
Erlebniserzählung	keine auffälligen Markierungen	allgemein keine, vereinzelt bei den Neunjährigen	Perfekt, vereinzelt szenisches Präsens
Bildergeschichte	keine auffälligen Markierungen	keine	Präsens, kein Präteritum, vereinzelt Perfekt bei den Neunjährigen
Fantasiegeschichte	eher Vorlesestil bei den Sieben- und Neunjährigen	mit dem Alter zunehmender Gebrauch narrativer Formeln	mit dem Alter deutlich zunehmender Gebrauch von Präteritum
Nacherzählung	prosodisch auffällige Strukturierung schon bei den Fünfjährigen (Rezitierstil)	Übernahme konkreter Formen der parallel gebildeten Phrasen	schon bei den Fünfjährigen Gebrauch von Präteritum, insgesamt die höchste Präteritumfrequenz

Aus: Becker, T. (2005). *Kinder lernen erzählen: zur Entwicklung der narrativen Fähigkeiten von Kindern unter Berücksichtigung der Erzählform.* Hohengehren: Schneider-Verlag.

Bis zum Alter von sechs Jahren dominieren mündliche Strukturen im Erwerbsprozess des Erzählens, wobei für verschiedene Erzählformen unterschiedliche Entwicklungsschritte belegt werden. Mit Schuleintritt haben Kinder Kontakt zu konzeptionell medial literaler Sprache, die Einfluss auf die Erzählentwicklung nimmt. In Fantasiegeschichten und Nacherzählungen werden zunehmend literarische und literale sprachliche Mittel verwendet: Prosodische Markierungen, Gebrauch der Zeitformen (Präsens, Perfekt, Präteritum), literarische Lexeme und Formeln (»Es war einmal ...«; »bir varmış bir yokmuş«). Bildergeschichten und Erlebniserzählungen hingegen verbleiben eher im konzeptionell mündlichen Sprachgebrauch.

7.2.1 Besonderheiten der Erzählentwicklung bei mehrsprachigen Kindern

Der Erzählerwerb für mehrsprachige Kinder ist grundsätzlich mit demjenigen monolingualer Kinder vergleichbar, er ist jedoch mit zusätzlichen Herausforderungen und Anforderungen verbunden (vgl. Fienemann, 2005; Grießhaber, 2010).

Folgende Aspekte sind für das Erzählen von Kindern, die Deutsch sukzessiv als Zweitsprache erwerben, von Bedeutung (Grießhaber, 2010, vgl. auch Niebuhr-Siebert & Baake, 2014)

- Erlebnisse finden häufig nicht in Kontexten statt, in denen die Zweitsprache gesprochen wird. Erzählenswerte Erlebnisse müssen deshalb zunächst übersetzt werden. Das betrifft u. a. den Wortschatz für Bezeichnungen kulturspezifischer Gegenstände, Speisen, Aktivitäten etc. und vor allem auch damit verbundene Emotionen. Gleichzeitig ist es möglich, Kindern mittels Flashcard mit ihren Emotionen auch in ihren anderen Sprachen/quersprachig erzählen zu lassen.
- Die Relevanzpunktsetzung (das Relevante darstellen) kann in den anderen Sprachen eines Kindes aufgrund kulturspezifischer Aspekte anders wahrgenommen und interpretiert werden.
- Kulturspezifisches Wissen, beispielsweise über Feste, Riten und Regeln müssen im Kontext der Zweitsprache erst belebt werden.
- Erzählungen werden häufig in der dominanten Sprache geplant und dann in die Zweitsprache übersetzt.
- Wortschatzlücken können das Erzählen behindern, verlangsamen und durch Pausen schwer verständlich machen.
- Komplexe syntaktische Konstruktionen, wie Nebensatzstrukturen, müssen deutlich vereinfacht werden.
- Lernende bedürfen der aktiven Unterstützung kompetenter Hörer:innen.

Wie weit die kindliche Erzählfähigkeit in den Sprachen eines Kindes ausgebildet wird, hängt von der Anregung ab, die es in seinem Umfeld bekommt. Studien zeigen, dass die Kindergartenzeit und die damit verbundenen Erwerbsbedingungen einen wichtigen Beitrag für die Erzählfähigkeit leisten. Sechsjährige, die den Kindergarten ab ihrem dritten Lebensjahr besuchten, erzählten Geschichten auf eine kohärentere und kohäsivere Art und Weise als Kinder, die vor der Einschulung in die Grundschule den Kinderarten nicht besucht haben (vgl. Fekonja-Peklaj, Marjanovič-Umek & Kranjc, 2010). Aus den über Medien erzählten Geschichten können

Strukturen und Mitteilungsweisen des Erzählens nur schwer übernommen werden, da sie dort selten deutlich herausgearbeitet werden. Während Erzähler:innen beim flüchtigen Zuhören nur verstanden werden, wenn sie in der Lage sind, die erzählte Handlung knapp und folgerichtig vor Augen zu führen, lenken die umfangreichen Beschreibungen in literarischen Erzählungen von solchen Strukturen eher ab. Noch stärker verändern die Verfahren der Bildführung in audiovisuellen Darstellungen das übersichtliche Erzählschema.

> Kinder sind zunächst auf persönliche Erzählungen angewiesen, um die Gesetzmäßigkeiten des Erzählens zu durchschauen und selbst anzuwenden. Mit wachsender Beherrschung können auch die Strukturen literarischer und medialer Darstellung durchschaut und geordnet werden. Das Hören von Erzählungen, noch mehr das eigene aktive Erzählen hilft deshalb, mediale Erzählungen zu durchschauen und zu verarbeiten (Becker-Textor & Michelfeit, 2000).

7.2.2 Was macht das Erzählen so kommunikativ?

Insgesamt wird das Verstehen von Erzählungen dadurch erleichtert, dass der:die Erzähler:in den Text stets an den Reaktionen der Zuhörer:innen entlang improvisiert. Seine:ihre Sprache wird notwendigerweise vom alltäglichen Sprachgebrauch abweichen, aber anders als der stilisierte Schrifttext wird er:sie die Erzählungen immer wieder an die Sprachfähigkeit der Hörer:innen angleichen. Wo er:sie bemerkt, dass er:sie sie nicht mehr verstehen, wird er:sie die Aussagen in anderen Worten wiederholen und sich in der Diktion an die Hörer:innen anzunähern versuchen.

7.2.3 Kinder zum Erzählen bringen

Erzählungen regen Kinder an, sich selbst im Erzählen zu versuchen. Motivierend wirken hier Formulierungen wie: »*Ich habe euch etwas erzählt, jetzt bin ich auf eure Erzählungen gespannt ...*« Solche Angebote können in ein spielerisches Ritual eingebettet werden, z. B. indem man einen Erzählerstuhl einführt, eine Erzählermütze oder ein anderes bewegliches Zeichen, was den:die Erzähler:in als solche:n markiert. Mehrsprachige Kinder können ihre Geschichte auch in verschiedenen Sprachen erzählen. So sind Kinder, die zuhören, auch eingeladen, den verschiedenen Sprachen zuzuhören, gerade weil sie damit fremde Klänge und Sprachen aufnehmen. Es lässt sich daraus ein Ratespiel konstruieren, indem die übrigen Kinder berichten, was sie sich vorgestellt haben.

Lesetipps:
János Lackfi, Tamás Ijjas et al. (2020). *Die kürzesten Geschichten der Welt.* Helvetiq.
Lulu Lima & Jana Glatt (2021). *Die Eule hat es mir erzählt: Die seltsamsten Geschichten aus der Natur.* Helvetiq.
Carson Ellis & Jess Jochimsen (2017). *Wazn Teez?* NordSüd Verlag.
Tanja Esch (2021). *Wahrheit oder Quatsch?* Klett Kinderbuch.

7 Mehrsprachige Bildung und Biliteralität

Aufgabe: Erzählen in einer Fantasiesprache

Finden Sie sich in einer Gruppe von Kolleg:innen zusammen. Erzählen Sie sich gegenseitig eine Geschichte in einer Fantasiesprache. Dabei achten Sie bitte darauf, dass Sie Gefühle mit Lauten vermitteln und Mimik und Gestik einsetzen, um den Handlungsverlauf der Geschichte zu vermitteln. Eckpunkte der Geschichte werden den Erzählenden vorgegeben, wie in diesem Beispiel:
»Eine Familie mit zwei Kindern im Kindergartenalter geht am Wochenende in den Zoo. Dabei sehen sie Elefanten, Löwen und Affen und haben viel Spaß miteinander. Dann essen die Kinder Eis, dabei fällt einem Kind sein Eis aus der Hand. Darüber ist es sehr traurig und weint noch lange auf dem Nachhauseweg.«

Verstehen ermöglichen

Sprache begleiten heißt auch, Kindern Zugänge zur Sprache zu gewähren, d. h., Verstehen zu ermöglichen bzw. sicherzustellen. Um den Kindern mit unterschiedlichen Sprachkenntnissen die Erzählungen leichter zugänglich zu machen, können verschiedene Elemente einbezogen werden:

- Normalerweise werden sowohl beim spontanen als auch beim geplanten Erzählen diejenigen Handlungselemente in Geste und Spiel herausgehoben, die zentral für das Verständnis der Erzählung erscheinen. Im Wesentlichen sind das die dramatischen Knotenpunkte der Handlung sowie alle Vorgänge, die das Vorstellungsvermögen beanspruchen, Verwandlungen z. B. oder unwahrscheinliche Erscheinungen. Außerdem ist zu beachten, dass in anderen Kulturen die Bedeutung von Gesten abweichen kann. In Bulgarien, Albanien, Griechenland und Indien beispielsweise wird Nicken genau entgegen unserer Verwendung zur Ablehnung oder Verneinung statt zur Bejahung gebraucht.
- Erzählungen werden besser verstanden, wenn Strukturen leichter zu durchschauen sind. So eignen sich Kettenerzählungen, bei denen einfache Episoden variierend aneinandergereiht werden. Spätestens mit dem zwei- oder dreimaligen Durchlauf der Episode durchschauen Kinder die Grundstruktur (Becker-Textor & Michelfeit, 2000). Die Form der Kettenerzählung erlaubt, nach jeder Episode nachzufragen, was die:der Held:in als nächstes tun oder auf wen sie:er treffen wird. Die einfache und übersichtliche Struktur ermöglicht den Kindern das Miterzählen: Machen sie nur einen Vorschlag, ohne selbst zu erzählen, wird die:der Erzähler:in ihn in die Geschichte einfügen. Ist das Kind bereit, die ganze kurze Episode zu berichten, bekommt es dafür das Rederecht überlassen.
- Einfache wiederkehrende Formulierungen im Erzähltext sowie sich in jeder Episode wiederholende wörtliche Reden bieten strukturelle Vorlagen, die gespeichert und für das eigene Sprechen genutzt werden können. Zum Beispiel: »Und wie es so kommen musste …« oder »und abermals …«, »und so ging es tagein, tagaus, tagaus, tagein«.

- In aufeinanderfolgenden Erzählsitzungen können Erzählungen aus vorhergehenden Sitzungen wiederholt werden, indem der:die Erzähler:in zunächst beginnt, bevor er:sie weitere Handlungen gemeinsam mit den Kindern rekonstruiert, oder indem ein oder mehrere Kinder gleich die Erzählerrolle übernehmen und die bereits bekannte Geschichte wiedergeben.
- Wirkungsvolle Sprechanlässe entstehen beim rollenspielartigen Nachspielen der Geschichten, da die Kinder aus der angenommenen Rolle heraus sprechen müssen (und auch sprechen können, weil ihnen das standardisierte Sprachmaterial der Erzählung zur Verfügung steht).
- Aufgrund der hohen Motivation der Kinder können sie meist auch angeregt werden, nach dem Hören der Geschichten eigene Geschichten zu erzählen. Um das zu unterstützen, werden die erwähnten Spielarrangements verwendet (wie beispielsweise ein »Erzählerstuhl« oder »Erzählerhut«).

Modalitäten, die beim Erzählen zur expliziten Verständigung gerade auch in mehrsprachigen Kontexten genutzt und variiert werden können, sind: die Stimme, die Kommunikation über Körpersprache und Elemente wie Empathie und Begeisterung, mit denen Beziehung und Nähe hergestellt werden können.

Stimme

- Über das Sprechen erhält die Sprache ihre sinnliche Qualität zurück, beispielsweise durch Rhythmus, Klang, Tonhöhe, Lautstärke, Timbre, Satzmelodie, Betonung, Akzentuierungen, Artikulation.
- Auch das Verstummen gilt als Erzählwert.
- Die soziale Funktion der Stimme liegt im Herstellen von Beziehungen. Stimme drückt Freundlichkeit, Sympathie, Verbindlichkeit aus. Sie kann neugierig machen oder Trost schenken.

Körpersprache

- Exponiert ist die Position des Gesichts: »Sprechend ist unser Gesicht ein Antlitz, ein Entgegenleuchtendes« (Trabant, 2009, S. 34). Was kann ein Gesicht erzählen, wenn der Mund verstummt? Es kann Worte Lügen strafen, ein Gesicht kann enthüllen, was das Wort zu verbergen versucht.
- Augen vermögen den Zuhörenden subtil zu fesseln: In ihrem Leuchten, Flackern, Verdüstern, Strahlen, Erstarren, Flunkern, Blitzen öffnen sie Gefühlswelten.
- »Die Kopplung von sprachlichen und körperlichen Impulsen kann Sprache nachhaltig im Gedächtnis verankern« (Lwin zitiert nach Lander, 2017, S. 89).

Begeisterung und Empathie

- Die inhaltliche und formale Ausgestaltung einer Geschichte wird modelliert durch die Beziehungen, die Erzählende und Zuhörende während des Erzählens zur Geschichte und untereinander aufbauen.

- Die Intensität der Beziehung wird über Begeisterung und Empathie erzeugt.
- Die Begeisterung entsteht nicht über eine Vielzahl von Reizen, sondern wird in der »Entdeckung der Langsamkeit« geweckt und von Spannung und emotionaler Suggestion getragen (Carrière & Bonitzer, 2002, S. 101).
- Erzählen entschleunigt durch Muße und Gelassenheit mit einem offenen Zeithorizont und lebt durch Empathie im Sinne von Offenheit und Zuwendung.
- Erzählstunden sind vorbehaltlose Zuwendung von Erzählenden, die wie ein warmes Bad einen Schutzraum bieten.
- Die Empathie des Erzählenden ermöglicht ein kontinuierliches Prüfen und Sicherstellen der kommunikativen Verständigung. Wird er:sie nicht verstanden, wird innegehalten, wiederholt, verlangsamt, durch Bilder, Mimik, Gestik und Zeigegesten Verständigung hergestellt. Dabei kann der Erzählmodus an die Zuhörer:innen individuell angepasst werden.

Aufgabe zu Sprachroutinen: »Es war einmal – ein mehrsprachiges Märchen«

Bitte suchen Sie sich mit Hilfe von Internet-Lexika einige Schlüsselwörter einer Erzählung in den verschiedenen Sprachen Ihrer Bezugsgruppe heraus. Nutzen Sie diese in der Einführung von Erzählroutinen regelmäßig. Beispiel:

Beginn: »Es war einmal und ist nicht mehr/once upon a time/c'era una volta/bir varmış bir yokmuş ...«
Mitte: »Und dann/o zaman/potem/atëherë«, »plötzlich/suddenly/tūrán«
Ende: »und wenn sie nicht gestorben sind, so leben sie noch heute/og de levede lykkeligt, til deres dages ende/ki ézisan afti kalá ki emis kalýtera/aa fák a-n ti'itá-r akóo doo-rén na alki'íit«

Erzählanfänge in unterschiedlichen Sprachen:
Es war einmal
Once upon a time
Erase una vez (Spanisch)
Il était une foi (Französich)
жила-была/жил-был (Russisch) Schila-bila/Schil bil
Bir varmış bir yokmuş (Türkisch) (Es war einmal/es war keinmal)
كان يا مكان (Arabisch) Kanja makan
Olipe kerran (Finnisch)
Det var en gång (Schwedisch)

7.2 Erzählen

Schneewittchen heißt auf

- Albanisch: Borëbardhë
- Englisch: Snow White
- Französisch: Blanche-Neige
- Italienisch: Biancaneve
- Japanisch: Shirayukihime
- Niederländisch: Sneeuwwitje
- Polnisch: Królewna Śnieżka
- Portugiesisch: Branca de Neve
- Rumänisch: Alba ca zăpada
- Schwedisch: Snövit
- Spanisch: Blancanieves
- Türkisch: Pamuk Prenses
- Ungarisch: Hófehérke

Nachbereitung von erzählten Geschichten

Die erzählten Geschichten werden auch bei ausgeprägter gestischer Erzählweise kaum mit dem ersten Erzählen vollständig aufgenommen. Sie können auf verschiedene Weise nachbereitet werden und sich dadurch besser einprägen. Es empfiehlt sich zunächst, bereits erzählte Geschichten unter Beteiligung der Kinder auch in ihren Sprachen zu wiederholen.

- Dabei kann die Erzählung mit den Kindern rekonstruiert werden, indem man den Einstieg erzählt und dann den Fortgang erfragt.
- Eine wichtige Form der Nachbereitung, die das Verständnis sichert und zugleich die Fantasie anregt, stellt das Nachspielen in Form von Rollenspielen dar. Dabei wird der Einstieg der Geschichte noch einmal erzählt, um das Spiel zu initiieren, und fügt immer dann erzählende Sätze ein, wenn Kinder ins Stocken geraten. Häufig ergeben sich beim Nachspielen witzige Abwandlungen und überraschende Einfälle.
- Aufgefordert, zur Geschichte zu malen, werden Kinder die Szenen herausgreifen, die sie am stärksten beeindruckten. Die Zeichnungen können hingegen wieder zur Rekonstruktion der Story benutzt werden, indem sie in der Reihenfolge der Handlung aufgehängt werden und an die gehörte Geschichte erinnern. Sie lassen sich auch zu einem selbstgemachten Bilderbuch zusammenfügen.
- Schließlich können eigene Geschichten als Vorlagen für kleine Medienprojekte dienen. Neben dem schon erwähnten Erstellen eines eigenen Bilderbuches bietet sich vor allem die Herstellung eines Hörspiels an, die relativ rasch und ohne großen technischen Aufwand zu leisten ist.

Pädagogisches Fazit

Eine kontinuierliche Förderung der Biliteralität ist entscheidend, um Kindern mittels des Kennenlernens konzeptioneller Schriftlichkeit an dekontextualisierte Sprache zu führen, um so erste Zugänge zur Schulsprache Deutsch zu ermöglichen.

7.3 Zusammenfassung

Biliteralität, unterstützt durch das Erzählen von Geschichten, oder dialogisches bzw. klassisches (Vor-)Lesen bietet Kindern die Möglichkeit, sich mit konzeptioneller Schriftlichkeit vertraut zu machen. Konzeptionelle Schriftlichkeit ist dekontextualisierte Sprache und unterscheidet sich vom mündlichen Sprachgebrauch. Schriftliche Sprache ist der Schul-, Fach- und Bildungssprache näher als mündlicher Sprachgebrauch. Insbesondere in Deutschland wird Biliteralität in Institutionen wenig befördert und somit verhindert, dass Kinder in all ihren Sprachen literale Erfahrung machen können. Wichtige Bildungsbereiche und klassische Literatur in ihren Erstsprachen bleiben ihnen somit verwehrt.

7.4 Literatur zur Vertiefung

Becker-Textor, I. & Michelfeit, G. (2000): *Was Kindergeschichten erzählen. Kindern zuhören – Kinder verstehen lernen.* München: Don Bosco.
Claussen, C. & Merkelbach, V. (1995): *Erzählwerkstatt.* Braunschweig: Westermann.
Feneberg, S. (1994): *Wie kommt das Kind zum Buch? Die Bedeutung des Geschichtenvorlesens im Vorschulalter für die Leseentwicklung von Kindern.* Neuried: Deutsche Hochschuledition.
Kohl, E.-M. (1995): *Spielzeug Sprache. Ein Werkstattbuch.* Neuwied: Luchterhand.
Kraus, K. (2005): Dialogisches Lesen – Neue Wege der Sprachförderung in Kindergarten und Familie. In: S. Roux (Hrsg.): *PISA und die Folgen. Sprache und Sprachförderung in Kindergarten.* Landau: Empirische Pädagogik, S. 109–129.
Kraus, K. (2008): *Beobachtungsstudie über Vorlesen in Kindergärten: Was ist dialogisches Lesen? Kann es die Sprachfähigkeit von Kindern fördern? Wie wird es in deutschen Kindergärten angewendet?* Saarbrücken: VDM Verlag Dr. Müller.
Lackfi, J., Ijjas, T. & Gianotti, M. (2020). *Die kürzesten Geschichten der Welt.* Basel: Helvetiq.
Merkel, J. (2000): *Spielen, Erzählen, Phantasieren. Die Sprache der inneren Welt.* München: Kunstmann.
Rodari, G. (1992): *Grammatik der Phantasie. Die Kunst Geschichten zu erfinden.* Leipzig: Reclam.
Starzinsky, I. (2020). *Die Märchenbox. Erfinde deine eigenen Geschichten.* London: Laurence King Publishing Ltd.
Wieler, P. (1997): *Vorlesen in der Familie. Fallstudien zur literarisch kulturellen Sozialisation von Vierjährigen.* Weinheim & München: Juventa.
Zevenbergen, A. A. & Whitehurst, G. J. (2003): Dialogic Reading: A Shared Picture Book Reading Intervention for Preschoolers. In: A. van Kleeck, S. A. Stahl & E. B. Bauer (Hrsg.): *On Reading Books to Children. Parents and Teachers.* Mahwah, New York & London: Erlbaum, S. 177–202.
Link zu einer Sammlung von neun Märchen der Brüder Grimm in verschiedenen Sprachen (z. B. Albanisch, Portugiesisch, Kroatisch, Türkisch): https://www.grimmstories.com/
https://www.verband-binationaler.de/fileadmin/user_upload/Regionalgruppen/nrw/Oma_Opa_erzaehlen-Broschuere.pdf
https://www.lesen-in-deutschland.de/html/content.php?object=journal&lid=1255
https://www.ndr.de/fernsehen/barrierefreie_angebote/leichte_sprache/Maerchen-in-Leichter-Sprache,maerchenleichtesprache100.html

8 Mehrsprachige Bildung durch Zusammenarbeit mit Eltern

Die Frage, wie eine kooperative Teilhabe von Eltern an institutionellen Erziehungsprozessen gelingen kann, ist aus der Sicht einer Institution, beispielsweise einer KiTa, gestellt. Eltern würden danach fragen, wie sie ihren verschiedenen Rollen, etwa der als Eltern, Partner:innen, Erwerbstätige gerecht werden können und welche professionelle Unterstützung sie von Kindertageseinrichtungen dabei erhoffen können und erwarten dürfen. Hilfreich ist, wenn pädagogische Mitarbeiter:innen in elementarpädagogischen Einrichtungen sich fragen, was Eltern brauchen, welche Selbstverständnisse, Befindlichkeiten und Bedürfnisse Eltern in verschiedenen Lebenswelten haben und in der Lage sind, ihre eigenen Wünsche eindeutig zu formulieren und nicht stillschweigend als selbstverständlich vorauszusetzen, um auf diese Weise professionelles Handeln zu sichern.

Die Studie *Eltern unter Druck* (Merkle & Wippmann, 2008) hat sich mit Lebenssituationen von Eltern auseinandergesetzt. Die Untersuchung geht von sogenannten »Sinus-Milieus« des sozialwissenschaftlichen Forschungsinstitutes Sinus Sociovision aus und differenziert damit zwischen unterschiedlichen Lebenssituationen von Eltern. Sie zeigt, dass Elternwerden nicht mehr so selbstverständlich zum Lebensentwurf gehört, wie dies noch vor Jahrzehnten der Fall war. Waren Kinder früher selbstverständlicher Bestandteil einer Biografie von Frauen und Männern, so hat sich dies grundlegend verändert. Elternschaft ist heute eine Option unter anderen Lebens- und Partnerschaftsformen geworden. Da das Glück der Elternschaft unter verschiedenen Lebensformen frei wählbar ist, muss auch das »Übel« selbst getragen werden und wird nicht solidarisch geteilt. Elternschaft passt heute mit den besonderen Abhängigkeiten immer weniger in den gesellschaftlichen Mainstream. Zudem hat sich der Anspruch an Eltern in Form einer gelingenden Erziehung, einer anspruchsvollen Partnerschaft und einer (finanziell) verantworteten Elternschaft gewandelt. Eine breite bürgerliche Mitte versucht sich neu zu positionieren und auch von anderen Elternschaften abzugrenzen. Die große Trennungslinie sozialer Abgrenzung verläuft heute zwischen Eltern, die sich aktiv um ihre Kinder kümmern, sie bewusst erziehen und intensiv fördern, und Eltern, die die Entwicklung ihrer Kinder weitgehend »laufen lassen« oder eben Erziehung in professionelle Hände geben. Mit diesen unterschiedlichen Modellen muss ein:e Erzieher:in umzugehen wissen.

Das wichtigste Ergebnis der Studie allerdings deutet an, dass Eltern unter enormem Druck stehen. Sie sind zu großen Teilen verunsichert und versuchen den gestiegenen Anforderungen, die heute an sie gestellt werden, gerecht zu werden. So beherrscht Zeitdruck, Organisations- und Leistungsdruck den Alltag von Eltern. Ein Drittel der Eltern fühlt sich im Erziehungsalltag »oft« bis »fast täglich« gestresst, knapp die Hälfte der Eltern immerhin »gelegentlich«. Bildungsdruck, Erziehungsdruck, die kaum zufriedenstellende Vereinbarkeit von Familie und Beruf, aber auch der finanzielle Druck, den vor allem sozial schwächere Familien erleben, erschweren Eltern den Alltag mit Kindern. Die möglichst frühzeitige Förderung der Kinder, hohe Erziehungsmaßstäbe, hohe Anforderungen an den Beruf und eine reale (oder auch gefürchtete) Arbeitslosigkeit setzen Eltern unter Druck.

Der Studie zufolge benötigen Eltern insbesondere Wertschätzung und Anerkennung. Eine wertschätzende Haltung verbessert das Selbstwertgefühl von Eltern, weckt Vertrauen und bietet die Basis eines Klimas des vertrauensvollen Austausches über das Kind.

> **Fallbeispiel: Djamila, 4;2 Jahre**
>
> Djamilas Familie, von der bereits die Rede war, ist aus Uganda geflüchtet. Sie lebt mit ihren Eltern und vier älteren Brüdern in Berlin-Reinickendorf. In Uganda lebte sie in einem kleinen Dorf. Die Familie spricht miteinander Suaheli. Kaum einer aus der Familie spricht mit Djamila über das Leben in Uganda. Die Eltern sorgen sich um Djamila, als aufgewecktes neugieriges Mädchen erleben sie ihre Tochter nun mehr eher still und in sich gekehrt. Ihre eigenen Sorgen über die Zukunft und das Schaudern über bereits Erlebtes macht ein unbeschwertes Miteinander fast unmöglich. Trotzdem fassen beide Eltern Mut und versuchen, sich täglich den neuen Anforderungen zu stellen. Die Bezugserzieherin von Djamila macht es den Eltern leicht, ihre Tochter in der Einrichtung zu lassen und Vertrauen zu haben. Sie merken, dass auch Djamila sich wohl fühlt und können sich so ihren täglichen Herausforderungen stellen. Sie freuen sich, dass die Erzieherin mehr über das Leben von Djamila wissen will, sind aber gleichzeitig auch unsicher, ob das Erlebte nicht besser einfach ruhen sollte. Trotzdem, die tägliche Freundlichkeit und die herzliche Zuwendung lassen die Eltern zunehmend sicherer werden.

Auch wenn Eltern eine andere Sprache als Deutsch sprechen und/oder andere kulturelle Kontexte gewohnt sind, formen und leben, bilden sie in Bezug auf ihre Nationalität, ihren sozio-ökonomischen Status und ihre ethnischen sowie religiösen Zugehörigkeiten eine heterogene Gruppe. Und trotz dieser Vielfalt gehen mit dem Etikett »Migration« oder »Migrationshintergrund« defizitorientierte und paternalistische Vorurteile einher, die einer guten Zusammenarbeit im Wege stehen können. Deshalb ist es für Erzieher:innen wichtig, sich eigener Urteile und Vorurteile bewusst zu werden, um eine professionelle offene Haltung gegenüber Verschiedenheit und Fremdheit zu erlangen bzw. immer wieder erneut darum zu ringen.

> **Aufgabe**
>
>
> Schließen sie bitte kurz die Augen. Wie sieht für Sie ein:e typische:r Migrant:in aus? Haben Sie Präferenzen im Kopf? Unterscheiden sich Migrant:innen von Ihnen? Worin?

> Hinweis für die Auswertung: Bilder, die Ihnen jetzt durch den Kopf gehen, sind Ihre (Vor-)Urteile. Versuchen Sie, sich die soziale Erwünschtheit zu vergegenwärtigen und mit den Bildern in Ihrem Kopf zu kontrastieren.
> Suchen Sie in einem nächsten Schritt bitte Zeitungsartikel aus der Lokalpresse zu Migrant:innen allgemein, zu Sinti und Roma und zum Thema »Fachkräftemangel«. Welche Personen werden abgebildet? Wie wirken diese Bilder auf Sie?

Welche Gemeinsamkeiten gibt es zwischen zugewanderten Familien im Unterschied zur deutschen Majorität? Laut einer Studie von Schepker & Cierpka (2009) müssen Familien mehr Stress, Konflikte und soziale Benachteiligung, Identitätskonflikte, Kulturkonflikte und Modernitätskonflikte durch die Migration in ein modernes Industrieland bewältigen. Leyendecker und De Houwer (2011) formulieren vier Erfahrungen, die alle Familien, die in westliche Industrienationen einwandern, teilen:

Erfahrungen von Einwandererfamilien (nach Leyendecker und De Houwer, 2011)

1. Sie sind eine selektive, mobile Gruppe von Menschen, die es gewagt hat, in ein anderes Land aufzubrechen, in der Hoffnung auf bessere Lebensumstände.
2. Sie haben fast alle ihre Wurzeln in soziokulturellen Kontexten mit einer eher interdependenten Orientierung, während sie in Länder einwandern mit einer eher independenten Orientierung. Zur Erklärung: Eine interdependente Orientierung bedeutet bei Keller (2011), dass Personen insbesondere im Familienverband eng miteinander verbunden sind. Soziale Beziehungen, Normen, Rollen und Solidarität mit der Gruppe sind wichtiger als individuelle Wünsche. Geschlecht, Alter, Loyalität spielen eine große Rolle. Ziel ist eine harmonische soziale Beziehung. Eine independente Orientierung beschreibt hingegen eine Haltung, bei der die individuelle Entwicklung im Zentrum steht. Das Individuum mit seinen Talenten und besonderen Charakterzügen unterscheidet sich grundsätzlich von anderen. Soziale Beziehungen, auch familiäre Bindungen sind egalitär, freiwillig und kündbar. Ziel ist die individuelle Selbstverwirklichung.
3. Eltern müssen sich in Hinblick auf ihre Kinder mit den kulturellen Diskrepanzen von Herkunfts- und Aufnahmeland auseinandersetzen sowie positionieren. Zugewanderte Familien haben oft nur erschwerten Zugang zu außerfamiliären Ressourcen in der Unterstützung zur Erziehung und Betreuung ihrer Kinder. In dieser Situation kommen dem Wohnumfeld und der Nachbarschaft besondere Bedeutung zu.
4. Generell ist zu beobachten, dass Zugewanderte nur wenig Unterstützung in ihrer Neuorientierung bekommen. Kindertageseinrichtungen können die Aufgabe wahrnehmen, zu beraten und zu informieren.

In allen inter- und transkulturellen Kontexten geht es um den Umgang mit kultureller Differenz und Gemeinsamkeit, der Anders-, Fremd- oder Gleichheit. Ein solcher Umgang soll in anerkennender, respektierender und verstehender Weise gedacht sein. Hamburger (2000) zufolge sollte interkulturelle Kompetenzentwicklung zur Differenzierung von Selbst- und Fremdverständnissen beitragen. Mit dem Begriff »interkulturell« bezeichnet Mecheril (2004, S. 298) »Situationen, in denen unterschiedliche kollektive (Imaginations-)Praxen der Differenz und Ungleichheit miteinander in Kontakt kommen, wobei dieser Kontakt immer in einem konkreten sozialen Raum stattfindet und somit nicht ›frei‹, sondern vom Kontext der Begegnung präformiert ist.« Der versuchte professionelle Umgang mit dem Anderen, dem Fremden kann zu Unsicherheiten führen. Betont wird immer wieder die Fähigkeit, Fremdheit reflexiv offen und sensibel zu entgegnen. Dennoch bleibt das Paradox, welches aufgelöst werden muss, kulturell sensibel, empathisch und das Fremde verstehend als angemessene professionelle Reaktion anzuerkennen und einzufordern, wo doch der Andere gerade different und eben nicht verstehbar ist, empathische Fähigkeiten eben genau per Definition ihre Grenze haben. Mecheril versucht dieses Dilemma aufzuheben, indem er als allgemeines Ziel das Anerkennungshandeln im Kontinuum von Verstehen und Nicht-Verstehen festlegt. Anerkennung umfasst dabei zwei Momente: »Identifikation« und »Achtung«. »An-Erkennung beschreibt [demnach] eine Art von Achtung, die auf einem Erkennen gründet. Um jemanden zu achten, ist es notwendig, ihn und sie zunächst erkannt zu haben« (Mecheril 2004, S. 300).

> **»Aber die Eltern kommen ja nicht!«**
>
> Eine Möglichkeit, mit Eltern in Kontakt zu kommen, ist, eine mehrsprachige Bibliothek in der KiTa aufzubauen, aus der sich Kinder und Eltern Bücher ausleihen können. In Kombination mit Nachmittagen zum dialogischen Lesen kann dem Austausch Raum gegeben werden (▶ Kap. 7).

Kinder aus Migrationsfamilien werden mit Gegensätzen und Widersprüchen zwischen häuslicher und außerhäuslicher Umwelt hinsichtlich bestimmter Werte, Einstellungen und Verhaltensweisen konfrontiert. Migrationsfamilien sind gezwungen, sich mit diesem Anderssein auseinanderzusetzen und sich zu positionieren. In Deutschland trennt man sich nur schwer von der Vorstellung, dass »man Deutscher nicht allein durch die Geburt in diesem Land (ius soli), sondern vor allem durch die Zugehörigkeit zum Deutschen Volk (ius sanguinis) wird« (Leyendecker & De Houwer, 2011, S. 190). Somit haben es insbesondere Kinder, deren Erscheinungsbild nicht der deutschen Majorität entspricht, die aber in Deutschland geboren sind, schwer, sich als Deutsche unter Deutschen zu fühlen. Für Pädagog:innen ist es unabdingbar, Eltern darin zu bestärken, ihre eigene Herkunftskultur wertzuschätzen und diese an ihre Kinder weiterzugeben. Auf diese Weise können Eltern

> »für ihre Kinder Akkulturation im Sinne von Akkommodation – dem funktionalen und adäquaten Umgang mit der Aufnahmegesellschaft, dem Beherrschen der Sprache, der Umgangsformen und anderem mehr – bei gleichzeitig hoher emotionaler Identifikation mit der Herkunftsgesellschaft anstreben« (Suarez-Orozco & Suarez-Orozco, 2001, zitiert nach Leyendecker & De Houwer, 2011, S. 190).

Harwood et al. (2002, S. 34, zitiert nach Leyendecker & De Houwer, 2011, S. 191 f.) kommen zu dem Schluss,

> »dass [...] Eltern, die eine starke ethnische Identifikation aufrechterhalten und die die Fragen, die mit Ethnizität und ihrem Status als eine Minorität verbunden sind, offen mit ihren Kindern diskutieren, sowohl sich selbst als auch ihre Kinder mit einem wichtigen Schutz gegenüber den negativen Erfahrungen, die mit dem Minoritätsstatus verbunden sind, ausstatten.«

Allerdings verändert sich auch die Herkunftskultur, verringert sich der Austausch zum Herkunftsland, können kulturelle Eindrücke fossilieren und haben mit der gegenwärtigen Kultur im Herkunftsland mitunter nur noch wenig Deckungsgleichheit.

Während bisher nur unterschieden wurde zwischen Kindern, die einsprachig oder mehrsprachig aufwachsen, soll im Folgenden dargestellt werden, in welchen Konstellationen das Aufwachsen mit mehreren Sprachen überhaupt praktiziert wird. Zunächst einmal gilt, dass in den allermeisten zugewanderten Familien diejenige Sprache, die zu Hause gesprochen wird, nicht die Sprache der Aufnahmegesellschaft und damit der Mehrheitsgesellschaft darstellt. In vielen Diskussionen wird darum gerungen, welche Sprachen die Kinder lernen sollten und was praktisch umsetzbar erscheint. In mehrsprachigen Lernkonstellationen werden Sprache und Sprachkompetenz sichtbar. Unterschiedliche Sprachen nehmen unterschiedliche Rollen im Leben einer Familie ein.

Die Wahl der Sprache, in der kommuniziert wird, hat Einfluss auf die Beziehung zwischen den Gesprächspartner:innen; entscheiden sich Eltern dafür, mit ihren Kindern nur noch eine Sprache zu sprechen, bleibt die Beziehung zum Kind davon nicht unberührt (De Houwer, 2009).

Klärungsbedarf dürften manche Eltern dahingehend haben, dass sie die Beobachtung und damit verbunden manchmal die leidvolle Erfahrung machen, dass sie selbst ihre Kinder zwar in der Familiensprache (die nicht gleich ist mit der Umgebungssprache) ansprechen, die Kinder aber konsequent in der Umgebungssprache antworten. Auch wenn Eltern dies nicht sonderlich stört, erscheint es ihnen doch oft seltsam und mag zu unangenehmen Gefühlen führen bis dahin, dass Eltern sich und ihre Sprache vom Kind abgelehnt fühlen. Hier besteht Aufklärungsbedarf. In Studien konnte ermittelt werden, dass zwischen 25 und 40 % der Kinder zwar die Sprache der Eltern versteht, aber selbst nicht aktiv verwendet (De Houwer, 2007; Portes & Hao, 1998). Solche bilingualen Diskursstrategien der Kinder sind dann beobachtbar, wenn Eltern beide Sprachen verstehen und das Verhalten der Kinder zulassen. Für Kinder besteht dann kein sozialer oder kommunikativer Grund, die Familiensprache aktiv zu verwenden. Somit stellt die Umgebungssprache in der Rolle einer Majoritätssprache durchaus eine Gefahr für den Gebrauch der Familiensprache und damit eine Gefahr für die Eltern-Kind-Beziehung dar (De Houwer, 2009). Auch wenn Kindertageseinrichtungen nicht die Möglichkeit einräumen können, Familiensprachen aktiv zu fördern, können sie mit Eltern nach gemeinsamen Wegen suchen, Familiensprache im Gebrauch und Erwerb zu unterstützen und zu fördern.

> **Fallbeispiel: Denis, 5;2 Jahre**
>
> Denis ist der jüngste von vier Brüdern und lebt mit seiner Familie in Hamburg. Die Familie ist vor 20 Jahren aus der Ukraine migriert, beide Elternteile sprechen Ukrainisch und Russisch mit ihren Söhnen. Die Eltern sind beruflich sehr eingespannt, so verbringt Denis viel Zeit mit seinem Onkel in einem Schrebergarten. Manchmal sind die Eltern doch verunsichert, weil Denis gar kein Interesse daran zeigt, Ukrainisch noch Russisch zu sprechen. Sie freuen sich sehr, dass Denis mittlerweile so gut Deutsch spricht, viel besser als sie selbst. Dennoch, das Nichtsprechen von Denis wirkt wie eine Entfremdung zur eigenen Identität. Der eigene Sohn, der eine ganz andere Kindheit erlebt, eine andere Sprache spricht als die eigene, das irritiert. Wertvoll und beruhigend empfinden die Eltern es deshalb, dass die KiTa solch großen Wert darauf legt, die Herkunftskultur der Eltern zu thematisieren, durch Literatur und Essen teilweise auch zu leben, dadurch wird ein wichtiger Teil in ihnen nicht einfach unsichtbar und sie merken, dass sie stolz sind auf ihre eigene Multikulturalität.

Folgende fünf Konstellationen sind für den familiären Sprachgebrauch zugewanderter Familien ermittelt worden (Chilla, Rothweiler & Babur, 2010; 2013; vgl. dazu außerdem Moin, Schwartz & Breitkopf, 2011; Şimşek & Schroeder, 2011):

1. Beide Eltern benutzen die Familiensprache (nicht Umgebungssprache) zu Hause.
2. Ein Elternteil spricht beide Sprachen, ein Elternteil nur die Familiensprache.
3. Ein Elternteil spricht nur die Familiensprache und ein Elternteil spricht nur die Sprache der Mehrheitsgesellschaft mit den Kindern.
4. Beide Eltern sprechen sowohl die Familiensprache als auch die Sprache der Mehrheitsgesellschaft mit ihren Kindern.
5. Ein Elternteil spricht beide Sprachen, ein Elternteil nur die Sprache der Mehrheitsgesellschaft.

Studien zeigen, dass zum Erlernen der Familiensprache insbesondere die Konstellationen 1 und 2 von Vorteil sind. In den Konstellationen 3 und 4 haben etwa 75 % der Kinder die Familiensprache aktiv gesprochen, in der Konstellation 5 waren es nur noch 35 % der untersuchten Kinder (De Houwer, 2007). Als entscheidend für den erfolgreichen Erwerb einer Sprache gilt die Inputfrequenz.

> **Aufgabe**
>
>
>
> Stellen Sie Eltern die Frage, wie sie ihre Mehrsprachigkeit mit ihren Kindern leben, was sie sorgt dabei, was ihnen Freude macht und was ihnen auffällt.

Während in der öffentlichen Diskussion häufig die Frage gestellt wird, welche Bedingungen einen erfolgreichen Erwerb der Mehrheitssprache begünstigen, wurde in diesem Abschnitt die Frage umgekehrt gestellt, nämlich, welche Konstellationen gute Bedingungen für den Erwerb der Familiensprache bieten. Wir vertreten die Auffassung, dass die günstigsten Entwicklungsbedingungen für Kinder in der Stärkung der Eltern-Kind-Beziehung und damit im Bindungsverhalten und der Identitätsbildung liegen. Weil der Sprachengebrauch und mit ihm die reale Quersprachigkeit hier ganz wesentlich Einfluss nimmt, ist es bedeutsam, die Familiensprache zu unterstützen und zu fördern. Krippen und Kindertageseinrichtungen sind die geeigneten Orte, um den Kindern die Mehrheitssprache in ihrem unbezweifelbaren kommunikativen Wert nahezubringen.

Als *Heritage language speakers* werden mehrsprachige Individuen bezeichnet, die ihre Umgebungssprache auf muttersprachlichem Niveau beherrschen und in ihrer Herkunfts- bzw. Erstsprache (*Heritage language*, HL) keine muttersprachliche Kompetenz besitzen. *Heritage language learners* sind Menschen, die ihre *Heritage language* (erneut) lernen. Obwohl der Mikrozensus 2009 des Statistischen Bundesamtes ergab, dass 19,6 % der Bevölkerung der Bundesrepublik Deutschland (16 Millionen) einen Migrationshintergrund besitzt und demnach die Gruppe bildet, aus der die meisten HL-Sprecher:innen stammen, ist dieser Mehrsprachigkeitstyp in Deutschland bisher vergleichsweise schlecht untersucht. Forschungsfragen sind: Was sind die Gemeinsamkeiten und Unterschiede zwischen HL-Varietäten in den klassischen Einwanderungsländern und in Deutschland? Was sind die Charakteristika einer unvollständig erworbenen Erstsprache, verglichen mit L1- und L2-Lernervarietäten bzw. einer vom Sprachverlust im Erwachsenenalter betroffenen Varietät (Schmid & Keijzer, 2009).

8.1 Gespräche und Beratung

Elterngespräche und Beratungen sind im Alltag von Pädagog:innen wesentlich (vgl. Niebuhr-Siebert, 2021).

Inhaltlich haben mehrsprachige Familien häufig Fragen zum mehrsprachigen Aufwachsen und Erziehen. So zeigen Studien, dass sich ein substanzieller Teil der Eltern mit Migrationshintergrund in der mehrsprachigen Erziehung unsicher fühlt und um die sprachliche Entwicklung seiner Kinder besorgt ist, zugleich aber nur wenig niedrigschwellige Beratungsangebote existieren. Unsicherheit besteht beispielsweise im familiären Umgang mit Mehrsprachigkeit, in Fragen zum Erwerb mehrerer Sprachen. Eltern machen sich Sorgen im Hinblick auf einen erfolgreichen Mehrsprachenerwerb. Eltern sind insbesondere unsicher in ihrer Rolle als Sprachvorbild im Sinne der Sprachenverwendung je nach Situation und Gegenüber. Zudem weisen die Eltern einen hohen Informationsbedarf hinsichtlich der mehrsprachigen kindlichen Entwicklung auf.

Formal sollten in Beratungsgespräche die folgenden vier Dimensionen kultureller Kompetenz beachtet werden: migrationsspezifisch, kulturspezifisch, psychologisch sowie sozial und sozialstrukturell (Pavkovic, 1999, zitiert nach Westphal, 2009, S. 96; ▶ Tab. 16).

Tab. 16: Dimensionen kultureller Kompetenz

migrationsspezifisch	psychologisch – pädagogisch
Die migrationsspezifische Dimension berücksichtigt die gesellschaftliche Dynamik asymmetrischer Beziehungen im Mehrheiten-/Minderheitenverhältnis, die Erfahrung von Diskriminierung und Rassismus, die Motivationen, Formen und Verläufe von Migrationen, die gesellschaftliche Partizipation und Integration sowie Prozesse von Zugehörigkeit und Ausgrenzung.	In der psychologischen und pädagogischen Dimension ist das Verstehen von psychodynamischen Prozessen in zwischenmenschlichen Beziehungen wie u. a. Familiendynamiken, geschlechts- und altersspezifische Entwicklungstypiken, Stereotypenbildungen, Wirkungen von Vorurteilen sowie eigene Schulerfahrungen zu erfassen.
kulturspezifisch	**sozial – sozialstrukturell**
Die kulturspezifische Dimension bezieht sich auf relevante Formen der alltäglichen sozialen Praxis wie soziokulturelle Milieus, soziale Rollen von Frau und Mann, Religion, Sprache, Kommunikationsstile und -formen, Verhältnis zu Zeit, zur Natur, zum Individuum, kulturelle Selbst- und Fremddortungen, veränderte Einwandererkulturen sowie Jugendkulturen.	Die soziale und sozialstrukturelle Dimension hat den Einfluss der sozialen Lebensbedingungen im konkreten Alltag wie soziale Lage, Wohn- und Einkommensverhältnisse, berufliche Situation, soziale Netze im Lebensumfeld /Stadtteil etc. zu berücksichtigen.

Wenn im Kontakt mit zugewanderten Familien sprachliche und kulturelle Hindernisse überwunden werden müssen, ist es sinnvoll, Vermittlungspersonen um Hilfe zu bitten, beispielsweise aus dem Kreis von Kolleg:innen oder dem Bekannten- bzw. Verwandtschaftskreis der Eltern. Im besten Fall können Vermittlungspersonen nicht nur sprachliche Übersetzungsdienste leisten, sondern auch soziokulturelle Unterschiede aufklären.

Mit Blickenstorfer (2009, S. 72) können folgende Anforderungen an Vermittlungspersonen formuliert werden (vgl. auch Kroffke & Meyer, 2008):

- Sie beherrschen beide Sprachen und können in beide Richtungen kompetent übersetzen.
- Sie kennen die Lebenssituation von Angehörigen der Sprachgruppen, für die sie agieren.
- Sie sind sich der unterschiedlichen persönlichen, familiären und kulturellen Hintergründe von unterschiedlichen Menschen bewusst.
- Sie kennen das Bildungssystem (und auch Gesundheitssystem) hier und im u. U. relevanten Herkunftsland.
- Sie kennen die hiesigen Institutionen, besonders im Sozialbereich.

- Sie sind pädagogisch ausgebildet oder verfügen sonst über entsprechende Kenntnisse.
- Sie genießen das Vertrauen der Schule oder einer anderen Bildungseinrichtung, wie beispielsweise des Kindergartens und gleichzeitig auch das Vertrauen der Eltern mit Migrationsgeschichte.
- Sie können sich in die Rolle der Eltern und der des Therapierenden gleichermaßen hineinversetzen.
- Sie sind verschwiegen.
- Sie wohnen in der Gemeinde oder Region.

> **Fallbeispiel: Vera, zwei Jahre und sechs Monate alt**
>
> Vera ist das mittlere Kind in einer Familie mit drei Kindern. Beide Eltern sprechen Türkisch mit ihr. Der Vater ist zur Hochzeit aus der Türkei migriert und verfügt über Basiskenntnisse im Deutschen. Veras Mutter ist in Heilbronn als Tochter einer Schneidermeisterfamilie aufgewachsen. Zu Hause sprechen beide Eltern Türkisch mit Vera, wobei die Mutter Migrationstürkisch, der Vater einen ostanatolischen Dialekt spricht. Vera ist seit fast einem Jahr in der KiTa. Ihre besten Freunde sind Claudia (2;9) und Bülent (2;7). Sie sprechen untereinander vorwiegend Deutsch. Generell spricht Vera eher wenig, ist aber den anderen Kindern sehr zugewandt. Auf die Nachfrage der Erzieherin bei der Mutter, ob Vera zu Hause gern und gut Türkisch spricht, reagiert die Mutter zögerlich. Vera macht im Türkischen Fehler und mischt ihr Türkisch auch mit dem ostanatolischen Dialekt des Vaters. Mit ihren Brüdern spricht Vera Deutsch. Die Mutter weiß nicht recht, ob ihr Sprachniveau altersgemäß ist. Sie ist deshalb jedes Mal beruhigt, wenn die Erzieherin sie selbst in ihrer Sorge beruhigt und ihrer Tochter Vera Unterstützung beim Sprechenlernen in der KiTa anbietet.

In der interkulturellen Kommunikationssituation sollten Authentizität und Wahrhaftigkeit bewahrt bleiben. Auch das Gegenüber weiß, dass interkulturell Hürden entstehen können und kann dem reflektiert und wohlgesonnen gegenübertreten. Nachfolgend wird der Versuch unternommen, auf interkulturelle Hürden in beratenden Elterngesprächen aufmerksam zu machen; dennoch besteht genau darin die Gefahr, damit kulturelle Stereotype zu skizzieren.

> Schwierigkeiten in der interkulturellen Kommunikation können zu den bereits genannten Situationen noch hinzukommen und verschiedene Gesprächsebenen betreffen:
>
> 1. die Ebene der sprachlichen Kompetenz,
> 2. die Inhaltsebene,
> 3. die Beziehungsebene und
> 4. die Ebene der nonverbalen Kommunikation.

Ad (1) Die häufigste Schwierigkeit stellt sicher die Kommunikationshürde bei begrenztem sprachlichem Repertoire dar, wenn nicht all dasjenige, was gesagt werden soll, in gewünschten Nuancierungen ausgedrückt werden kann. Zudem können auch Empfänger:innen Feinheiten einer Botschaft entgehen (vgl. Guirdham, 1999, S. 169). So können beispielsweise Ironie oder Nuancen unterschiedlicher Varietäten nur eingeschränkt verstanden werden.

Verschiedene Gesprächskonstellationen sind denkbar, die unterschiedliche, typische Probleme nach sich ziehen können (vgl. Erll & Gymnich, 2011, S. 104). In Konstellation 1 etwa verfügen Sprecher:innen nicht über eine gemeinsame Muttersprache und müssen sich deshalb beide in einer Fremdsprache verständigen. Kommunikationsschwierigkeiten entstehen hier beispielsweise aufgrund eines zu geringen Wortschatzes, Fehlern in der Grammatik und in der Aussprache. Trotzdem dürfte diese Konstellation beide Sprecher:innen für die Kommunikationsprobleme sensibilisieren und Toleranz gegenüber Ausdrucksschwierigkeiten erhöhen. Deutlich schwieriger ist die Konstellation 2, wenn nämlich ein:e Sprecher:in über muttersprachliche Kompetenz verfügt und die andere in der Kommunikationssprache über begrenzte Fremdsprachenkenntnisse. Damit sind dem:der zweiten Sprecher:in Grenzen in der Ausdrucksfähigkeit gesetzt. Von Sprecher:in 1 ist hier besondere Sensibilität gefordert, weil er:sie der:diejenige ist, der:die auf das sprachliche Niveau eingehen kann. In Konstellation 3 bedienen sich die Sprecher:innen lediglich unterschiedlicher Varietäten, was aber ebenfalls zu Kommunikationsschwierigkeiten führen kann.

Ad (2) Kommunikationsprobleme auf der Inhaltsebene treten dann auf, wenn Diskrepanzen hinsichtlich des kulturellen Wissens oder des Werte- und Normensystems der Gesprächspartner:innen bestehen. Auernheimer (2006, S. 147) geht davon aus, dass größere Probleme nur dann zu erwarten sind, wenn ein komplexes Hintergrundwissen relevant wird, z. B. gesellschaftliche Teil- oder Glaubenssysteme. Zu beachten sind hingegen Tabuthemen, die kulturell verschieden belegt sein können und zu erheblichen Kommunikationsschwierigkeiten führen können. So sind in islamischen Kulturkreisen Gespräche über den Körper oder die Sexualität tabuisiert (vgl. z. B. Lüsebrink, 2005).

Ad (3) Probleme auf der Beziehungsebene entstehen durch Missverständnisse in der Interpretation des Verhaltens des Anderen. Entsprechen Verhaltenssignale in Begrüßungen, in der Gesprächsorganisation oder in Strategien der Konfliktbewältigung nicht dem Gewohnten, kommt es zu Irritationen vor allem hinsichtlich der Einschätzung über die eigene Person durch die Gesprächspartner:in (Auernheimer, 2006).

Ad (4) Nonverbale Codes bilden einen wichtigen Teil des Kommunikationsverhaltens ab. Sie können in Wechselwirkung zur mündlichen Kommunikation stehen oder als davon unabhängig interpretiert werden. Für die kulturelle Variabilität nonverbaler Codes fehlt häufig ein Bewusstsein. Gestische und mimische Kommunikation wird oftmals für angeboren gehalten (Heringer, 2004). Zahlreiche Komponenten sind jedoch kulturspezifisch (Erll & Gymnich, 2011). Bereiche nonverbalen Verhaltens sind (▶ Tab. 17): Gestik, Mimik, Blickverhalten, Proxemik (körperlicher Abstand zwischen Gesprächspartner:innen), Haptik (Berührungsverhalten) und paralinguistische Codes (der Gebrauch der Stimme, des Stimmvolumens, der Stimmlage, der Intonation).

Aufgabe

Welche Gesprächskonstellationen sind Ihnen in Ihrer Praxis bereits begegnet und wie haben Sie reagiert? Welche Begrüßungsrituale aus anderen Ländern kennen Sie? Beschäftigen Sie sich damit.

Tab. 17: Ausgewählte Aspekte kulturspezifischen nonverbalen Kommunikationsverhaltens

Nonverbales Verhalten	Besonderheiten
Gestik und Mimik	• große Variation in unterschiedlichen Kulturkreisen • Gefahr der Bildung von Nationalstereotypen: temperamentvolle, stark gestikulierende Südeuropäer:innen vs. unterkühlte, starre Nordeuropäer:innen • Mimik gilt als Anzeichen von Gemütsverfassungen und spiegelt die Einstellung zur:zum Partner:in wider (Heringer, 2004, S. 81). • Neutral wirkende Mimik ist kulturspezifisch geprägt. • Lächeln kann leicht Missverständnisse auslösen, weil es kulturspezifisch divergierende Bedeutungen hat; im westlichen Kulturkreis etwa gilt Lächeln als Ausdruck von Freude, in vielen asiatischen Ländern als Ausdruck von Scham und Befangenheit (Guirdham, 1999).
Blickkontakt	• prägt die Atmosphäre während eines Gespräches nachhaltig, weil Sympathie und Antipathie sowie Zuneigung, Misstrauen und Einverständnis deutlich markiert werden können • Die Dauer und Intensität hängt neben der Kulturspezifik von der Beziehung zwischen Gesprächspartner:innen ab. • In westlichen Kulturkreisen ist zwischen Fremden ein flüchtiger Blickkontakt üblich, »anstarren« gilt als unfreundlich. Blickkontakt ist grundsätzlich aber positiv besetzt, er gilt als Indikator für Aufrichtigkeit. • Viele asiatische Kulturen fassen Blickkontakt als eher unhöflich auf, als Verletzung der Privatsphäre (vgl. Beamer & Varner, 2001). • Im arabischen Kulturkreis ist tendenziell ein intensiverer Blickkontakt festzustellen zwischen gleichgeschlechtlichen Partner:innen, zwischen Frauen und Männern hingegen ist Blickkontakt negativ sanktioniert (Erll & Gymnich, 2011).
Proxemik	• Der von Gesprächspartner:innen als angemessen und angenehm empfundene Raumabstand variiert kulturspezifisch erheblich. • In eher kollektivistischen Gesellschaften Lateinamerikas, Afrikas, des Vorderen Orients, Indiens und Pakistans sind die Abstände eher geringer als in stark individualisierten Gesellschaften wie USA, Deutschland oder Japan (Lüsebrink, 2005, S. 57).
Haptik	• Das Berührungsverhalten der Gesprächspartner:innen hängt vor allem vom Geschlecht und den Beziehung zueinander ab. • In Deutschland sind im öffentlichen Raum weitaus mehr Berührungen zwischen Männern und Frauen erlaubt als in anderen Kulturkreisen üblich. • In asiatischen Kulturkreisen ist das Berühren des Kopfes als Sitz des Geistes eher ein Tabu (Erll & Gymnich, 2011).

Tab. 17: Ausgewählte Aspekte kulturspezifischen nonverbalen Kommunikationsverhaltens
– Fortsetzung

Nonverbales Verhalten	Besonderheiten
	• Händedruck als Begrüßungsgeste wird in manchen Ländern als völlig unüblich, als Eindringen in die Privatsphäre verstanden; er variiert hinsichtlich seiner Intensität stark.

Aufgabe

Überlegen Sie sich nonverbale Handlungsstrategien, die Ihnen bei einem Erstkontakt zu Eltern anderer Kulturkreise dabei helfen, möglichst unmissverständlich zu sein.

Um die speziellen Ausprägungen kultureller Muster bei mehrsprachigen Familien besser verstehen zu können, ist es ratsam, in Elterngesprächen individuelle, familiäre und gesellschaftliche Kontexte zu erfragen (vgl. Hegemann & Oestereich, 2018, S. 18 f.; mit Veränderungen der Autorinnen). Beispielfragen können sein:

Fragen zu individuellen Kontexten:

- Wie ist das Kind aufgewachsen, z. B. sehr behütend, auf frühe Selbständigkeit ausgerichtet?
- Gab es zu verarbeitende, traumatische Ereignisse, z. B. familiäre Trennung, Gewalt, Flucht?
- Müssen oder mussten Krankheiten überwunden werden?
- Wie ist die Bildungsaffinität? Welche Bildungsabschlüsse wurden bei den Eltern erreicht?

Fragen zu familiären Kontexten:

- In welchen materiellen Verhältnissen wächst das Kind auf/ist es aufgewachsen, z. B. in Wohlstand, mit wirtschaftlichem Mangel?
- Wie ist die familiäre Konstellation, z. B. Großfamilie, alleinerziehendes Elternteil, eher gemeinschaftlich oder isoliert, Patchworkfamilie, Pflegefamilie?
- Wie sind Geschlechterrollen verteilt? Macht es einen Unterschied, ob jemand als Mädchen oder Junge aufwächst? Welche Wertschätzung wird den Geschlechtern entgegengebracht?

Fragen zu gesellschaftlichen, historischen und politischen Kontexten:

- Wird die Gemeinschaft, in der ein Kind lebt, geachtet oder unterdrückt? Wird die Gemeinschaft marginalisiert von der Mehrheitsgesellschaft?
- Gab oder gibt es lebensbedrohliche Erlebnisse?

In Kontexten von Migration und kulturellen Weltbildern ist es sinnvoll, Fragen nach der familiären Organisation zu besprechen, um gelungene Beratungssettings herstellen zu können (vgl. Hegemann & Oestereich, 2018, S. 69 f.):

Fragen zur Situation der Familie sind:

- Wer trug die Entscheidung zur Migration? Stehen alle Familienmitglieder in gleicher Weise hinter dieser Entscheidung?
- Hätten andere Entscheidungsoptionen bestanden?
- Welche Perspektiven sehen die Familienmitglieder?

Fragen zur Situation der Kinder:

a) Welche Kinder durften oder mussten mit nach Deutschland? Warum?
b) Welchen Einfluss haben ältere Familienmitglieder im System (z. B. Großeltern) und in welcher Weise tragen sie die Entscheidungen mit?
c) Gibt es Pendelkinder, die zwischen Herkunftsland und Deutschland hin- und herreisen müssen?
d) Wie sind Geschwisterkinder in institutionelle Systeme wie KiTa, Schule, Freizeitvereine integriert?

Fragen zur Familienstruktur:

a) Wer trifft innerhalb der Familie Entscheidungen?
b) Werden anstehende Entscheidungen gemeinsam getroffen, bzw. auf welche Weise werden sie getroffen?
c) Welche Einflussmöglichkeiten haben Partner:innen? Unterstützen Männer eher Männer in der Familie und Frauen eher Frauen?

Fragen zum Beratungsthema:

- Wie erklärt sich jede:r Einzelne in der Familie das Beratungsthema, über das beraten wird?
- Welche Konsequenzen hätten Erklärungen auf der Handlungsebene?

Fragen zu Ressourcen:

- Wer kann aus dem eigenen kulturellen Verbund unterstützend mitwirken?
- Was wird als gelungene Migration empfunden? Welche Beispiele gibt es im Verwandten- und Freundeskreis für gelungene Migration?
- Auf welche Weise würde das Problem gelöst werden, wenn die Familie im Heimatland geblieben wäre?

Die hier zusammengestellten Fragen müssen selbstverständlich variiert und entsprechend angepasst werden. Sie können der diskursiven Annäherung an möglicherweise unterschiedliche kulturelle Einstellungs- und Verhaltensmuster aber dienen. Insbesondere unterstützen sie pädagogische Fachkräfte darin, Wertedifferenzen zu erkennen.

8.2 Formen der Beteiligung

Ziele der Beteiligung von Eltern an institutionellen Lernprozessen sind

1. Eltern für eine Kooperation zu gewinnen,
2. Familien in ihrem Alltag zu unterstützen,
3. Eltern zu qualifizieren,
4. Brücken zwischen vielfältigen Lebenswelten zu schlagen und sich gegenseitig kennenzulernen oder
5. unterschiedliche Interessen im Bildungsbereich zu koordinieren (vgl. Gomolla, 2009, S. 36).

Bestimmte konkrete Formen der Zusammenarbeit in der Praxis können dabei unterschiedliche Ziele verfolgen (vgl. auch Oakes & Lipton, 2003). Bei Misslingen bestimmter Maßnahmen sollte deshalb immer auch danach gefragt werden, welches Ziel eigentlich im Fokus stand, während eine bestimmte Maßnahme erfolgte. Mögliche Formen der Zusammenarbeit zwischen KiTa und Eltern sind in der nachfolgenden Abbildung 19 (▶ Abb. 19) zusammengefasst.

Abb. 19: Formen der Zusammenarbeit zwischen KiTa und Eltern

Hierbei muss betont werden, dass diese Aufgaben i. d. R. nicht allein von Einrichtungen bewältigt werden können. Um diese Formen umzusetzen, ist eine Kooperation mit Institutionen bzw. Vereinen im Stadtteil notwendig, die sich aktiv beteiligen durch kooperative Zusammenarbeit. Eine Form wären beispielsweise sogenannte Bildungsverbünde.

Bei der Unterstützung der Familien, die von materieller Armut und Arbeitslosigkeit betroffen sind, zeigen neuere Studien, dass sich Kinder insbesondere dann gut entwickeln, wenn sie neben karitativen Hilfsangeboten wie kostenlosen Frühstücks- und Mittagsmahlzeiten, Hausaufgabenhilfe, Freizeit- und Sportangelegenheiten von einem Netz aufmerksamer und fürsorglicher Erwachsener umgeben sind und wenn die Schule auf verschiedene Lern- und Lebensbedürfnisse der Kinder eingehen kann (Gomolla, 2009, S. 38).

> Blickenstorfer (2009, S. 71) hat für eine erfolgreiche Zusammenarbeit fünf Phasen erarbeitet:
>
> 1. sich gegenseitig kennenlernen und vertrauen,
> 2. den Kontakt pflegen und vertiefen,
> 3. sich gegenseitig informieren,
> 4. die Eltern in der Förderung ihrer Kinder unterstützen und
> 5. die Eltern an der Mitwirkung am KiTa-Leben einladen.

Ad (1) Der erste Schritt zur Kontaktaufnahme sollte von den Erzieher:innen kommen und möglichst nicht erst eine Situation darstellen, in der es Probleme zu besprechen gilt. Gelegenheiten bietet etwa die Phase der schrittweisen Eingewöhnung, eine Einladung zu einem Besuchsmorgen, ein Elternabend, ein Hausbesuch, eine Darbietung für die Eltern. Für einen intensiveren Austausch sollten zusätzlich individuelle Gespräche geführt werden.

Ad (2) Neunenschwander et al. (2005) zufolge sollte eine Zusammenarbeit kontinuierlich stattfinden, was einen regelmäßigen Kontakt voraussetzt. Kontinuität ermögliche Konsens über betreuungs- und bildungsrelevante Fragestellungen.

Ad (3) Gegenseitiges Informieren ermöglicht, dass Eltern und Einrichtung über einen annähernd gleichen Kenntnisstand verfügen. Informationen können über persönliche Gespräche und/oder muttersprachliche Informationsblätter vermittelt werden.

Ad (4) Eine Kindertageseinrichtung kann zwar den sozialen Hintergrund einer Familie nicht ändern, aber sie kann darauf einwirken, dass sich dieser nicht negativ auf die Entwicklung auswirkt.

Ad (5) Eltern sollten, wo dies möglich ist, am KiTa-Leben teilhaben und sich einbringen können. Mitwirkung ist etwa bei Projektarbeiten möglich oder als Engagement für Arbeiten, die die ganze Einrichtung betreffen, Gestaltung des Gebäudes oder der Spielflächen, Mithilfe bei Vorlesestunden oder bei der Hausaufgabenbetreuung.

8.3 Eltern-Projekte

In Deutschland hat sich in den letzten Jahren eine Vielzahl von Projekten etabliert, die das Ziel verfolgen, Eltern an Bildungsprozessen zu beteiligen. In diesen Projekten werden Eltern über bestimmte erziehungs- und bildungsrelevante Themen informiert oder beraten. Ihnen werden bildungsrelevante und kooperationsfördernde Serviceleistungen angeboten, z. B. Betreuungsangebote für Kinder, Übersetzungs- und Dolmetscherdienste. In anderen Projekten bieten sich Eltern ehrenamtlich zur Mitarbeit an, indem sie sich beispielsweise an institutioneller Gremienarbeit beteiligen. Mittels Elternqualifizierungsmaßnahmen werden Eltern aus-, weiter- und fortgebildet, um pädagogische, kommunikative und/oder interkulturelle Kompetenzen zu erwerben oder zu erweitern.

Interkulturelle Elternbildung in KiTas flächendeckend ausbauen – Studie vom Sachverständigenrat deutscher Stiftungen für Migration und Integration (2014)

Mehr und mehr Kindertagesstätten in Deutschland bieten Bildungs- und Beratungsangebote für Eltern an, die sie bei der Förderung ihrer Kinder unterstützen. Doch Familien mit Migrationshintergrund werden durch diese Angebote oft nicht erreicht. Eine Studie des SVR-Forschungsbereichs zeigt, dass erst 27,4 % der KiTas interkulturell ausgerichtet sind. Damit zukünftig auch Familien mit Migrationshintergrund von Angeboten profitieren können, muss die interkulturelle Öffnung der Elternbildung vorangetrieben werden. Der SVR-Forschungsbereich legt Empfehlungen für den flächendeckenden Ausbau der interkulturellen Elternbildung vor:

https://www.svr-migration.de/presse/presse-forschung/interkulturelle-elternbildung-in-KiTas-flaechendeckend-ausbauen/

Neumann und Schwaiger (2011) unterscheiden elternbezogene Maßnahmen danach,

1. ob sie Eltern informieren oder beraten,
2. ob Eltern zur Mitarbeit oder Mitwirkung gewonnen werden,
3. ob Eltern qualifiziert oder gebildet werden,
4. ob die Maßnahmen eher an pädagogisches Personal gerichtet ist, um durch interkulturelle Kompetenz Schlüsselqualifikationen zu verbessern, oder
5. ob mit den Maßnahmen insbesondere auch die sprachliche Kompetenz gefördert wird.

In der nachfolgenden Tabelle 18 (▶ Tab. 18) sind einige in Deutschland etablierte innovative Projekte zusammengetragen, die sich insbesondere auch an Eltern mit Migrationshintergrund richten.

8.3 Eltern-Projekte

Tab. 18: Ausgewählte Elternprojekte und Initiativen

Name des Projektes und Beteiligte	Grundannahmen und Aufbau	Materialien und Hinweise
Elterninformation und Beratung		
Elternbriefe des Arbeitskreises Neue Erziehung (ANE) e. V., Berlin	herausgegeben seit den 1980er Jahren informieren Eltern über die Entwicklung ihres Kindes geben Rat und Hilfestellungen geben wissenschaftlich geprüftes Erziehungswissen weiter	Die Elternbriefe gibt es für verschiedene Sprachen. Sie werden an Berliner Haushalte verschickt. http://www.ane.de/ (letzter Zugriff: 15.11.2021) http://www.elternimnetz.de/ (letzter Zugriff: 02.02.2012)
Elterninformation per CD Hamburg, Schule	Aufklärung über Schulkonzept, Ganztagsschulbetrieb	Mehrsprachige Info-CD wurde von Kulturmittler:innen an andere Eltern verteilt
Elterninformation per DVD Frankfurt, Amt für multikulturelle Angelegenheiten	Informationen zum Schulbetrieb	Mehrsprachige Info-DVD http://www.amka.de/ (letzter Zugriff: 15.11.2021)
Initiative Mehrsprachigkeit e. V.	Für Kinder frühzeitig einen wichtigen Grundstein für die Schriftsprach- und Lesekompetenz legen	https://initiative-mehrsprachigkeit.de/verein/
Elternbeteiligung und Netzwerkbildung		
Elternnetzwerk NRW	Zusammenschluss von Migrationsselbsthilfeorganisationen, um Interessen von zugewanderten Eltern zu vertreten Eröffnen von Zugängen zu Eltern, Informationsverbreitung, Sprachrohr für Elterninteressen	https://www.elternnetzwerk-nrw.de/ (letzter Zugriff: 15.11.2021)
Moderation und Vermittlung		
Interkulturelle Moderation Berlin, Reuterkiez	Interkulturelle mehrsprachige Moderator:innen vermitteln zwischen Schüler:innen, Lehrkräften und Eltern.	https://www.lebenswelt-berlin.de/93-interkulturelle-jugendhilfe/projekte/abgeschlossene-projekte/82-interkulturelle-moderation (letzter Zugriff: 15.11.2021)
Interkulturelle Bildungslotsinnen Hannover	Interkulturelle mehrsprachige Moderator:innen vermitteln zwischen Schüler:innen, Lehrkräften und Eltern.	https://www.polskadomena.de/nowy_szkola_eduskaut_de.htm (letzter Zugriff: 15.11.2021)

Tab. 18: Ausgewählte Elternprojekte und Initiativen – Fortsetzung

Name des Projektes und Beteiligte	Grundannahmen und Aufbau	Materialien und Hinweise
Elternbildung		
Family Literacy, FLY, Teil des BLK-Modellprogrammes FörMig Hamburg	generationsübergreifender Ansatz zur Stärkung der Sprach- und Schriftkompetenz von Erwachsenen und Kindern richtet sich an Kinder und deren Eltern, die sich im Übergang von KiTa und Grundschule befinden basierend auf dem Drei-Säulen-Modell: • aktive Mitarbeit der Eltern im Unterricht, • Elternarbeit ohne Unterricht parallel zum Unterricht und • gemeinsame außerschulische Aktivitäten	*Story-Telling-Bags* https://epub.sub.uni-hamburg.de//epub/volltexte/2010/4518/pdf/FoerMigFLY_WIBPortraits_0909_LIQ.pdf (letzter Zugriff: 15.11.2021)
»Griffbereit«, »Rucksack KiTa«, »Rucksack Schule« RAA deutschlandweit	koordinierte Förderung der Muttersprachenkompetenz sowie Deutschkompetenz und Allgemeinentwicklung der Kinder Eltern lernen kommunikationsförderndes Verhalten und Sprachspiele.	https://www.griffbereit-rucksack.de/ (letzter Zugriff: 15.11.2021)
Frühstart Deutsch und interkulturelle Bildung im Kindergarten Hessen	36 KiTas aus zehn Städten in Zusammenarbeit mit dem Hessischen Sozialministerium und dem Hessischen Kulturministerium Bausteine: • Sprachförderung, • interkulturelle Bildung, • Elternarbeit Grundsteine Integration und schulischer Erfolg	http://www.fruehstart-hessen.de/frames2.php (letzter Zugriff: 15.11.2021)

Im Fazit darf Elternbeteiligung nicht allein Aufgabe von Kindertageseinrichtungen sein, für eine gelungene Kooperation (▶ Kap. 6.4) ist die Vernetzung mit dem Stadtteil unabdinglich, um eventuelle Berührungsängste abbauen zu können.

8.4 Gruppenbezogene Formen der Elternarbeit

Es existieren unterschiedliche Wege und Anlässe der Elternarbeit und -kommunikation, die durchgeführt werden können. Je nach Ausrichtung und Intention des Schwerpunktes sind folgende Formen möglich (▶ Tab. 19).

Tab. 19: Formen der Elternarbeit

Thematischer Elternabend	Im Vordergrund steht die Information und Kommunikation zwischen Eltern und Erzieher:in.
	Oft ist das allgemeine Interesse an Elternabenden allerdings nicht allzu präsent, da zu wenig Informationen zum eigenen Kind gegeben werden, Terminabstimmungen schwierig sind, Sprachbarrieren befürchtet werden.
	Die Organisation eines Elternabends erstreckt sich über mehrere Aufgabengebiete: Einladungen, Referentengewinnung, Moderation, Ablaufplanung, Raumgestaltung, Verpflegung, Sprachbarrieren abbauen, Betreuungsmöglichkeit für Geschwisterkinder.
Elternnachmittage	Die Elternnachmittage sind »lockerer« angelegt als die thematischen Elternabende. Neben den Eltern und der Erzieher:innen sind auch die eigentlichen Kinder sowie Geschwisterkinder eingeladen. Der Schwerpunkt liegt hierbei auf dem Einzelgespräch zwischen Eltern und Erzieher:in oder den Eltern untereinander sowie der Erlebniserzählung des gesamten Gruppengeschehens.
Gesprächskreis	Es kann vorkommen, dass sich aus den Themen und Inhalten eines Elternabends eine Gruppe von Eltern entwickelt, die in regelmäßigen Abständen zusammenkommt. Hier wird zwischen themen- und kontaktbezogener Zusammenarbeit unterschieden.
	Wenn möglich kann die Einrichtung hierfür einen Ort finden.
Elterntraining/ Elternschulung	Das Ziel dieses über einen bestimmten Zeitraum regelmäßigen Zusammenkommens ist die Verbesserung der Erziehungskompetenz. Mögliche Themen sind die Kommunikation zwischen Eltern und Erzieher:in, zwischen Eltern und Kind, Problembewältigung familiärer Natur, Erziehungsherausforderungen.
Eltern-Kind-Wochenende	Ein etwas komplexeres und planintensiveres Setting ist das Eltern-Kind-Wochenende. Hierbei verbringen Eltern, Kinder und Erzieher:in ein Wochenende miteinander. Bereitstehen sollte ein breit gefächertes Angebot an Aktivitäten, die auf die Wünsche und Bedürfnisse der Teilnehmer:innen ausgelegt ist.

Wie in fast jedem Aufgabengebiet, gibt es auch bei der gruppenbezogenen Elternarbeit Herausforderungen:

- *Geringe Beteiligung*: Sowohl bei Erzieher:innen als auch bei Eltern kann aufgrund mehrerer Ursachen ein Desinteresse gegenüber der Elternarbeit vorhanden sein. Durch Zeit- oder Personalmangel und fehlende Qualifikation oder Erfahrung werden die Rahmenbedingungen verschlechtert. Es herrscht die Auffassung, dass die Zusammenarbeit mit Eltern eine lästige, überflüssige und aufwändige Nebenaufgabe sei. Erzieher:innen lassen sich von Sympathie und Antipathie leiten, eine funktionierende Vertrauensbasis wird somit nur schwer aufgebaut. Auch von Elternseite kann es zeitliche oder berufsbetreffende Herausforderungen und komplizierte familiäre Situationen geben, die eine funktionierende Zusammenarbeit erschweren.

- *Interessensgegensätze Eltern vs. Erzieher:innen*: Nicht immer vertreten beide Parteien die gleichen Interessen. Die:der Erzieher:in sollte sich immer in der Situation befinden, ihr:sein Handeln und ihre:seine Vorschläge pädagogisch vertreten zu können. Sie:er sollte sich von den Eltern und der partnerschaftlichen Ebene zu den Eltern nicht allzu sehr beeinflussen und bestimmen lassen. Interessensgegensätze beruhen meistens auf einem der folgenden Gründe:
  - besondere Belastung der Lebenssituation (Krankheit, Trennung, ...),
  - destruktive Problemlösungsmuster (Verdrängung),
  - ungünstige Vorerfahrung.
- *Heterogenität der Elternschaft*: Der:die Erzieher:in muss immer davon ausgehen, dass es im Elternkreis Teilnehmer:innen gibt, die aus sozial schwächeren Verhältnissen kommen. Sie sind mit Ängsten, Orientierungsdefiziten und kognitiven Mängeln konfrontiert, die häufig Auslöser für Missverständnisse, Schwierigkeiten und Auseinandersetzungen sind.

Formen der Elternpartizipation sind außerdem einrichtungsunterstützende und schriftliche Formen der Elternarbeit (▶ Tab. 20).

Tab. 20: Formen der Elternpartizipation

Elternvertreter:-innen	Die Funktionen variieren in den Einrichtungen, grundsätzlich ist aber festgelegt, dass die Eltern durch eine Elternversammlung und einen Elternbeirat vertreten werden, um die Mitwirkung an Erziehungs- und Bildungsarbeiten zu sichern. Ihre Aufgaben gehen von Zusammenarbeitsunterstützung über eine Beratungsfunktion bis hin zu Anregungen zur Gestaltung und Organisation. Die Einrichtungsleitung muss sowohl über wichtige Änderungen informieren als auch die Elternvertreter:innen regelmäßig anhören. Sprachbarrieren und kulturelle Besonderheiten sollten Berücksichtigung finden, z. B. sollten keine voreiligen Schlüsse gezogen werden: »Bei Ihnen als türkischstämmige Familie ist es wahrscheinlich so ...« Stigmatisierungstendenzen sind auch dann gegeben, wenn man aufgrund bestimmter äußerer Eigenschaften wie kultureller Verschiedenheit etc. Interessensgemeinschaften und Vertreterrollen zuzuschreiben versucht.
Kooperation mit Elterninitiativen	Anders als in herkömmlichen Kindertagesstätten sind bei solchen von Elterninitiativen die Eltern selbst Träger. Hier kann also auf engagierte Mitarbeit gehofft werden. Allerdings treten nicht selten Probleme, Spannungen und Unzufriedenheit auf, da die Eltern gegenüber den Erzieher:innen in einer Dreifachfunktion auftreten (Eltern der Kinder, Mitarbeiter:innen, Träger).

8.4 Gruppenbezogene Formen der Elternarbeit

Tab. 20: Formen der Elternpartizipation – Fortsetzung

Übernahme von Diensten	Wenn Eltern Dienste übernehmen, ist zu beachten, dass sie in ihren Beiträgen ernst genommen und nicht als Erfüllungshilfe behandelt werden. Zudem sollte sich mit den Wünschen und Vorschlägen der Eltern substanziell auseinandergesetzt werden, sollten diese pädagogisch vertretbar sein. Positive Potenziale liegen in der • Entlastung der Erzieher:innen • Verbesserung des Einrichtungsklimas • Bereicherung des Angebots • Kooperation zwischen den Eltern • Einstellungsverbesserung • Öffentlichkeitswirkung • Trägerwirkung
Festgestaltung oder Ausflüge	Bei Festen, Feiern, Ausflügen und Treffen können Eltern intensiv in die Planung, Vorbereitung und Durchführung eingebunden werden.
Soziales Sponsoring	Hierbei handelt es sich um eine Form der einrichtungsunterstützenden Elternarbeit. Mögliche Sponsorleistungen sind zum Beispiel die Finanzierung von Projekten und Sachausstattungen, Anschaffung von Nutzgegenständen etc. Sozialpädagogischen Einrichtungen ist es sogar möglich, via Sponsoring-Agenturen ein Social-Sponsoring zu starten.

Bei der Erstellung schriftlicher Texte sind zunächst folgende Aspekte zu berücksichtigen:

- verständlich formulieren (sich kurzfassen!),
- Anhäufung von Substantiven vermeiden, stattdessen Verben einfügen,
- Verzicht von Fremdwörtern, Abkürzungen, Füllwörter, Schachtelsätze (maximal 20 Wörter),
- formuliert in Aktiv-Form, Passiv möglichst vermeiden,
- geschlechtsneutrale Begriffe verwenden oder Männer wie auch Frauen ansprechen.

Formen schriftlicher Elternarbeit sind nachfolgend zusammengefasst (▶ Tab. 21).

Tab. 21: Formen schriftlicher Elternarbeit

Aushänge	• Aushänge machen die Arbeit der Erzieher:innen transparent, sodass Eltern den Tagesablauf und die Aktivitäten ihrer Kinder nachvollziehen können. • Es spricht für fachliche Kompetenz, wenn neben den Aushängen direkt zur Arbeit der Kindertagesstätte auch weiterführende Informationen, z. B. für Familien in schwierigen Lebenslagen, zu finden sind.

Tab. 21: Formen schriftlicher Elternarbeit – Fortsetzung

	• Die Arbeit des Elternbeirats sollte ebenfalls mit Aushängen transparent gemacht werden.

Schriftliche Kurzmitteilung/Elternbrief/SMS/Messengerdienste	• Informationshefte für Kurznotizen bezüglich des Kindes werden, wenn möglich, auch in mehreren Sprachen formuliert.
	• Elterninformationen können über lustige Gegebenheiten oder den Entwicklungsfortschritt des Kindes informieren (z. B. Lerngeschichten)
	• In Tagebüchern der Kinder können Entwicklungen festgehalten werden.
	• Mit Elternbriefen werden Eltern informiert. Zu beachten ist Folgendes:
	   – möglichst mehrsprachige und persönliche Ansprache,
	   – kurze, prägnante Artikel stellen sicher, dass sie gelesen werden,
	   – der Abdruck von Berichten über Aktivitäten erhöht die Anteilnahme,
	   – allgemeine Erziehungsfragen erhöhen die Attraktivität,
	   – Thematisierung von aktuellen Ereignissen (z. B. Krieg, Gewalt, Pandemie, Flucht) hilft Eltern ihre eigenen Erfahrungen zu bearbeiten,
	   – Vorschläge zu Aktivitäten, die die Eltern mit den Kindern durchführen können,
	   – kurze Erlebnisberichte oder Anekdoten festhalten.

Elternzeitschriften	• Es können wichtige Informationen über die Kindertagesstätte vermittelt werden (Image-Arbeit). • nimmt sehr viel Zeit in Anspruch und stellt hohe Erwartungen an die Erzieher:innen • Ein Forum für die Eltern wird geschaffen, auf dessen Basis sich ausgetauscht werden kann. • Fachliche Positionen können vermittelt werden.
Elterninformation per Internet	• Die Kindertagesstätte kann Transparenz und Offenheit der Öffentlichkeit zugänglich machen und sich zeigen. • Eltern können sich vorab ein Bild über die Einrichtung machen. • Mittels E-Mail-Verkehr können Erzieher:innen und Eltern papiersparend miteinander kommunizieren. • Kompetenz in der Bedienung ist erforderlich

Aufgabe

Überlegen Sie, welche Aspekte beachtet werden müssen, um Eltern mit anderem kulturellen Hintergrund einen guten Elternbrief zu schreiben. Achten Sie dabei auf sprachliche Fallstricke und kulturelle Stolpersteine. Nutzen Sie folgende Internetquelle: http://www.kas.de/upload/Publikationen/2011/Muslimische_Kinder/7_konsequenzen-elternarbeit.pdf

Eltern-Akademie in Heidelberg

Die Eltern-Akademie ist ein besonderes Elternbildungsangebot, das vor allem an Eltern mit Migrationserfahrungen Angebote macht. Ziel ist es, die Beteiligung der Eltern an den Lern- und Berufsintegrationsprozessen ihrer Kinder zu stärken, zu ermöglichen bzw. zu erhöhen. Daher wird in der Eltern-Akademie prozessorientiert die Lernbiografie des je eigenen Kindes in den Mittelpunkt der pädagogischen Bildungsarbeit gestellt. Ziel ist es, mit speziellen niedrigschwelligen Bildungsangeboten Eltern in ihren Kompetenzen als Lernbegleiter:innen für ihre Kinder zu stärken. So wird z. B. aufgezeigt, wie das Lernen eines Kindes entsprechend seiner Altersstufe und Sprach(en)kompetenz angeregt und sinnvoll unterstützt werden kann. Das Besondere an der Eltern-Akademie ist, dass mit den Angeboten angestrebt wird, ein gemeinsames Lernen aller an der Bildungsbiografie von Kindern Beteiligten zu erreichen. So sollen im Rahmen der Akademie nicht nur Eltern mit anderen Eltern lernen, sondern das Gelernte zu Hause gemeinsam mit den Kindern fortsetzen. Die Eltern-Akademie stellt dazu das Wissen und Training zur Verfügung, das in den Familien gerade von Interesse ist. Das besondere Augenmerk in allen Qualifizierungsbausteinen gilt der Stärkung von Beobachtungs- und Reflexionskompetenz. Ein weiterer Schritt in der Eltern-Akademie ist der Aufbau von Kooperationen mit den Bildungsinstitutionen vor Ort. Eine funktionierende Erziehungs- und Bildungspartnerschaft zwischen Elternhaus und Institution hat hohe Bedeutung für gelingende Bildungsbiografien von Kindern (http://www.ph-heidelberg.de/hei-mat/eltern-akademie-viernheim.html).

Pädagogisches Fazit

Im Umgang mit Eltern sollten sich pädagogische Mitarbeiter:innen fragen, was Eltern brauchen, welche Selbstverständnisse, Befindlichkeiten und Bedürfnisse diese in verschiedenen Lebenswelten haben.

Eine wichtige pädagogische Aufgabe ist es, Eltern Wertschätzung und Anerkennung entgegenzubringen. Eine wertschätzende Haltung verbessert ihr Selbstwertgefühl, weckt Vertrauen und bietet die Basis eines Klimas des vertrauensvollen Austausches über das Kind.

Diejenigen Eltern, die eine andere Sprache als Deutsch sprechen und/oder andere sprachlich-kulturelle Kontexte gewohnt sind, bilden in Bezug auf ihre Nationalität, ihren sozio-ökonomischen Status und ihre ethnischen sowie religiösen Zugehörigkeiten eine heterogene Gruppe, weshalb die Bedürfnisse und Lebenssituation dieser Eltern individuell sind. Zugewanderte Familien müssen mehr Stress, Konflikte und soziale Benachteiligung, Identitätskonflikte, Kulturkonflikte und Modernitätskonflikte durch die Migration in ein modernes Industrieland bewältigen.

Für Pädagog:innen ist es wichtig, Eltern darin zu bestärken, ihre Herkunftskultur wertzuschätzen und diese an ihre Kinder weiterzugeben, um den Kindern eine Identitätsbildung im Austausch mit zwei Kulturen zu ermöglichen. Unterschiedliche Sprachen nehmen unterschiedliche Rollen im Leben einer Familie ein. Klärungsbedarf dürften manche Eltern dahingehend haben, dass sie die Beobachtung und damit Erfahrung machen, dass sie ihre Kinder zwar in der Familiensprache (die nicht gleich ist mit der Umgebungssprache) ansprechen, die Kinder aber konsequent in der Umgebungssprache antworten. Es können unangenehme Gefühle entstehen, die so weit gehen, dass Eltern sich und ihre Sprache vom Kind abgelehnt fühlen. Hier besteht Aufklärungsbedarf.

8.5 Zusammenfassung

Die Zusammenarbeit mit Eltern, die ihre Kinder mehrsprachig erziehen, kann aufgrund von Sprachbarrieren und Fremdheitserfahrungen von Unsicherheiten geprägt sein. In diesem Kapitel wurde aufgezeigt, welche Barrieren entstehen und welche Möglichkeiten zur Überwindung genutzt werden können. Gleichzeitig wurde dargelegt, dass die Ressource Mehrsprachigkeit in der Zusammenarbeit mit Eltern und mit der Kooperation von am Bildungsprozess Beteiligten wertzuschätzen ist und von allen Beteiligten in ihrem Ausbau unterstützt werden sollte.

8.6 Literatur zur Vertiefung

Knisel-Scheuring, G. (2002): *Interkulturelle Elterngespräche. Gesprächshilfen für Erzieherinnen in Kindergarten und Hort.* Lahr: Kaufmann.
Leyendecker, B. & De Houwer, A. (2011): Frühe bilinguale und bikulturelle Erfahrungen – Kindheit in zugewanderten Familien. In: H. Keller (Hrsg.): *Handbuch der Kleinkindforschung.* 4. Aufl. Bern: Huber, S. 178–219.

9 Partner:innen in der Frühförderung: Institutionelle Kooperation und Vernetzung

Allerorts werden Kooperation und Vernetzung gefordert und als lohnenswert hervorgehoben. Gleichzeitig wird der Netzwerksarbeit aber so gut wie keine Arbeitszeitressource zugestanden. Vernetzung und kooperatives Handeln müssen quasi nebenbei abgearbeitet werden. Tatsächlich ist es schwer, eine angemessene Zeit festzusetzen, damit Vernetzung gelingen und aus fragilen Vernetzungsstrukturen fest etabliert werden können. Kooperation und Vernetzung lassen sich zudem auch schlecht über Vorgesetzte diktieren und von Arbeitnehmer:innen abarbeiten. Eine positive Haltung zur Kooperation und Vernetzung und ein damit einhergehendes handelndes Engagement hängen wohl maßgeblich von entsprechenden Erfahrungen ab. Werden positive Erfahrungen gemacht, die die eigene Arbeit qualitativ aufwerten und Gewinnsituationen für alle Beteiligten einbringen, wird sicher mehr Zeit in Kooperationsarbeit investiert.

Warum eigentlich ist es für Einrichtungen so wichtig, mit anderen Institutionen zu kooperieren? Für viele Erzieher:innen erscheinen Kooperation und institutionelle Vernetzung zunächst als Zumutung. Sie sehen sich unfreiwillig in neue Arbeitsstrukturen gezwungen, die – zumindest am Anfang dieses Prozesses – zusätzliche und neue Anstrengungen erfordern. Wie viel bequemer – weil steuer- und überschaubarer – erscheint demgegenüber doch die »Allzuständigkeit« früherer Tage, in denen die Einrichtung sich ausschließlich an den eigenen Stärken und ihrem spezifischen konzeptionellen Profil orientieren konnte, ohne sich mühsam mit anderen abstimmen zu müssen! Trotzdem öffnen sich KiTas zunehmend und suchen aktiv nach Kooperationen. Motive dafür sind (vgl. Klawe, 1995):

1. *Öffnung der Einrichtung in den Stadtteil und die Lebenswelt der Kinder.* Hiermit verbunden ist die Einsicht, dass pädagogische Arbeit und soziale Unterstützung nur dann nachhaltig wirksam werden können, wenn sie sich an der Lebenswelt der Adressat:innen orientieren. Insbesondere auch mehrsprachige-bikulturelle Familien können von einer KiTa profitieren, die kooperierende Verbindungen zu Stadtteilvereinen hat, die bestimmte Bedürfnisse belebt und auch Beratungsarbeit leisten kann.
2. *Verstärkung einer sozialpolitischen Lobby.* In dem sich der soziale und ökonomische Druck auf Familien wie Einrichtungen gleichermaßen erhöht, wird es umso wichtiger, eine sozialpolitische Lobby zu organisieren, die die Anliegen der Adressat:innen und die der Einrichtungen in der Öffentlichkeit artikuliert und an Politik und Verwaltung heranträgt. Dies ist besser und nachhaltiger möglich, wenn sich betroffene Einrichtungen zusammentun und die Eltern bei der Organisation ihrer Interessen unterstützt werden. Stabile Netzwerke und

eine virtuose Nutzung bestehender Kooperationsstrukturen spielen hierbei eine zentrale Rolle.
3. *Verstetigung bereits bestehender Kooperationsbeziehungen.* Positive Erfahrungen in der Zusammenarbeit mit einer anderen Einrichtung verstärken den Wunsch nach weiterer Kooperation. Statt sich immer wieder neue Kooperationspartner:innen suchen zu müssen, besteht das Bestreben, an erfolgreiche Arbeitszusammenhänge anzuknüpfen und die bislang situative Zusammenarbeit langfristig zu etablieren.
4. *Organisatorische und ökonomische Synergieeffekte.* Insbesondere die Bündelung von Ressourcen durch Arbeitsteilung und die damit einhergehende Schonung von Ressourcen kann alle Beteiligten organisatorisch und ökonomisch entlasten.

9.1 Kooperationspartner:innen

Mögliche und wichtige Kooperationspartner:innen für Kindertagesstätten sind:

Die Eltern oder Erziehungsberechtigten, weil sie neben oder vor der Einrichtung die wichtigste soziale Lebenswelt des Kindes darstellen. Informationen, Beratungen und Abstimmungen können Erziehungssynergien erzeugen, zum Beispiel, wenn es um Fragen der Ernährung oder der Körpererziehung geht. Eltern können die Einrichtungen mit Arbeitseinsätzen, aber auch mit Lesenachmittagen unterstützen.

Sozialpädiatrische Zentren (SPZ) sind spezialisierte Einrichtungen, die ambulante Untersuchungen und Versorgung für Kinder und Jugendliche anbieten. Inhaltlicher Schwerpunkt der SPZs sind Erkrankungen, die Entwicklungsstörungen/-verzögerungen, Verhaltensauffälligkeiten, Behinderungen und/oder seelische Beeinträchtigungen mit sich bringen oder bringen können. Ein SPZ zeichnet sich durch eine fachübergreifende Arbeitsweise aus, die sich in der Zusammensetzung eines interdisziplinären Teams aus medizinischen, psychologischen, pädagogischen und therapeutischen Fachkräften widerspiegelt. Die Begleitung der gesamten Familien als auch eine »kindslange« Betreuung bis ins Jugendalter ist ein weiterer Vorteil eines SPZ. In Berlin beispielsweise gibt es 24 SPZs mit unterschiedlichen Schwerpunkten und Ausrichtungen. Auf den Internet-Seiten der Deutschen Gesellschaft für Sozialpädiatrie und Jugendmedizin e. V. finden Sie eine Übersicht zu den SPZs in Berlin. Die Überweisung an ein SPZ erfolgt über die:den behandelnde:n Kinderärzt:in.

Therapeut:innen wie Logopäd:innen, Sprachheilpädagog:innen, Ergotherapeut:innen, Pysiotherapeut:innen und Psychotherapeut:innen können wichtige Unterstützung in der Begleitung und Förderung liefern.

Frühförderstellen. Frühförderung ist der Oberbegriff für verschiedene pädagogische und therapeutische Hilfsangebote, um Kindern mit Entwicklungsbeeinträchtigungen oder Behinderungen sowie deren Familien frühzeitige Unterstützung zu ermöglichen. Frühförderung schließt die Bereiche Früherkennung, Frühbehandlung, Früherziehung und Beratung ein. Die Frühförderung versteht sich dabei als ein ganzheitliches Angebot, welches medizinische, psychologische, pädagogische und soziale Maßnahmen unter Einbezug der Familie umfasst. Frühförderstellen bieten schwerpunktmäßig pädagogische und beratende Hilfe an. Die Aufgabe besteht nicht nur in Therapie- und speziellen Förderangeboten, sondern auch darin, dem Kind und der ganzen Familie sinnvolle Lebensperspektiven zu vermitteln. Frühförderung ist als eine Komplexleistung im § 30 Abs. 3 SGB IX verankert. Dennoch existiert keine gemeinsame Empfehlung auf Bundesebene, nur in einigen Bundesländern gibt es Landesempfehlungen. Seit 2003 gibt es zudem eine vom Bundesgesundheitsministerium erlassene Frühförderungsverordnung (FrühV).

Stadtteilakteure. Hiermit sind Einrichtungen wie Bibliotheken, Theater, Sportvereine, Migrantenvereine etc. gemeint, die Kinder und ihre Familien sozial in ihre Lebenswelt einbinden sollen und Unterstützung für Bildung und Erziehung bieten können.

Schulen und KiTas. Um Übergänge gut zu begleiten, ist es wichtig, dass Bildungsinstitutionen miteinander kooperieren, indem Kinder ihre späteren Schulen kennenlernen. Auch die Kooperation mit anderen KiTas kann wertvolle Synergien ergeben, beispielsweise im Austausch von Personal und materiellen Ressourcen, in der Planung von Festen und Fortbildungen.

Familienzentren. Das britische Konzept der »*Early Excellence Centres*« hat in den letzten Jahren auch in Deutschland Eingang in die Konzepte frühkindlicher Bildung gefunden und verknüpft innerhalb einer Institution Betreuung und Familienbildung (Schlevogt, 2012b). Familienzentren sind üblicherweise an Kindertageseinrichtungen angegliedert, ihr Angebot richtet sich jedoch an alle Eltern an einem Ort oder in einem Stadtteil. Somit können auch Eltern aus anderen Kindertageseinrichtungen die Angebote nutzen. Da nur wenige Einrichtungen alle Leistungen selbst organisieren, sind Familienzentren mit anderen Institutionen und Initiativen vernetzt, die Eltern unterstützen und beraten. Innerhalb dieser Netzwerke fungieren sie als Knotenpunkte oder Lotsen: Sie kennen die Bedürfnisse und Probleme der einzelnen Familien und Kinder und können darauf adäquat reagieren, indem sie auf die Fachkompetenzen sowie eigenständige Angebote der Kooperationspartner:innen verweisen (Böllert, 2008). Zu den Partnern von Familienzentren gehören auch Migrationsberatungsstellen, Migrantenorganisationen und Stadtteil- oder Moscheevereine. Durch die Bündelung von Angeboten unter einem Dach kann die Vielzahl von Alltagsproblemen effektiv bewältigt werden (Lindner, Sprenger & Rietmann, 2008, S. 280 ff.; Stöbe-Blossey, 2010, S. 98).

> **Aufgabe**
>
> Welche Kooperationen gehen in Ihrer Einrichtung speziell auf die Bedürfnisse mehrsprachiger Familien ein? Auf welche Weise?

9.2 Netzwerkanalyse und Netzwerkaufbau

Der eigentliche Aufbau eines institutionellen Netzwerkes beginnt mit der systematischen Erfassung aller Institutionen, die für das Vernetzungsthema relevant sein können. In der Netzwerkanalyse werden die potenziellen Ressourcen und Gelegenheitsstrukturen abgebildet. Praktische Erfahrungen mit Prozessen institutionellen Netzwerkaufbaus haben gezeigt, dass der Erfolg institutioneller Vernetzung an Rahmenbedingungen geknüpft ist. Folgende Faktoren haben sich dabei als besonders förderlich für eine gelingende Netzwerkarbeit herausgestellt (vgl. Eimmermacher, 2004; Kern & Kunstreich, 2004; Institut des Rauhen Hauses für Soziale Praxis, 1999).

Transparenz der Motive und Einigkeit über die Ziele: Die Motive der einzelnen Institutionen oder professionellen Akteure zur Kooperation im Netzwerk werden offen gelegt und sind allen bekannt. Die Ziele werden vor dem Hintergrund unterschiedlicher Erwartungen und Interessen gemeinsam ausgehandelt sowie klar und eindeutig formuliert. Die Zielerreichung wird in regelmäßigen Abständen mit vereinbarten Instrumenten überprüft.

Verbindlichkeit und Verantwortung: Die Arbeitsteilung, Rollen und Aufgaben der einzelnen Netzwerkpartner:innen werden untereinander abgestimmt und verbindlich wahrgenommen. Diese tragen die Verantwortung für die von ihnen übernommenen Aufgabenbereiche. Grundlage dafür sind eine akzeptierende, wertschätzende Haltung, die Verlässlichkeit der Partner:innen, gleichberechtigte Kommunikations- und Entscheidungsstrukturen sowie der gegenseitige Nutzen aller Beteiligten. Offene Diskurskultur bedeutet, dass Regeln und Entscheidungen – unter Berücksichtigung von Minderheitsvoten – gemeinsam getroffen werden. Dabei wird das eigene Interesse »an der Sache« offengelegt. Die unterschiedlichen Kompetenzen der beteiligten Akteure werden anerkannt und genutzt, wie auch die unterschiedliche (institutionelle) Einbindung und der jeweilige Organisationskontext berücksichtigt werden. Die beteiligten Netzwerkpartner:innen treffen Vereinbarungen über notwendige Regeln für die Kooperation (Entscheidungsregeln, Berichts- und Protokollierungsregeln, Absprachen über gegenseitige Vertretung oder die Repräsentanz »nach außen« usw.) sowie über die äußeren Formen ihrer Zusammenarbeit (Häufigkeit der Treffen, Arbeitsformen etc.).

> **Pädagogisches Fazit**
>
> Damit KiTas der Diversität der kindlichen Lebenswelt gerecht werden können, müssen zunehmend kooperative Strukturen geschaffen werden, in denen die Lebensbedingungen eines Kindes abgebildet werden können. Dabei können etablierte miteinander kooperierende Unterstützungssysteme, z. B. Therapeut:innen, Sozialpädiatrische Zentren, Stadtteilmanagements oder Frühförderstellen die Bildungs- und Betreuungssituation der Kinder verbessern.

9.3 Zusammenfassung

Die Etablierung von Netzwerken und das Schaffen von Kooperationsstrukturen tragen dazu bei, die unterschiedlichen Lebenswelten der Kinder sichtbar und transparent zu machen. Die Kooperation mit Sozialpädiatrischen Zentren, Therapeut:innen, Frühförderstellen, Stadtteilakteuren, Schulen und Familienzentren kann die Qualität der Bildungs- und Betreuungssituation der Kinder nachhaltig verbessern.

9.4 Literatur zur Vertiefung

Bullinger, H. & Nowak, J. (1998): *Soziale Netzwerkarbeit. Eine Einführung.* Freiburg i. Br.: Lambertus.
Eimmerbacher, H. (2004): Netzwerkarbeit. In: R. von Wogau, H. Eimmermacher & A. Lanfranchi (Hrsg.): *Therapie und Beratung von Migranten.* Weinheim & Basel: Beltz, S. 65–79.
Institut des Rauhen Hauses für Soziale Praxis (1999): *Realisierung und Qualifizierung sozialräumlicher und lebensweltorientierter offener Kinder- und Jugendarbeit in Hamburg.* Hamburg: Amt für Jugend.
Stöbe-Blossey, S. (2010) (Hrsg.): *Kindertagesbetreuung im Wandel. Perspektiven für die Organisationsentwicklung.* Wiesbaden: VS Verlag für Sozialwissenschaften.

10 Übergänge

Übergänge gelten als fester Bestandteil im menschlichen Lebenslauf. Sie markieren den Wechsel von einem alten in einen neuen Zustand, von einer alten, in eine neue Aufgabe, von einer Phase in die nächste Phase des Lebens. Sie markieren damit auch immer eine Grenze, die den einen von dem anderen Bereich trennt. Der Begriff des Übergangs ist in gleicher Weise mit der Bedeutung von Trennung wie Verbindung konnotiert (vgl. Speck-Hamdan, 2006). Dem Prozess des Übergangs kann sowohl das Merkmal der Erstmaligkeit als auch dasjenige der Einmaligkeit zugeschrieben werden. Übergänge können in vertikaler Richtung und in horizontaler verlaufen. In vertikaler Richtung löst eine Bildungsinstitution die nächste bezogen auf den Lebenslauf ab, so etwa beim Übergang von der KiTa in die Grundschule. KiTa und Grundschule folgen aufeinander und bestimmen unterschiedliche Lebensphasen. KiTa und Familie hingegen wechseln sich horizontal, also täglich in der gleichen Lebensphase ab (vgl. Griebel & Niesel, 2011).

> »Als Transitionen werden komplexe, ineinander übergehende und sich überblendende Wandlungsprozesse bezeichnet, wenn Lebenszusammenhänge eine massive Umstrukturierung erfahren […]. Charakteristisch dabei ist, dass die betreffenden Personen Phasen beschleunigter Veränderungen und eine besonders lernintensive Zeit durchmachen« (Welzer, 1993, S. 37, zitiert nach Giebel, 2006, S. 35).

Wichtige Transitionen sind etwa der Übergang von der Partnerschaft ohne zur Partnerschaft mit Elternrolle, der Eintritt des Kindes in das Jugendlichenalter, der Eintritt ins Erwerbsleben, das Verlassen des elterlichen Haushalts, der Eintritt ins Rentenalter, Trennung und Scheidung, der Weg in außerfamiliäre Betreuungssysteme. Übergänge bringen Veränderung auf der individuellen, der interaktionalen und der kontextuellen Ebene mit sich. Nicht das Lebensereignis als solches, sondern im entwicklungspsychologischen Sinne dessen Verarbeitung und Bewältigung, lassen es zur Transition werden (Fthenakis, 1999). Auf der individuellen Ebene werden dabei Veränderungen für die Person selbst, ihre Aufgaben, ihre Ziele sowie Veränderungen in Bezug auf die eigene Identität und Verhaltensveränderungen beschrieben. Auf der interaktionellen Ebene wird thematisiert, wie der Einzelne im sozialen Kontext mit anderen Personen interagiert. Die Ebene der Lebensumwelten bezieht kulturelle Anforderungen mit ein sowie Normen und Wünsche von Bezugspersonen und materielle Umgebungsbedingungen.

> **Aufgabe**
>
> An welche Übergänge in Ihrem Leben können Sie sich noch erinnern (Einschulung, Umzug, Schulwechsel)? Können Sie sich an Ihre Gefühle währenddessen erinnern? An Gegebenheiten wie freundliche zugewandte Worte oder Aufmunterungen? Welches Verhalten hat Ihnen Sicherheit gespendet, welches Unsicherheit hervorgerufen?

10.1 Übergänge gestalten

Ein theoretisches Konzept für Transitionen ist im Staatsinstitut für Frühpädagogik in München entwickelt worden – das IFP-Transitionsmodell (vgl. Niesel & Griebel, 2000). Das Modell fokussiert die Bewältigung von Veränderungen beim Eintritt und Übergang zwischen Bildungseinrichtungen als einen biografischen Übergang, der vom Kind und dessen Eltern bewältigt wird. Das Modell basiert auf

1. dem Familien-Transistionsmodell von Cowan (1991), welches entwickelt wurde, um Übergänge in der Familienentwicklung zu untersuchen und dabei möglichst die Perspektiven aller Familienmitglieder zu berücksichtigen versucht.
2. auf dem ökopsychologischen Ansatz von Bronfenbrenner (1989), welcher den Blick auf Entwicklung im sozialen Zusammenhang mittels systemischer statt linearer Zusammenhänge lenkt. Thematisiert werden hierbei Dimensionen der Zugehörigkeit zu sozialen Systemen, etwa Familie einerseits und die Bildungsinstitution andererseits. Darüber hinaus wird die analytische Orientierung an individuellen und sozialen Ressourcen zur Bewältigung von Veränderungen in den sozialen Systemen fokussiert.
3. Die Veränderungen wurden darüber hinaus mit Blick auf Überforderungstendenzen (Stress) nach Lazarus (1995) betrachtet. Gefühlte Bedrohung, Vorfreude und Neugier können dabei Ressourcen für die Motivation zu Veränderungsprozessen darstellen.
4. Die Theorie der kritischen Lebensereignisse (Filipp, 1995) hat den Bezug zu Stress, Bewältigung und Entwicklung in der Lebensspanne und damit auch die Perspektive von Erwachsenen hergestellt.

Das IFP-Modell hilft dabei, zum einen den Blick für die komplexen Veränderungsprozesse zu schärfen, mit denen Familien im Übergang in Bildungseinrichtungen konfrontiert sind, und zum anderen Maßnahmen zu erkennen, abzuleiten und einzurichten, um die Bewältigungsprozesse zu begleiten und zu unterstützen.

> Die Bewältigung von Übergängen kann für Familien mit Zuwanderungsgeschichte deutlich komplexer sein, wenn diese mit der deutschen Bildungslandschaft und Kultur wenig vertraut sind.

Familien mit Zuwanderungsgeschichte müssen Akkulturationsleistungen erbringen.

»Für [diese] Kinder und ihre Eltern geht es darum, das ›Noch-Fremde‹, wie z. B. die Sprache, aber auch spezifische Wissensbereiche, Symbole und Verhaltensstandards mit den vertrauten Werten und Normen ihrer Herkunft in Einklang zu bringen. Es kommt nicht nur einfach Neues hinzu, sondern es werden sogenannte Syntheseleistungen nötig« (Herwartz-Emden, 2008, zitiert nach Griebel & Niesel, 2011, S. 137).

Fachkräfte sollten mit Kindern aus Familien mit Zuwanderungsgeschichte aufmerksam und vorurteilsbewusst arbeiten, um die Kinder vor negativen Vorurteilen und Stereotypien zu schützen und um sie darin unterstützen zu können, eine »multikulturelle Identität« bzw. »transkulturelle Identität« auszubilden. Damit können sie sich sowohl mit der Mehrheitskultur identifizieren als auch mit der eigenen ethnischen Kultur.

10.2 Übergang von der Geburt in die Familie

Der erste Übergang, der gemeinsam von den Eltern und ihrem Kind gemeistert werden muss, ist von einer kinderlosen Partnerschaft zur partnerschaftlichen Elternschaft. In diesem Übergang erleben »jungfräuliche« Eltern oft massive Beeinträchtigungen der Qualität der partnerschaftlichen Beziehung (Cierpka, Franz & Egle, 2011). Veränderungen auf der Ebene des Einzelnen betreffen starke Gefühle wie Freude und Ängste in Bezug auf das Kind, die eigene Identität und Geschlechterrolle in Bezug auf das Mutter- und Berufstätigsein, Vorstellungen über die Aufgabe des Vaters in der Familie sowie das Erleben eigener Kompetenzen. Veränderungen auf der Ebene der Beziehungen betreffen die Beziehung zum Kind, zur Partnerschaft und zur Herkunftsfamilie. Eine dritte Ebene betrifft die Veränderung der Lebensumwelten, so beispielsweise ein Auseinanderdriften der Lebenswelten bei traditioneller Arbeitsteilung, wenn etwa der Mann zu Hause bleibt und die Versorgung und Betreuung des Kindes übernimmt und nicht seiner gelernten Profession nachgeht, aus beruflichen Kontexten aussteigt und sich Mütter- oder Vätergruppen anschließt (vgl. Griebel & Niesel, 2011). In Bezug auf Familien mit bikulturellen Lebenswelten kommen unterschiedliche Bewertungsmaßstäbe hinzu, die junge Familien auszuhalten haben und sich in ihnen positionieren und erzieherisch handeln müssen (Keller, 2011).

Besondere Herausforderungen an die Elternschaft stellen u. a. zu früh geborene Kinder dar, behinderte und schwer kranke Kinder, psychische Erkrankungen bei

Eltern, alleinerziehende Mütter und Väter (hierzu ausführlich u. a. Sarimski, 2012). Darüber hinaus belegen Studien, dass frühkindliche Entwicklungsbedingungen auf den Gesundheitsstatus, den Schulerfolg und die Lebensqualität tiefgreifende und lang andauernde Auswirkungen haben (Bender & Lösel, 2000; Egle & Cierpka, 2006).

Unterstützende Interventionen im Übergang zur (erneuten) Elternschaft, also für den Zeitraum von der Schwangerschaft bis zum ersten Lebensjahr des Kindes, bieten erste Präventionskonzepte des Nationalen Zentrums für Frühe Hilfen (http://www.fruehehilfen.de/). Der Elternkurs *Das Baby verstehen* (Gregor & Cierpka, 2004) vermittelt Eltern in fünf eineinhalbstündigen Einheiten Basiswissen über Partnerschaftsentwicklung beim Übergang zur Elternschaft, Eltern-Kind-Kommunikation und entwicklungspsychologische Aspekte. Das Präventionsprojekt *Keiner fällt durchs Netz* richtet sich an risikobelastete Eltern (Cierpka, 2009). Dabei ist das Ziel, diese Eltern frühzeitig zu identifizieren, etwa über die medizinische Versorgung der Geburtshilfestationen, Gynäkolog:innen und Kinderärzt:innen sowie Beratungsstellen und Einrichtungen der Frühförderung und Jugendhilfe. Hoch belasteten Familien wird beispielsweise während des gesamten ersten Lebensjahres eine geschulte Familienhebamme angeboten, die die Familie besucht und berät. Neben ihrer originären Tätigkeit werden Inhalte zur Förderung des elterlichen Feingefühls und Kompetenzen an die kognitiven Fähigkeiten und motivationalen Bedürfnisse der Familien angepasst vermittelt (vgl. http://www.keinerfaelltdurchsnetz.de/). Für Eltern, die ihre Kinder in mehrsprachigen Kontexten erziehen, sollten Familienhebammen über sprachliche und entsprechende interkulturelle Kompetenzen verfügen, um den Bedürfnissen der Familien gerecht werden zu können.

Aufgabe

Denken Sie an Kinder in Ihrer Tageseinrichtung. Gibt es Familien, die dringend mehrsprachige Unterstützung und Beratung benötigen? Beraten Sie selbst mehrsprachig? Gibt es andere mehrsprachige Hilfesysteme, die Sie empfehlen können?

10.3 Von der Familie in die außerfamiliäre Betreuung

Vom Zeitpunkt des Übergangs abhängig, wird das Kind entweder in einer Krippe, in der Tagespflege oder in der KiTa außerfamiliär und häufig institutionell mit betreut.

Forschungen zum Wechsel von der Familie in die Einrichtung sind im Überblick bei Griebel und Niesel (2004), Roux (2004) sowie Viernickel und Lee (2004) dargestellt. Geprägt wurde die Gestaltung des Übergangs insbesondere von der Qualitätsdebatte in Bezug auf die Gestaltung des Übergangs von der Familie in eine Bildungsinstitution (BMFSFJ, 2005; StMAS & IFP, 2006). Als Erklärungsansatz wird dabei das Konzept der Entwicklungsaufgaben und der Kompetenzen (Oerter, 1995; Waters & Sroufe, 1983), die Temperamentstheorie (Wolfram, 1997) und vor allem die Bindungstheorie (Bowlby, 1975) herangezogen.

Als ein Programm, welches hohe Standards an die Eingewöhnungsphase stellt, gilt das sogenannte Berliner Eingewöhnungsmodell (Laewen, Andres & Hédervári, 2000). Konzeptionell wird ein Beziehungsdreieck zwischen Kind, Elternteil und pädagogischer Fachkraft angestrebt. Aktiv werden die Eltern in die institutionelle Eingewöhnung eingebunden, indem sie in der Einrichtung zunächst mit anwesend sind und sich dann sukzessive aus der Einrichtung zurückziehen. Auf diese Weise kann sich das Kind allmählich an die neue Umgebung gewöhnen und Vertrauen zu neuen Bezugspersonen aufbauen. Die Eingewöhnungsphase endet, wenn das Kind eine konstante Bindungsbeziehung zur pädagogischen Fachkraft aufgebaut hat.

Nach dem Transitionsmodell müssen sich auf individueller Ebene die Eltern als Eltern auseinandersetzen, die ihr Kind außerfamiliär betreuen lassen und damit mit gesellschaftlichen Normen konfrontiert werden, die einer solchen Entscheidung durchaus kritisch gegenüber stehen. Insgesamt geht es für Eltern in dieser Phase um starke Emotionen wie Schuldgefühle, Ängste und auch Eifersucht. Das Kind selbst ändert seine Identität vom Familienkind zum KiTa-Kind. Es ist gefordert, die Einrichtung als selbstverständlichen Teil seines Lebens zu akzeptieren. Je jünger die Kinder sind, desto weniger lässt sich die Transition von der individuellen Entwicklung trennen.

Auf der interaktionalen Ebene müssen Eltern und Kind eine vertrauensvolle Beziehung zur Fachkraft aufbauen. Eltern aber müssen gleichzeitig akzeptieren, dass das Kind zur Fachkraft eine eigene Beziehung aufbaut, die nicht in Konkurrenz zur Elternbeziehung steht. Die Rolle als Krippenkind-Mutter und Krippenkind-Vater verlangt ein sich Öffnen zum Austausch zu anderen Eltern. Kinder sind gefordert, ihr Beziehungsnetz zu erweitern. Sie müssen die Fürsorge noch fremder Personen akzeptieren (Ahnert, 2010). Sicher gebundene Kinder zeigen dabei oft mehr Stressreaktionen als andere, wobei diejenigen Kinder, die eher unsicher gebunden sind, Stressreaktionen erst nach vier bis sechs Wochen zeigen und sich vorher scheinbar problemlos an die Situation anpassen (Bensel, 2010).

Studie: MEMOS

Das Forschungsprojekt »Mehrsprachigkeit und Mobilität im Übergang vom Kindergarten in die Primarschule in der deutschsprachigen Schweiz MEMOS« wurde als Folgeprojekt des international vergleichenden und ethnografisch angelegten Forschungsprojektes »HeLiE (Heterogenität und Literalität im Übergang vom Elementar- in den Primarbereich im europäischen Vergleich)« der Universität zu Köln konzipiert. In Anlehnung an das HeLiE-Projekt untersucht MEMOS folgende Fragen mit qualitativen Methoden der ethnografischen Feldforschung:

- Wie bewältigen mehrsprachige Kinder die jeweiligen curricularen Bedingungen institutionalisierter sprachlicher Bildung im Kindergarten und in der ersten Klasse der Primarschule?

- Was zeichnet die pädagogisch-didaktischen Praktiken institutionalisierter sprachlicher Bildung der Lehrpersonen im Kindergarten und in der ersten Primarklasse aus?
- Welche sprachlichen Praktiken der Kinder lassen sich in lehrzentrierten Lern-Arrangements und im Unterschied dazu im offenen Gruppenunterricht unter Kindern beobachten?

Im Zentrum der Forschung steht dabei sowohl die Rekonstruktion der Qualitätsvorstellungen der an den Studien beteiligten Professionellen als auch die konsequente Berücksichtigung der Kinderperspektive als Forschungsmaxime frühkindlicher Bildungsforschung (vgl. Panagiotopoulou, 2013). Die vergleichende ethnografische Längsschnittstudie soll erziehungswissenschaftliche Erkenntnisse gewinnen, die neue Wege in der Förderung der Landessprache als Zweitsprache und der Entwicklung der Mehrsprachigkeitsdidaktik in der Lehrkräftebildung aufzeigen (https://irf.fhnw.ch/handle/11654/28796).

Aufgabe

Denken Sie an mehrsprachige Kinder in Ihrer Einrichtung, die sich gerade an die Einrichtung gewöhnen mussten. Wie haben sie sich verhalten? Welches Bindungsverhalten schreiben Sie ihnen zu? Versuchen Sie, die Unterschiede zwischen verschiedenen Kindern zu versprachlichen. Was bedeutet unterschiedliches Bindungsverhalten bei mehrsprachigen Kindern für die Eingewöhnung und für mögliche Hilfestellungen für Eltern und Kind?

Auf kontextueller Ebene müssen aufseiten der Eltern KiTa und Beruf aufeinander abgestimmt sowie Anforderungen an eine institutionelle Mitarbeit gewährleistet werden. Der beinah tägliche Wechsel zwischen Familie und Kindertageseinrichtung stellt an das Kind neue und komplexe Anforderungen. Eingeschlossen in die Erfahrung sind neue Räume, eine bestimmte Gestaltung der Zeit und neue Regeln.

10.4 Von der KiTa in die Grundschule

In einer Reihe von Studien konnte aufgezeigt werden (im Überblick: http://www.edfac.unimelb.edu.au/), dass unabhängig davon, wie unterschiedlich die vorschulischen Einrichtungen in den einzelnen Ländern organisiert sind, der Eintritt des Kindes in das formale Schulsystem einen bedeutenden Entwicklungsabschnitt für das einzelne Kind und seine Familie darstellt. Insbesondere die Passung zwischen den Anforderungen an die Schule und den Kompetenzen ist stressbelastet. Der Anteil mit Übergangsproblemen wird etwa auf die Hälfte der Kinder geschätzt (Pianta & Cox,

1999). Besonders der Einsatz von monolingual orientierten Sprachentwicklungstests und die Negierung von Minderheitensprachen erschwert mehrsprachigen Kindern die Passung zwischen Kindertageseinrichtung und Schule.

Kontinuität ist für die Anschlussfähigkeit ein zentrales Prinzip, um die Begleitung und Gestaltung von Übergängen zu berücksichtigen (Dollase, 2000; Griebel & Niesel, 2003). Damit wird das Ziel einer institutionsübergreifenden verbindlichen Bildungsinfrastruktur verfolgt. Komplex ausgebildete Interessen des Kindes gelten als Sicherheitsanker für Transitionsprozesse (Prenzel, Lankes & Minsel, 2000). Darüber hinaus wirken sich ausgebildete Interessen positiv auf Schulleistungen aus (Billmann-Mahecha & Tiedemann, 2008).

Kinder sollen durch gelingende Bildungsübergänge in ihrer Leistungsfähigkeit gefördert und in ihrer Persönlichkeit gestärkt werden (Kammermeyer, 2010). Das bedarf einer sanften Vorbereitung auf institutionelle Übergänge. Diejenigen erziehungswissenschaftlichen Ansätze, die Bildung vorrangig als Selbstbildung der Kinder begreifen, weisen Kindertageseinrichtungen die Aufgabe zu, sich als der Schule vorangestellter Bildungsort zu etablieren, wobei als Gefahr gesehen wird, dass Selbstbildungsprozesse auf die sogenannte Schulfähigkeit verengt werden.

Kindergarten und Grundschule werden als zwei Institutionen mit eigenem Profil wahrgenommen. Sie sind personell, curricular und räumlich-institutionell voneinander getrennt und verfolgen unterschiedliche Konzepte (Reyer, 2006).

> »Prinzipiell ist die durch die Reichsschulkonferenz 1920 festgeschriebene Trennung der beiden Institutionen – durch die der Kindergarten im Sinne des Subsidiaritätsprinzips Aufgabe der Wohlfahrt(-sverbände) und Kirchen ist und der Kinder- und Jugendhilfe zugerechnet wird – bis heute beibehalten worden« (Cloos & Schröer, 2011, S. 17).

Die Kindertagesstätte hatte im Gegensatz zur Schule eher eine Fürsorge- und Vereinbarkeitspflicht zu erfüllen als einen Bildungsauftrag, wie er der Schule allgemeinhin angetragen wird. Somit ist die Kindertagesstätte auch keine für Familien verpflichtende Einrichtung. Sie ist gebührenpflichtig und bedarfsabhängig. Im Gegensatz zur Schule hat die Kindertagesstätte große Freiheiten in der curricularen Gestaltung. Mittlerweile wird Kindertagesstätten aber auch ein Bildungsauftrag zugewiesen. Im Zuge der Maßnahmen zur Neugestaltung kommt es zu einer konzeptionellen Annäherung der beiden Institutionen, was gleichzeitig als zentrale Bedingung für eine bessere Zusammenarbeit und damit als Grundlage »kindgerechter« Übergänge betrachtet wird.

Die Bildungs- und Orientierungspläne, die sich auf den gemeinsamen Rahmen der Länder zur frühen Bildung in Kindertageseinrichtungen stützen (KMK/JMK, 2004), schreiben mittlerweile eine institutionelle professionelle Gestaltung der Übergänge vor. Die Bildungspläne

> »tragen erstens zu einer institutionellen Annäherung bei, indem sie Bildungsbereiche formulieren, die Anschlusspunkte an die schulischen Lerninhalte bieten. Zweitens heben sie die gemeinsamen pädagogischen Grundlagen hervor – auch wenn weiterhin die Eigenständigkeit der Kindertageseinrichtung als Bildungsort mehr oder weniger deutlich betont wird. Drittens benennen die Orientierungs- und Bildungspläne konkrete Maßnahmen zur Kooperation von Kindergarten und Grundschule. Viertens heben sie die Bedeutung einer frühzeitigen individuellen Förderung der Kinder hervor, die z. B. durch die Beobachtung und Dokumentation kindlicher Bildungs- und Entwicklungsprozesse unterstützt werden

soll. Indem die Bedeutung einer frühen Bildung betont wird, werden Kindertageseinrichtungen fünftens als die Orte konzipiert, die im Kontext der Diskussion um lebenslanges Lernen noch deutlicher als die Familie den Grundstein für kontinuierlich verlaufende Bildungsprozesse liefern bzw. frühzeitig ungünstigen Entwicklungen beim einzelnen Kind kompensatorisch entgegentreten sollen« (JFMK/KMK, 2009, zitiert nach Cloos & Schröer, 2011, S. 18 f.).

10.5 Maßnahmen für einen gelungenen Übergang

Maßnahmen, die einen gelungenen Übergang gewährleisten sollen, gestalten sich nicht als einfache Aufgabe, weil Übergangsprozesse komplex sind. Eine Theorie des Übergangs vom Kindergarten in die Grundschule müsste in der Lage sein, »das Spannungsfeld möglicher Perspektiven auf die Übergangsgestaltung einzufangen und sich dabei gleichermaßen geschichtlich und politisch informiert zeigen« (Cloos & Schröer, 2011, S. 19).

Im Folgenden werden Perspektiven auf das Phänomen »Übergang« (▶ Tab. 22) zusammengetragen.

Tab. 22: Perspektiven von Übergängen

Perspektiven	Erläuterung	Mehrsprachige Kinder
Kind und Kindheit	• Kind ist Akteur, welches den Übergang aktiv vollzieht und bewältigt • Pädagogische Maßnahmen sollten in der Lage sein, Eigenleistungen der Kinder, ihre Perspektiven und Partizipationsmöglichkeiten bei ihrer Konzeptionierung und Durchführung zu berücksichtigen. • Möglichkeit zur Diagnostik, Lernausgangslagen, vorschulische Förderung, beispielsweise um die Anschlussfähigkeit zu verbessern	• Kind ist Akteur, welches den Übergang aus einer mehrsprachigen Bildungsperspektive bewältigt. • Pädagogische Maßnahmen sollten die Perspektive Mehrsprachigkeit fokussieren. • Die Diagnostik sollte konsequent alle Sprachressourcen in den Fokus nehmen.
Organisation, Qualität und Profession	• Kooperation von Kindergärten und Schule • Maßnahmen zur Festigung von Kooperationsstrukturen, Etablierung von Kooperationsverträgen • Organisation gemeinsam abgestimmter Übergangsangebote	• Wünschenswert sind Kooperationen zwischen mehrsprachigen Bildungseinrichtungen. • Sprachbarrieren sollten eingedämmt werden.

Tab. 22: Perspektiven von Übergängen – Fortsetzung

Perspektiven	Erläuterung	Mehrsprachige Kinder
	• Schwierigkeiten bei der Zusammenarbeit: zeitliche Ressourcen, unterschiedliche Organisationskulturen und Berufsgruppen, mangelnder Grad an Information	
Curriculum und Didaktik	• Herstellung einer curricular-inhaltlich sowie didaktischen Anschlussfähigkeit von Kindertageseinrichtungen und Schule, beispielsweise durch Einführung von Bildungsbereichen in den Bildungsplänen • Unterscheidung von Ansätzen, die entweder scholarisch sind oder Bildungsprozesse indirekt und zurückhaltend unterstützen • Möglichkeit zur Förderung schulnaher Kompetenzbereiche, z. B. Sprachbildung	• konsequente Einhaltung mehrsprachig-curricularer Angebote, Quersprachigkeit als Leitbild
Ökosystem	• Transitionsprozesse lassen sich auf individueller, familialer und kontextueller Ebene beschreiben. • Es sollen alle Akteure wie Eltern, KiTa und Schule berücksichtigt werden. • Kinder und ihre Familien bewältigen einen Übergang, während Akteure der Institution einen Übergang moderieren. • Übergangsprozesse werden als Anpassungsprozesse und Kompetenzerwerb thematisiert.	

Der gegenwärtige Trend führt zu einer Intensivierung institutionalisierter Bildungsanforderungen an die Kinder, wobei diese selbstgesteuert ihre Kompetenzen entwickeln sollen.

Ein weiterer wichtiger Aspekt ist die Durchgängigkeit der Sprachbildung. Das Modellprogramm »FÖRMIG (Förderung von Kindern und Jugendlichen mit Migrationshintergrund)« will »*jeden Unterricht und die ganze Schullaufbahn einbeziehen*«, statt zusätzliche sprachliche Fördermaßnahmen, die nur die schwächeren Kinder und Jugendlichen berücksichtigen, in Betracht zu ziehen (Gogolin & Lange, 2011). Bei der durchgängigen Sprachbildung geht es im Hinblick auf die Umsetzung um »Durchgängigkeit« und, bezogen auf den Gegenstand, um »Sprachbildung«. Kinder, die Deutsch als Zweitsprache erwerben, erlernen während ihrer Bildungslaufbahn ein Sprachregister, welches sich von der mündlichen Sprachanwendung unterscheidet, während sie in der noch zu lernenden Sprache auch sogenannte Bildungsinhalte vermittelt bekommen (Gogolin & Lange, 2011). In der Bildungsbiografie der Kinder nehmen sprachliche Anforderungen zu, bereits im Elementarbereich werden pädagogische Wissensgespräche geführt. In der Primarstufe kommen schultypische Diskurse, viele Fachtermini und zunehmend schriftliche Fachtexte hinzu. Darüber hinaus beeinflusst das Beherrschen von Sprache beim Übergang in den Kindergarten und in die Grundschule die Freundschaftsbildung. Es ist nur natürlich, dass Kinder zunächst Beziehungen zu denjenigen Kindern aufbauen, die in derselben Situation sind und/oder dieselbe Sprache sprechen. Damit stellt die Sprachkompetenz eine wichtige emotionale Ressource zur Bewältigung von Übergängen dar (Leyendecker & De Houwer, 2011, S. 207).

Studien zur Erwerbsdauer bildungssprachlicher Kompetenzen gehen von einer Periode von bis zu acht Jahren aus (Cummins, 2006). Es reicht deshalb nicht aus, Sprache nur während eines kleinen Zeitraumes zu fördern, beispielsweise in der Vorschule. Kinder und Jugendliche benötigen eine kontinuierliche und andauernde Unterstützung beim Erlernen ihrer Sprache. Immer dann, wenn Übergänge einzelner Bildungsstufen anstehen, kann es zu Brüchen in der Sprachbildung kommen, wenn Institutionen, die sogenannte vertikale Schnittstellen bilden, nicht zusammenarbeiten, vorausgehende und bevorstehende Bildungsaufgaben nicht kennen und nicht aufeinander abstimmen.

Neben vertikalen Schnittstellen sollte durchgängige Sprachbildung auch horizontale Schnittstellen bedienen, möglichst alle Lernbereiche und Institutionen einbeziehen sowie Kommunikationsstrukturen aufbauen. Das bedeutet, dass verschiedene Institutionen an »einem Strang ziehen«, so etwa Eltern und Erzieher:innen sowie Therapie- oder Förderzentren.

> **Pädagogisches Fazit**
>
> Wenn Familien mit Zuwanderungsgeschichte mit der deutschen Bildungslandschaft und Kultur wenig vertraut sind, ist die Bewältigung von Übergängen für diese Familien häufig deutlich komplexer. Familien mit Zuwanderungsgeschichte müssen das Noch-Fremde, z. B. die Sprache, Symbole und Verhaltensstandards mit den vertrauten Werten und Normen ihrer Herkunft in Einklang bringen. Fachkräfte sollten mit Kindern aus Familien mit Zuwanderungsgeschichte aufmerksam und vorurteilsbewusst arbeiten, um die Kinder vor negativen Vorurteilen und Stereotypien zu schützen. Kinder sollten darin unterstützt werden, ihre eigene »multikulturelle Identität« bzw. »transkulturelle Identität« auszubilden. Damit können sie sich sowohl mit der Mehrheitskultur identifizieren als auch mit der eigenen ethnischen Kultur.

10.6 Zusammenfassung

Transitionen sind komplexe, ineinander übergehende und sich überblendende Wandlungsprozesse, die auftreten, wenn Lebenszusammenhänge eine massive Umstrukturierung erfahren. In Übergangsphasen werden betroffenen Personen große Anpassungs- und Lernleistungen abgefordert. Wichtige Transitionen sind der Übergang von der Partnerschaft ohne zur Partnerschaft mit Elternrolle, der Eintritt des Kindes in unterschiedliche institutionelle Einrichtungen, der Eintritt in das Jugendlichenalter, der Eintritt ins Erwerbsleben, das Verlassen des elterlichen Haushalts, der Eintritt ins Rentenalter, Trennung und Scheidung, der Weg in außerfamiliäre Betreuungssysteme. Die Bewältigung von Übergängen kann für Familien mit Zuwanderungsgeschichte deutlich komplexer sein, wenn diese mit der deutschen Bildungslandschaft und Kultur wenig vertraut sind. Übergänge bringen Veränderung auf der individuellen, der interaktionalen und der kontextuellen Ebene mit sich. Nicht das Lebensereignis als solches, sondern im entwicklungspsychologischen Sinne dessen Verarbeitung und Bewältigung lassen es zur Transition werden. Auf der individuellen Ebene werden dabei Veränderungen für die Person selbst, ihre Aufgaben, ihre Ziele, Veränderungen in Bezug auf die eigene Identität und Verhaltensveränderungen beschrieben. Auf der interaktionellen Ebene wird thematisiert, wie der Einzelne im sozialen Kontext mit anderen Personen interagiert. Die Ebene der Lebensumwelten bezieht kulturelle Anforderungen sowie Normen und Wünsche von Bezugspersonen und materielle Umgebungsbedingungen mit ein.

10.7 Literatur zur Vertiefung

Giebel, W. (2006): Übergänge fordern das gesamte System. In: D. Diskowski, E. Hammes-Di Bernardo, S. Hebenstreit-Müller & A. Speck-Hamdan (Hrsg.): *Übergänge gestalten. Wie Bildungsprozesse anschlussfähig werden*. Weimar & Berlin: Verlag Das Netz, S. 32–47.
Niesel, R. & Griebel, W. (2000): *Start in den Kindergarten*. München: Don Bosco.
Speck-Hamdan, A. (2006): Neuanfang und Anschluss: zur Doppelfunktion von Übergängen. In: D. Diskowski, E. Hammes-Di Bernardo, S. Hebenstreit-Müller & A. Speck-Hamdan (Hrsg.): *Übergänge gestalten. Wie Bildungsprozesse anschlussfähig werden*. Weimar & Berlin: Verlag Das Netz, S. 20–31.

11 Ausblick

Mehrsprachigkeit in der Kindertagesstätte wird durch professionelles und damit (selbst-)reflektierendes pädagogisches Handeln bestimmt. Studien zeigen, dass Kinder vom Erwerb mehrerer Sprachen nicht überfordert sind, sondern dass in ihrer mehrsprachigen Umgebung ein wichtiges und natürliches Potenzial liegt, um eine eigene sprachlich-kulturelle Identität auszubilden. Dieses Entwicklungspotenzial zur Entfaltung zu bringen, liegt im institutionellen Kontext der Mehrheitsgesellschaft in der Verantwortung von pädagogischen Fachkräften. Einrichtungen können den Kindern und ihren Entwicklungspotenzialen dann gerecht werden, wenn sie die Mehrsprachigkeit mithilfe passender Lernarrangements unterstützen. In dem hier vorgeschlagenen Konzept mehrsprachiger Bildung in der KiTa kann die Gestaltung von Lernumgebungen auch gelingen, wenn Pädagog:innen die verschiedenen Sprachen, die Kinder mit in ihre Einrichtung bringen, nicht selbst sprechen können. Unsere Überlegungen zur strukturierten Gestaltung mehrsprachiger Bildung in der KiTa beinhalten Antworten auf die Frage, welche Erkenntnisse zum Spracherwerb sinnvoll sind, um die konkrete Förderung in der KiTa zu gestalten. Im Kontext mehrsprachiger Bildung wurden konkrete Handlungsmöglichkeiten verschiedener Akteure der Gestaltung mehrsprachiger Bildung und auf verschiedenen Ebenen (Bildungspläne – Institution – Erzieher:in – Förderprogramme) für das eigene Vorgehen in der je eigenen KiTa vorgeschlagen.

Es ist zu wünschen, dass zukünftig mehr mehrsprachige Konzepte entworfen und entwickelt sowie hinsichtlich ihrer Wirksamkeit und Nachhaltigkeit und in Hinblick auf die pädagogische Praktikabilität im KiTa-Alltag evaluiert werden.

12 Literatur

Abed Ibrahim, L. & Hamann, C. (2017): Bilingual Arabic-German and Turkish-German children with and without specific language impairment. Comparing performance in sentence and nonword repetition tasks. In: M. LaMendola & J. Scott (Hrsg.): *Proceedings of the 41th Annual Boston University Conference on Language Development*. Somerville, MA: Cascadilla Press, S. 1–17. Online verfügbar unter: http://www.lingref.com/bucld/41/BUCLD41-01.pdf

Ahnert, L. (2010): Today's Families: The Child's Perspective. In: O. Kapella, C. Rille-Pfeiffer, M. Rupp & N. F. Schneider (Hrsg.): *Family Diversity. Collection of the 3rd European Congress of Family Science*. Opladen & Farmington Hills: Budrich, S. 27–34.

Ahrenholz, B. (Hrsg.) (2008): *Kinder mit Migrationshintergrund. Spracherwerb und Fördermöglichkeiten*. Freiburg i. Br.: Fillibach, S. 117–133.

Ahrenholz, B. & Maak, D. (2013): *Zur Situation von SchülerInnen nicht-deutscher Herkunftssprache in Thüringen unter besonderer Berücksichtigung von Seiteneinsteigern. Abschlussbericht zum Projekt »Mehrsprachigkeit an Thüringer Schulen (MaTS)«. Durchgeführt im Auftrag des TMBWK*. 2., bearb. Aufl. Verfügbar unter: http://www.daz-portal.de/images/Berichte/bm_band_01_mats_bericht_20130618_final.pdf (Zugriff am 22.01.2016).

Akyün, H. (2007): *Einmal Hans mit scharfer Soße. Leben in zwei Welten*. Taschenbuchausg. München: Goldmann.

Albers, T. (2011): *Sag mal! Krippe, Kindergarten und Familie. Sprachförderung im Alltag*. Weinheim: Beltz.

Allman, B. (2005): Vocabulary Size of Monolingual and Bilingual Preschool Children. In: J. Cohen, K. T. McAlister, K. Rolstad & J. MacSwan (Hrsg.): *ISB4. Proceedings of the 4th International Symposium on Bilingualism*. Somerville: Cascadilla, S. 58–77.

American Speech-Language-Hearing Asssociation (2016): *Teaching Your Child Two Languages. How to Raise a Bilingual Child*. Rockville: American Speech-Language-Hearing Asssociation.

Andresen, H. (1997): Kindergärten und Schulen der Minderheiten im deutsch-dänischen Grenzgebiet. In: *OBST*, (54), S. 89–103.

Ansari, M. (2004): Die Sprachenvielfalt sichtbar machen. Ganzheitliche Sprachförderung im mehrsprachigen Kindergarten. In: *Theorie und Praxis der Sozialpädagogik*, (4), S. 31–33.

Apeltauer, E. (2006): Förderprogramme, Modellvorstellungen und empirische Befunde. Zur Wortschatz- und Bedeutungsentwicklung bei türkischen Vorschulkindern. In: B. Ahrenholz (Hrsg.): *Kinder mit Migrationshintergrund – Spracherwerb und Fördermöglichkeiten*. Freiburg i. Br.: Fillibach, S. 11–33.

Apeltauer, E. (2007): Das Kieler Modell: Sprachliche Frühförderung von Kindern mit Migrationshintergrund. In: B. Ahrenholz (Hrsg.): *Deutsch als Zweitsprache. Voraussetzungen und Konzepte für die Förderung von Kindern und Jugendlichen mit Migrationshintergrund*. Freiburg i. Br.: Fillibach, S. 111–135.

Archila-Suerte, P., Zevin, J., Ramos, A. I. & Hernandez, A. E. (2013): The Neural Basis of Non-Native Speech Perception in Bilingual Children. In: *NeuroImage*, (67), 2013, S. 51–63.

Armon-Lotem, S., Marinis, T. & Meir, N. (Hrsg.) (2015): *Assessing Multilingual Children Disentangling Bilingualism from Language Impairment*. Bristol: Multilingual Matters.

Armon-Lotem, S., Walters, J. & Gagarina, N. (2011): The Impact of Internal and External Factors on Linguistic Performance in the Home Language and in L2 Among Russian-Hebrew and Russian-German Preschool Children. In: *Linguistic Approaches to Bilingualism*, 1 (3), S. 291–317.

Auer, P. & Wei, L. (Hrsg.) (2008): *Handbook of Multilingualism and Multilingual Communication.* Berlin: Mouton de Gruyter.
Auernheimer, G. (2006): Kulturwissen ist zu wenig: Plädoyer für ein erweitertes Verständnis von interkultureller Kompetenz. In: H. Antor (Hrsg.): Inter- und transkulturelle Studien. Theoretische Grundlagen und interdisziplinäre Praxis. Heidelberg: Winter, S. 145–158.
Autorengruppe Bildungsberichterstattung (Hrsg.) (2010): *Bildung in Deutschland 2010. Ein indikatorengestützter Bericht mit einer Analyse zu Perspektiven des Bildungswesens im demografischen Wandel.* Bielefeld: Bertelsmann.
Autorengruppe Bildungsberichterstattung (Hrsg.) (2014): *Bildung in Deutschland 2014. Ein indikatorengestützter Bericht mit einer Analyse zur Bildung von Menschen mit Behinderungen.* Bielefeld: Bertelsmann.
Autorengruppe Bildungsberichterstattung (Hrsg.) (2016): *Bildung in Deutschland 2016. Ein indikatorengestützter Bericht mit einer Analye zu Bildung und Migration.* Bielefeld: Bertelsmann.
Autorengruppe Bildungsberichterstattung (Hrsg.) (2020): *Bildung in Deutschland 2020. Ein indikatorengestützter Bericht mit einer Analyse zu Bildung in einer digitalisierten Welt.* Bielefeld: wbv Media.
AWMF (Hrsg.) (2011): *Sprachentwicklungsstörungen (SES), Diagnostik von, unter Berücksichtigung umschriebener Sprachentwicklungsstörungen (USES).* Verfügbar unter: http://www.awmf.org/leitlinien/detail/ll/049-006.html (Zugriff am 22.01.2016).
Backer, K. C. & Bortfeld, H. (2021): Characterizing Bilingual Effects on Cognition: The Search for Meaningful Individual Differences. In: *Brain Sciences*, 11 (1), S. 81. DOI: 10.3390/brainsci11010081.
Baker, C. (2006): *Foundations of Bilingual Education and Bilingualism.* 4. Aufl., Clevedon: Multilingual Matters.
Banks, J. (2009): Multicultural Education. Dimensions and Paradigms. In: J. Banks (Hrsg.): *The Routledge International Companion to Multicultural Education.* London: Routledge, S. 9–32.
Barac, R. & Bialystok, E. (2012): Bilingual Effects on Cognitive and Linguistic Development: Role of Language, Cultural Background, and Education. In: *Child Development*, 83 (2), S. 413–422.
Barkow, I. & Müller, C. (2016): *Frühe sprachliche und literale Bildung.* Tübingen: Narr Francke Attempo.
Bayerisches Staatsministerium für Arbeit und Sozialordnung, Familie und Frauen & Staatsinstitut für Frühpädagogik (2003): *Der Bayerische Bildungs- und Erziehungsplan für Kinder in Tageseinrichtungen bis zur Einschulung. Entwurf für die Erprobung.* Weinheim: Beltz.
Becker, B. & Biedinger, N. (2010): Frühe ethnische Bildungsungleichheit: Der Einfluss des Kindergartenbesuchs auf die deutsche Sprachfähigkeit und die allgemeine Entwicklung. In: B. Becker & D. Reimer (Hrsg.): *Vom Kindergarten bis zur Hochschule. Die Generierung von ethnischen und sozialen Disparitäten in der Bildungsbiographie.* Wiesbaden: VS Verlag für Sozialwissenschaften, S. 49–79.
Becker, R. & Lauterbach, W. (Hrsg.) (2004): *Bildung als Privileg? Erklärungen und Befunde zu den Ursachen der Bildungsungleichheit.* Wiesbaden: VS Verlag für Sozialwissenschaften.
Becker, R. & Tremel, P. (2006): Auswirkungen vorschulischer Kinderbetreuung auf die Bildungschancen von Migrantenkindern. In: *Soziale Welt*, 57 (4), S. 397–418.
Becker-Textor, I. I. & Michelfeit, G. (2000): *Was Kindergeschichten erzählen. Kindern zuhören – Kinder verstehen lernen.* München: Don Bosco.
Belgrad, J. (2015): Lernraum Vorlesen. In: G. Bräuer & F. Trischler (Hrsg.). *Lernchance: Vorlesen.* Stuttgart: Klett, S. 19–38
Bender, D. & Lösel, F. (2000): Risiko- und Schutzfaktoren in der Genese und der Bewältigung von Mißhandlung und Vernachlässigung. In: U. T. Egle, S. O. Hoffmann & P. Joraschky (Hrsg.): *Sexueller Mißbrauch, Mißhandlung, Vernachlässigung.* 2., überarb. Aufl. Stuttgart: Schattauer, S. 40–58.
Bensel, J. (2010): Von der Familie in die Krippe. Der erste große Übergang. In: *Theorie und Praxis der Sozialpädagogik*, (3), S. 16–19.
Ben-Zeev, S. (1977): Mechanisms by Which Childhood Bilingualism Affects Understanding of Language and Cognitive Structures. In: P. A. Hornby (Hrsg.): *Bilingualism: Psychological,*

Social, and Educational Implications. New York, San Francisco & London: Academic Press, S. 29–55.

Betz, T. (2008): *Ungleiche Kindheiten. Theoretische und empirische Analysen zur Sozialberichterstattung über Kinder.* Weinheim & München: Juventa.

Bialystok, E. (1999): Cognitive Complexity and Attentional Control in the Bilingual Mind. In: *Child Development,* 70 (4), S. 636–644.

Bialystok, E., Barac, R., Blaye, A. & Poulin-Dubois, D. (2010): Word Mapping and Executive Functioning in Young Monolingual and Bilingual Children. In: *Journal of Cognition and Development,* 11 (4), S. 485–508.

Bialystok, E., Craik, F. & Luk, G. (2008a): Lexical Access in Bilinguals: Effects of Vocabulary Size and Executive Control. In: *Journal of Neurolingusitics,* (21), S. 522–538.

Bialystok, E., Craik, F. & Luk, G. (2008b): Cognitive Control and Lexical Access in Younger and Older Bilinguals. In: *Journal of Experimental Psychology, Learning, Memory and Cognition,* (34), S. 859–873.

Bialystok, E., Craik, F. & Luk, G. (2012): Bilingualism: Consequences for Mind and Brain. In: *Trends in Cognotion and Science,* (16), S. 240–250.

Bialystok, E. & Hakuta, K. (1998): Confounded Age: Linguistic and Cognitive Factors in Age Differences for Second Language Acquisition. In: D. Birdsong (Hrsg.): *Second Language Acquisition and the Critical Period Hypothesis.* Mahwah: Erlbaum, S. 161–181.

Bialystok, E., Luk, G. & Kwan, E. (2005): Bilingualism, Biliteracy, and Learning to Read: Interactions Among Languages and Writing Systems. In: *Scientific Studies of Reading,* 9 (1), S. 43–61.

Bialystok, E. & Martin, M. M. (2004): Attention and Inhibition in Bilingual Children: Evidence from the Dimensional Change Card Sort Task. In: *Developmental Science,* 7 (3), S. 325–339.

Bialystok, E., McBride-Chang, C. & Luk, G. (2005): Bilingualism, Language Proficiency, and Learning to Read in Two Writing Systems. In: *Journal of Educational Psychology,* 97 (4), S. 580–590.

Bialystok, E. & Viswanathan, M. (2009): Components of Executive Control with Advantages for Bilingual Children in Two Cultures. In: *Cognition,* 112 (3), S. 494–500.

Biedinger, N. (2010): *Ethnische und soziale Ungleichheit im Vorschulbereich.* Leipzig: Engelsdorfer.

Bien, W., Rauschenbach, T. & Riedel, B. (Hrsg.) (2006): *Wer betreut Deutschlands Kinder? DJI-Kinderbetreuungsstudie.* Weinheim & Basel: Beltz.

Bildungspläne für den Elementarbereich. Verfügbar unter: http://www.bildungsserver.de/Bildungsplaene-der-Bundeslaender-fuer-die-fruehe-Bildung-in-Kindertageseinrichtungen-2027.html (Zugriff am 07.07.2016).

Billmann-Mahecha, E. & Tiedemann, J. (2008): Identität und Selbstkonzept. In: E. Jürgens & J. Standop (Hrsg.): *Taschenbuch Grundschule. Band 2: Das Grundschulkind.* Baltmannsweiler: Schneider Hohengehren, S. 65–74.

Binanzer, A. & Jessen, S. (2020): Mehrsprachigkeit in der Schule – aus der Sicht migrationsbedingt mehrsprachiger Jugendlicher. In: *Zeitschrift für Interkulturellen Fremdsprachenunterricht,* 25 (1), S. 221–252.

Birdsong, D. (Hrsg.) (1999): *Second Language Acquisition and the Critical Period Hypothesis.* Mahwah: Erlbaum.

Birdsong, D. (2018): Plasticity, Variability and Age in Second Language Acquisition and Bilingualism. In: *Front. Psychol.,* 9, S. 81. DOI: 10.3389/fpsyg.2018.00081.

BiSS-Initiative. Online verfügbar unter: http://www.ifp.bayern.de/projekte/qualitaet/biss.php (Zugriff am 07.07.2016).

Blickenstorfer, R. (2009): Strategien der Zusammenarbeit. In: S. Fürstenau & M. Gomolla (Hrsg.): *Migration und schulischer Wandel. Elternbeteiligung.* Wiesbaden: VS Verlag für Sozialwissenschaften, S. 69–88.

Bloomfield, L. (1935): *Language.* London: Allen & Unwin.

Blum, R. von (1998): *A Head Start on Science. Final Evaluation.* Online verfügbar unter: http://web.csulb.edu/~sci4kids/HS_Final_Eval_Report98.pdf (Zugriff am 24.04.2015).

Böllert, K. (2008): Bildung ist mehr als Schule – Zur kooperativen Verantwortung von Familie, Schule, Kinder- und Jugendhilfe. In: K. Böllert (Hrsg.): *Von der Delegation zur Kooperation. Bildung in Familie, Schule, Kinder- und Jugendhilfe.* Wiesbaden: VS Verlag für Sozialwissenschaften, S. 7–33.

Borchard, M., Henry-Huthmacher, C., Merkle, T., Wippermann, C. & Hoffmann, E. (2008): *Eltern unter Druck. Selbstverständnisse, Befindlichkeiten und Bedürfnisse von Eltern in verschiedenen Lebenswelten.* Stuttgart: Lucius & Lucius.
Boudreault, P. & Mayberry, R. I. (2006): Grammatical Processing in American Sign Language: Age of First-Language Acquisition Effects in Relation to Syntactic Structure. In: *Language and Cognitive Processes,* 21 (5), S. 608–635.
Bowlby, J. (1975): *Bindung. Eine Analyse der Mutter-Kind-Beziehung.* München: Kindler.
Bräuer, G. & Trischler, F. (Hrsg.) (2015): *Lernchance: Vorlesen.* Stuttgart: Klett.
Braun, A. K. (2012): *Früh übt sich, wer ein Meister werden will – Neurobiologie des kindlichen Lernens. Eine Expertise der Weiterbildungsinitiative Frühpädagogische Fachkräfte (WiFF).* München: Deutsches Jugendinstitut e. V.
Bronfenbrenner, U. (1989): *Die Ökologie der menschlichen Entwicklung.* Frankfurt a. M.: Fischer.
Bruck, M. & Genesee, F. (1995): Phonological Awareness in Young Second Language Learners. In: *Journal of Child Language,* 22 (2), S. 307–324.
Bruner, J. S. (1974): *Entwurf einer Unterrichtstheorie.* Düsseldorf: Schwann.
Büchner, I. (2008): Von der Lust an der Sprachenvielfalt. In: *Die Grundschulzeitschrift,* (215/216), S. 44–49.
Bullinger, H. & Nowak, J. (1998): *Soziale Netzwerkarbeit. Eine Einführung.* Freiburg i. Br.: Lambertus.
Bunta, F., Fabiano-Smith, L., Goldstein, B. & Ingram, D. (2009): Phonological Whole-Word Measures in Three-Year-Old Bilingual Children and Their Age-Matched Monolingual Peers. In: *Clinical Linguistics and Phonetics,* 23 (2), S. 156–175.
Buschmann, A. & Schumm, E. (2017). Welche Fragen haben Eltern mit Migrationshintergrund zum mehrsprachigen Aufwachsen und Erziehen?* Praktische Implikationen für die Elternberatung. *Forschung Sprache,* 2, S. 4–16.
Büttner, A. C. (2012): The Effect of Working Memory Load on Semantic Illusions: What the Phonological Loop and Central Executive Have to Contribute. In: *Memory,* 20 (8), S. 882–890.
Campbell, R. & Sais, E. (1995): Accelerated Metalinguistic (Phonological) Awareness in Bilingual Children. In: *British Journal of Developmental Psychology,* (13), S. 61–68.
Carlson, S. M. & Meltzoff, A. N. (2008): Bilingual Experience and Executive Functioning in Young Children. In: *Developmental Science,* 11 (2), S. 282–298.
Carr, M. & Lee, W. (2012): *Learning Stories: Constructing Learner Identities in Early Education.* Los Angeles & London: SAGE.
Castles, S. (2009): World Population Movements, Diversity and Education. In: J. Banks (Hrsg.): *The Routledge International Companion to Multicultural Education.* London: Routledge, S. 49–61.
CECER-DLL (2011): *Evaluating Early Care and Education Practices for Dual Language Learners: A Critical Review of the Research.* Online verfügbar unter: http://fpg.unc.edu/sites/fpg.unc.edu/files/resources/reports-and-policy-briefs/FPG_CECER-DLL_Brief4.pdf (Zugriff am 22.01.2016).
Chilla, S. (2008): *Erstsprache, Zweitsprache, Spezifische Sprachentwicklungsstörung? Eine Untersuchung des Erwerbs der deutschen Hauptsatzstruktur durch sukzessiv-bilinguale Kinder mit türkischer Erstsprache.* Hamburg: Kovač.
Chilla, S. (2014): Grundfragen der Diagnostik im Kontext von Mehrsprachigkeit und Synopse diagnostischer Verfahren. In: S. Chilla & S. Haberzettl (Hrsg.): *Handbuch Spracherwerb und Sprachentwicklungsstörungen. Mehrsprachigkeit.* München: Elsevier, Urban & Fischer, S. 57–71.
Chilla, S. (2019): Exklusive oder inklusive Bildung durch Sprache? Sprachpädagogisches Handeln als Perspektive für gesellschaftliche Inklusion. In: L. Rödel & T. Simon (Hrsg.): *Inklusive Sprach(en)bildung. Ein interdisziplinärer Blick auf das Verhältnis von Inklusion und Sprachbildung.* Bad Heilbrunn: Julius Klinkhardt, S. 122–131.
Chilla, S. (2020): Mehrsprachiger Erwerb. In: S. Sachse, A. Buschmann & A.-K. Bockmann (Hrsg.): *Sprachentwicklung – Sprachdiagnostik – Sprachförderung im Kleinkind- und Vorschulalter. Ein Lehrbuch.* Heidelberg: Springer Spektrum, S. 109–130.
Chilla, S. (2022): *Kindliche Mehrsprachigkeit. Grundlagen – Störungen – Diagnostik.* Unter Mitarbeit von Ezel Babur und Monika Rothweiler. 3. vollständig überarbeitete Auflage, München: Reinhardt.

Chilla, S. & Bonnesen, M. (2011): A Cross-Linguistic Perspective on Child SLA: The Acquisition of Questions in German and French. In: *Linguistische Berichte*, (228), S. 413–442.
Chilla, S. & Fuhs, B. (2013): Kindheiten zwischen Inklusion, Normalisierung und Autonomie. Das Beispiel Hörbeeinträchtigungen. In: H. Kelle & J. Mierendorff (Hrsg.): *Normierung und Normalisierung der Kindheit*. Weinheim & Basel: Juventa, S. 142–157.
Chilla, S., Haberzettl, S. & Wulff, N. (2013): Dummy Auxiliaries in First and Second Language Acquisition in German. In: E. Blom, J. Verhagen & I. van de Craats (Hrsg.): *Dummy Auxiliaries in First and Second Language Acquisition*. Boston & Berlin: Walter de Gruyter, S. 209–250.
Chilla, S. & Hamann, C. (2018): Mehrsprachigkeit und umschriebene Sprachentwicklungsstörungen (USES). – Methoden der Diagnostik in der Zweitsprache Deutsch. In: *Sprache, Stimme, Gehör*, 42 (02), S. 78–81. DOI: 10.1055/s-0043-123986.
Chilla, S., Hamann, C. & Rothweiler, M. (2010): *COST Action IS0804 Questionnaire for Parents of Bilingual Children (PABIQ Questionnaire): ERF–OL–BR Parent Questionnaire*. Unveröffentlichtes Manuskript. Online verfügbar unter: http://www.bi-sli.org/ (Zugriff am 22.01.2016).
Chilla, S. & Niebuhr-Siebert, S. (in Druck): *Die sprachenbunte KiTa*. Troisdorf: Bildungsverlag EINS.
Chilla, S., Rothweiler, M. & Babur, E. (2010): *Kindliche Mehrsprachigkeit. Grundlagen – Störungen – Diagnostik*. München & Basel: Reinhardt.
Chilla, S., Rothweiler, M. & Babur, E. (2013): *Kindliche Mehrsprachigkeit. Grundlagen – Störungen – Diagnostik*. 2., aktualisierte Aufl. München: Reinhardt.
Chlosta, C., Ostermann, T. & Schroeder, C. (2003): Die »Durchschnittsschule« und ihre Sprachen: Ergebnisse des Projekts Sprachenerhebung Essener Grundschulen (SPREEG). In: *Essener Linguistische Skripte – elektronisch* 3 (1), S. 43–139.
Cierpka, M., Franz, M. & Egle, U. T. (2011): Früherkennung und Prävention. In: R. H. Adler, W. Herzog, P. Joraschky, K. Köhle, W. Langewitz, W. Söllner & W. Wesiack (Hrsg.): *Uexküll – Psychosomatische Medizin. Theoretische Modelle und klinische Praxis*. München: Elsevier, S. 389–398.
CITO (2004): *Test Zweisprachigkeit*. Arnhem: National Institute for Educational Measurement.
Clahsen, H. (1982): *Spracherwerb in der Kindheit. Eine Untersuchung zur Entwicklung der Syntax bei Kleinkindern*. Tübingen: Narr.
Clahsen, H., Meisel, J. & Pienemann, M. (1982): *Deutsch als Zweitsprache: der Spracherwerb ausländischer Arbeiter*. Tübingen: Gunter Narr Verlag, 1982.
Clahsen, H. & Mohnhaus, B. (1987): Die Profilanalyse – Einsatzmöglichkeiten und erste Ergebnisse. In: I. Füssenich & B. Gläss (Hrsg.): *Dysgrammatismus. Theoretische und praktische Probleme bei der interdisziplinären Beschreibung gestörter Kindersprache*. Heidelberg: Schindele, S. 76–97.
Cloos, P. & Schröer, W. (2011): Übergang und Kindheit. In: Y. Manning-Chlechowitz, S. Oehlmann & M. Sitter (Hrsg.): *Frühpädagogische Übergangsforschung. Von der Kindertageseinrichtung in die Grundschule*. Weinheim & München: Juventa, S. 17–34.
Cobo-Lewis, A. B., Pearson, B. Z., Eilers, R. E. & Umbel, V. C. (2002a): Effects of Bilingualism and Bilingual Education on Oral and Written English Skills: A Multifactor Study of Standardized Test Outcomes. In: D. K. Oller & R. E. Eilers (Hrsg.): *Language and Literacy in Bilingual Children*. Clevedon & Buffalo: Multilingual Matters, S. 64–97.
Cobo-Lewis, A. B., Pearson, B. Z., Eilers, R. E. & Umbel, V. C. (2002b): Effects of Bilingualism and Bilingual Education on Oral and Written Spanish Skills: A Multifactor Study of Standardized Test Outcomes. In: D. K. Oller & R. E. Eilers (Hrsg.): *Language and Literacy in Bilingual Children*. Clevedon & Buffalo: Multilingual Matters, S. 98–117.
Conboy, B. (2013): Neuroscience Research: How Experience with One or More Languages Affects the Developing Brain. In: State Advisory Council on Early Learning and Care (Hrsg.): *California's Best Practices for Young Dual Language Learners. Research Overview Papers*. Sacramento: State Advisory Council on Early Learning and Care, S. 2–50.
Cook, V. J. (Hrsg.) (2003): *Effects of the L2 on the L1*. Clevedon: Multilingual Matters.
Costa, A., Foucart, A., Hayakawa, S., Aparici, M., Apesteguia, J., Heafner, J. & Keysar, B. (2014): Your morals depend on language. In: *PLoS ONE*, 9 (4), e94842. DOI: 10.1371/journal.pone.0094842

Costa, A., Hernández, M., Costa-Faidella, J. & Sebastian-Galles, N. (2009): On the Bilingual Advantage in Conflict Processing: Now You See It, Now You Don't. In: *Cognition*, 113 (2), S. 135–149.
Cowan, C. P. (1991): Individual and Family Life Transitions: A Proposal for a New Definition. In: P. Cowan & E. M. Hetherington (Hrsg.): *Family Transitions: Advances in Family Research*. Hillsdale: Erlbaum, S. 3–30.
Cox Gurdon, M. (2019): *Die verzauberte Stunde. Warum vorlesen glücklich macht*. Berlin: Insel-Verlag.
Craik, F., Bialystok, E. & Freedman, M. (2010): Delaying the Onset of Alzheimer Disease: Bilingualism as a Form of Cognitive Reserve. In: *Neurology*, 75 (19), S. 1726–1729.
Cummins, J. (2006): Sprachliche Interaktion im Klassenzimmer: Von zwangsweise auferlegten zu kooperierenden Machtbeziehungen. In: P. Mecheril & T. Quehl (Hrsg.): *Die Macht der Sprachen. Englische Perspektiven auf die mehrsprachige Schule*. Münster: Waxmann, S. 36–62.
Czapka, S., Topaj, N. & Gagarina, N. (2021): A Four-Year Longitudinal Comparative Study on the Lexicon Development of Russian and Turkish Heritage Speakers in Germany. In: *Languages*, 6 (1), S. 27.
Dahlberg, G., Moss, P. & Pence, A. (2007): *Beyond Quality in Early Childhood Education*. 2. Aufl. London: RoutledgeFalmer.
Dannenbauer, F. M. & Kotten-Sederquist, A. (1987): »Kasperl« oder »Dafe«? Zum Problem der Repräsentation in der phonologischen Prozeßanalyse. In: *Die Sprachheilarbeit*, 32 (2), S. 77–85.
Daum, J. & Neuß, N. (2010): *Grundwissen Elementarpädagogik. Ein Lehr- und Arbeitsbuch*. Berlin: Cornelsen.
De Houwer, A. (1990): *The Acquisition of Two Languages from Birth: A Case Study*. Cambridge: Cambridge University Press.
De Houwer, A. (2007): Parental Language Input Patterns and Children's Bilingual Use. In: *Applied Psycholinguistics*, 28 (3), S. 411–424.
De Houwer, A. (2009): *An Introduction to Bilingual Development*. Bristol: Multilingual Matters.
Decker, Y. & Schnitzer, K. (2012): FreiSprachen – Eine flächendeckende Erhebung der Sprachenvielfalt an Freiburger Grundschulen. In: B. Ahrenholz & W. Knapp (Hrsg.): Sprachstand erheben – Spracherwerb erforschen. Beiträge aus dem 6. Workshop »Kinder mit Migrationshintergrund«, 2010. Stuttgart: Fillibach bei Klett (Beiträge aus dem Workshop »Kinder mit Migrationshintergrund«), S. 95–112.
Dehn, M., Oome-Welke, I. & Osburg, C. (2012): *Kinder & Sprache(n). Was Erwachsene wissen sollten*. Seelze-Velber: Klett Kallmeyer.
Diamond, A. & Lee, K. (2011): Interventions Shown to Aid Executive Function Development in Children 4–12 Years Old. In: *Science*, 333 (6045), S. 959–964.
Diefenbach, H. (2008): *Kinder und Jugendliche aus Migrantenfamilien im deutschen Bildungssystem. Erklärungen und empirische Befunde*. 2., aktualisierte Aufl. Wiesbaden: VS Verlag für Sozialwissenschaften.
Diehm, I. (2008): Pädagogik der frühen Kindheit in der Einwanderungsgesellschaft. In: W. Thole, H.-G. Roßbach, M. Fölling-Albers & R. Tippelt (Hrsg.): *Bildung und Kindheit. Pädagogik der Frühen Kindheit in Wissenschaft und Lehre*. Opladen & Farmington Hills: Budrich, S. 203–212.
Diehm, I. (2009): Interkulturelle Pädagogik im Elementar- und Primarbereich in europäischer Perspektive – von programmatischen Verengungen zu neuen Problemsichten. In: C. Röhner, C. Henrichwark & M. Hopf (Hrsg.): *Europäisierung der Bildung. Konsequenzen und Herausforderungen für die Grundschulpädagogik*. Wiesbaden: VS Verlag für Sozialwissenschaften, S. 55–64.
Diehm, I. & Kuhn, M. (2005): Ethnische Unterscheidungen in der frühen Kindheit. In: F. Hamburger, T. Badawia & M. Hummrich (Hrsg.): *Migration und Bildung. Über das Verhältnis von Anerkennung und Zumutung in der Einwanderungsgesellschaft*. Wiesbaden: VS Verlag für Sozialwissenschaften, S. 221–231.
Diehm, I. & Panagiotopoulou, A. (2011): *Bildungsbedingungen in europäischen Migrationsgesellschaften. Ergebnisse qualitativer Studien in Vor- und Grundschule*. Wiesbaden: VS Verlag für Sozialwissenschaften.

Dimroth, C. (2008): Kleine Unterschiede in den Lernvoraussetzungen beim ungesteuerten Zweitspracherwerb: Welche Bereiche der Zielsprache Deutsch sind besonders betroffen? In: B. Ahrenholz (Hrsg.): *Kinder und Migrationshintergrund. Spracherwerb und Fördermöglichkeiten*. Freiburg i. Br.: Fillibach, S. 117–133.

Dodd, B., Holm, A. & Li, W. (1997): Speech Disorder in Preschool Children Exposed to Cantonese and English. In: *Clinical Linguistics and Phonetics*, (11), S. 229–243.

Dollaghan, C. A. (2007): *The Handbook for Evidence Based Practice in Communication Disorders*. Baltimore: Brookes.

Dollase, R. (2000): Reif für die Schule? In: *Kinderzeit*, (2), S. 5–8.

Dong, Y. R. (2005): Bridging the Cultural Gap by Teaching Multicultural Literature. In: *The Educational Forum*, 69 (4), S. 367–382.

Döpke, S. (1998): Competing Language Structures: The Acquisition of Verb Placement by Bilingual German-English Children. In: *Journal of Child Language*, 25 (3), S. 555–584.

Doverborg, E. & Pramling Samuelsson, I. (2009): Den synliga didaktiken. In: *Förskoletidningen*, 34 (6), S. 12–17.

Downer, J., Sabol, T. J. & Hamre, B. (2010). Teacher-child interactions in the classroom: Toward a theory of within-and cross-domain links to children's developmental outcomes. In: *Early Education & Development*, 21 (5), S. 699–723.

Doyle, A., Champagne, M. & Segalowitz, N. (1978): Some Issues in the Assessment of Linguistic Consequences of Early Bilingualism. In: M. Paradis (Hrsg.): *Aspects of Bilingualism*. Columbia: Hornbeam, S. 13–21.

Dulay, H. C. & Burt, M. K. (1973): Should We Teach Children Syntax? In: *Language Learning*, 23 (2), S. 245–258.

Dulay, H. C. & Burt, M. K. (1974): Natural Sequences in Child Second Language Acquisition. In: *Language Learning*, 24 (1), S. 37–53.

Dunn, L. M. & Dunn, D. M. (1981): *Peabody Picture Vocabulary Test – Revised (PPVT-R). Manual for Forms L and M*. Circle Pines: American Guidance Service.

Edgin, J. O., Kumar, A., Spanò, G. & Nadel, L. (2011): Neuropsychological Effects of Second Language Exposure in Down Syndrome. In: *Journal of Intellectual Disability Research*, 55 (3), S. 351–356.

Eggers, M. M., Kilomba, G., Pesche, P. & Arndt, S. (Hrsg.) (2005): *Mythen, Masken, Subjekte. Kritische Weißseinsforschung in Deutschland*. Münster: Unrast.

Egle, U. T. & Cierpka, M. (2006): Missbrauch, Misshandlung, Vernachlässigung. In: A. Lohaus, M. Jerusalem & J. Klein-Heßling (Hrsg.): *Gesundheitsförderung im Kindes- und Jugendalter*. Göttingen: Hogrefe, S. 370–400.

Ehlich, K. (2005): Eine Expertise zu »Anforderungen an Verfahren der regelmäßigen Sprachstandsfeststellung als Grundlage für die frühe und individuelle Sprachförderung von Kindern mit und ohne Migrationshintergrund«. In: I. Gogolin, U. Neumann & H.-J. Roth (Hrsg.): *Sprachdiagnostik bei Kindern und Jugendlichen mit Migrationshintergrund*. Münster, New York, München & Berlin: Waxmann, S. 33–50.

Ehlich, K., Bredel, U., Garme, B., Komor, A., Krumm, H.-J., McNamara, T., Reich, H. H., Schnieders, G., Ten Thije, J. D. & van den Bergh, H. (2005): *Anforderungen an Verfahren der regelmäßigen Sprachstandsfeststellung als Grundlage für die frühe und individuelle Förderung von Kindern mit und ohne Migrationshintergrund*. Berlin & Bonn: Bundesministerium für Bildung und Forschung.

Eichhorn, M. & Liebe, M. (2006): *WESPE. Der Sprachbeobachtungsbogen zur Identifikation sprachauffälliger Kinder*. Berlin: Netzwerke Integrative Förderung.

Eichler, N., Jansen, V. & Müller, N. (2013): Gender Acquisition in Bilingual Children: French–German, Italian–German, Spanish–German and Italian–French. In: *International Journal on Bilingualism*, 17 (5), S. 550–572.

Eimmermacher, H. (2004): Netzwerkarbeit. In: R. von Wogau, H. Eimmermacher & A. Lanfranchi (Hrsg.): *Therapie und Beratung von Migranten*. Weinheim & Basel: Beltz, S. 65–79.

Elman, J. L., Bates, E. A., Johnson, M. H., Karmiloff-Smith, A., Parisi, D. & Plunkett, K. (1996): *Rethinking Innateness: A Connectionist Perspective on Development*. Cambridge (MA): MIT.

Erll, A. & Gymnich, M. (2011): *Interkulturelle Kompetenz. Erfolgreich kommunizieren zwischen den Kulturen*. Stuttgart: Klett.

Eshach, H., Dor-Ziderman, Y. & Arbel, Y. (2011): Scaffolding the »Scaffolding« Metaphor: From Inspiration to a Practical Tool for Kindergarten Teachers. In: *Journal of Science Education and Technology*, (20), S. 550–565.
Esser, H. (2008): Spracherwerb und Einreisealter: Die schwierigen Bedingungen der Bilingualität. In: *Kölner Zeitschrift für Soziologie und Sozialpsychologie*, Sonderheft 48, S. 202–229.
Europäische Union (2002): *Aktionsplan für das Sprachenlernen und die Sprachenvielfalt*. Online verfügbar unter: http://eur-lex.europa.eu/legal-content/DE/TXT/?uri=URISERV%3Ac11068 (Zugriff am 22.01.2016).
Faas, S. (2013): *Berufliche Anforderungen und berufsbezogenes Wissen von Erzieherinnen. Theoretische und empirische Rekonstruktionen*. Zugl.: Bamberg, Univ., Diss., 2012. Wiesbaden: Springer VS.
Fabiano-Smith, L. & Barlow, J. (2010): Interaction in Bilingual Phonological Acquisition: Evidence from Phonetic Inventories. In: *International Journal of Bilingual Education and Bilingualism*, 13 (1), S. 1–17.
Fabiano-Smith, L. & Goldstein, B. A. (2010): Phonological Acquisition in Bilingual Spanish-English Speaking Children. In: *Journal of Speech, Language, and Hearing Research*, 53 (1), S. 160–178.
Fehling, S. (2010): Critical Language Awareness im bilingualen Unterricht: Relevanz für die Lernenden und unterrichtliche Umsetzungsmöglichkeiten. In: S. Doff (Hrsg.): *Bilingualer Sachfachunterricht in der Sekundarstufe. Eine Einführung*. Tübingen: Narr, S. 182–195.
Fekonja-Peklaj, U., Marjanovič-Umek, L. & Kranjc, S. (2010): Children's Storytelling: The Effect of Preschool and Family Environment. In: *European Early Childhood Education Research Journal*, 18 (1), S. 55–73.
Festman, J. (2013): The Complexity-Cost Factor in Bilingualism. In: *Behavioral and Brain Sciences*, 36 (4), S. 355–356.
Fienemann, J. (2005): *Erzählen in zwei Sprachen. Diskursanalytische Untersuchungen von Erzählungen auf Deutsch und Französisch*. Münster & New York: Waxmann.
Filipp, H.-S. (1995): Ein allgemeines Modell für die Analyse kritischer Lebensereignisse. In: H.-S. Filipp (Hrsg.): *Kritische Lebensereignisse*. 3. Aufl. Weinheim: Beltz, S. 3–52.
Filippi, R., Morris, J., Richardson, F. M., Bright, P., Thomas, M. S. C., Karmiloff-Smith, A. & Marian, V. (2015): Bilingual Children Show an Advantage in Controlling Verbal Interference During Spoken Language Comprehension. In: *Bilingualism: Language and Cognition*, 18 (3), S. 490–501.
Flege, J. E., Yeni-Komshian, G. H. & Liu, S. (1999): Age Constraints on Second-Language Acquisition. In: *Journal of Memory and Language*, 41 (1), S. 78–104.
Fox, A. V. (2005): *PLAKSS – Psycholinguistische Analyse kindlicher Sprechstörungen*. 2. Aufl. Frankfurt a. M.: Harcourt-Test Services.
Fox, A. V. (2013): *TROG-D. Test zur Überprüfung des Grammatikverständnisses*. 6. Aufl. Idstein: Schulz-Kirchner.
Fox, A. V. & Dodd, B. J. (1999): Der Erwerb des phonologischen Systems in der deutschen Sprache. In: *Sprache – Stimme – Gehör*, 23, S. 183–191.
Fox-Boyer, A. & Salgert, K. (2014): Erwerb und Störungen der Aussprache bei mehrsprachigen Kindern. In: S. Chilla & S. Haberzettl (Hrsg.): *Handbuch Spracherwerb und Sprachentwicklungsstörungen. Mehrsprachigkeit*. München: Elsevier, Urban & Fischer, S. 109–119.
Freie und Hansestadt Hamburg (Hrsg.) (2020/2021): *Hamburger Schulstatistik – Schuljahr 2020/21. Schulen, Klassen, Schülerinnen und Schüler in Hamburg*. Hamburg. Online verfügbar unter: https://www.hamburg.de/contentblob/14884322/40ad8eb846a836c0c71a5beb2473b0c7/data/2020-21-hamburger-schulstatistik-d.pdf
Fried, L. (2004): *Expertise zu Sprachstandserhebungen für Kindergartenkinder und Schulanfänger. Eine kritische Betrachtung*. München: Deutsches Jugendinstitut e. V.
Fried, L. (2006): Sprachstandserhebungsverfahren für Kindergartenkinder und Schulanfänger in Politik und Pädagogik. In: H. Schöler & A. Welling (Hrsg.): *Sonderpädagogik der Sprache. Handbuch der Sonderpädagogik. Band 1*. Göttingen: Hogrefe, S. 665–683.
Fried, L. (2008): Delfin 4: Diagnostik, Elternarbeit und Sprachförderung bei Vierjährigen in NRW. In: *SchulVerwaltung*, 19 (11), S. 300–302.

Fried, L. (2013): Sprachförderung. In: L. Fried & S. Roux (Hrsg.): *Handbuch Pädagogik der frühen Kindheit.* 3., überarb. Aufl. Berlin: Cornelsen (Frühe Kindheit Ausbildung & Studium), S. 175–181.
Friedrich, G. (1998): *Teddy-Test. Verbale Verfügbarkeit zwischenbegrifflicher semantischer Relationen.* Göttingen: Hogrefe.
Fröhlich-Gildhoff, K., Weltzien, D., Kirstein, N., Pietsch, S. & Rauh, K. (2014): Kompetenzen früh-/kindheitspädagogischer Fachkräfte im Spannungsfeld von normativen Vorgaben und Praxis. Expertise. Erstellt im Kontext der AG »Fachkräftegewinnung für die Kindertagesbetreuung« in Koordination des BMFSFJ März 2014. Freiburg i. Br. Online verfügbar unter: https://www.bmfsfj.de/resource/blob/86378/67fa30384a1ee8ad097938cbb6c66363/14-expertise-kindheitspaedagogische-fachkraefte-data.pdf
Fthenakis, W. E. (1999): Transitionspsychologische Grundlagen des Übergangs zur Elternschaft. In: W. E. Fthenakis (Hrsg.): *Handbuch Elternbildung. Band 1: Wenn aus Partnern Eltern werden.* Opladen: Leske und Budrich, S. 31–68.
Fthenakis, W. & Oberhuemer, P. (Hrsg.) (2004): *Frühpädagogik international. Bildungsqualität im Blickpunkt.* Wiesbaden: VS Verlag für Sozialwissenschaften.
Fuchs-Rechlin, K. (2007): *Wie geht's im Job? KiTa-Studie der GEW.* Frankfurt a. M.: Gewerkschaft Erziehung und Wissenschaft, Hauptvorstand, Organisationsbereich Jugendhilfe und Sozialarbeit.
Fürstenau, S., Gogolin, I. & Yagmur, K. (Hrsg.) (2003): *Mehrsprachigkeit in Hamburg. Ergebnisse einer Sprachenerhebung an den Grundschulen in Hamburg.* European Cultural Foundation. Münster: Waxmann.
Fürstenau, S. & Gomolla, M. (2010): *Migration und Schulischer Wandel: Mehrsprachigkeit.* Wiesbaden: VS Verlag für Sozialwissenschaften.
Gagarina, N. (2003): The Early Verb Development and Demarcation of Stages in Three Russian-Speaking Children. In: D. Bittner, W. U. Dressler & M. Kilani-Schoch (Hrsg.): *Development of Verb Inflection in First Language Acquisition. A Cross-Linguistic Perspective.* Berlin & New York: Mouton de Gruyter, S. 131–169.
Gagarina, N. (2014): Diagnostik von Erstsprachkompetenzen im Migrationskontext. In: S. Chilla & S. Haberzettl (Hrsg.): *Handbuch Spracherwerb und Sprachentwicklungsstörungen. Mehrsprachigkeit.* München: Elsevier, Urban & Fischer, S. 73–84.
Gagarina, N. (2021): Multilingual Assessment Instrument for Narratives (LITMUS-MAIN). Ein Verfahren zur Erfassung der Erzählkompetenz von Kindern. In: *Logos*, 29 (2), S. 96–105.
Gagarina, N. V., Klassert, A. & Topaj, N. (2010): *Sprachstandstest Russisch für mehrsprachige Kinder.* Berlin: ZAS.
Gagarina, N., Posse, D., Düsterhöft, S., Topaj, N. & Duygu Acikgöz, D. (2014): Sprachförderung bei Mehrsprachigkeit: Erste Ergebnisse der BIVEM-Studie zur Wirksamkeit von Sprachförderung bei jüngeren mehrsprachigen Kindern: Eine Studie des Berliner Interdisziplinären Verbundes für Mehrsprachigkeit (BIVEM). *Spektrum Patholinguistik*, 7, S. 139–148.
Gantefort, C. & Roth, H.-J. (2010): Sprachdiagnostische Grundlagen für die Förderung bildungssprachlicher Fähigkeiten. In: *Zeitschrift für Erziehungswissenschaft*, 13 (4), S. 573–592.
García, O. (2009): *Bilingual Education in the 21st Century: A Global Perspective.* Malden & Oxford: Wiley-Blackwell.
García, O. & Otheguy, R. (2014): Spanish and Hispanic bilingualism. In: M. Lacorte (Hrsg.): *The Routledge handbook of Hispanic applied linguistics.* New York: Routledge, S. 639–658.
García, O. & Wei, L. (2014): *Translanguaging. Language, Bilingualism and Education.* London: Palgrave Macmillan.
Gatt, D., O'Toole, C. & Haman, E. (2015): Using Parental Report to Assess Early Lexical Production in Children Exposed to More than One Language. In: S. Armon-Lotem, T. Marinis & N. Meir (Hrsg.): *Assessing Multilingual Children Disentangling Bilingualism from Language Impairment.* Bristol, Buffalo & Toronto: Multilingual Matters, S. 151–195.
Gawlitzek-Maiwald, I. & Tracy, R. (1996): Bilingual Bootstrapping. In: *Linguistics*, (34), S. 901–926.
Geier, B. & Riedel, B. (2008): Ungleichheiten der Inanspruchnahme öffentlicher frühpädagogischer Angebote. Einflussfaktoren und Restriktionen elterlicher Betreuungsentscheidungen. In: *Frühpädagogische Förderung in Institutionen*, Sonderheft 11, S. 11–28.

Gelman, R. & Brenneman, K. (2004): Science Learning Pathways for Young Children. In: *Early Childhood Research Quarterly*, 19 (1), S. 150–158.
Genesee, F. (1989): Early Bilingual Development: One Language or Two. In: *Journal of Child Language*, 16 (1), S. 161–179.
Genesee, F. (2003): Rethinking Bilingual Acquisition. In: J.-M. Dewaele, A. Housen & W. Li (Hrsg.): *Bilingualism: Beyond Basic Principles*. Clevedon: Multilingual Matters, S. 204–228.
Genesee, F. & Nicoladis, E. (2007): Bilingual Acquisition. In: E. Hoff & M. Shatz (Hrsg.): *Handbook of Language Development*. Oxford: Blackwell, S. 324–342.
Genesee, F., Nicoladis, E. & Paradis, J. (1995): Language Differentiation in Early Bilingual Development. In: *Journal of Child Language*, 22 (3), S. 611–631.
Genesee, F., Paradis, J. & Crago, M. (2004): *Dual Language Development and Disorders: A Handbook on Bilingualism and Second Language Learning*. Baltimore: Brookes.
Gibbons, P. (2002): *Scaffolding Language, Scaffolding Teaching. Teaching Second Language Learners in the Mainstream Classroom*. Portsmouth (NH): Heinemann.
Gibbons, P. (2006): Unterrichtsgespräche und das Erlernen neuer Register in der Zweitsprache. In: P. Mecheril & T. Quehl (Hrsg.): *Englische Perspektiven auf die mehrsprachige Schule*. Münster: Waxmann, S. 269–290.
Giebel, W. (2006): Übergänge fordern das gesamte System. In: D. Diskowski, E. Hammes-Di Bernardo, S. Hebenstreit-Müller & A. Speck-Hamdan (Hrsg.): *Übergänge gestalten. Wie Bildungsprozesse anschlussfähig werden*. Weimar & Berlin: Verlag das Netz, S. 32–47.
Gildersleeve-Neumann, C. E., Kester, E. S., Davis, B. L. & Peña, E. D. (2008): English Speech Sound Development in Preschool-Aged Children from Bilingual English-Spanish Environments. In: *Language, Speech and Hearing Services in Schools*, 39 (3), S. 314–328.
Gildersleeve-Neumann, C. E. & Wright, K. L. (2010): English Speech Acquisition in 3- to 5-Year-Old Children Learning Russian and English. In: *Language, Speech and Hearing Services in Schools*, 41 (4), S. 429–444.
Gillborn, D. & Youdell, D. (2009): Critical Perspectives on Race and Schooling. In: J. A. Banks (Hrsg.): *International Companion to Multicultural Education*. New York: Routledge, S. 173–185.
Gogolin, I. (1994): *Der monolinguale Habitus der multilingualen Schule*. Zugl.: Hamburg, Univ., Habil.-Schr., 1992. Münster: Waxmann (Internationale Hochschulschriften).
Gogolin, I. (1998a): »Kultur« als Thema in der Pädagogik: das Beispiel der interkulturellen Pädagogik. In: A. M. Stroß (Hrsg.): *Erziehungswissenschaft, Nachbardisziplinen und Öffentlichkeit. Themenfelder und Themenrezeption der allgemeinen Pädagogik in den achtziger und neunziger Jahren*. Weinheim: Deutscher Studien-Verlag, S. 125–150.
Gogolin, I. (1998b): Zugewandert: benachteiligt! Zum Abschluß des Schwerpunktprogramms »Folgen der Arbeitsmigration für Bildung und Erziehung« (Faber) der Deutschen Forschungsgemeinschaft. In: *Diskurs: Studien zu Kindheit, Jugend, Familie und Gesellschaft*, 8, S. 72–75.
Gogolin, I. (2008a): *Der monolinguale Habitus der multilingualen Schule*. 2., unveränd. Aufl. Münster, New York, München & Berlin: Waxmann.
Gogolin, I. (Hrsg.) (2008b): *Schwerpunkt: Kindliche Sprachentwicklung bei Mehrsprachlichkeit*. Leverkusen: Budrich.
Gogolin, I., Graap, S. & List, G. (Hrsg.) (1998): *Über Mehrsprachigkeit. Gudula List zum 60. Geburtstag*. Tübingen: Stauffenburg.
Gogolin, I., Krüger-Potratz, M., Kuhs, K., Neumann, U. & Wittek, F. (Hrsg.) (2005): *Migration und sprachliche Bildung*. Münster & München: Waxmann.
Gogolin, I., Krüger-Potratz, M. & Meyer, M. A. (Hrsg.) (1998): *Pluralität und Bildung*. Opladen: Leske und Budrich.
Gogolin, I. & Lange, I. (2011): Bildungssprache und durchgängige Sprachbildung. In: S. Fürstenau & M. Gomolla (Hrsg.): *Migration und schulischer Wandel*. Wiesbaden: VS Verlag für Sozialwissenschaften, S. 107–128.
Gogolin, I. & Neumann, U. (2008): Regionale Bildungs- und Sprachplanung – die Beispiele Sheffield und FörMig. In: *OBST*, (74), S. 39–54.
Gogolin, I. & Neumann, U. (Hrsg.) (2009): *Streitfall Zweisprachigkeit – The Bilingualism Controversy*. Wiesbaden: VS Verlag für Sozialwissenschaften.

Gogolin, I., Neumann, U. & Reuter, L. (1998): Schulbildung für Minderheiten: eine Bestandsaufnahme. In: *Zeitschrift für Pädagogik*, 44 (5), S. 663–678.
Gogolin, I., Neumann, U. & Reuther, L. R. (2001): *Schulbildung für Kinder aus Minderheiten in Deutschland 1989-1999*. Münster, New York, München & Berlin: Waxmann.
Goldberg, H., Paradis. J. & Crago, M. (2008): Lexical Acquisition over Time in Minority First Language Children Learning English as a Second Language. In: *Applied Psycholinguistics*, 29 (1), S. 41–65.
Goldstein, B. (Hrsg.) (2004): *Bilingual Language Development and Disorders in Spanish-English Speakers*. Baltimore: Brookes.
Goldstein, B. & Bunta, F. (2012): Positive and Negative Transfer in the Phonological Systems of Bilingual Speakers. In: *International Journal of Bilingualism*, 16 (4), S. 388–401.
Goldstein, B. & Horton-Ikard, R. (2010): Diversity Considerations in Speech and Language Disorders. In: J. S. Damico, N. Müller & M. J. Ball (Hrsg.): *The Handbook of Language and Speech Disorders*. Malden: Wiley-Blackwell, S. 38–56.
Gollan, T. & Acenas, L. (2004): What is a TOT? Cognate and Translation Effects on Tip-of-the-Tongue States in Spanish-English and Tagalog-English Bilinguals. In: *Journal of Experimental Psychology, Learning, Memory and Cognition*, 30 (1), S. 246–269.
Gollan, T. H., Montoya, R. I., Cera, C. & Sandoval, T. C. (2008): More Use Almost Always Means a Smaller Frequency Effect: Aging, Bilingualism, and the Weaker Links Hypothesis. In: *Journal of Memory and Language*, 58 (3), S. 787–814.
Gomolla, M. (2009): Elternbeteiligung in der Schule. In: S. Fürstenau & M. Gomolla (Hrsg.): *Migration und schulischer Wandel: Elternbeteiligung*. Wiesbaden: VS Verlag für Sozialwissenschaften, S. 21–50.
Gomolla, M. & Radtke, O. F. (2007): *Institutionelle Diskriminierung. Die Herstellung ethnischer Differenz in der Schule*. 2. Aufl. Wiesbaden: VS Verlag für Sozialwissenschaften.
Grech, H. & Dodd, B. (2008): Phonological Acquisition in Malta: A Bilingual Language Learning Context. In: *International Journal of Bilingualism*, 12 (3), S. 155–171.
Gregor, A. & Cierpka, M. (2004): *Das Baby verstehen. Das Handbuch zum Elternkurs für Hebammen*. Bensheim: Karl-Kübel-Stiftung für Kind und Familie.
Gressnich, E. C. & Stark, L. (2015): *Lernen durch Vorlesen*. Tübingen: Narr Fancke Attempo.
Griebel, W. & Niesel, R. (2003): Die Bewältigung des Übergangs von der Kindertageseinrichtung in die Grundschule. In: W. E. Fthenakis (Hrsg.): *Elementarpädagogik nach PISA. Wie aus Kindertagesstätten Bildungseinrichtungen werden können*. Freiburg i. Br.: Herder, S. 136–151.
Griebel, W. & Niesel, R. (2004): *Transitionen. Fähigkeit von Kindern in Tageseinrichtungen fördern, Veränderungen erfolgreich zu bewältigen*. Weinheim: Beltz.
Griebel, W. & Niesel, R. (2011): *Übergänge verstehen und begleiten. Transition in der Bildungslaufbahn von Kindern*. Berlin: Cornelsen.
Grießhaber, W. (2010a): *Spracherwerbsprozesse in Erst- & Zweitsprache. Eine Einführung*. Duisburg: Universitätsverlag Rhein-Ruhr.
Grießhaber, W. (2010b): (Fach-)Sprache im zweitsprachlichen Fachunterricht. In: B. Ahrenholz (Hrsg.): *Fachunterricht und Deutsch als Zweitsprache*. Tübingen: Narr, S. 37–54.
Grimm, H., Aktas, M. & Frevert, S. (2010): *SETK 3–5. Sprachentwicklungstest für drei bis fünfjährige Kinder. Diagnose von Sprachverarbeitungsfähigkeiten und auditiven Gedächtnisleistungen*. 2. Aufl. Göttingen: Hogrefe.
Grimm, H., Aktas, M. & Kießig, U. (2003): *Sprachscreening für das Vorschulalter (SSV). Kurzform des SETK 3–5*. Göttingen: Hogrefe.
Grimm, H. & Doil, H. (2006): *Elternfragebögen für die Früherkennung von Risikokindern: ELFRA-1 und ELFRA-2*. Göttingen: Hogrefe.
Grimm, H. & Schöler, H. (1991): *Heidelberger Sprachentwicklungstest (HSET)*. 2. Aufl. Göttingen: Hogrefe.
Grimm, H. & Wilde, S. (1998): Sprachentwicklung: Im Zentrum steht das Wort. In: H. Keller (Hrsg.): *Lehrbuch Entwicklungspsychologie*. Bern: Huber, S. 445–474.
Grosjean, F. (1982): *Life with two languages. An introduction to bilingualism*. Cambridge, Mass.: Harvard Univ. Press.
Grosjean, F. (1989): Neurolinguists, Beware! The Bilingual Is Not Two Monolinguals in One Person. In: *Brain and Language*, 36 (1), S. 3–15.

Grosjean, F. (1996): Bilingualismus und Bikulturalismus. Versuch einer Definition. In: H. Schneider & J. Hollenweger (Hrsg.): *Mehrsprachigkeit und Fremdsprachigkeit. Arbeit für die Sonderpädagogik?* Luzern: Edition SZH, S. 161–184.
Grosjean, F. (2010): *Bilingual: Life and Reality.* Cambridge (Mass): Harvard University Press.
Grunwell, P. (1987): *Clinical Phonology.* Baltimore: Williams & Wilkins.
Guirdham, M. (1999): *Communicating Across Cultures.* Basingstoke: Macmillan.
Gutiérrez-Clellen, V. F. & Simon-Cereijido, G. (2014): Bilingual Education for All: Latino Dual Language Learners with Language Disabilities. In: *International Journal of Bilingual Education and Bilingualism,* 17 (2), S. 235–254.
Gutiérrez-Clellen, V., Simon-Cereijido, G. & Restrepo, M. A. (2013): *Improving the Vocabulary and Oral Language Skills of Bilingual Latino Preschoolers. An Intervention for Speech-Language Pathologists.* San Diego: Plural Publishing.
Gutzschhahn, U.-W. (2022): Wenn im Gedicht die Welt auf dem Kopf steht oder warum Gedichte für Kinder wichtig sind. *Allmende,* 108, S. 57–63.
Haberzettl, S. (2005): *Der Erwerb der Verbstellungsregeln in der Zweitsprache Deutsch durch Kinder mit russischer und türkischer Muttersprache.* Tübingen: Niemeyer.
Haberzettl, S. (2014): Zweitspracherwerb und Mehrsprachigkeit bei Kindern und Jugendlichen in der Migrationsgesellschaft. In: S. Chilla & S. Haberzettl (Hrsg.): *Handbuch Spracherwerb und Sprachentwicklungsstörungen. Mehrsprachigkeit.* München: Elsevier, Urban & Fischer, S. 3–18.
Haberzettl, S. & Wulff, N. (2014): In kurzer Zeit zum Erfolg – der kompetente L2-Lerner. In: I. Petersen & B. Lütke (Hrsg.): *Deutsch als Zweitsprache – erwerben, lernen und lehren.* Stuttgart: Fillibach bei Klett, S. 15–33.
Hakuta, K. (2001): A Critical Period for Second Language Acquisition? In: D. Bailey, J. Bruer, F. Symons & J. Lichtman (Hrsg.): *Critical Thinking About Critical Periods.* Baltimore: Brookes, S. 193–205.
Hakuta, K., Bialystok, E. & Wiley, E. (2003): Critical Evidence: A Test of the Critical Period Hypothesis for Second Language Acquisition. In: *Psychological Science,* 14 (1), S. 31–38.
Haman, E. & Łuniewska, M. (2013): *Cross-Linguistic Lexical Tasks (CLT) Assessing Word Knowledge and Lexical Processing in Bilingual Children.* Paper Presented at the Final COST Meeting Krakow.
Haman, E., Łuniewska, M. & Pomiechowska, B. (2015): Designing Cross-Linguistic Lexical Tasks (CLTs) for Bilingual Preschool Children. In: S. Armon-Lotem, T. Marinis & N. Meir (Hrsg.): *Assessing Multilingual Children Disentangling Bilingualism from Language Impairment.* Bristol: Multilingual Matters, S. 196–242.
Hambly, H., Wren, Y., McLeod, S. & Roulstone, S. (2013): The Influence of Bilingualism on Speech Production: A Systematic Review. In: *International Journal of Language and Communication Disorders,* 48 (1), S. 1–24.
Hamburger, F. (2000): Reflexive Interkulturalität. In: F. Hamburger (Hrsg.): *Pädagogische Praxis und erziehungswissenschaftliche Theorie zwischen Lokalität und Globalität.* Frankfurt a. M.: Campus, S. 191–200.
Hammer, C. S., Hoff, E., Uchikoshi, Y., Gillanders, C., Castro, D. & Sandilos, L. E. (2014): The Language and Literacy Development of Young Dual Language Learners: A Critical Review. In: *Early Childhood Research Quarterly,* 29 (4), S. 715–733. DOI: 10.1016/j.ecresq.2014.05.008.
Handsfield, L. J. & Jiménez, R. T. (2009): Cognition and Misrecognition: A Bourdieuian Analysis of Cognitive Strategy Instruction in a Linguistically and Culturally Diverse Classroom. In: *Journal of Literacy Research,* 41 (2), S. 151–195.
Hänel-Faulhaber, B. (2018): *Gebärdensprache, lautsprachenunterstützende Gebärden und Bildkarten. Inklusive sprachliche Bildung in Kindertageseinrichtungen unter Berücksichtigung alternativer Kommunikationssysteme.* München: WiFF Expertisen (Band 52). Online verfügbar unter: https://www.weiterbildungsinitiative.de/fileadmin/Redaktion/Publikationen/old_uploads/media/WiFF_Exp_52_Haenel-Faulhaber_web.pdf (Zugriff am 10.09.2021).
Harley, B. (1992): Patterns of Second Language Development in French Immersion. In: *Journal of French Language Studies,* 2 (2), S. 159–183.
Harms, T., Clifford, R. M. & Cryer, D. (2005): *ECERS-R. Early Childhood Environment Rating Scale – Revised.* New York: Teachers College Press.

Hart, B. & Risley, T. R. (1995): *Meaningful Differences in the Everyday Experience of Young American Children*. Baltimore: Paul H. Brookes Publishing. Online verfügbar unter: https://www.leadersproject.org/2013/03/17/meaningful-differences-in-the-everyday-experience-of-young-american-children/ (Zugriff am 10.09.2021).

Hartmann, E. (2013): Evidenzbasiertes Denken und Handeln in der Logopädie/Sprachheilpädagogik. State of the Art und Perspektiven. In: *Vierteljahreszeitschrift für Heilpädagogik*, (4), S. 339–343.

Hattie, J. (2013): Visible Learning for Teachers. Maximizing impact on learning. London & New York: Routledge, Taylor & Francis Group.

Hattie, J. & Zierer, K. (2017): *Kenne deinen Einfluss! »Visible Learning« für die Unterrichtspraxis*. 2. Aufl. Baltmannsweiler: Schneider Verlag Hohengehren GmbH.

Häuser, D. & Jülisch, B.-R. (2003): *Sprechverhalten und Sprachförderung in der KiTa. Ergebnisse eines Modellprojektes des Landes Brandenburg*. Woltersdorf: Netzwerk Integrative Förderung.

Häuser, D., Kasielke, E. & Scheidereiter, U. (1994): *KISTE – Kindersprachtest für das Vorschulalter*. Göttingen: Hogrefe.

Haznedar, B. (2001): The Acquisition of the IP System in Child L2 English. In: *Studies in Second Language Acquisition*, 23 (1), S. 1–39.

Hegemann, T. & Oestereich, C. (2018). *Einführung in die interkulturelle und systematische Beratung und Therapie*. Heidelberg: Carl-Auer-Verlag.

Hélot, C. & Laoire, M. (Hrsg.) (2011): *Language Policy for the Multilingual Classroom: Pedagogy of the Possible*. Clevedon: Multilingual Matters.

Henschel, S., Gentrup, S., Beck, L. & Stanat, P. (Hrsg.) (2018): *Projektatlas Evaluation: Erste Ergebnisse aus den BiSS-Evaluationsprojekten*. Berlin: BiSS-Trägerkonsortium.

Heringer, H. J. (2004): *Interkulturelle Kommunikation. Grundlagen und Konzepte*. Tübingen & Basel: Francke.

Hermann, K. (2014): *Offensive »Frühe Chancen«*. Online verfügbar unter: http://nifbe.de/component/themensammlung/?view=item&id=276:aktuelle-offensive-fruehe-chancen-des-bundesministeriums-fuer-familie-senioren-frauen-und-kinder&catid=76 (Zugriff am 22.01.2016).

Herwartz-Emden, L. & Waburg, W. (2008): Mutterschaft und Mutterbilder: Migrantinnen im Spannungsfeld der Vereinbarkeit von Familie und Beruf. In: *FORUM Sexualaufklärung und Familienplanung*, (3), S. 11–16.

Hilchey, M. & Klein, R. (2011): Are There Bilingual Advantanges on Nonlinguistic Interference Tasks? Implications for the Plasticity of Executive Control Processes. In: *Psychon Bulletin Review*, 18 (4), S. 625–658.

Hildebrandt, F., Scheidt, A., Hildebrandt, A., Hédervári-Heller, E. & Dreier, A. (2016): *Sustained shared thinking als Interaktionsformat und das Sprachverhalten von Kindern*. Göttingen: Hogrefe. https://doi.org/10.1026/2191-9186/a000256

Hobusch, A., Lutz, N. & Wiest, U. (2009): *Sprachstandsüberprüfung und Förderdiagnostik für Ausländer- und Aussiedlerkinder (SFD)*. 3. Aufl. Horneburg: Persen.

Hoff, E., Core, C., Place, S., Rumiche, R., Senor, M. & Parra, M. (2012): Dual Language Exposure and Early Bilingual Development. In: *Journal of Child Language*, (39), S. 1–27.

Hohmann, K. & Wedewardt, L. (2021): *Kinder achtsam und bedürfnisorientiert begleiten in Krippe, KiTa und Kindertagespflege*. Freiburg: Verlag Herder.

Holler-Zittlau, I., Dux, W. & Berger, R. (2003): *Marburger Sprach-Screening für 4- bis 6-jährige Kinder (MSS). Ein Sprachprüfverfahren für Kindergarten und Schule*. Horneburg: Persen.

Holm, A. & Dodd, B. (1999): An Intervention Case Study of a Bilingual Child with Phonological Disorder. In: *Child Language Teaching & Therapy*, 15 (2), S. 139–158.

Hook, S. (2013): *Erzieherinnen fühlen sich überlastet und im Stich gelassen*. Online verfügbar unter: http://www.derwesten.de/politik/belastung-fuer-erzieherinnen-in-den-KiTas-wird-immer-groesser-id8590955.html (Zugriff am 22.01.2016).

Hoppenstedt, G. & Apeltauer, E. (2010): *Meine Sprache als Chance. Handbuch zur Förderung von Mehrsprachigkeit*. Troisdorf: Bildungsverlag EINS.

Horstkemper, M. (2014): Lernarrangements. Rahmen für Herausforderung und Unterstützung. In: *Pädagogik*, (10), S. 6–11.

Hulk, A. & Kemenade, A. van (1997): Negation as Reflex of Clause Structure. In: D. Forget, P. Hirschbuhler, F. Martineau & M.-L. Rivero (Hrsg.): Negation and Polarity: Syntax and

Semantics. Selected Papers from the Colloquium Negation: Syntax and Semantics, Ottawa, 11–13 May 1995. Amsterdam: Benjamins, S. 183–207.
Hüsler, S. (2011): *Verse, Lieder und Reime – traditionelle sprachliche Bildung für die Kleinsten quer durch viele Sprachen.* München: Deutsches Jugendinstitut e. V. Online verfügbar unter: http://www.dji.de/fileadmin/user_upload/bibs/672_Expertise_Huesler_Kinderlieder.pdf
Hyltenstam, K. & Abrahamsson, N. (2003): Maturational Constraints in SLA. In: C. Doughty & M. H. Long (Hrsg.): *Handbook of Second Language Acquisition.* Oxford: Blackwell, S. 539–588.
Institut des Rauhen Hauses für Soziale Praxis (1999): *Realisierung und Qualifizierung sozialräumlicher und lebensweltorientierter offener Kinder- und Jugendarbeit in Hamburg.* Hamburg: Amt für Jugend.
Ionin, T. & Wexler, K. (2002): Why Is »Is« Easier than »-is«? Acquisition of Tense/Agreement Morphology by Child Second Language Learners of English. In: *Second Language Research,* 18 (2), S. 95–136.
Ivanova, I. & Costa, A. (2008): Does Bilingualism Hamper Lexical Access in Speech Production? In: *Acta Psychologica,* 127, S. 277–288.
Jampert, K. (2002): *Schlüsselsituation Sprache. Sprachliche Bildung und Förderung im Kindergarten unter besonderer Berücksichtigung des Spracherwerbs bei mehrsprachigen Kindern.* Opladen: Leske und Budrich.
Jampert, K. (2005): Bedeutung und Funkion von Sprache/n für Kinder. Eine wichtige Voraussetzung für Sprachförderkonzepte. In: C. Röhner (Hrsg.): *Erziehungsziel Mehrsprachigkeit. Diagnose von Sprachentwicklung und Förderung von Deutsch als Zweitsprache.* Weinheim & München: Juventa, S. 41–54.
Jampert, K., Best, P., Guadatiello, A., Holler, D. & Zehnbauer, A. (2007): *Schlüsselkompetenz Sprache. Sprachliche Bildung und Förderung im Kindergarten. Konzepte – Projekte – Maßnahmen.* 2., überarb. und erw. Aufl. Weimar & Berlin: Verlag Das Netz.
Jampert, K., Leuckefeld, K., Zehnbauer, A. & Best, P. (2006): *Sprachliche Förderung in der KiTa. Wie viel Sprache steckt in Musik, Bewegung, Naturwissenschaften und Medien?* Weimar & Berlin: Verlag Das Netz.
Jampert, K., Thanner, V., Schattel, D., Sens, A., Zehnbauer, A., Best, P. & Laier, M. (Hrsg.) (2011): *Die Sprache der Jüngsten entdecken und begleiten.* Weimar & Berlin: Verlag Das Netz.
Jampert, K., Zehnbauer, A., Best, P., Sens, A., Leuckefeld, K. & Laier M. (Hrsg.) (2009): *Kinder-Sprache stärken! Sprachliche Förderung in der KiTa. Das Praxismaterial.* Weimar & Berlin: Verlag Das Netz.
Jansen, H., Mannhaupt, G., Marx, H. & Skowronek, H. (2002): *Bielefelder Screening zur Früherkennung von Lese-Rechtschreibschwierigkeiten (BISC).* 2. Aufl. Göttingen: Hogrefe.
Jeuk, S. (2010): *Deutsch als Zweitsprache in der Schule.* Stuttgart: Kohlhammer.
Johnson, C. E. & Lancaster, P. (1998): The Development of More Than One Phonology: A Case Study of a Norwegian-English Bilingual Child. In: *International Journal of Bilingualism,* 2 (3), S. 265–300.
Johnson, J. & Newport, E. (1989): Critical Period Effects in Second Language Learning: The Influence of Maturational State on the Acquisition of English as a Second Language. In: *Cognitive Psychology,* (21), S. 60–69.
Kaltenbacher, E. & Klages, H. (2008): Deutsch für den Schulstart: Zielsetzungen und Aufbau eines Förderprogramms. In: B. Ahrenholz (Hrsg.): *Deutsch als Zweitsprache. Voraussetzungen und Konzepte für die Förderung von Kindern und Jugendlichen mit Migrationshintergrund.* 2., überarb. und erg. Aufl. Freiburg i. Br.: Fillibach, S. 135–154.
Kammermeyer, G. (2010): Persönlichkeitsentwicklung und Leistungsförderung als gemeinsame Aufgaben von Kindertageseinrichtungen und Grundschule. In: A. Diller, H. R. Leu & T. Rauschenbach (Hrsg.): *Wie viel Schule verträgt der Kindergarten? Annäherungen zweier Lebenswelten.* München: Deutsches Jugendinstitut e. V., S. 133–152.
Kammermeyer, G. & Roux, S. (2013): Sprachbildung und Sprachförderung. In: M. Stamm & D. Edelmann (Hrsg.): *Handbuch frühkindliche Bildungsforschung.* Wiesbaden: VS Verlag für Sozialwissenschaften, S. 515–528.
Kammermeyer, G., Roux, S. & Stuck, A. (2008): *Einschätzung des Sprachförderbedarfs von Kindern ohne Kindergartenbesuch (VER-ES). Überprüfung der Endfassung 2007.* Landau: Universität Koblenz-Landau.

Kany, W. & Schöler, H. (2010): *Fokus: Sprachdiagnostik. Leitfaden zur Sprachstandsbestimmung im Kindergarten*. 2., erw. Aufl. Berlin: Cornelsen.
Karimé, A. (2019/20): *Wörter und Himmelörter – Sprachen erfinden, poetische und fantastische Räume öffnen*. Karlsruhe, WiSe. Online verfügbar unter: https://www.ph-karlsruhe.de/file admin/user_upload/ph-karlsruhe.de/pr/poetik_dozentur/pdf/Andrea_Karime_VL1_Woerter_ und_Himmeloerter.pdf (Zugriff am 17.10.2021).
Kauschke, C. (2012): *Kindlicher Spracherwerb im Deutschen. Verläufe, Forschungsmethoden, Erklärungsansätze*. Berlin: De Gruyter.
Kauschke, C. & Siegmüller, J. (2002): *Patholinguistische Diagnostik bei Sprachentwicklungsstörungen (PD)*. München: Elsevier.
Keller, H. (2011): *Kinderalltag*. Heidelberg: Springer.
Kessl, F. & Plößer, M. (2010): *Differenzierung, Normalisierung, Andersheit. Arbeit als Arbeit mit den Anderen*. Wiesbaden: VS Verlag für Sozialwissenschaften.
Kielhöfer, B. & Jonekeit, S. (1998): *Zweisprachige Kindererziehung*. Tübingen: Stauffenburg.
Kiese-Himmel, C. (2005): *Aktiver Wortschatztest für 3- bis 5-jährige Kinder – Revision (AWST-R)*. Göttingen: Hogrefe.
Klassert, A. (2011): *Lexikalische Fähigkeiten bilingualer Kinder mit Migrationshintergrund. Eine Studie zum Benennen von Nomen und Verben im Russischen und Deutschen*. Dissertation. Philipps-Universität Marburg. Online verfügbar unter: http://archiv.ub.uni-marburg.de/ diss/z2011/0621/ (Zugriff am 22.01.2016).
Klassert, A. & Kauschke, K. (2014): Semantisch-lexikalische Entwicklungsstörungen bei mehrsprachigen Kindern und Intervention bei mehrsprachigen Kindern mit lexikalischen Störungen. In: S. Chilla & S. Haberzettl (Hrsg.): *Handbuch Spracherwerb und Sprachentwicklungsstörungen. Mehrsprachigkeit*. München: Elsevier, Urban & Fischer, S. 121–133, 173–181.
Klawe, W. (1995): Institutionelle Kooperation und Vernetzung im Alltag der KiTa. In: A. Krenz (Hrsg.): *Handbuch für Erzieherinnen*. 58. Lfg. München: Olzog.
Knollmann, C. & Thyen, U. (2019): Einfluss des Besuchs einer Kindertagesstätte (KiTa) auf den Entwicklungsstand bei Vorschulkindern. In: *Das Gesundheitswesen*, 81 (3), S. 196–203. DOI: 10.1055/a-0652-5377.
Kohnert, K. & Bates, E. (2002): Balancing Bilinguals II: Lexical Comprehension and Cognitive Processing in Children Learning Spanish and English. In: *Journal of Speech, Language, and Hearing Research*, (45), S. 347–359.
Kohnert, K. & Derr, A. (2004): Language Intervention with Bilingual Children. In: B. Goldstein (Hrsg.): *Bilingual Language Development and Disorders in Spanish-English Speakers*. Baltimore: Brookes, S. 315–343.
Kommission der europäischen Gemeinschaften (2005): *Mitteilung der Kommission an den Rat, das europäische Parlament, den Wirstchafts- und Sozialsusschuss und den Ausschuss der Regionen. Förderung des Sprachenlernens und der Sprachenvielfalt: Aktionsplan 2004–2006*. Online verfügbar unter: https://eur-lex.europa.eu/LexUriServ/LexUriServ.do?uri=COM:2003:0449:FIN:de: PDF
Kostyuk, N. (2005): *Der Zweitspracherwerb beim Kind. Eine Studie am Beispiel des Erwerbs des Deutschen durch drei russischsprachige Kinder*. Hamburg: Kovač.
Kovács, M. A. & Mehler, J. (2009): Cognitive Gains in 7-Month-Old Bilingual Infants. In: *Proceedings of the National Academy of Sciences*, 106 (16), S. 6556–6560.
Kovelman, I., Baker, S. A. & Petitto, L. A. (2008): Bilingual and Monolingual brains compared: An fMRI investigation of syntactic processing and a possible »neural signature« of bilingualism. In: *Journal of Cognitive Neuroscience*, 20 (1), S. 153–169.
Krappmann, L. (2007a): Sozialpolitik für Kinder und Kinderrechte. In: A. Lange & F. Lettke (Hrsg.): *Generationen und Familien: Analysen – Konzepte – gesellschaftliche Spannungsfelder*. Frankfurt a. M.: Suhrkamp, S. 336–353.
Krappmann, L. (2007b): Der Besuch von Vernor Muñoz-Villalobos: eine menschenrechtliche Perspektive auf das deutsche Bildungswesen. In: B. Overwien & A. Prengel (Hrsg.): *Recht auf Bildung. Zum Besuch des Sonderberichterstatters der Vereinten Nationen in Deutschland*. Opladen & Farmington Hills: Budrich, S. 9–17.

Kratzmann, J., Jahreiß, S., Frank, M., Ertanir, B. & Sachse, S. (2017): Einstellungen pädagogischer Fachkräfte in Kindertageseinrichtungen zur Mehrsprachigkeit. In: *Zeitschrift für Erziehungswissenschaft*, 20 (2), S. 237–258.

Kratzmann, J., Smidt, W., Pohlmann-Rother, S. & Kuger, S. (2013): Interkulturelle Orientierungen und pädagogische Prozesse im Kindergarten. In: Gabriele Faust (Hg.): *Einschulung. Ergebnisse aus der Studie »Bildungsprozesse, Kompetenzentwicklung und Selektionsentscheidungen im Vorschul- und Schulalter (BiKS)«*. 1. Aufl. Münster: Waxmann, S. 97–110

Kreyenfeld, M. (2007): Soziale Ungleichheit und Kinderbetreuung: eine Analyse der sozialen und ökonomischen Determinanten der Nutzung von Kindertageseinrichtungen. In: R. Becker & W. Lauterbach (Hrsg.): *Bildung als Privileg. Erklärungen und Befunde zu den Ursachen der Bildungsungleichheit*. Wiesbaden: VS Verlag für Sozialwissenschaften, S. 99–123.

Kroffke, S. & Meyer, B. (2007): Verständigungsprobleme in bilingualen Anamnesegesprächen. In: S. Kameyama & B. Meyer (Hrsg.): *Mehrsprachigkeit am Arbeitsplatz. Beiträge zur Jahrestagung der Gesellschaft für Angewandte Linguistik 2004*. Frankfurt a. M.: Lang, S. 149–183.

Kroffke, S. & Rothweiler, M. (2004): Sprachmodi im kindlichen Zweitspracherwerb. Sprachlicher Kontext und seine Bedeutung für die sprachpädagogische Diagnostik. In: *Die Sprachheilarbeit*, 49 (1), S. 18–24.

Kroffke, S. & Rothweiler M. (2006): Variation im frühen Zweitspracherwerb des Deutschen durch Kinder mit türkischer Erstsprache. In: M. Vliegen (Hrsg.): *Variation in Sprachtheorie und Spracherwerb. Akten des 39. Linguistischen Kolloquiums, Amsterdam*. Frankfurt a. M.: Lang, S. 145–153.

Krug, B. (2011): *Beziehungsvoll gestaltete Alltagssituationen in Kinderkrippen. Ihre Relevanz für sozial kommunikative Entwicklungsprozesse von Kindern unter 3 Jahren*. München: Deutsches Jugendinstitut e. V.

Krüger, H.-H., Deppe, U. & Köhler, S.-M. (2010): Mikroprozesse sozialer Ungleichheit an der Schnittstelle von Schule und Peerkultur in einer Längsschnittperspektive. In: H.-H. Krüger, S.-M. Köhler & M. Zschach (Hrsg.): *Teenies und ihre Peers. Freundschaftsgruppen, Bildungsverläufe und soziale Ungleichheit*. Opladen & Farmington Hills: Budrich, S. 31–51.

Kubesch, S. & Walk, L. (2009): Körperliches und kognitives Training exekutiver Funktionen in Kindergarten und Schule. In: *Sportwissenschaft*, 39 (4), S. 309–317.

Kuhn, M. (2011): Vom Tanzen in ›Russland‹ und Lächeln in ›Japan‹ – Ethnisierende Differenzinszenierungen im Kindergartenalltag. In: I. Diehm & A. Panagiotopoulou (Hrsg.): *Bildungsbedingungen in europäischen Migrationsgesellschaften. Ergebnisse qualitativer Studien in Vor- und Grundschule*. Wiesbaden: VS Verlag für Sozialwissenschaften, S. 141–157.

Kultti, A. & Pramling Samuelsson, I. (2014): Guided Participation and Communication Practices in Multilingual Toddler Groups. In: L. J. Harrison & J. Sumsion (Hrsg.): *Lived Spaces of Infant-Toddler Education and Care: Exploring Diverse Perspectives on Theory, Research and Practice*. Dordrecht: Springer, S. 147–159.

Kultusministerkonferenz (KMK) (2009): *Empfehlung der Kultusministerkonferenz zur Stärkung der mathematisch-naturwissenschaftlich-technischen Bildung* (Beschluss der Kultusministerkonferenz vom 07.05.2009). Online verfügbar unter: http://www.kmk.org/fileadmin/Dateien/veroeffentlichungen_beschluesse/2009/2009_05_07-Empf-MINT.pdf (Zugriff am 07.07.2016).

Kupisch, T. (2003): Cross-Linguistic Influence in the Acquisition of Determiners by German-Italian Bilinguals. In: B. Beachley, A. Brown & F. Conlin (Hrsg.): *Proceedings of the 27th Annual Boston University Conference on Child Language Development*. Somerville: Cascadilla, S. 461–472.

Küspert, P. & Schneider, W. (2006): *Hören, lauschen, lernen. Sprachspiele für Kinder im Vorschulalter. Würzburger Trainingsprogramm zur Vorbereitung auf den Erwerb der Schriftsprache*. 5., überarb. Aufl. Göttingen: Vandenhoeck & Ruprecht.

Laewen, H.-J. (2006): Funktionen der institutionellen Früherziehung. Bildung, Erziehung, Betreuung, Prävention. In: L. Fried & S. Roux (Hrsg.): *Pädagogik der frühen Kindheit. Handbuch und Nachschlagewerk*. Weinheim & Basel: Beltz, S. 96–107.

Laewen, H.-J., Andres, B. & Hédervári, È. (2000): *Die ersten Tage. Ein Modell zur Eingewöhnung in Krippe und Tagespflege*. 4. Aufl. Weinheim: Beltz.

Lakshamanan, U. (1994): *Universal Grammar in Child Second Language Acquisition: Null Subjects and Morphological Uniformity.* Amsterdam & Philadelphia: Benjamins.

Landerl, K., Wimmer, H. & Moser, E. (1997): *SLRT – Salzburger Lese-und Rechtschreibtest.* Bern: Huber.

Landesjugendamt Schleswig-Holstein (Hrsg.) (2020): *Empfehlungen zur Alltagsintegrierten Sprachbildung (§19 Abs 6 KiTaG).* Ministerium für Soziales, Gesundheit, Jugend, Familie und Senioren des Landes Schleswig-Holstein. Online verfügbar unter: https://www.schleswig-holstein.de/DE/Landesregierung/Themen/Soziales/KiTareform2020/Downloads/sprachbildung_empfehlungen.pdf?__blob=publicationFile&v=1

Lang, E., Grittner, F., Rehle, C. & Hartinger, A. (2010): Das Heterogenitätsverständnis von Lehrkräften im jahrgangsgemischten Unterricht der Grundschule. In: J. Hagedorn, V. Schurt, C. Steber & W. Waburg (Hrsg.): *Ethnizität, Geschlecht, Familie und Schule. Heterogenität als erziehungswissenschaftliche Herausforderung (Festschrift für Leonie Herwartz-Emden. Unter Mitarbeit von Leonie Herwartz-Emden).* 1. Aufl. Wiesbaden: VS Verlag für Sozialwissenschaften, S. 315–331.

Law, N. C. W. & So, L. K. H. (2006): The Relationship of Phonological Development and Language Dominance in Bilingual Cantonese-Putonghua Children. In: *International Journal of Bilingualism,* 10 (4), S. 405–428.

Lazarus, R. S. (1995): Stress und Stressbewältigung – ein Paradigma. In: H.-S. Filipp (Hrsg.): *Kritische Lebensereignisse.* 3. Aufl. Weinheim: Beltz, S. 198–323.

Lee, O. & Luykx, A. (2007): Science Education and Student Diversity: Race/Ethnicity, Language, Culture, and Socioeconomic Status. In: S. K. Abell & N. G. Lederman (Hrsg.): *Handbook of Research on Science Education.* Mahwah: Erlbaum, S. 171–198.

Lengyel, D. (2009): *Zweitspracherwerb in der KiTa. Eine integrative Sicht auf die sprachliche und kognitive Entwicklung mehrsprachiger Kinder.* Münster & New York: Waxmann.

Lengyel, D. (2011): Frühkindliche Sprachförderung im Kontext von Mehrsprachigkeit. In: *Die Gaste,* (16). Online verfügbar unter: http://diegaste.de/gaste/diegaste-sayi1604almanca.html (Zugriff am 22.01.2016).

Lenneberg, E. H. (1967): *Biological Foundations of Language.* New York: Wiley.

Leonard, L. (1998): *Children with Specific Language Impairment.* Cambridge (MA): MIT.

Leseman, P. P. M. (2000): Education at Home in Dutch, Surinamese, and Turkish Families. In: A. van der Leij (Hrsg.): *Schoolcareer from 4 to 7. The School Career from Young Students in Relation to Influences of Society and School.* Amsterdam: SCO Kohnstamm Instituut, S. 33–56.

Leu, H.-R. (2002): Bildungs- und Lerngeschichten von Kindern. Zum Bildungsauftrag von Kindertagesstätten. In: *DJI Bulletin,* (60/61), S. 8–12.

Leu, H.-R., Flämig, K., Frankenstein, Y., Koch, S., Pack, I., Schneider, K. & Schweiger, M. (2007): *Bildungs- und Lerngeschichten. Bildungsprozesse in früher Kindheit beobachten, dokumentieren und unterstützen.* Weimar & Berlin: Verlag Das Netz.

Levine B., Schweizer, T., O'Connor, C., Turner, G., Gillingham, S., Stuss, D., Manly, T. & Robertson, I. (2011): Rehabilitation of Executive Functioning in Patients with Frontal Lobe Brain Damage with Goal Management Training. In: *Frontiers in Human Neuroscience,* 5, S. 1–9.

Leyendecker, B. & De Houwer, A. (2011): Frühe bilinguale und bikulturelle Erfahrungen – Kindheit in zugewanderten Familien. In: H. Keller (Hrsg.): *Handbuch der Kleinkindforschung.* 4. Aufl. Bern: Huber, S. 178–219.

Lin, L.-C. & Johnson, C. J. (2010): Phonological Patterns in Mandarin-English Bilingual Children. In: *Clinical Linguistics & Phonetics,* (24), S. 369–386.

Lindner, E. J., Sprenger, K. & Rietmann, S. (2008): Familienzentren in Nordrhein-Westfalen. Ein Überblick über die Projektphase. In: S. Rietmann & G. Hensen (Hrsg.): *Tagesbetreuung im Wandel.* Wiesbaden: VS Verlag für Sozialwissenschaften, S. 101–119.

Lisker, A. (2011): *Additive Maßnahmen zur vorschulischen Sprachförderung in den Bundesländern. Expertise im Auftrag des Deutschen Jugendinstituts.* München: Deutsches Jugendinstitut e. V.

List, G. (2007): Förderung von Mehrsprachigkeit in der KiTa. Online verfügbar unter: http://www.dji.de/fileadmin/user_upload/bibs/384_8288_Expertise_List_MSP.pdf (Zugriff am 22.01.2016).

List, G. (2010): *Frühpädagogik als Sprachförderung. Qualifikationsanforderungen für die Aus- und Weiterbildung der Fachkräfte. Expertise für das Projekt »Weiterbildungsinitiative Frühpädagogischer Fachkräfte« (WiFF)*. München: Deutsches Jugendinstitut e. V.
List, G. & List, G. (2004): Sprachliche Heterogenität, »Quersprachigkeit« und sprachliches Lernen. In: J. Quetz & G. Solmecke (Hrsg.): *Brücken schlagen. Fächer – Sprachen – Institutionen*. Berlin: Pädagogischer Zeitschriften-Verlag, S. 89–104.
Lleó, C. (2002): The Role of Markedness in the Acquisition of Complex Prosodic Structures by German-Spanish Bilinguals. In: *International Journal of Bilingualism*, 6 (3), S. 291–313.
Lleó, C., Kuchenbrandt, I., Kehoe M. & Trujillo C. (2003): Syllable Final Consonants in Spanish and German Monolingual and Bilingual Acquisition. In: N. Müller (Hrsg.): *(In)vulnerable Domains in Multilingualism*. Amsterdam & Philadelphia: Benjamins, S. 191–220.
Lleó, C., Rakow, M. & Kehoe, M. (2004): Acquisition of Language-Specific Pitch Accent by Spanish and German Monolingual and Bilingual Children. In: T. Face (Hrsg.): *Laboratory Approaches to Spanish Phonology*. Berlin & New York: Mouton, S. 3–27.
Luchtenberg, S. (2010): Language Awareness. In: B. Ahrenholz & I. Oomen-Welke (Hrsg.): *Deutsch als Zweitsprache*. Baltmannsweiler: Schneider Hohengehren, S. 107–117.
Lüsebrink, H.-J. (2005): *Interkulturelle Kommunikation*. Stuttgart: Metzler.
Luk, G. & Bialystok, E. (2011): Language Representation and Cognitive Control in Bilinguals: An Insight for Cross-Linguistic Research. In: P. McCardle, J.-R. Lee, B. Miller & O. Tzeng (Hrsg.): *Dyslexia Across Languages: Orthography and the Brain-Gene-Behavior Link*. Baltimore: Brookes, S. 281–293.
Mac Naughton, G. (2006): *Respect for Diversity. An International Overview*. Den Haag: Bernard van Leer Foundation.
MacSwan, J. & Faltis, C. J. (Hrsg.) (2019): *Codeswitching in the Classroom. Critical Perspectives on Teaching, Learning, Policy, and Ideology*. London & New York: Routledge.
Marinova-Todd, S. H., Marshall, D. B. & Snow, C. E. (2001): Three Misconceptions About Age and L2 Learning. In: *TESOL Quarterly*, 34 (1), S. 9–34.
Marschke, B. & Brinkmann, H. U. (Hrsg.) (2011): *Handbuch Migrationsarbeit*. Wiesbaden: VS Verlag für Sozialwissenschaften.
Martschinke, S., Kammermeyer, G., Pickelein, M. & Forster, M. (2004): *Anlaute hören, Reime finden, Silben klatschen (ARS). Phonologische Vorläuferfähigkeiten erkennen*. Donauwörth: Auer.
Mayberry, R. I. (1993): First-Language Acquisition After Childhood Differs From Second-Language Acquisition: The Case of American Sign Language. In: *Journal of Speech and Hearing Research*, (36), S. 51–68.
Mayberry, R. I. & Kluender, R. (2018): Rethinking the critical period for language: New insights into an old question from American Sign Language. In: *Bilingualism: Language and Cognition*, 21 (5), S. 886–905. DOI: 10.1017/S1366728917000724.
Mayberry, R. I. & Lock, E. (2003): Age Constraints on First Versus Second Language Acquisition: Evidence for Linguistic Plasticity and Epigenesis. In: *Brain and Language*, 87 (3), S. 369–384.
Mayberry, R. I., Lock, E. & Kazmi, H. (2002): Linguistic Ability and Early Language Exposure. In: *Nature*, 417 (6884), S. 38.
Mayringer, H. & Wimmer, H. (2003): *SLS – Salzburger Lese-Screening für die Klassenstufen 1–4*. Bern: Huber.
McGee, L. M. & Ukrainetz, T. A. (2009): Using Scaffolding to Teach Phonemic Awareness in Preschool and Kindergarten. In: *Reading Teacher*, 62 (7), S. 599–603.
McLeod, S. & Goldstein, B. (Hrsg.) (2012): *Multilingual Aspects of Speech Sound Disorders in Children*. Bristol: Multilingual Matters.
Mecheril, P. (2004): Beratung: Interkulturell. In: F. Nestmann, F. Engel & U. Sickendiek (Hrsg.): *Das Handbuch der Beratung. Band 1: Disziplinen und Zugänge*. Tübingen: dgvt, S. 295–304.
Mecheril, P. & Quehl, T. (Hrsg.) (2006): *Die Macht der Sprachen. Englische Perspektiven auf die mehrsprachige Schule*. Münster, New York, München & Berlin: Waxmann.
Meisel, J. M. (1989): Early Differentiation of Languages in Bilingual Children. In: K. Hyltenstam & L. K. Obler (Hrsg.): *Bilingualism Across the Lifespan: Aspects of Acquisition, Maturity, and Loss*. Cambridge & New York: Cambridge University Press, S. 13–40.

Meisel, J. M. (1994a): Code-Switching in Young Bilingual Children: The Acquisition of Grammatical Constraints. In: *Studies in Second Language Acquisition*, 16 (4), S. 413–439.

Meisel, J. M. (Hrsg.) (1994b): *Bilingual First Language Acquisition: French and German Grammatical Development*. Amsterdam: Benjamins.

Meisel, J. M. (2004): The Bilingual Child. In: T. K. Bhatia & W. C. Ritchie (Hrsg.): *The Handbook of Bilingualism*. Oxford: Blackwell, S. 91–113.

Meisel, J. M. (2009): Second Language Acquisition in Early Childhood. In: *Zeitschrift für Sprachwissenschaft*, 28 (1), S. 5–34.

Meisel, J. M. (2011): *First and Second Language Acquisition. Parallels and Differences*. New York: Cambridge University Press.

Mellgren, E. & Gustafsson, K. (2009): Språk och kommunikation. In: S. Sheridan, I. Pramling Samuelsson & E. Johansson (Hrsg.): *Barns tidiga lärande: En tvärsnittsstudie om förskolan som miljö för barns lärande*. Göteborg: University of Gothenburg, S. 151–184.

Meng, K. (1988): Erzählen und Zuhören im Alltag. Skizze eines Kommunikationstyps. In: K. Meng (Hrsg.): *Sprachliche Kommunikation bei Kindern. VI. Kommunikationstypen und ihre Aneignung durch Kinder. Linguistische Studien, Reihe A, Arbeitsberichte Nr. 181*. Berlin: Akademie der Wissenschaften, S. 1–68.

Meng, K., Kraft, B. & Nitsche, U. (Hrsg.) (1991): *Kommunikation im Kindergarten*. Berlin: Akademie-Verlag.

Merkel, J. (2010): *Weißt du was, sprechen macht Spaß. Sprachliche Bildung anregen und unterstützen*. Troisdorf: Bildungsverlag EINS.

Merkle, T. & Wippmann, C. (2008): *Eltern unter Druck. Selbstverständnisse, Befindlichkeiten und Bedürfnisse von Eltern in verschiedenen Lebenswelten. Eine sozialwissenschaftliche Untersuchung von Sinus Sociovision im Auftrag der Konrad-Adenauer-Stiftung e. V.* Stuttgart: Lucius & Lucius.

Mezzacappa, E. (2004): Alerting, Orienting, and Executive Attention: Developmental Properties and Sociodemographic Correlates in an Epidemiological Sample of Young, Urban Children. In: *Child Development*, 75 (5), S. 1373–1386.

Meyer, H. & Meyer, M. (2013): Über die Wirksamkeit von Unterrichtsformen. In: J. Hellmer & D. Wittek (Hrsg.): Schule im Umbruch begleiten. Leverkusen: Verlag Barbara Budrich, S. 35–49.

Michael, E. & Gollan, T. H. (2005): Being and Becoming Bilingual: Individual Differences and Consequences for Language Production. In: J. F. Kroll & A. M. B. De Groot (Hrsg.): *The Handbook of Bilingualism: Psycholinguistic Approaches*. New York: Oxford University Press, S. 389–407.

Militzer, R., Fuchs, R., Demandewitz, H. & Houf, M. (2002): *Der Vielfalt Raum geben. Interkulturelle Erziehung in Tageseinrichtungen für Kinder*. Münster: Votum.

Miller, M. (1976): *Zur Logik der frühkindlichen Sprachentwicklung. Empirische Untersuchung und Theoriediskussion*. Stuttgart: Klett.

Miller, M. (1979): *The Logic of Language Development in Early Childhood*. Berlin, Heidelberg & New York: Springer.

Miller, M. G. (2014): Productive and Inclusive? How Documentation Concealed Racialising Practices in a Diversity Project. In: *Early Years*, 34 (2), S. 146–160.

Mischo, C. & Fröhlich-Gildhoff, K. (2011): Professionalisierung und Professionsentwicklung im Bereich der frühen Bildung. In: *Frühe Bildung*, S. 4–12. DOI: 10.1026/2191-9186/a000001.

Moin, V., Schwartz, M. & Breitkopf, A. (2011): Balancing Between Heritage and Host Language in Bilingual Kindergarten. In: *European Early Childhood Education Research Journal*, 19 (4), S. 515–533.

Moll, L. C., Soto-Santiago, S. L. & Schwartz, L. (2013): Funds of Knowledge in Changing Communities. In: K. Hall, T. Cremin, B. Comber & L. C. Moll (Hrsg.): *International Handbook of Research on Children's Literacy, Learning, and Culture*. Oxford: John Wiley & Sons, Ltd, S. 172–183.

Montanari, E. (2011): Das Europäische Sprachenportfolio in der frühen Bildung. In O. Filtzinger, E. Montanari & G. C. Catanese (Hrsg.): *Europäisches Sprachenportfolio. Mehrsprachigkeit in der frühkindlichen Bildung wertschätzen und dokumentieren*. Köln: Bildungsverlag EINS, S. 39–62.

Montanari, E. G., Akıncı, M.-A. & Abel, R. (2019): Balance and dominance in the vocabulary of German-Turkish primary schoolchildren. In: *European Journal of Applied Linguistics*, 7 (1), S. 113–144.

Montanari, E. & Panagiotopoulou, J. A. (2019): *Mehrsprachigkeit und Bildung in KiTas und Schulen – Eine Einführung.* Stuttgart: utb.

Montrul, S. (2020): How Learning Context Shapes Heritage and Second Language Aquisition. In: M. Dressman & R. W. Sadler (Hrsg.): *The Handbook of Informal Language Learning.* 1. Aufl. Hoboken: Wiley-Blackwell, S. 57–74.

Mühler, C. (1996): *Die Wertigkeit der Impedanzaudiometrie zur Topodiagnostik der Innenohrschwerhörigkeit.* Dissertation. Humboldt-Universität zu Berlin.

Müller, N. (1998): Transfer in Bilingual First Language Acquisition. In: *Bilingualism: Language and Cognition*, 1 (3), S. 151–192.

Müller, N. & Hulk, A. (2001): Crosslinguistic Influence in Bilingual Language Acquisition: Italian and French as Recipient Languages. In: *Bilingualism: Language and Cognition*, 4 (1), S. 1–21.

Müller, N., Kupisch, T., Schmitz, K. & Cantone, K. (Hrsg.) (2006): *Einführung in die Mehrsprachigkeitsforschung: Deutsch – Französisch – Italienisch.* Tübingen: Narr.

Müthing, K. & Razakowski, J. (2016): *LBS-Kinderbarometer Deutschland 2016. Stimmungen, Trends und Meinungen von Kindern aus Deutschland. PROSOZ Institut für Sozialforschung PROKIDS.* Online verfügbar unter: https://www.lbs.de/media/unternehmen/west_6/kibaro/LBS_Kinderbarometer_D_2016.pdf

National Reading Panel. (2000): *Teaching Children to read – An Evidence-Based Assessment of the Scientific Research Literature on Reading and its Implications for Reading Instructions.* Online verfügbar unter: https://www.nichd.nih.gov/sites/default/files/publications/pubs/nrp/Documents/report.pdf

Neuenschwander, M., Balmer, T., Gasser-Dutoit, A., Goltz, S., Hirt, U., Ryser, H. & Wartenweiler, H. (2005): *Schule und Familie. Was sie zum Schulerfolg beitragen.* Bern, Stuttgart & Wien: Haupt.

Neumann, K., Holler-Zittlau, I., Minnen, S. von, Sick, U. & Euler, H. A. (2007): *Kindersprachscreening (KiSS). Das hessische Verfahren zur Feststellung des Sprachstandes 4-jähriger Kinder.* Online verfügbar unter: http://www.uni-kassel.de/fb4/psychologie/personal/euler/Sprachscreening.pdf (Zugriff am 01.12.2010).

Neumann, U. (2005): Kindertagesangebote für unter sechsjährige Kinder mit Migrationshintergrund. Expertise. In: Sachverständigenkommission Zwölfter Kinder und Jugendbericht (Hrsg.): *Bildung, Betreuung und Erziehung von Kindern unter sechs Jahren. Materialien zum Zwölften Kinder und Jugendbericht, Bd. 1.* München: Deutsches Jugendinstitut e. V., S. 175–226.

Neumann, U. & Schwaiger, M. (2011): Der internationale Forschungsstand zur interkulturellen Elternarbeit und Elternbeteiligung. In: *Unsere Jugend*, (11/12), S. 450–462.

Nickel, S. (2007): Beobachtung kindlicher Literacy-Erfahrungen im Übergang vom Kindergarten und Schule. In: U. Graf & E. Moser Opitz (Hrsg.): *Diagnostik und Förderung im Elementarbereich und im Grundschulunterricht.* Baltmannsweiler: Schneider Hohengehren, S. 86–104.

Niebuhr-Siebert, S. (2018). Ein Universum in der Hand – von der Bedeutung des Vorlesens und wie es in mehrsprachigen Gruppen gelingt. Der evangelische Buchberater. In: *Zeitschrift für Buch- und Büchereiarbeit*, 1, S. 2–7.

Niebuhr-Siebert, S. (2019a). Mehrsprachigkeit in der Kita. In: *Frühe Kindheit*, 1, S. 30–37.

Niebuhr-Siebert, S. (2019b). Digitale Leseförderung. Der evangelische Buchberater. In: *Zeitschrift für Buch- und Büchereiarbeit*, 3, S. 2–9.

Niebuhr-Siebert, S. (2020). Warum Kinderbücher Mehrsprachigkeit fördern. In: *JuLit*, 2, S. 22–30.

Niebuhr-Siebert, S. (2021). Sprachtherapeutische Beratung unter Berücksichtigung kultureller Vielfalt und Translingualität. In: J. Steiner (Hrsg.), *Handlungswissen Logopädie. Professionelle Beratung in der Logopädie. Innovationen für die Praxis.* Stuttgart: Kohlhammer, S. 75–95.

Niebuhr-Siebert, S. (2022). 5 Fragen, 5 Antworten. Diversität in der Kinderlyrik. In: *Allmende*, 108, S. 35–39.

Niebuhr-Siebert, S. & Baake, H. (2014): *Kinder mit Deutsch als Zweitsprache in der Grundschule.* Stuttgart: Kohlhammer.
Niederberger, M. (2003): *Migrationspolitik in Agglomerationen. Eine explorative Analyse der zentralen Problem- und Interventionsfelder in der Schweiz.* Neuchâtel: Swiss Forum for Migration and Population Studies.
Niedersächsisches Kultusministerium (Hrsg.) (2006): *Fit in Deutsch – Feststellung des Sprachstandes.* Online verfügbar unter: https://www.mk.niedersachsen.de/download/4612 (Zugriff am 01.12.2010).
Niesel, R. & Griebel, W. (2000): *Start in den Kindergarten.* München: Don Bosco.
Nutbrown, C. (2010): Kinderrechte: ein Grundstein frühpädagogischer Curricula. In: W. E. Fthenakis & P. Oberhuemer (Hrsg.): *Frühpädagogik international. Bildungsqualität im Blickpunkt.* 2. Aufl. Wiesbaden: VS Verlag für Sozialwissenschaften, S. 117–127.
Oakes, J. & Lipton, M. (2003): *Teaching to Change the World.* New York: McGraw-Hill.
Oerter, R. (1995): Kultur, Ökologie und Entwicklung. In: R. Oerter & L. Montada (Hrsg.): *Entwicklungspsychologie.* 3. Aufl. Weinheim: Beltz, S. 84–127.
Ofner, D. (2014): Wie hängen Wissen und Handeln in der Sprachförderung zusammen? Eine explorative Untersuchung der Sprachförderkompetenz frühpädagogischer Fachkräfte. In: *Empirische Pädagogik,* 28 (4), S. 302–318.
Ohashi, J. K., Mirenda, P., Marinova-Todd, S., Hambly, C., Fombonne, E., Szatmari, P., Bryson, S., Roberts, W., Smith, I., Vaillancourt, T., Volden, J., Waddell, C., Zwaigenbaum, L., Georgiades, S., Duku, E. & Thompson, A. (Pathways in ASD Study Team) (2012): Comparing Early Language Development in Monolingual- and Bilingual-Exposed Young Children with Autism Spectrum Disorders. In: *Research in Autism Spectrum Disorders,* 6 (2), S. 890–897.
Oller, D. K. & Griebel, U. (2005): Contextual Freedom in Human Infant Vocalization and the Evolution of Language. In: R. L. Burgess & K. MacDonald (Hrsg.): *Evolutionary Perspectives on Human Development.* Thousand Oaks: SAGE, S. 135–165.
Ostad, J. (2014): Mehrsprachigkeit im Kontext von primären Störungsbildern. In: S. Chilla & S. Haberzettl (Hrsg.): *Handbuch Spracherwerb und Sprachentwicklungsstörungen. Mehrsprachigkeit.* München: Elsevier, Urban & Fischer, S. 85–96.
Otheguy, R., García, O. & Reid, W. (2015): Clarifying translanguaging and deconstructing named languages: A perspective from linguistics. In: *Applied Linguistics Review,* 6 (3), S. 281–307.
Overwien, B. & Prengel, A. (Hrsg.) (2007): *Recht auf Bildung. Zum Besuch des Sonderberichterstatters der Vereinten Nationen in Deutschland.* Opladen & Farmington Hills: Budrich.
Paap, K., Johnson, H. & Sawi, O. (2015): Bilingual Advantages in Executive Functioning Either Do Not Exist or Are Restricted to Very Specific and Undetermined Circumstances. In: *Cortex,* 69, S. 265–278.
Padilla, A. M. & Liebman, E. (1975): Language Acquisition in the Bilingual Child. In: *The Bilingual Review,* 2 (1/2), S. 34–55.
Panagiotopoulou, A. (2013): Ethnographische Zugänge in der frühkindlichen Bildungsforschung. In: M. Stamm & D. Edelmann (Hrsg.): *Handbuch frühkindliche Bildungsforschung.* Wiesbaden: VS Verlag für Sozialwissenschaften, S. 770–786.
Panagiotopoulou, A. (2016): *Mehrsprachigkeit in der Kindheit. Perspektiven für die frühpädagogische Praxis.* WIFF-Expertise. 2. Entwurf.
Papoušek, H. & Papoušek, M. (1987): Intuitive Parenting: A Dialectic Counterpart to the Infant's Integrative Competence. In: J. D. Osofsky (Hrsg.). *Handbook of Infant Development.* New York: Wiley, S. 669-720.
Paradis, J. (2001): Do Bilingual Two-Year-Olds Have Separate Phonological Systems? In: *International Journal of Bilingualism,* 5 (1), S. 19–38.
Paradis, J. (2007): Second Language Acquisition in Childhood. In: E. Hoff & M. Shatz (Hrsg.): *Handbook of Language Development.* Oxford: Blackwell, S. 387–406.
Paradis, J. (2008): Tense as a Clinical Marker in English L2 Acquisition with Language Delay/Impairment. In: E. Gavruseva & B. Haznedar (Hrsg.): *Current Trends in Child Second Language Acquisition: A Generative Perspective.* Amsterdam: Benjamins, S. 337–356.
Paradis, J. (2009): *Oral Language Development in French and English and the Role of Home Input Factors. Report for the Conseil Scolarie Centre-Nord, Edmonton, Alberta.* Online verfügbar unter:

http://www.ualberta.ca/~jparadis/Johanne_Paradis_Homepage/Publications_files/P_CSCN.pdf (Zugriff am 22.01.2016).

Paradis, J. & Genesee, F. (1996): Syntactic Acquisition in Bilingual Children: Autonomous or Interdependent? In: *Studies in Second Language Acquisition*, 18 (1), S. 1–25.

Paradis, J. & Genesee, F. (1997): On Continuity and the Emergence of Functional Categories in Bilingual First-Language Acquisition. In: *Language Acquisition*, 6 (2), S. 91–124.

Pearson, B. Z., Fernandez, S. C. & Kimbrough Oller, D. (1993): Lexical Development in Bilingual Infants and Toddlers: Comparison to Monolingual Norms. In: *Language Learning*, 43 (1), S. 93–120.

Peña, E., Bedore, L. & Zlatic-Giunta, R. (2002): Category-Generation Performance of Bilingual Children. The Influence of Condition, Category, and Language. In: *Journal of Speech, Language, and Hearing Research*, 45 (5), S. 938–947.

Penner, Z. (2003a): *Neue Wege der sprachlichen Frühförderung von Migrantenkindern*. Berg: Kon-Lab.

Penner, Z. (2003b): *Programm Frühe Sprachförderung*. Troisdorf: Bildungsverlag EINS.

Penner, Z., Fischer, A. & Krügel, C. (2006): *Von der Silbe zum Wort. Rhythmus und Wortbildung in der Sprachförderung*. Troisdorf: Bildungsverlag EINS.

Peterson, S. M. & French, L. (2008): Supporting Young Children's Explanations Through Inquiry Science in Preschool. In: *Early Childhood Research Quarterly*, (23), S. 395–408.

Pianta, R. C. & Cox, M. J. (1999): *The Transition to Kindergarten*. Baltimore: Brookes.

Piccio, M., Giandomenico, I. D. & Musatti, T. (2014): The Use of Documentation in a Participatory System of Evaluation. In: *Early Years*, 34 (3), S. 133–145.

Platzack, C. (2001): The Vulnerable C-Domain. In: *Brain & Language*, 77 (3), S. 364–377.

Plume, E. & Schneider, W. (2004): *Hören, lauschen, lernen 2. Spiele mit Buchstaben und Lauten für Kinder im Vorschulalter. Würzburger Buchstaben-Laut-Training. Arbeitsbuch*. Göttingen: Vandenhoeck & Ruprecht.

Portes, A. & Hao, L. (1998): E Pluribus Unum: Bilingualism and Loss of Language in the Second Generation. In: *Sociology of Education*, 71 (4), S. 269–294.

Pot, A., Keijzer, M. & Bot, K. de (2018): Intensity of Multilingual Language Use Predicts Cognitive Performance in Some Multilingual Older Adults. In: *Brain Sciences*, 8 (5), S. 92. DOI: 10.3390/brainsci8050092.

Potgieter, A. (2016): Lexical and Grammatical Development in Trilingual Speakers of isiXhosa English and Afrikaans. In: *South African Journal of Comminication Disorders*, 63 (2), S. e1–e11.

Potgieter, A. & Southwood, F. (2016): A Comparison of Proficiency Levels in 4-Year-Old Monolingual and Trilingual Speakers of Afrikaans, isiXhosa and South African English Across SES Boundaries, Using LITMUS-CLT. In: *Clinical Linguistics and Phonetics*, 30 (2), S. 87–100.

Preissing, C. & Wagner, P. (2003): *Kleine Kinder – keine Vorurteile?* Freiburg i. Br.: Herder.

Prengel, A. (2010): *Wieviel Unterschiedlichkeit passt in eine KiTa? Theoretische Grundlagen einer inklusiven Praxis in der Frühpädagogik*. Vortragstext Fachforum Inklusion, Weiterbildungsinitiative Frühpädagogische Fachkräfte, Deutsches Jugendinstitut, München, 29.06.2010.

Prengel, A. (2011): Zwischen Heterogenität und Hierarchie in der Bildung – Studien zur Unvollendbarkeit der Demokratie. In: L. Ludwig, H. Luckas, F. Hamburger & S. Aufenanger (Hrsg.): *Bildung in der Demokratie II. Tendenzen – Diskurse – Praktiken*. Schriftenreihe der Deutschen Gesellschaft für Erziehungswissenschaft. Opladen & Farmington Hills: Budrich, S. 83–94.

Prenzel, M., Lankes, E.-M. & Minsel, B. (2000): Interessenentwicklung in Kindergarten und Grundschule: Die ersten Jahre. In: U. Schiefele & K. P. Wild (Hrsg.): *Interesse und Lernmotivation. Untersuchungen zu Entwicklung, Förderung und Wirkung*. Münster: Waxmann, S. 11–30.

Presse- und Informationsamt der Bundesregierung/Die Beauftragte der Bundesregierung für Migration, Flüchtlinge und Integration (Hrsg.) (2007): *Der Nationale Integrationsplan. Neue Wege – neue Chancen*. Berlin: Presse- und Informationsamt der Bundesregierung.

Projektgruppe bildung elementar (2004): *Bildung als Programm für Kindertageseinrichtungen in Sachsen-Anhalt. Entwurf*. Halle a. d. S.: Martin-Luther-Universität Halle-Wittenberg.

Quay, S. (1995): The Bilingual Lexicon: Implications for Studies of Language Choice. In: *Journal of Child Language*, 22 (2), S. 369–387.

Ransdell, S. & Fischler, I. (1987): Memory in a Monolingual Mode: When Are Bilinguals at an Disadvantage? In: *Journal of Memory and Language*, 26 (4), S. 392–405.
Rappa, A. L. & Wee, L. (2006): *Language Policy and Modernity in Southeast Asia. Malaysia, the Philippines, Singapore, and Thailand*. Berlin: Springer.
Rauschenbach, T. (2013a): Kinder- und Jugendhilfe in neuer Gesellschaft. Wie sich das Aufwachsen von Kindern und Jugendlichen verändert – und wie die Kinder- und Jugendhilfe darauf reagiert. In: *DJI Impulse*, (1), S. 4–6.
Rauschenbach, T. (2013b): *Bildungsorte – Lernwelten. Alltagsbildung als Schlüsselfrage der Zukunft. Bundeszentrale für politische Bildung. Dossier Zukunft Bildung*. Online verfügbar unter: http://www.bpb.de/gesellschaft/kultur/149483/alltagsbildung (Zugriff am 22.01.2016).
Rauschenbach, T. (2013c): Der Rechtsanspruch und seine Folgen – eine erste Bilanz des U3-Ausbaus. In: *Der Landkreis*, 83 (16), S. 620–622.
Raven, J. C. (2002): *Coloured Progressive Matrices (CPM)*. Deutsche Bearb. von S. Bulheller & H. O. Häcker. 3. Aufl. Frankfurt a. M.: Pearson Assessment.
Redder, A., Schwippert, K., Hasselhorn, M., Forschner, S., Fickermann, D., Ehlich, K., Becker-Mrotzeck, M., Krüger-Potratz, M., Roßbach, H.-G., Stanat, P. & Weinert, S. (2011): *Bilanz und Konzeptualisierung von strukturierter Forschung zu, Sprachdiagnostik und Sprachförderung. ZUSE-Berichte, Bd. 2*. Hamburg: ZUSE. Online verfügbar unter: http://epub.sub.uni-hamburg.de/epub/volltexte/2011/9874/pdf/zuse_berichte_02.pdf (Zugriff am 22.01.2016).
Reich, H. & Roth, H.-J. (2004): *Hamburger Verfahren zur Analyse des Sprachstandes bei 5-Jährigen (HAVAS)*. Hamburg: Landesinstitut für Lehrerbildung und Schulentwicklung.
Reich-Claassen, J. & Tippelt, R. (2009): Weiterbildung und soziale Ungleichheit: Der Einfluss prägender Bildungserfahrungen auf die Beteiligung an lebenslangem Lernen. In: I. Sylvester, I. Sieh, M. Menz, H.-W. Fuchs & J. Behrendt, (Hrsg.): *Bildung – Recht – Chancen. Rahmenbedingungen, empirische Analysen und internationale Perspektiven zum Recht auf chancengleiche Bildung*. Münster, New York, München & Berlin: Waxmann, S. 123–139.
Reich-Claassen, J. & Tippelt, R. (2010): Chancen und Risiken des Zielgruppenmarketings in der Weiterbildung: Das Beispiel der Milieuforschung. In: *Magazin erwachsenenbildung.at*, (10), S. 03-2–03-13. Online verfügbar unter: http://www.erwachsenenbildung.at/magazin/10-10/meb10-10.pdf (Zugriff am 23.01.2013).
Remsperger, R. (2013): Das Konzept der Sensitiven Responsivität. Ein Ansatz zur Analyse des pädagogischen Antwortverhaltens in der ErzieherInnen-Kind-Interkation. In: *Frühe Bildung*, 1, S. 12–19.
Renz-Polster, H. & Hüther, G. (2013): *Wie Kinder heute wachsen: Natur als Entwicklungsraum. Ein neuer Blick auf das kindliche Lernen, Fühlen und Denken*. Weinheim & Basel: Beltz.
Reyer, J. (2006): *Einführung in die Geschichte des Kindergartens und der Grundschule*. Bad Heilbrunn: Klinkhardt.
Richter, S. (2022). *Vorurteilen und Diskriminierung in der KiTa begegnen.Vorurteilsbewusste Bildung und Erziehung als inklusives Praxiskonzept*. Freiburg: Verlag Herder.
Riedel, B. (2007): Zwischen Beruf und Leihoma. Zum aktuellen Profil der Kindertagespflege. In: *KomDat Jugendhilfe*, (1), S. 7–9.
Rintakorpi, K., Lipponen, L. & Peunamo, J. (2014): Documenting with Parents and Toddlers: A Finnish Case Study. In: *Early Years*, 34 (2), S. 188–197.
Robey, R. R. (2004): A Five-Phase Model for Clinical-Outcome Research. In: *Journal of Communication Disorders*, 37 (5), S. 401–411.
Röhner, C. (Hrsg.) (2005): *Erziehungsziel Mehrsprachigkeit. Diagnose von Sprachentwicklung und Förderung von Deutsch als Zweitsprache*. Weinheim & München: Juventa.
Rommelspacher, B. (2002): *Anerkennung und Ausgrenzung. Deutschland als multikulturelle Gesellschaft*. Frankfurt a. M. & New York: Campus.
Ronjat, J. (1913): *Le développement du langage observé chez un enfant bilingue*. Paris: Champion.
Roth, H.-J. (2003): Evaluationsergebnisse zu bilingualen Schulen in Deutschland. In: *Grundschule Sprachen*, (11), S. 44–45.
Roth, H.-J. (2005): Warum weint die Katze? – Einige Überlegungen zur Systematik der gesprochenen Kindersprache im Kontext von Zweisprachigkeit. In: I. Gogolin, M. Krüger-Potratz, K. Kuhs, U. Neumann & F. Wittek (Hrsg.): *Migration und sprachliche Bildung*. Münster & München: Waxmann, S. 81–102.

Roth, H.-J. (2007): Multilingualität und Monolingualität. In: W.-D. Bukow & E. Yildiz (Hrsg.): *Parallelgesellschaft*. Wiesbaden: VS Verlag für Sozialwissenschaften, S. 159–173.
Rothman, J., Tsimpli, I. M. & Pascual y Cabo, D. (2016): Formal linguistic approaches to Heritage language acquisition. In: Diego Pascual y Cabo (Hrsg.): *Advances in Spanish as a Heritage language, Bd. 49*. Amsterdam & Philadelphia: John Benjamins Publishing Company (Studies in Bilingualism, 49), S. 13–26.
Rothweiler, M. (2001): *Wortschatz und Störungen des lexikalischen Erwerbs bei spezifisch sprachentwicklungsgestörten Kindern*. Heidelberg: Winter.
Rothweiler, M. (2006): The Acquisition of V2 and Subordinate Clauses in Early Successive Acquisition of German. In: C. Lleó (Hrsg.): *Interfaces in Multilingualism. Hamburg Studies on Multilingualism*. Amsterdam: Benjamins, S. 91–113.
Rothweiler, M. (2007): »Mistaken Identity« – Zum Problem der Unterscheidung typischer grammatischer Strukturen bei SSES und bei Mehrsprachigkeit. In: U. De Langen-Müller & V. Maihack (Hrsg.): *Früh genug – aber wie? Sprachförderung per Erlass oder Sprachtherapie auf Rezept? Tagungsbericht vom 8. wissenschaftlichen Symposium des Deutschen Bundesverbandes der akademischen Sprachtherapeuten*. Köln: ProLog, S. 110–128.
Roux, S. (2004): Von der Familie in den Kindergarten. Zur Theorie und Praxis eines frühpädagogischen Übergangs. In: L. Denner & E. Schumacher (Hrsg.): *Übergänge im Elementar- und Primarbereich reflektieren und gestalten. Beiträge zu einer grundlegenden Bildung*. Bad Heilbrunn: Klinkhardt, S. 75–90.
Ruberg, T. (2013): *Der Genuserwerb ein- und mehrsprachiger Kinder*. Hamburg: Kovač.
Ruberg, T. & Rothweiler, M. (2012): *Spracherwerb und Sprachförderung in der KiTa*. Stuttgart: Kohlhammer.
Ruberg, T., Rothweiler, M. & Koch-Jensen, L. (2013): *Spracherwerb und sprachliche Bildung. Lern- und Arbeitsbuch für sozialpädagogische Berufe*. Köln: Bildungsverlag EINS.
Rymer, R. (1994): *Genie. A Scientific Tragedy*. London: HarperPerennial.
Salgert, K., Fricke, S. & Wells, B. W. (2012): *Bilingualer Phonologieerwerb bei türkisch-deutschsprachigen Kindern. ISEF VII, Leipzig*. Online verfügbar unter: http://www.giskid.eu/tg/ises7/programm_assets/Salgert%20final.pdf (Zugriff am 22.01.2016).
Sandhofer, C. & Uchikoshi, Y. (2013): Cognitive Consequences of Dual Language Learning: Cognitive Function, Language and Literacy, Science and Mathematics, and Social-Emotional Development. In: State Advisory Council on Early Learning and Care (Hrsg.): *California's Best Practices for Young Dual Language Learners. Research Overview Papers*. Sacramento: State Advisory Council on Early Learning and Care, S. 51–89.
Sarimski, K. (2012): *Beratung und Frühförderung bei drohender schwerer Behinderung*. Heidelberg: Winter.
Schaefer, E. S., Edgerton, M. & Aaronson, M. (1978): *Classroom Behavior Inventory (CBI)*. Unpublished Rating Scale. Chapel Hill: University of North Carolina.
Schaerlaekens, A., Zink, I. & Verheyden, L. (1995): Comparative Vocabulary Development in Kindergarten Classes with a Mixed Population of Monolinguals, Simultaneous and Successive Bilinguals. In: *Journal of Multilingual and Multicultural Development*, 16 (6), S. 477–495.
Schepker, R. & Cierpka, M. (2009): Editorial zum Themenheft Kinder und Jugendliche mit Migrationshintergrund. In: *Praxis der Kinderpsychologie und Kinderpsychiatrie*, 58 (4), S. 241–243.
Schlevogt, V. (2012a): Gestiegene Erwartungen an Elternschaft. Familienleben in Deutschland heute. In: *Die Kindergartenzeitschrift*, (2), S. 40–41.
Schlevogt, V. (2012b): KiFaz, Eltern-Kind-Zentrum oder Haus der Familie – Konzepte und Fördermodelle von Kinder- und Familienzentren im bundesweiten Vergleich. In: *KiTa-Spezial »Kinder- und Familienzentren«*, S. 6–8.
Schlösser, E. (2001): *Wir verstehen uns gut. Spielerisch Deutsch lernen. Methoden und Bausteine zur Sprachförderung für deutsche und zugewanderte Kinder als Integrationsbeitrag in Kindergarten und Grundschule*. Aachen: Ökotopia.
Schlösser, E. (2018): *Chancen frühkindlicher Literalität. Unsere Lieblingsgeschichten erzählt in zwei, drei, vier und mehr Sprachen*. SchauHoer Verlag.

Schlyter, S. (1994): Early Morphology in Swedish as the Weaker Language in French-Swedish Bilingual Children. In: *Scandinavian Working Papers on Bilingualism*, (9), S. 67–86.
Schlyter, S. (1995): Formes verbales du passé dans des interactions en langue forte et en langue faible. In: *Aile*, (6), S. 129–152.
Schlyter, S. & Håkansson, G. (1994): Word Order in Swedish as the First Language, Second Language and Weaker Language in Bilinguals. In: *Scandinavian Working Papers on Bilingualism*, (9), S. 49–66.
Schmid, M. S. & Keijzer, M. (2009): First Language Attrition and Reversion Among Older Migrants. In: *International Journal of the Sociology of Language*, (200), S. 83–101.
Schneider, D., Lam, M., Bayliss, A. P. & Dux, P. E. (2012): Cognitive Load Disrupts Implicit Theory of Mind Processing. In: *Psychological Science*, 23 (8), S. 842–847.
Schneider, N. (2021): *Geschichte der Ästhetik von der Aufklärung bis zur Postmoderne*. 7. Aufl. Stuttgart: Reclam.
Schneider, W. & Becker-Stoll, F. (Hrsg.) (2013): *Migration und Bildung in der Frühen Kindheit. Frühe Bildung, 2 (3)*. Göttingen: Hogrefe.
Schöler, H. & Brunner, M. (2008): *HASE – Heidelberger Auditives Screening in der Einschulungsdiagnostik*. 2. Aufl. Wertingen: Westra Elektroakustik.
Schöler, H. & Roos, J. (2010): Ergebnisse einer Evaluation von Sprachfördermaßnahmen in Mannheimer und Heidelberger KiTas. In: K. Fröhlich-Gildhoff, I. Nentwig-Gesemann & P. Strehmel (Hrsg.): *Forschung in der Frühpädagogik III*. Freiburg i. Br.: Verlag Forschung, Entwicklung, Lehre, S. 35–74.
Schulz, P. (2013): Sprachdiagnostik bei mehrsprachigen Kindern. In: *Sprache Stimme Gehör*, (37), S. 191–195.
Schulz, P. & Tracy, R. (2011): *LiSe-DaZ. Linguistische Sprachstandserhebung – Deutsch als Zweitsprache*. Göttingen: Hogrefe.
Schwartz, B. D. (2003): Child L2 Acquisition: Paving the Way. In: B. Beachley, A. Brown & F. Conlin (Hrsg.): *Proceedings of the 27th Annual Boston University Conference on Language Development. Vol. 1*. Somerville: Cascadilla, S. 26–50.
Schweitzer, F., Biesinger, A. & Edelbrock, A. (Hrsg.) (2008): *Mein Gott – Dein Gott. Interkulturelle und interreligiöse Bildung in Kindertagesstätten*. Weinheim & Basel: Beltz.
Senatsverwaltung für Bildung, Jugend und Sport (Hrsg.) (2004): *Das Berliner Bildungsprogramm für die Bildung, Erziehung und Betreuung von Kindern in Tageseinrichtungen bis zu ihrem Schuleintritt. Vorgelegt von: Internationale Akademie INA gG für innovative Pädagogik, Psychologie und Ökonomie mbH an der FU Berlin*. Berlin: Verlag Das Netz.
Senatsverwaltung für Bildung, Wissenschaft und Forschung Berlin (2008a): *Erläuterungen zur »Qualifizierten Statuserhebung vierjähriger Kinder in KiTas und Kindertagespflege« (QuaSta)*. Berlin: Senatsverwaltung für Bildung, Wissenschaft und Forschung.
Senatsverwaltung für Bildung, Wissenschaft und Forschung Berlin (2008b): *Erhebungsinstrument DEUTSCH PLUS 4*. Berlin: Senatsverwaltung für Bildung, Wissenschaft und Forschung.
Senyildiz, A. (2010): *Wenn Kinder mit Eltern gemeinsam Deutsch lernen. Soziokulturell orientierte Fallstudien zur Entwicklung erst und zweitsprachlicher Kompetenzen bei russischsprachigen Vorschulkindern*. Tübingen: Stauffenburg.
Serratrice, L. (2013): Acquisition of Features in the Nominal Domain in Bilingual Acquisition. In: *International Journal on Bilingualism*, 17 (5), S. 657–664.
Sheng, L., McGregor, K. K. & Marian, V. (2006): Lexical-Semantic Organization in Bilingual Children: Evidence From a Repeated Word Association Task. In: *Journal of Speech Language and Hearing Research*, 49 (3), S. 572–587.
Shook, A. & Marian, V. (2012): Bimodal Bilinguals Co-Activate Both Languages During Spoken Comprehension. In: *Cognition*, 124 (3), S. 314–324.
Siegmüller, J. & Kauschke, C. (2006): *Patholinguistische Therapie bei Sprachentwicklungsstörungen*. München: Elsevier.
Şıkcan-Azun, S. (2007): Mehrsprachige Kinder in einsprachigen Kindergärten. In: *Kinder in Europa*, 12/2007.
Şimşek, Y. & Schroeder, C. (2011): Migration und Sprache in Deutschland am Beispiel der Migranten aus der Türkei und ihrer Kinder und Kindeskinder. In: Ş. Ozil, M. Hofmann &

Y. Dayıoğlu-Yücel (Hrsg.): *Fünfzig Jahre türkische Arbeitsmigration in Deutschland*. Deutsch-türkische Studien, Jahrbuch 2011. Göttingen: V&R unipress, S. 205–228.

Sleeter, C. E. (2007): Preparing Teachers for Multiracial and Historically Underserved Schools. In: G. Orfield & E. Frankenburg (Hrsg.): *Lessons in Integration: Realizing the Promise of Racial Diversity in America's Schools*. Charlottesville: University of Virginia Press, S. 171–198.

Sparrow, S. S., Balla, D. A. & Cicchetti, D. V. (1984): *Vineland Adaptive Behavior Scales (VABS)*. Circle Pines: American Guidance Service.

Speck-Hamdan, A. (2006): Neuanfang und Anschluss: zur Doppelfunktion von Übergängen. In: D. Diskowski, E. Hammes-Di Bernardo, S. Hebenstreit-Müller & A. Speck-Hamdan (Hrsg.): *Übergänge gestalten. Wie Bildungsprozesse anschlussfähig werden*. Weimar & Berlin: Verlag Das Netz, S. 20–31.

Spiewak, M. (2012): Sprich mit ihm. Migrantenkinder lernen zu wenig deutsch – obwohl sie in die KiTa gehen. Was läuft hier falsch? In: *Die Zeit*, 30.08.2012. Online verfügbar unter: https://www.zeit.de/2012/36/Migranten-Kinder-Sprachfoerderung

Staatsinstitut für Schulpädagogik und Bildungsforschung (Hrsg.) (2005): *Kenntnisse in Deutsch als Zweitsprache erfassen. Screening-Modell für Schulanfänger*. München: Staatsinstitut für Schulpädagogik und Bildungsforschung.

Stiftung Lesen. (2019): *Vorlesestudie 2019 – Vorlesepraxis durch sprachanregende Aktivitäten in Familien vorbereiten und unterstützen. Repräsentative Befragung von Eltern mit Kindern im Alter von 2 bis 8 Jahren*. Online verfügbar unter: https://www.stiftunglesen.de/download.php?type=documentpdf&id=2595

Stöbe-Blossey, S. (Hrsg.) (2010): *Kindertagesbetreuung im Wandel. Perspektiven für die Organisationsentwicklung*. Wiesbaden: VS Verlag für Sozialwissenschaften.

Strik, N. & Pérez-Leroux, A. T. (2011): Jij doe wat girafe? Wh-Movement and Inversion in Dutch-French Bilingual Inversion. In: *Linguistic Approaches to Bilingualism*, 1 (2), S. 175–205.

Suárez-Orozco, C. & Suárez-Orozco, M. M. (1995): *Transformations: Immigration, Family Life, and Achievement Motivation Among Latino Adolescents*. Stanford: Stanford University Press.

Suárez-Orozco, C. & Suárez-Orozco, M. M. (2001): *Children of Immigration*. Cambridge (MA): Harvard University Press.

Suhr, F. (2020): *Hier spricht man Platt!* Digitales Bild. Online verfügbar unter: https://de.statista.com/infografik/20896/anteil-der-bevoelkerung-mit-plattdeutsch-kenntnissen-nach-bundeslaendern/ (Zugriff am 09.09.2020).

Sulzer, A. (2013): *Kulturelle Heterogenität in KiTas – Anforderungen an Fachkräfte. WiFF Expertisen, Bd. 34*. München: Deutsches Jugendinstitut e. V. Online verfügbar unter: http://www.weiterbildungsinitiative.de/uploads/media/Exp_Sulzer.pdf (Zugriff am 22.01.2016).

Sulzer, A. & Wagner, P. (2011): *Inklusion in der Frühpädagogik – Qualifikationsanforderungen an die Fachkräfte. WiFF Expertisen, Bd. 15*. München: Deutsches Jugendinstitut e. V. Online verfügbar unter: http://www.weiterbildungsinitiative.de/uploads/media/WiFF_Expertise_Nr._15_Annika_Sulzer_Petra_Wagner_Inklusion_in_Kindertageseinrichtungen.pdf (Zugriff am 22.01.2016).

Textor, M. R. (2008): Erziehungs- und Bildungspläne. Online verfügbar unter: https://www.kindergartenpaedagogik.de/fachartikel/bildung-erziehung-betreuung/1951

Thiersch, R. (2007): Sprachförderung mehrsprachiger Kinder im Kindergarten. In: T. Anstatt (Hrsg.): *Mehrsprachigkeit bei Kindern und Erwachsenen. Erwerb, Formen, Förderung*. Tübingen: Attempto, S. 9–30.

Thiery, C. (1978): True Bilingualism and Second-Language Learning. In: D. Gerver & H. W. Sinaiko (Hrsg.): *Language Interpretation and Communication*. New York & London: Plenum, S. 145–153.

Thoma, D. & Tracy, R. (2008): Deutsch als frühe Zweitsprache: zweite Erstsprache? In: B. Ahrenholz (Hrsg.): *Kinder mit Migrationshintergrund. Spracherwerb und Fördermöglichkeiten*. Freiburg i. Br.: Fillibach, S. 58–79.

Thoma, D., Ofner, D., Seybel, C. & Tracy, R. (2011): Professionalisierung in der Frühpädagogik: Eine Pilotstudie zur Sprachförderkompetenz. In: *Frühe Bildung*, S. 31–36. DOI: 10.1026/2191-9186/a000004.

Thomauske, N. (2015): Das Silencing Anderssprachiger Kinder of Color. Ein deutsch-französischer Vergleich von Sprachpolitiken und -praktiken in frühkindlichen Bildungseinrich-

tungen. In: A. Schnitzer & R. Mörgen (Hrsg.): *Mehrsprachigkeit und (Un)Gesagtes. Sprache als soziale Praxis in der Migrationsgesellschaft*. Weinheim & Basel: Beltz Juventa, S. 85–108.
Tietze, W. & Förster, C. (2005a): Allgemeines pädagogisches Gütesiegel für Kindertageseinrichtungen. In: A. Diller, H.-R. Leu & T. Rauschenbach (Hrsg.): *Der Streit ums Gütesiegel. Qualitätskonzepte für Kindertageseinrichtungen. 3. DJI Fachforum Bildung und Erziehung 2005*. München: Deutsches Jugendinstitut e. V., S. 31–64.
Tietze, W., Roßbach, H.-G. & Grenner, K. (2005b): *Kinder von 4 bis 8 Jahren. Zur Qualität der Erziehung und Bildung in Kindergarten, Grundschule und Familie*. Weinheim & Basel: Beltz.
Tietze, W., Schuster, K.-M., Grenner, K. & Roßbach, H.-G. (2007): *Kindergarten-Skala (KES-R). Feststellung und Unterstützung pädagogischer Qualität in Kindergärten*. 3. Aufl. Weinheim: Beltz.
Tinner, S. (2010): Normen und Abweichungen in der Zweisprachigkeit in der Schweiz. In: G. Drews-Sylla, E. Dütschke, H. Leontiy & E. Polledri (Hrsg.): *Konstruierte Normalitäten – normale Abweichungen*. Wiesbaden: VS Verlag für Sozialwissenschaften, S. 231–242.
Tippelt, R. & Reich-Claassen, J. (2010): Lernorte – Organisationale und lebensweltbezogene Perspektiven. In: *REPORT – Zeitschrift für Weiterbildungsforschung*, 3 (2), S. 11–22.
Tomblin, J. B., Records, N. L., Buckwalter, P., Zhang, X., Smith, E. & O'Brien, M. (1997): Prevalence of Specific Language Impairment in Kindergarten Children. In: *Journal of Speech, Language, and Hearing Research*, 40 (6), S. 1245–1260.
Topbaş, S., Cangökçe-Yaşar, Ö. & Ball, M. (2012): LARSP: Turkish. In: M. J. Ball, D. Crystal & P. Fletcher (Hrsg.): *Assessing Grammar: The Languages of LARSP*. London: Multilingual Matters, S. 282–305.
Tracy, R. (2002): Growing (Clausal) Roots All Children Start Out (and May Remain) Multilingual. In: *Linguistics*, 40 (4), S. 653–685.
Tracy, R. (2003): *Sprachliche Frühförderung – Konzeptuelle Grundlagen eines Programms zur Förderung von Deutsch als Zweitsprache im Vorschulalter*. Mannheim: Universität Mannheim, Forschungs- und Kontaktstelle Mehrsprachigkeit.
Tracy, R. (2007): Linguistische Grundlagen der Sprachförderung: Wieviel Theorie braucht (und verlangt) die Praxis? In: B. Ahrenholz (Hrsg.): *Deutsch als Zweitsprache. Voraussetzungen und Konzepte für die Förderung von Kindern und Jugendlichen mit Migrationshintergrund*. Baltmannsweiler: Schneider Hohengehren, S. 17–29.
Tracy, R. (2008): *Wie Kinder Sprachen lernen – Und wie wir sie dabei unterstützen können*. 2. Aufl. Tübingen: Francke.
Tracy, R. & Lemke, V. (Hrsg.) (2009): *Sprache macht stark. Offensive Bildung*. Berlin: Cornelsen Scriptor.
Tuller, L. (2015): Clinical Use of Parental Questionnaires in Multilingual Contexts. In: S. Armon-Lotem, T. Marinis & N. Meir (Hrsg.): *Assessing Multilingual Children Disentangling Bilingualism from Language Impairment*. Bristol: Multilingual Matters, S. 301–330.
Ünsal, F. & Fox, A. V. (2002): Lautspracherwerb bei zweisprachigen Migrantenkindern (Türkisch-Deutsch). In: *Forum Logopädie*, 17 (3), S. 10–15.
Ulich, M., Oberhuemer, P. & Soltendieck, M. (2010): *Die Welt trifft sich im Kindergarten. Interkulturelle Arbeit und Sprachförderung in Kindertageseinrichtungen*. 3. Aufl. Berlin: Cornelsen Scriptor.
Ulich, M. (2003a): Literacy – sprachliche Bildung im Elementarbereich. In: *Kindergarten heute*, 33 (3), S. 6–18.
Ulich, M. (2003b): Sprachentwicklung systematisch begleiten. Der Beobachtungsbogen »sismik«. In: *Kindergarten heute*, 33 (10), S. 16–20.
Ulich, M. (2004): *Lust auf Sprache. Sprachliche Bildung und Deutsch lernen in Kindertageseinrichtungen*. Freiburg i. Br.: Herder.
Ulich, M. & Mayr, T. (2003): *SISMIK. Sprachverhalten und Interesse an Sprache bei Migrantenkindern in Kindertageseinrichtungen*. Freiburg i. Br.: Herder.
Ulich, M. & Mayr, T. (2006): *SELDAK. Sprachentwicklung und Literacy bei deutschsprachig aufwachsenden Kindern*. Freiburg i. Br.: Herder.
UNESCO (1994): *Die Salamanca Erklärung und der Aktionsrahmen zur Pädagogik für besondere Bedürfnisse*. Angenommen von der Weltkonferenz »Pädagogik für besondere Bedürfnisse: Zugang und Qualität«. Salamanca, Spanien, 7.–10. Juni 1994. Online verfügbar unter: http://www.unesco.at/bildung/basisdokumente/salamanca_erklaerung.pdf (**Zugriff am 22.01.2016**).

UNESCO (2005): *Übereinkommen über den Schutz und die Förderung der Vielfalt kultureller Ausdrucksformen*. Online verfügbar unter: http://www.unesco.de/infothek/dokumente/ueberein kommen/konvention-kulturelle-vielfalt.html (Zugriff am 22.01.2016).
United Nations (1989): *Convention on the Rights of the Child*. Online verfügbar unter: http://www.ohchr.org/en/professionalinterest/pages/crc.aspx (Zugriff am 22.01.2016).
Valdés, G. (2000): Introduction. In: G. Valdés (Hrsg.): *Spanish for Native Speakers. 1 Band*. New York: Harcourt College, S. 1–32.
Valian, V. (2014): Bilingualism and cognition. In: *Bilingualism: Language and Cognition*, 18 (1), S. 3–24. DOI: 10.1017/S1366728914000522.
Verein für frühe Mehrsprachigkeit an Kindertageseinrichtungen und Schulen FMKS e. V.: http://www.fmks-online.de/index.html
Viernickel, S. (2007): *Spezielle Aspekte des Qualitätsmanagements im Bereich der frühkindlichen Bildung und Betreuung. Pädagogische Qualität und Bildungsqualität*. Remagen: Ibus.
Viernickel, S. & Lee, H.-J. (2004): Beginn der Kindergartenzeit. In: E. Schumacher (Hrsg.): *Übergänge in Bildung und Ausbildung. Gesellschaftliche, subjektive und pädagogische Relevanzen*. Bad Heilbrunn: Klinkhardt, S. 69–88.
Viernickel, S., Nentwig-Gesemann, I., Harms, H., Richter, S. & Schwarz, S. (2011): *Profis für Krippen. Curriculare Bausteine für die Aus- und Weiterbildung frühpädagogischer Fachkräfte*. Freiburg: FEL.
Vygotskij, L. S. (2002): *Denken und Sprechen. Psychologische Untersuchungen*. Hrsg. U. aus dem Russ. übers. vom J. Lompscher u. G. Rückriem. Weinheim & Basel: Beltz.
Wagner, P. (2003): Und was glaubst du? Religiöse Vielfalt und vorurteilsbewusste Arbeit in KiTas. In: C. Dommel, J. Heumann & G. Otto (Hrsg.): *Werte schätzen. Religiöse Vielfalt und Öffentliche Schulen*. Frankfurt a. M.: IKO Verlag für interkulturelle Kommunikation, S. 223–233.
Wagner, P. (2007a): Alle Deutschen tragen Lederhosen? – Stereotype und Vorurteile im Kindergarten und was man dagegen tun kann. In: *Kinderzeit*, (3), S. 14–19.
Wagner, P. (2007b): Vielfalt respektieren, Ausgrenzung widerstehen – Politisches Lernen in der Einwanderungsgesellschaft. In: D. Richter (Hrsg.): *Politische Bildung von Anfang an. Demokratie-Lernen in der Grundschule*. Bonn: BpB, S. 260–274.
Wagner, P. (2008): Quer durch viele Sprachen hindurch – Vielgestaltigkeit der Sprachenwelten von Kindern. In: P. Wagner (Hrsg.): *Handbuch Kinderwelten. Vielfalt als Chance – Grundlagen einer vorurteilsbewussten Bildung und Erziehung*. Freiburg i. Br.: Herder, S. 113–127.
Wagner, P. (2009): Werte vermitteln und Bildungsprozesse unterstützen. Vorurteilsbewusste Erziehung in Kindertageseinrichtungen. In: *Frühe Kindheit. Die ersten sechs Jahre*, (5), S. 24–29.
Wagner, P. (Hrsg.) (2010): *Handbuch Kinderwelten. Vielfalt als Chance – Grundlagen einer vorurteilsbewussten Bildung und Erziehung*. 2. Aufl. Freiburg i. Br.: Herder.
Waters, E. & Sroufe, L. A. (1983): Social Competence as a Developmental Construct. In: *Developmental Review*, 3 (1), S. 79–97.
Wegener, H. (1995): *Die Nominalflexion des Deutschen – verstanden als Lerngegenstand*. Tübingen: Niemeyer.
Weinreich, U. (1968): *Languages in Contact: Findings and Problems*. Den Haag & Paris: Mouton.
Weissenborn, J. (2000): Der Erwerb von Morphologie und Syntax. In: H. Grimm (Hrsg.): *Sprachentwicklung. Enzyklopädie der Psychologie, Themenbereich C: Theorie und Forschung, Serie III: Sprache, Bd. 3*. Göttingen, Bern, Toronto & Seattle: Hogrefe, S. 141–169.
Welzer, H. (1993): *Transitionen. Zur Sozialpsychologie biographischer Wandlungsprozesse*. Tübingen: edition discord.
Wenning, N. (2007): *Gesellschaftliche Bedingungen der Schule im Wandel. Das Beispiel Heterogenisierung der Schülerschaft*. Hagen: Fernuniversität.
Wertfein, M., Wirts, C. & Wildgruber, A. (2015): *Bedingungsfaktoren für gelingende Interaktionen zwischen Erzieherinnen und Kindern. Ausgewählte Ergebnisse der BIKE-Studie*. München: Staatsinstitut für Frühpädagogik.
Westphal, M. (2009): Interkulturelle Kompetenzen als Konzept der Zusammenarbeit mit Eltern. In: S. Fürstenau & M. Gomolla (Hrsg.): *Migration und schulischer Wandel: Elternbeteiligung*. Wiesbaden: VS Verlag für Sozialwissenschaften, S. 89–106.

Whitehead, M. R. (2006): *Sprache und Literacy von 0 bis 8 Jahren*. Troisdorf: Bildungsverlag EINS.

Whitehurst, G. J., Arnold, D. S., Epstein, J. N., Angell, A. L., Smith, M. & Fischel, J. (1994): A Picture Book Reading Intervention in Day Care and Home for Children from Low-Income Families. In: *Developmental Psychology*, (30), S. 679–689.

Whitehurst, G. J., Falco, F. L., Lonigan, C. J., Fischel, J. E., DeBaryshe, B. D., Valdez-Menchaca, M. C. & Caulfield, M. (1988): Accelerating Language Development Through Picture Book Reading. In: *Developmental Psychology*, (24), S. 552–558.

Whitehurst, G. J. & Lonigan, C. J. (1998): Child Development and Emergent Literacy. In: *Child Development*, 69 (3), S. 848–872.

Whitehurst, G. J., Zevenbergen, A. A., Crone, D. A., Schultz, M. D., Velting, O. N. & Fischel, J. E. (1999): Outcomes of an Emergent Literacy Intervention from Head Start Through Second Grade. In: *Journal of Educational Psychology*, 91 (2), S. 261–272.

Winitz, H., Gillespie, B. & Starcev, J. (1995): The Development of English Speech Patterns of a 7-Year-Old Polish-Speaking Child. In: *Journal of Psycholinguistic Research*, 24 (2), S. 117–143.

Winterberg, P. & Wichmann, N. (2013): *Bin ich klein?* Münster: Winterberg.

Wischer, B. (2009): Der Diskurs um Heterogenität und Differenzierung: Beobachtungen zu einem schulpädagogischen »Dauerbrenner«. In: B. Wischer & K.-J. Tillmann (Hrsg.): *Erziehungswissenschaft auf dem Prüfstand. Schulbezogene Forschung und Theoriebildung von 1970 bis heute*. Weinheim & München: Juventa, S. 69–93.

Woerfel, T., Küppers, A. & Schroeder, C. (2020): Herkunftssprachlicher Unterricht. In: I. Gogolin, A. Hansen, S. McMonagle, D. Rauch & P. Leseman (Hrsg.), *Handbuch Mehrsprachigkeit und Bildung*, Wiesbaden: Springer, S. 197–202.

Xanthos, A., Laaha, S., Gillis, S., Stephany, U., Aksu-Koç, A., Christofidou, A., Gagarina, N., Hrzica, G., Ketrez, F. N., Kilani-Schoch, M., Korecky-Kröll, K., Kovačević, M., Laalo, K., Palmović, M., Pfeiler, B., Voeikova, M. D. & Dressler, W. U. (2011): *On the Role of Morphological Richness in the Early Development of Noun and Verb Inflection*. Online verfügbar unter: http://www.oeaw.ac.at/npr/links/Xanthos%20et%20al_FL_in%20press.pdf (Zugriff am 22.01.2016).

Yan, S. & Nicoladis, E. (2009): Finding le Mot Juste: Differences Between Bilingual and Monolingual Children's Lexical Access in Comprehension and Production. In: *Bilingualism: Language and Cognition*, 12 (3), S. 323–335.

Yang, S. & Lust, B. (2005): Testing Effects of Bilingualism on Executive Attention: Comparison of Cognitive Performance on Two Non-verbal Tests. In: A. Brugos, M. R. Clark-Cotton & S. Ha (Hrsg.): *BUCLD 29 Online Proceedings Supplement*. Boston: Boston University. Online verfügbar unter: http://www.bu.edu/bucld/proceedings/supplement/vol29/

Yelland, G. W., Pollard, J. & Mercuri. A. (1993): The Metalinguistic Benefits of Limited Contact with a Second Language. In: *Applied Psycholinguistics*, 14 (4), S. 423–444.

Yip, V. & Matthews, S. (2000): Syntactic Transfer in a Cantonese-English Bilingual Child. In: *Bilingualism: Language and Cognition*, 3 (3), S. 193–208.

Zelazo, P. D., Muller, U., Frye, D. & Marcovitch, S. (2003): The Development of Executive Function in Early Childhood. In: *Monographs of the Society for Research in Child Development*, 68 (3), S. 1–151.

Zevenbergen, A. A. & Whitehurst, G. J. (2003): Dialogic Reading: A Shared Picture Book Reading Intervention for Preschoolers. In: A. van Kleeck, S. A. Stahl & E. B. Bauer (Hrsg.): *On Reading Books to Children. Parents and Teachers*. Mahwah, New York & London: Erlbat.

Miriam Morgan

Migrationsbedingte Vielfalt in der Kita

Pädagogische Arbeit mit Eltern, Kindern und im Team

2022. 214 Seiten, 13 Abb., 5 Tab. Kart. € 32,–
ISBN 978-3-17-036672-5

Migrationsbedingte Vielfalt wird mehr und mehr zur Normalität in deutschen Kindertageseinrichtungen. Dennoch wirft sie noch immer viele Fragen auf, führt zu Missverständnissen und Irritationen.
Das Buch behandelt Chancen und Herausforderungen migrationsbedingter Vielfalt auf drei Ebenen: 1. Zusammenarbeit mit Eltern mit Migrationshintergrund, 2. Zusammenarbeit in kulturell diversen Fachkräfteteams und 3. Arbeit mit Kindern in einer diversen Gesellschaft. Die wissenschaftlich fundierten, aber praxisnah aufbereiteten Inhalte werden durch Fallbeispiele, Reflexionsfragen sowie praktische Tipps für den pädagogischen Alltag ergänzt.

Prof. Dr. Miriam Morgan ist Professorin und hat die deutschlandweite Leitung der Studiengänge Sozialpädagogik & Management sowie Sozialpädagogik, Management & Coaching an der internationalen Berufsakademie (iba).

Leseprobe und weitere Informationen unter **shop.kohlhammer.de**

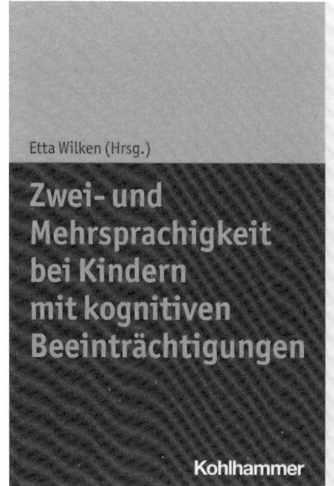

Etta Wilken (Hrsg.)

Zwei- und Mehrsprachigkeit bei Kindern mit kognitiven Beeinträchtigungen

2022. 165 Seiten, 21 Abb., 8 Tab. Kart. € 32,–
ISBN 978-3-17-041504-1

Der Anteil der Kinder, die zwei- oder mehrsprachig aufwachsen und bei denen Deutsch nicht die Erstsprache ist, nimmt in Deutschland deutlich zu. Deshalb haben mittlerweile etwa 28% der Kinder im Kleinkind- und Vorschulalter einen Migrationshintergrund und in jeder fünften Familie wird nicht vorrangig Deutsch gesprochen. Entsprechend ist davon auszugehen, dass dies auch für viele Familien zutrifft, in denen ein Kind mit einer Beeinträchtigung lebt und für das Zwei- oder Mehrsprachigkeit im Lebensalltag bedeutsam ist. Häufig besteht jedoch das Vorurteil, dass vor allem Kinder mit einer kognitiven Beeinträchtigung mit einem mehrsprachigen Angebot überfordert würden. Das Buch möchte diese kritische Haltung überwinden und reflektiert deshalb, welche Bedingungen für das mehrsprachige Lernen bestehen und was für die Sprachförderung der Kinder zu berücksichtigen ist.

Prof. Dr. Etta Wilken lehrte am Institut für Sonderpädagogik der Leibniz Universität Hannover Allgemeine und integrative Behindertenpädagogik.

Leseprobe und weitere Informationen unter **shop.kohlhammer.de**